# Réunion

Daniela Eiletz-Kaube · Kurt Kaube

W0173636

Reise-Taschenbuch

# Inhalt

## Reiseinfos, Adressen, Websites

## Panorama – Daten, Essays, Hintergründe

## Unterwegs auf Réunion

# Inhalt

4

# *Auf Entdeckungstour*

## Karten und Pläne

▶ Dieses Symbol im Buch verweist auf die
Extra-Reisekarte Réunion

# Schnellüberblick

**Saint-Denis und Umgebung**
Mit Verkehrsgewühl
begrüßt die architektonisch
reizvolle Inselmetropole
ihre Besucher. Gleich vor
den Toren der kolonialen
Hauptstadt punktet der
Panoramaberg La Roche
Ecrite mit sportlichen
Herausforderungen und
sensationellem Rundum-
blick. S. 86

**Die Westküste**
Für Faulenzer viel zu
schade: Obwohl sich die
Lagune mit so schönen
Badeorten wie Saint-Gilles-
les-Bains oder L'Hermitage-
les-Bains gut für einen
Strandurlaub eignet, sollte
man weder die Fahrt auf
den Piton Maïdo mit Aus-
blick auf den Cirque de
Mafate noch die zahllosen
sportlichen Aktivitäten aus-
lassen. Geschichtsinteres-
sierte finden Museen vor
wie das Herrenhaus der
Domaine Villèle. S. 112

**Die drei Cirques**
Das spektakuläre Innere
der Insel bilden drei große
Talkessel. Jeder von ihnen
hat seinen eigenen Charakter: Cilaos ist schroff und
abgelegen, Salazie üppig
und grün und Mafate auto-
frei und authentisch. Alle
drei bieten zahllose Mög-
lichkeiten für Wanderer
und Spaziergänger. S. 220

## Die Ostküste

Von der Zuckerwirtschaft und ihrer Geschichte geprägt, macht die Ostküste vor allem durch den Vanilleanbau, das lebendige religiöse Leben der hinduistischen Tamilen, die spektakuläre Schlucht von Takamaka und kleinere Naturwunder wie die Wasserfälle der Cascades du Niagara von sich reden. S. 192

## Die Hochplateaus und der Vulkan

In die Höhenlagen rund um den Piton de la Fournaise fährt man vor allem wegen der Naturspektakel: der dramatischen Schlucht Grand-Bassin, dem feuerspeienden Krater Dolomieu, dem Höllenloch Trou-de-Fer oder dem Urwald von Bébour-Bélouve. Bei Wanderungen kommt man ihnen ganz nahe. S. 256

## Die Südküste

Das quirlige Städtchen Saint-Pierre öffnet das Tor zum Lavaland im Süden. Im Le Grand Brûlé küsst das tosende Meer die alten und neuen Lavaströme des Piton de la Fournaise. Wasserfälle wie die Grand-Galet oder Aussichtspunkte auf tiefe Schluchten wie bei Le Serré faszinieren Naturverbundene. S. 156

**Mit Daniela Eiletz-Kaube und Kurt Kaube unterwegs**

Daniela Eiletz-Kaube und Kurt Kaube sind zwar in Österreich geboren, doch die ganze Welt ist ihr Zuhause. 2005 übersiedelten sie nach Tansania, 2007 führte sie der Zufall nach Réunion, wo sie viel länger als geplant verweilten. An Réunion fasziniert sie die ethnische Vielfalt, die abwechslungsreiche Natur, die unsagbar schönen Landschaften und die intensiven Farben. Nirgendwo anders ist das Azurblau des Meeres kräftiger, das Grün der Bergwälder leuchtender und das Pink der Bougainvilleas schillernder.

# Bunt wie ein Regenbogen

Mit nur zwei bis drei Stunden Zeitverschiebung landen Sonnenhungrige und Aktivurlauber nach zehn Stunden Flug ohne Jetlag auf einer Insel, die vielfältiger, bunter und sportlich herausfordernder nicht sein könnte.

### Sensationen am laufenden Band

Das südlichste Ende Frankreichs und der Europäischen Union will bestaunt, beschnüffelt, probiert, fotografiert und mit der eigenen Muskelkraft erobert werden. Sattgrüne Bergkessel wechseln ab mit türkisblauen Lagunen und faszinierenden Landstrichen, die von der unbändigen Kraft der Vulkane geschaffen wurden. Exotische Früchte, delikate Orchideen, die betörende Vanille und eklektische Genüsse aus mehreren Kontinenten verwöhnen Gaumen und Nase. Als Outdoor-Paradies zieht Réunion trittsichere Wanderfreaks, Gleitschirmflieger, Flugbegeisterte, Taucher, Wellenreiter, Kitesurfer, Walbeobachter und Liebhaber von Funsportarten gleichermaßen an.

### Tropeninsel für Individualisten

Denn nur um auf der faulen Haut zu liegen, ist ein Urlaub auf Réunion definitiv zu schade – und zu teuer. Wer eine archetypische Tropeninsel mit endlos weißen Stränden samt rauschenden Palmen erwartet, wo frisch gefangener Fisch in jedem Hafen um ein Butterbrot gehandelt wird, täuscht sich. Wer das sucht, mag auf Mauritius, Mayotte oder Madagaskar seinen Vorstellungen näherkommen.

Nach Réunion kommen Reisende, die sich mit dem Kulturkreis oder den geografischen Besonderheiten der Insel beschäftigen – und keine Pauschaltouristen, die in perfekt organisierten Resorts Buffetthemenabende und Tanzanimation erwarten. Réunion erfordert ein gewisses Maß an Vorbereitung, nicht nur in Form von Buchungen von zu Hause aus, sondern auch in Bezug auf kulturelle und sprachliche Eigenheiten. Ein Urlaub auf der Insel wird von den meisten Reisenden von langer Hand geplant.

### Harmonie der Kulturen

Besonders bereichernd wird von vielen Besuchern das harmonische Zusammenleben unterschiedlicher Kulturen und Religionen empfunden – ein lebendiger Beweis, dass Toleranz kein Hirngespinst einiger Idealisten, sondern eine alltagstaugliche Lebensphilosophie ist. Menschen afrikanischer und indischer, chinesischer und europäischer Abstammung leben neben- und miteinander, heiraten, sind miteinander befreundet, picknicken gemeinsam am Wochenende und laden sich gegenseitig zu den wichtigsten religiösen Festivitäten ein. Ebenso charaktervoll und bunt wie die Gesichter sind die Musiktraditionen Séga oder Maloya, denen man bei Volksfesten und Festivals begegnet.

### Problemloses Reisen

Und das Beste an Réunion: So bequem ist kaum eine andere Ferndestination zu bereisen. Wer aus Frankreich einreist, hat nicht einmal mehr Passkontrollen. Genauso wie man sich nicht um Einreise- oder Aufenthaltsformalitäten kümmern muss, braucht man sich auch keine Gedanken um die medizinische Versorgung zu machen. Die Insel verfügt über eine ausgezeichnete Infrastruktur und ein exzellent ausgebautes Straßennetz. Ebenso einfach wie problemlos kann Geld bezogen werden: Entweder man nimmt ausreichend Euro mit oder man hebt kostenlos Bargeld bei einem der unzähligen Geldausgabeautomaten ab. Schließlich hat man mit keinen gesundheitlichen Bedrohungen zu rechnen: Die Malaria ist ausgerottet, giftige Tiere ebenfalls. Obwohl vor einigen Jahren die von Mücken übertragene Chickungunya-Epidemie grassierte, stehen die Chancen gut, daran nicht zu erkranken, denn die Regierung hat viel Geld und Aufwand in die Bekämpfung der Mückenherde gesteckt. Die größte Gefahr geht nach wie vor am ehesten von Sonnenbränden und Wassermangel aus.

Alles in allem ist Réunion ein reizvolles, landschaftlich unvergessliches Reiseziel, das komfortabel bereist werden kann, ohne dass Besucher auf Exotik und tropisches Lebensgefühl verzichten müssen.

Schattenspiele mit Meerblick – der
Strand von L'Etang-Salé-les-Bains, S. 140

Gipfelblick – Gottesmutter nahe dem Col
de Bellevue, S. 274

# *Lieblingsorte!*

Kreolische Augenweide – der Garten der
Maison Folio, S. 228

Vom Wind geküsst – die Bucht von
Vincendo, S. 186

**So schmeckt Réunion – Wochenmarkt von Saint-Pierre, S. 160**

**Wilde Schönheit – die Küste am Piton de Grand'Anse, S. 174**

Die Reiseführer von DuMont werden von Autoren geschrieben, die ihr Buch ständig aktualisieren und daher immer wieder dieselben Orte besuchen. Irgendwann entdeckt dabei jede Autorin und jeder Autor seine ganz persönlichen Lieblingsorte. Dörfer, die abseits des touristischen Mainstream liegen, ein stimmungsvoller Kirchenraum, eine ganz besondere Strandbucht, Plätze, die zum Entspannen einladen, ein Stückchen ursprünglicher Natur – eben Wohlfühlorte, an die man immer wieder zurückkehren möchte.

**Barocke Fantasie – Eglise de Sainte-Anne, S. 216**

**Blick in den Kessel von Mafate – Cap Noir, S. 110**

# Reiseinfos, Adressen, Websites

Beim Schnorcheln Wasserwelten entdecken: die Bucht von L'Hermitage-les-Bains

# Informationsquellen

## Infos im Internet

**www.reunion-urlaub.com**
Deutsche Website von Brigitte Monat, die in L'Etang-Salé ein deutsches Informationsbüro führt und bei Buchungen von Unterkünften und Veranstaltern behilflich ist. Geprüfte Partner.

**www.insel-reunion.de**
Private Website einer Réunionesin, die in Deutschland lebt. Nicht immer ganz aktuell, aber um ein paar Infos einzuholen, reicht die Website allemal. Auf Deutsch.

**www.insel-la-reunion.com**
Offizielle Website der Insel Réunion, betrieben vom Île de la Réunion Tourisme (IRT), mit recht und schlecht übersetzter deutscher Version.

**www.reunion-nature.com**
Offizielle Website der Buchungszentrale für die Berghütten mit Fokus auf die Buchung von Unterkünften und Aktivitäten. Nur auf Französisch.

**www.clicanoo.re**
Webportal der Tageszeitung Le Journal de l'île de la Réunion (JIR) mit Kleinanzeigen (Ferienwohnungen) und interessanten Dossiers über Kultur und Geschichte. Auf Französisch.

**www.allonsreunion.com**
Übersichtlich gestaltetes Verzeichnis von Unterkünften, die für eine Listung bezahlen müssen – was eine gewisse Seriosität der Betreiber gewährleistet. Auf Französisch.

**http://ile-de-la-reunion.info**
Ein ansprechend gestalteter Blog eines Réunionesen auf Französisch, der ab-seits von Klischees und den großen Attraktionen ein lebendiges Bild seiner Insel zeichnet.

**www.mi-aime-a-ou.com**
Ausführliches Verzeichnis, das die Eigenheiten, die Geschichte, Kultur und Natur, Sehenswürdigkeiten und noch vieles mehr auf Französisch beschreibt.

## Fremdenverkehrsämter

### … in Deutschland
**Atout France**
Zeppelinallee 37
60325 Frankfurt/Main
Tel. 069 97 59 04 94
www.insel-la-reunion.com

### … in Österreich
**Atout France**
Lugeck 1/1/7
1010 Wien
Tel. 01 503 28 92
www.insel-la-reunion.com

### … in der Schweiz:
**Atout France**
Rennweg 42
Case postale 3376
8021 Zürich
Tel. 044 217 46 00
www.insel-la-reunion.com

### … auf Réunion
**Île de La Réunion Tourisme (IRT)**
Place du 20 Décembre, Saint-Denis
Tel. 0262 210 041
www.reunion.fr

**Regionale Fremdenverkehrsbüro**s *(office de tourisme):* Hier erhält man verlässliche Informationen. Außerdem liegt dort die vierteljährlich erschei-

### Professionelle Unterstützung bei der Reiseplanung

**Gruppenreisen:** Wer Gruppenreisen mit fixer Reiseroute und Abflugterminen bevorzugt, wird bei Diamir (www.diamir.de), Hauser Exkursionen (www.hauser-exkursionen.de) oder Dertour (www.dertour. de) fündig. Individuellere Arrangements ermöglichen kleinere Anbieter.

**Individualreisen:** Laut eigenen Aussagen war die Agentur Trauminselreisen das erste deutsche Unternehmen, das Réunion ins Programm nahm, nicht zuletzt wegen der Landeskenntnis des Ehepaares Därr, das seinerzeit mehrere Réunion-Reiseführer verfasst hatte (www.trauminselreisen.de). Exzellentes Know-how für Individualisten und kompetente Beratung bietet Birgit Schuhmacher von Alizee Reisen, die sieben Jahre auf der Insel gelebt hat (www.alizee-reisen.de). Reisen nach Maß sowie einige Male pro Jahr Gruppenreisen bietet der Dresdner Reiseveranstalter L'Evasion Tours seit 1998 (www.l-evasion-tours.de). Reisenden, die Réunion kombinieren möchten, schlägt er gerne die aufstrebende Destination Mayotte vor.

**Natur- und Erlebnisreisen:** Als Reiseveranstalter für die »Zeit«-Reisen und das Unternehmen Trails verfügt die Agentur Brandner über profunde Kenntnisse und Erfahrungen im Zielgebiet (www.reiseagentur-brandner.de). Egal ob Gruppen- oder individuelle Selbsterfahrungstouren, ob Trekking oder Entspannung, es findet sich für jeden Geschmack etwas – und gegebenenfalls wird die Reise auch zu 100 % maßgeschneidert. Mit deutschsprachigen Reiseleitern vor Ort. Kombinationen mit Mauritius und den Seychellen werden angeboten.

**Hochzeitsreisen:** Wärmstens zu empfehlen ist Infinity Reisen für Hochzeitler und Honeymooner (www.infinity-reisen.de). Seit 1992 organisieren Ulrich Bieber und sein Team maßgeschneiderte Flitterwochen für Individualisten.

nende Informationsbroschüre »Guide RUN« aus, die unentgeltlich eine umfassende Liste aller Unterkünfte und touristischer Anbieter auf Réunion bereithält. Die Adressen der regionalen Fremdenverkehrsbüros werden im Reiseteil bei den jeweiligen Orten aufgeführt.

# Lesetipps

Sich in réunionesische Literatur einzulesen gestaltet sich bei geringen Französischkenntnissen schwierig, da bis auf Axel Gauvin bisher keine réunionesischen Autoren ins Deutsche übersetzt wurden.

**Gauvin, Axel:** Kindheitshunger, Wuppertal 1995. Ein 15-jähriger Inderjunge aus der multikulturellen Küstenregion Réunions kommt in das bäuerliche, rückständige Hochland und besucht dort die Schule. Zuerst fremd unter Weißen, lernt er sich gegen Rassismus durchzusetzen und erlebt seine erste Liebe.

**Gauvin, Axel:** Wenn du aufwachst, bin ich da, Wuppertal 1997. Über die ungewöhnliche Liebe einer Großmutter zu ihrem Enkel, dessen Eltern bei einem Zyklon sterben. Mit beinah übermenschlichen Kräften schafft sie es, dem Jungen Lebensmut und Vertrauen fürs Erwachsenenleben zu geben.

**Daniel Vaxelaire:** Le grand livre de l'histoire de la Réunion, 2 Bd., Chevagny sur Guye 2009. Detaillierter Abriss der réunionesischen Geschichte von dem Inselpublizisten Vaxelaire.

# Wetter und Reisezeit

## Klima

Zwei markante Jahreszeiten, die genau gegenläufig zu jenen in Mitteleuropa sind, herrschen vor. Aufgrund des zerklüfteten Reliefs gibt es aber weit über hundert Mikroklimazonen, die sich in Temperatur, Luftfeuchtigkeit, Regenmenge und sogar Vegetation unterscheiden. Während die Temperaturen an der Küste je nach Saison zwischen 18 und 35 °C variieren, kann es in den Bergen unangenehm kalt werden. Pro 100 Höhenmeter kühlt die Luft etwa um 1 °C ab.

Online-Wetterportale wie www.wetteronline.de/Reunion.htm oder www.meteo.fr erleichtern das Planen des Aufenthalts. Die TV-Wettervorhersagen *(météo)* der lokalen TV-Sender – Ausstrahlung um 18.55 Uhr auf Antenne Réunion und um 19.30 Uhr auf Télé Réunion – helfen bei der Vorbereitung des nächsten Tages.

### Tropischer Sommer, Regenmonate

Von November bis April beschert die Äquatorsonne der ganzen Insel feuchtheiße Temperaturen. Ab Dezember nehmen die Niederschlagsmengen zu, im Januar und Februar regnet es statistisch gesehen am häufigsten. Die Ostseite ist generell stärker vom Regen betroffen. Von Januar bis März fegen tropische Wirbelstürme und vereinzelt auch ein Zyklon (s. S. 59) über die Insel – das ist zwar nicht gefährlich, aber unangenehm, wenn man im Hotel oder der Ferienwohnung festsitzt.

An der dem Wind abgewandten Westküste *(côte sous le vent)* sind ungetrübte Sonnentage dennoch in der Überzahl. Dass sich an den Hängen schon ab 9, 10 Uhr Wolken bilden, tut den Sonnenfreuden keinen Abbruch. Die in die Höhe steigende Warmluft trifft oben auf die kalten, weniger feuchten Luftschichten der Höhenlagen und verursacht Nebel und Sprühregen in den Bergregionen, die mit einer Durchschnittstemperatur von weniger als 18 °C zu den kalten Tropen zählen. Nicht umsonst erinnern die Vegetation und die Atmosphäre von höher gelegenen Regionen an Südtiroler Hochalmen. In den Sommermonaten flüchten deshalb die Küstenbewohner gerne in die kühlere Bergluft.

Wer mit heißen, schwülen Temperaturen gut umgehen kann, kann in diesen Monaten bedenkenlos die Insel besuchen. Oft ist es im Süden und in den Höhen um einige Grade kühler. Vermehrte Regenfälle und Tiefdruckgebiete können den Wanderwegen zusetzen, doch wenn man keine größeren Wanderungen unternehmen möchte, sind auch die Sommermonate für eine Reise empfehlenswert.

**Klimadiagramm Saint-Denis**

| | J | F | M | A | M | J | J | A | S | O | N | D |
|---|---|---|---|---|---|---|---|---|---|---|---|---|
| Mittlere Tagestemperaturen in °C | 30 | 30 | 29 | 28 | 27 | 26 | 25 | 24 | 25 | 26 | 27 | 29 |
| Mittlere Nachttemperaturen in °C | 23 | 23 | 23 | 21 | 20 | 18 | 17 | 17 | 18 | 19 | 20 | 22 |
| Mittlere Wassertemperaturen in °C | 27 | 27 | 27 | 27 | 26 | 25 | 24 | 23 | 23 | 24 | 25 | 26 |
| Sonnenstunden/Tag | 8 | 8 | 7 | 7 | 8 | 7 | 7 | 7 | 7 | 7 | 7 | 7 |
| Regentage/Monat | 16 | 14 | 14 | 11 | 9 | 9 | 11 | 9 | 7 | 6 | 7 | 12 |

### Tropischer Winter, Trockenmonate

Von Mai bis Oktober herrscht kühleres, trockeneres Klima vor. Am kühlsten wird es im Juli und August, wenn man selbst für die Abende an der Küste warme Socken und einen dicken Fleecepulli im Gepäck haben sollte. Tagsüber fallen die Temperaturen an der Küste teilweise auf milde 22–23 °C, der Indische Ozean kühlt empfindlich ab. In den Bergen über 1800 m Höhe herrschen in den Wintermonaten mitunter Temperaturen um den Gefrierpunkt. Als trockenster Monat gilt statistisch gesehen der Oktober, obwohl es an der Inselostseite vereinzelt regnen kann.

Für Wanderer sind die Wintermonate ideal, wenn durch weniger Hitze weniger Wasser verdunstet und es folglich mehr wolkenlose Tage gibt. Gleichzeitig kann es dann aber äußerst kalt sein, sodass man mit ausreichend warmer Wanderkleidung – am besten nach dem Zwiebelprinzip – ausgerüstet sein muss.

### Beste Reisezeit

Klimatisch zählen die Monate des Pflanzenwachstums, Oktober bis Dezember, zur schönsten Reisezeit. Viele Blumen blühen und die Bäume stehen im Saft. Im Dezember könnte man von den vielen erntereifen Früchten wie Litschis, Mangos oder Papayas allein leben. Dieser Umstand ist aber im Mutterland Frankreich bekannt, so darf man in diesen Monaten weder eine menschenleere Bergwelt noch Schnäppchenpreise erwarten.

# Kleidung und Ausrüstung

Gegen die stark schwankenden Temperaturen an der Küste und in der Höhe wappnet man sich auf Réunion am besten mit allem: mit leichter Sommerkleidung und Badezeug genauso wie mit flauschiger Fleecejacke und Regenponcho. Das Gepäck richtet sich vor allem nach der Reisezeit und den geplanten Aktivitäten.

Im Sommer reicht an der Küste bei bis zu 35 °C feucht-schwüler Hitze leichte Sommerkleidung samt Flipflops, Badesachen, Sonnenbrille und Hut. Nicht zu vergessen ist natürlich die obligatorische Sonnencreme. Die Nächte bleiben stickig warm, klimatisierte Zimmer sind schnell ausgebucht. Das Ende von teilweise heftigen Regenschauern und tropischen Wirbelstürmen wartet man am besten in der Unterkunft ab. Dennoch ist ein Regenschirm oder eine Regenjacke von Vorteil.

Im Winter erreichen die Tagestemperaturen trockene 22–25 °C. Tagsüber reicht die oben beschriebene Sommerkleidung, doch für die Nacht benötigt man geschlossene Schuhe, Socken, ein Paar wärmende Jeans sowie einen kuscheligen Pulli.

### Wanderausrüstung

Zur Grundausstattung für Wanderer gehören knöchelhohe Wanderschuhe mit rutschfester Profilsohle, eine Kopfbedeckung, Sonnen- und Regenschutz, eine Taschenlampe, ein Taschenmesser und Pflaster, Wanderkarten sowie ein freigeschaltetes Mobiltelefon.

Für Wanderungen und Nächte in den Höhen reichen im tropischen Sommer eine lange Hose sowie eine Fleecejacke, im Winter ist atmungsaktive und wärmende Wanderbekleidung im Zwiebelprinzip angebracht. Wer beispielsweise auf den Piton des Neiges steigt, ist mit Skiunterwäsche, einer Winterwanderhose sowie mehreren Lagen atmungsaktiver Oberbekleidung gut beraten. Mütze und Handschuhe gehören ebenfalls ins Gepäck.

# Rundreisen planen

## Organisiert oder individuell reisen?

Wer nicht gut Französisch spricht, ist bei professionellen Reiseveranstaltern gut aufgehoben (s. S. 15). Spezialisten sind jenen Anbietern vorzuziehen, die Réunion nur als eine Destination von vielen im Programm führen. Spezialveranstalter, die regelmäßig vor Ort und deren Inhaber emotional mit der Insel verbunden sind, kennen empfehlenswerte Unterkünfte und können Aktivitäten bei verlässlichen Partnern organisieren.

Wer lieber individuell unterwegs ist, sollte dennoch unbedingt Reservierungen schon von zu Hause aus tätigen, insbesondere von Leihwagen und Übernachtungen. Das erspart viele Unannehmlichkeiten! Réunion sieht nur auf den ersten Blick aus wie eine klassische Selbstreisedestination. Viele Vermieter von Ferienwohnungen tendieren beispielsweise dazu, auf E-Mails nicht zu antworten. Fast unmöglich ist das spontane Reisen, wo man sich am Nachmittag auf die Suche nach einer

Bettstatt macht. In der Regel landet man dann in überteuerten Unterkünften oder teuren Hotels.

## Réunion in 7 Tagen

Um die Zeit optimal zu nutzen, empfiehlt sich nach der Ankunft gleich die Fahrt in den **Cirque de Salazie** mit Übernachtung in **Hell-Bourg.** Am Vormittag des folgenden Tages unternimmt man eine Wanderung im Großraum Hell-Bourg oder aber die Panoramafahrt nach **Col des Bœufs** mit Übernachtung im Großraum **Saint-Benoît** oder **Plaine-des-Palmistes.** Am dritten Tag geht es in der Frühe zum Vulkan **Piton de la Fournaise.** Wenn danach noch ca. vier Stunden Zeit bleiben, lohnt sich eine Fahrt in den Wald von **Bébour-Bélouve.** Am vierten Tag führt die Route zurück an die Ostküste, weiter über **Anse des Cascades** und **Le Grand Brûlé** nach **Saint-Pierre.** Am fünften Tag gilt es, zeitig nach **Cilaos** aufzubrechen und die Nacht dort zu verbringen. Nach einer Wanderung am Vormittag des sechsten Tages folgt die Rückfahrt an die Westküste, wo man sich am besten in **Saint-Leu** oder **L'Hermitage** einquartiert. Der siebte Tag wird mit der Fahrt auf den **Maïdo** gekrönt und klingt am Nachmittag mit ein paar Stunden am Strand aus.

## Réunion in 14 Tagen

Wer länger als 7 Tage Zeit hat, sollte maximal drei oder vier Standorte wählen. Die ersten beiden Tage verbringt man zum Beispiel im **Cirque de Salazie** mit Wandern, der Besichtigung von **Hell-Bourg** und der Panoramafahrt

**Réunion in 7 Tagen**

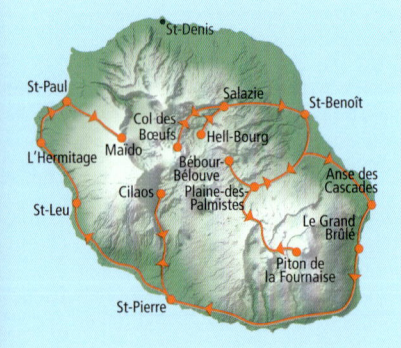

nach **Col des Bœufs.** Die nächsten drei Nächte empfiehlt sich eine Unterkunft im Großraum **Saint-Benoît** und **Plaine-des-Palmistes.** Als Highlights winken die Fahrt zum Wald von **Bébour-Bélouve** und ein Besuch des Vulkans **Piton de la Fournaise** sowie die Besichtigungen von **Anse des Cascades, Le Grand Brûlé** und **Takamaka.** Am nächsten Tag folgt die Weiterfahrt in den Südwesten mit Übernachtung zwischen **Saint-Pierre** und **Saint-Leu.**

Am siebten Tag ist Entspannen am Pool oder am Strand angesagt. Tags darauf kann der Besuch des kreolischen Dorfes **L'Entre-Deux** angepeilt werden (Übernachtung wie am Vortag). An den nächsten beiden Tagen steht **Cilaos** auf dem Programm; die beiden darauffolgenden Nächte folgt Entspannung am Meer in **L'Hermitage, Saint-Gilles** oder **La Saline.** Am 13. Tag bietet sich die Fahrt auf den **Maïdo** an und der letzte Tag klingt wieder am Meer aus (Übernachtung wie die Tage zuvor).

## Wanderurlaub (12 Tage)

Nach der Ankunft in Saint-Denis verbringt man die erste Nacht in **Salazie,** wahlweise auch in Hell-Bourg oder Grand-Îlet. Am zweiten, dritten und vierten Tag wird eine Rundwanderung durch den **Cirque de Mafate** unternommen, die mit einer weiteren Nacht in Salazie ausklingt. Über **Saint-Benoît, Bourg-Murat** und den **Pas de Belle-combe** geht es am fünften Tag in die Berghütte am **Piton de la Fournaise.** Am nächsten Morgen warten ein aufregender Sonnenaufgang sowie die Wanderung auf den Vulkan (Übernachtung wie am Tag zuvor). Am siebten Tag kann am Vormittag eine leichte Wanderung rund um den Vulkan unternommen werden, bevor es

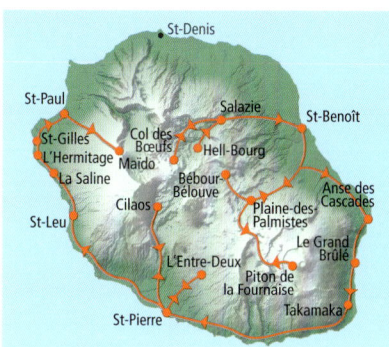

**Réunion in 14 Tagen**

am Nachmittag nach **Cilaos** weitergeht. Der **Piton des Neiges** mit einer Übernachtung in der Berghütte kann am achten Tag in Angriff genommen werden. Tags darauf folgt die Rückfahrt an die Küste und die Übernachtung in **Saint-Leu** oder im Großraum Saint-Gilles. Nach einem Tag Ruhe führt die letzte Bergetappe am elften Tag auf den **Maïdo** und schließt mit einer Wanderung zum **Grand-Bénare** ab. Am zwölften Tag ist Erholen am Meer angesagt (Übernachtung wie die Tage zuvor).

**Wanderurlaub (12 Tage)**

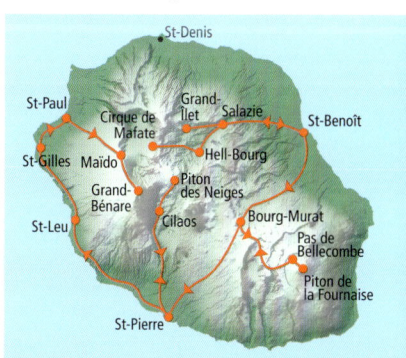

# Anreise und Verkehrsmittel

## Anreise

### Mit dem Flugzeug

Réunion ist in erster Linie über Paris per Flugzeug zu erreichen. Die reine Flugzeit beträgt etwa elf Stunden. Die auf Réunion ansässige Air Austral fliegt vom internationalen Pariser Flughafen Charles de Gaulle (CDG) nach Saint-Denis oder Saint-Pierre. Je nach Saison fliegen bis zu elf Maschinen pro Woche (www.air-austral.com). Air France fliegt ebenfalls je nach Saison mit bis zu zwei Maschinen täglich nach Saint-Denis (www.airfrance. com). Der Abflug erfolgt vom französischen Inlandflughafen Paris-Orly. Die dritte kleinere Airline, die Saint-Denis von Paris-Orly aus anfliegt, ist Corsair, die sich im Besitz des deutschen Touristikkonzerns TUI befindet (www.corsair.com). Bis zu fünf Flüge pro Woche stehen zur Auswahl.

Auf Schnäppchenflüge nach Réunion wartet man vergeblich, verglichen mit anderen Destinationen im gleichen Zielgebiet ist die Anreise relativ teuer. Die Airlines kontrollieren quasi den Luftraum über Réunion, einen gesunden Wettbewerb gibt es von daher nicht. Je nach Jahreszeit muss man mit Preisen von knapp 750 € bis zu sagenhaften 2000 € vorlieb nehmen. Manchmal werden Sonderangebote lanciert, bei denen der Flugpreis schon mal kurzfristig auf 599 € sinken kann. Bei der Flugbuchung empfiehlt sich die Zuhilfenahme von Suchmaschinen und Online-Anbietern wie www.checkfelix.com, www.opodo.de, www.lastminute.de oder www.nouvelles-frontieres.fr. Ebenfalls sehr attraktiv sind teilweise die Pauschalangebote diverser Reisebüros und Veranstalter, ein Vergleich lohnt.

Bei vielen Flügen muss man in Paris umsteigen und dabei den Flughafen wechseln. Obwohl alle 30 Min. Shuttle-Busse *(navettes)* zwischen Paris-Orly und Paris-Charles de Gaulle (CDG) hin- und herpendeln, ist der Flughafenwechsel alles andere als angenehm. Auf dem schlecht beschilderten Flughafen Charles de Gaulle ist der Busterminal schwer zu finden. Zudem kann sich die ca. einstündige Transferzeit durch Staus auf bis zu drei Stunden auswachsen. Air-France-Kunden, die sich nicht schon beim Einchecken um einen Voucher für den Bus bemüht haben, müssen die 19 € (Kinder 9,50 €) Transferkosten aus eigener Tasche bezahlen. Um den lästigen Flughafenwechsel zu vermeiden, kann man aber mit einer beliebigen Airline, z. B. Air France, nach Paris-CDG und anschließend von dort mit der Air Austral nach Saint-Denis fliegen. Als weitere Alternative ist die Fluggesellschaft Air Mauritius zu erwähnen, die ab Deutschland, Österreich und der Schweiz über Mauritius nach Réunion fliegt.

### Mit dem Schiff

Von Mauritius aus verkehren große Schiffe nach Réunion, nämlich die Mauritius Trochetia und die Mauritius Pride. Die Überfahrt dauert ca. 12 Std. und kostet je nach Saison ab 152 € in der günstigsten und ab 220 € in der teuren Kabinenklasse. Leider laufen die Schiffe immer am Abend aus, als Panoramafahrt über den Indischen Ozean ist die Überfahrt also nicht geeignet (www.mauritiusshipping.intnet.mu).

Einige Kreuzfahrtschiffe peilen Réunion im Zuge ihrer Tour durch den Indischen Ozean an. Doch mehr als ein paar Stunden Landgang stehen in der Regel nicht zur Verfügung.

# Verkehrsmittel

## Mietwagen

Aus ökologischen Gesichtspunkten mag man es nicht zugeben, aber ein reibungsloser Urlaub auf der Naturinsel Réunion steht und fällt mit einem Mietfahrzeug. Es stehen internationale Unternehmen genauso zur Auswahl wie einheimische. Auf folgenden Internetseiten findet man die Angebote der lokalen Büros:

www.ada-reunion.com
www.aubasprix.fr
www.avisreunion.com
www.budget-reunion.com
www.europcar-reunion.com
www.hertzreunion.com
www.itctropicar.com
www.sixt.com
www.weinlocation.com

Tendenziell sind internationale Ketten teurer als die einheimischen, ebenso muss man mit höheren Tarifen rechnen, wenn man das Mietauto am Flughafen übernimmt. Wer im Internet im Voraus bucht, kann vielleicht sogar das eine oder andere Internet-Schnäppchen erhaschen. Eine Reservierung macht in jedem Fall Sinn, insbesondere zu Ferienzeiten und in der Hochsaison.

Die Preise beginnen bei 14 € und gehen hinauf bis zu 60–70 € pro Tag. In erster Linie hängen die Miettarife von der Mietdauer, der Kategorie und Größe, der Ausstattung und dem Alter des Fahrzeugs ab. Obwohl die Insel nicht groß ist, sollten dennoch unlimitierte Kilometer (kilométrage illimité) gebucht werden. Einen alten, verbeulten Renault Twingo ohne Klimaanlage, den man für 30 Tage mietet, gibt es ab 14–15 € pro Tag. Wer sich allerdings mehr Komfort und ein sicheres Fahrzeug neueren Datums wünscht, muss bei einer Mietdauer von 14 Tagen 30–35 € und aufwärts rechnen.

## Vorsicht Stau!

Zwischen Saint-Denis und Saint-Pierre auf der N 1 herrscht die größte Verkehrsdichte der Insel, die Strecke zwischen Saint-Paul und Le Port zählt mit 67 000 Fahrzeugen pro Tag überhaupt zum meistbefahrenen Straßenabschnitt. Anfällig für Verkehrsstaus sind die Morgenstunden zwischen 6.30 und 9 Uhr, die Mittagsstunden vor und nach der Mittagspause sowie die Abendstunden nach Dienstschluss. Einfahrtsstraßen, Schnellstraßenzubringer und jene Abschnitte, wo zwei oder mehrere Straßen zusammenkommen, sind dann hoffnungslos verstopft. Besonders anfällig sind die Einfahrtsstraßen von Saint-Denis, das Ende der vierspurig ausgebauten Route des Tamarins bei Saint-Paul in Richtung Norden und die Einfahrtsstraßen von Saint-Pierre, z. B. von Saint-Joseph aus kommend. Am entspanntesten ist das Verkehrsaufkommen an den Sonntagen.

Mietautos müssen aber nicht zwangsläufig am Flughafen in Empfang genommen werden. Viele Unternehmen bieten Shuttledienste vom Flughafen – egal ob Saint-Denis oder Pierrefonds – zu ihren jeweiligen Büros in der Stadt oder gar in die Unterkunft.

## Autofahren

Grundsätzlich gelten französische Verkehrsregeln. Als EU-Bürger reicht der Führerschein des Heimatlandes. Der Zustand der Straßen ist ausgezeichnet, bis auf wenige Schotterpisten und abgelegenere Pfade sind fast alle Straßen geteert. Mit Instandhaltungsarbeiten muss gerechnet werden. Die Straßen in den Höhenlagen sind immer tendenziell in schlechterem Zustand als die in Küstennähe. Es herrscht Rechtsverkehr wie in Mitteleuropa.

**Réunionesen lieben ihre Fahrzeuge – auch Oldtimer**

Auch wenn es auf den ersten Blick nicht so aussieht, ist Autofahren auf der Insel doch eine gewisse Herausforderung. Die Unfallzahlen sind relativ hoch – selbst die mit Todesfolge. Zu den größten Sicherheitsrisiken zählen die Verkehrsdichte und Staus (Auffahrunfälle), Alkohol am Steuer, Raserei und unbesonnene Motorrad- und Mofafahrer.

Einige Besonderheiten der Straßen haben ursächlich mit den platzregenartigen Schauern zu tun. Viele Straßen verfügen über sogenannte *caniveau*, tiefe Abwassergräben, an der Seite, damit das Wasser bei den heftigen Regenfällen abfließen kann. Auf den engen Bergstraßen kann man nur allzu leicht in einer unachtsamen Sekunde in diesen Gräben hängen bleiben und einen schweren Unfall riskieren. Grundsätzlich ist in den ersten 10 Min. eines Regenfalls unbedingt die Geschwindigkeit zu drosseln, denn der Mix aus Staub, Öl auf der Fahrbahn und heftigen Regengüssen sorgt für spiegelglatte, seifige Straßen und Aquaplaning.

Überall dort, wo es Wasserläufe gibt, werden *radiers,* ungesicherte Betonabschnitte, in die Fahrbahn eingebaut. *Radiers* erkennt man daran, dass plötzlich Straßenmarkierungen oder Seitenbegrenzungen enden und sich die Straße verengt. Wenn sich in solchen Abschnitten Wasser gesammelt hat, sollte man unter keinen Umständen hineinfahren, auch wenn der Wasserstand harmlos aussieht. Urplötzlich können Wassermassen auftauchen, z.B. weil es weiter oben im Flusslauf geregnet hat, die aber genauso plötzlich wieder zurückgehen. Solche Phänomene treten punktuell auf, auch wenn beispielsweise die Sonne scheint. Ausländer haben keine Vorstellung davon, wie stark die Fließgeschwindigkeit solcher Wasserläufe ist. In regelmäßigen Abständen schwemmt es Autos von den *radiers* in die Schluchten und Bäche, weil Autofahrer unbesonnen durchfahren. Es empfiehlt sich, stehen zu bleiben und zu warten, bis das Wasser abfließt. Notfalls dreht man um und trinkt in der letzten Ortschaft einen Kaffee. Vor *radiers* stehen Schilder mit den Aufschriften: *Risque d'inondation* – Überschwemmungsrisiko, *Radiers submersible* – überflutbarer Kanal oder *Ne pas franchir en cas de submersion* – Überfahrt verboten bei Überschwemmung. Diesen Schildern ist unbedingt Folge zu leisten.

Bei uns eher unbekannt sind die Gelbmarkierungen der Bordsteine – hier darf weder geparkt noch gehalten werden. Im Kreisverkehr hat man nicht immer uneingeschränkte Vorfahrt, zahlreiche Kreisel haben anderslautende Vorfahrtsregeln. Übrigens: Zur Zeit der Zuckerernte haben die schweren Lastzüge, die oft 40 t und mehr Zuckerrohr geladen haben, ein uneingeschränktes Vorfahrtsrecht, denn sie können einfach nicht mehr bremsen.

**Tempolimit:** Auf vierspurigen Straßen, *quatre voie,* gilt eine Höchstgeschwindigkeit von 110 km/h, bei Regen von 100 km/h, auf der Landstraße von 90 km/h und in Ortsdurchfahrten von 50 km/h. Auf engen, gewundenen Bergstraßen muss mit Rasern gerechnet werden, die Kurven schneiden und riskant überholen.

**Tankstellennetz:** Tankstellen gibt es überall zuhauf, außer am Vulkan und in den Cirques Salazie und Cilaos. Es wird Diesel oder EuroSuper bleifrei 98 getankt. Die Preise werden vom Präfekten festgesetzt und gelten auf der gesamten Insel (Tanktourismus zwecklos). Im März 2011 kostete der EuroSuper 1,53 € und Diesel 1,17 €. Manche Tankstellen sind 24 Stunden geöffnet, andere haben Sonntag- und Montagvormittag geschlossen. Im Zweifelsfall sollte spätestens Samstagabend vollgetankt werden.

**Pannenhilfe:** Im Falle von Pannen sind die Verleihagenturen zu kontaktieren. Sie senden umgehend Pannenhilfe oder gar Ersatzwagen.

## Busse

Für Kurzurlauber sind Busse bis auf wenige Ausnahmen keine echte Alternative. Obwohl das Busfahren ausgesprochen billig ist, kann nicht jeder Ort zu jeder Zeit erreicht werden. Wanderer nehmen die Dienste der Linienbusse in Anspruch, wenn der Ausgangspunkt einer Wanderung vom Endpunkt weit entfernt liegt und man zurück zum Mietauto gelangen muss. Entlang der Küste sind die Cars Jaunes eine Alternative, wenn es nur um den Transport von A nach B geht. Übrigens: Um den Haltewunsch anzuzeigen, klatscht man zwei-, dreimal in die Hände.

## Taxis

Taxis sind eher ein leidiges Thema auf Réunion. Abgesehen davon, dass wenige Taxis verkehren, existieren keine Rufzentralen. Um ein Taxi zu bestellen, müsste man die Privatnummer eines Unternehmers kennen und zudem Französisch sprechen. Für den Transport in unwegsame Regionen halten manche Firmen Geländewagen bereit. Im Reiseteil werden entsprechende Kontaktadressen aufgeführt.

## Hubschrauber und ULM

Weniger dem Transport als dem Sightseeing dienen die relativ teuren Helikopter- und ULM-Rundflüge. Im Hubschrauber müssen sich Flugbegeisterte den Flug mit fünf anderen Personen teilen, was bedeutet, dass nicht jeder einen Fensterplatz ergattern kann. Zudem gestaltet sich das Fotografieren schwierig wegen der Fensterscheiben. Anbieter für Helikopterrundflüge gibt es am Flughafen Saint-Pierre und am Heliport bei Saint-Gilles, für ULM-Flüge in Saint-Denis und Saint-Paul.

# Übernachten

Mangel an Unterkünften gibt es keinen, allerdings sind viele Quartiere für die vorgegebene Qualität oft überteuert. Tendenziell verfügen bessere Unterkünfte über Internetseiten, dennoch darf man den Fotos nicht immer trauen. Die im Buch angeführten Preise gelten, soweit nicht anders angegeben, für eine Übernachtung im Doppelzimmer mit Frühstück inklusive Steuern.

## Hotels und Pensionen

Vom Fünf-Sterne-Hotel Grand Hôtel du Lagon in L'Hermitage bis zu einfachen, nicht klassifizierten Herbergen reicht das Angebot. Die Preise variieren je nach Ausstattung und beginnen bei 80 € pro Doppelzimmer mit Frühstück. Es gibt relativ wenige richtige Hotelanlagen, am ehesten sind sie in Saint-Denis, an der beliebten Westküste und teilweise weiter im Süden zu finden. Obwohl die Vergabe der Sterne behördlich kontrolliert wird, entsprechen sie nicht ganz den Standards, die man

### Hochsaisons und Ferienzeiten

Réunion hat immer Saison, besonders bei den Franzosen. Als absolute Spitzenzeiten gelten Weihnachten und Ostern sowie die Sommermonate Juli und August, darüber hinaus die Schulferienzeiten im Winter (Feb./März), Frühling (April/Mai) und Herbst (Okt./Nov.). Wenn es so etwas wie eine preisgünstigere Nebensaison gibt, dann ist das noch am ehesten die Monate April bis Juni. Für die Hochsaisonzeiten sind unbedingt von Europa aus schon Reservierungen zu tätigen.

auf Mauritius oder in Mitteleuropa erwarten darf. Nicht klassifizierte Hotels und Pensionen stellen eine günstige Alternative zu den klassischen Hotels dar. Bei einer Buchung ist unbedingt nachzufragen, welche Leistungen im Preis inbegriffen sind, denn oft werden Zimmerpreise ohne Frühstück oder Steuern angegeben.

## Chambres d'hôtes

Chambres d'hôtes sind die französische Form von Bed & Breakfast mit maximal fünf Zimmern in einem Haus. Oft liegen die Zimmer direkt neben dem Privatbereich der Betreiber und häufig muss man sich das Bad und WC mit anderen Gästen teilen. In den allermeisten Fällen wird ein *table d'hôtes* angeboten, d. h. eine Mahlzeit, die die Hausherren mit den Gästen einnehmen. Das Abendessen (18–25 €) besteht aus mehreren Gängen (Aperitif, Vorspeise, Hauptspeise, Dessert, Kaffee, *rhum arrangé*). Das Frühstück sollte im Preis inbegriffen sein. Preislich liegen die Fremdenzimmer deutlich unter den Tarifen der Hotels, im Normalfall ist mit 40–80 € für zwei Personen inklusive Frühstück zu rechnen.

## Gîtes

Die Unterscheidung zwischen *gîtes* und *chambre d'hôtes* ist fließend. Meistens handelt es sich bei *gîtes* um einfache Gemeinschaftsunterkünfte mit Mehrbettzimmern und gemeinschaftlich genutzten sanitären Anlagen. In der Regel wird in *gîtes* am Abend ein Essen serviert. Die Preise rangieren zwischen 30 und 50 € für zwei Personen inklusive Frühstück. Die vorwiegend in den Bergregionen betriebenen *gîtes d'étape et de séjour* richten sich ebenso wie die *gîtes de montagne* an Wanderer, die in der Regel nur eine oder zwei Nächte bleiben. Alle *gîtes* werden in einem Verzeichnis geführt und sind über die Buchungs-Hotline der Maison de la Montagne (s. S. 31) mindestens 48 Std. im Voraus zu reservieren.

## Ferienwohnungen

Sie sind als *meublé de tourisme* oder *locations saisonnières* ausgeschildert und zählen zu den preisgünstigsten Optionen, um auf Réunion Urlaub zu machen. Sie haben eine große Tradition auf der Insel, denn insbesondere die Einheimischen und Franzosen bevorzugen diese Art der Unterbringung. Die klassischen Ferienwohnungen sind mit Miniküche, Geschirr, Fernseher, manchmal auch Waschmaschine und ähnlichen Annehmlichkeiten ausgestattet. Der Preis hängt meist von der Ausstattung ab.

In der Terminologie gibt es einige Feinheiten, die zu beachten sind. *Studios* sind günstige Miniappartements von 15–25 m², die aus einem Zimmer bestehen. Das Kürzel F1 bedeutet, dass die Ferienwohnung über ein getrenntes Schlafzimmer verfügt. F2-Wohnungen haben zwei Zimmer, F3-Wohnungen drei usw. Bei Studios und F1-Wohnungen muss mit beengten Wohnverhältnissen gerechnet werden. Platz ist auf Réunion Mangelware – deshalb hat er auch seinen Preis. Ferienwohnungen kosten ab ca. 250 € pro Woche oder ca. 40 € pro Tag. Über zahlreiche französische Internetseiten können Ferienwohnungen reserviert werden, z. B. www.amivac.fr, www.homelidays.com, www.abritel.fr, www.allonslareunion.com. Zumeist ist eine Anzahlung von 30 % zu leisten. In jedem größeren Ort finden sich übrigens Wäschereien.

# Essen und Trinken

Als kulinarisches Spiegelbild der Mischgesellschaft entwickelte sich eine Art Fusionsküche, die *cuisine créole,* die den einzelnen Ethnien, aber auch regional zur Verfügung stehenden Lebensmitteln Rechnung trägt. Daneben haben sich die indische und chinesische Küche als eigenständige Kochtraditionen erhalten.

## Carri & Co

Beim Nationalgericht *carri* handelt es sich um einen Eintopf aus fein geschnittenen Zutaten wie Tomaten, Zwiebeln und Knoblauch, woher auch der Name *(carré,* dt. geschnitten) rührt. Kurz angebratene Fleischstücke von Huhn, Ente oder Schwein, aber auch Fisch und Krustentiere sowie Gewürze wie Ingwer und Kurkuma werden untergemengt. Auf den Speisekarten der Restaurants steht beispielsweise *carri poulet* (mit Huhn), *carri saucisse* (mit Würstchen) oder *carri espladon* (mit Schwertfisch). Raffinierte Varianten verkochen Schweinefleisch mit Bananenblüten *(carri babas figues boucané)* oder die liebevoll als ›Klein-Hänschen‹ bezeichnete Jackfrucht *(carri ti'jacques)* oder Tintenfische *(carri z'ourites).* Ohne Kurkuma, dafür mit viel mehr Würze wird *rougail* zubereitet, dessen

Zusammensetzung ansonsten dem *carri* ähnelt. Am bekanntesten ist *rougail saucisse,* ein recht scharfer Eintopf mit geräucherten Würsten.

An die Zeit ohne Kühlschrank erinnert *boucané,* geräucherte Schweinebrust. Sie findet in einigen Gerichten wie in *rougail boucané* oder in Gratins Verwendung, doch so richtig als Klassiker hat sich das *boucané ti'jacques* (mit Jackfrucht) durchgesetzt. Mit dem *civet* hat ein Ragout nach französischem Vorbild in die kreolische Küche Eingang gefunden. Die Einheimischen haben ihre Vorliebe für Tintenfisch-Ragout entwickelt, weswegen *civet z'ourites* nicht auf den Speisekarten der Gasthäuser fehlen darf. Seltener findet man da schon das *civet de canard créole,* die franco-kreolische Variante von Ente in Rotwein mit Ingwer, Thymian und Kurkuma.

Ein wenig wie mitteleuropäische Wildgerichte mit indischem Einschlag schmeckt *cabri massalé* (oder *massalé de cabri),* ein Ragout mit Ziegenfleisch, dessen Name sich vom indischen Gewürz herleitet. Das dunkle Pulver aus schwarzem Pfeffer, Koriander, Nelken, Kümmel, Kardamom, Muskat und gar Zimt wurde früher traditionell im Mörser zerstampft, heute kann man es im Supermarkt kaufen. Keine kreolische Spezialität wäre ohne Beigabe von Reis, Bohnen oder Linsen *(grains)* sowie der Würzsauce *sauce rougail* komplett. Der von den Indern und Chinesen eingeführte Reis verdrängte die Süßkartoffeln *(patate),* Jamswurzeln *(igname)* oder Tarowurzeln *(songe)* als Beilage. Heute wird aber ebenso Baguette zum Essen gegessen.

## Typische Speisenfolge

Vorspeisen, Suppen oder Ähnliches waren früher unbekannt. Die Menü-folgen, die heutzutage in den Restaurants und *table d'hôtes* serviert werden, sind eine Entwicklung der jüngeren Zeit, die sich an den französischen Essgewohnheiten orientiert.

Zum Aperitif werden Appetithäppchen kredenzt, wie frittierte Bohnenbällchen *(bonbons piments),* dampfgegarte Fleischklößchen *(bouchons),* gefüllte Teigtaschen *(samoussas),* frittierte Süßkartoffeln und Tarowurzeln. Früher ein Arme-Leute-Essen, wird Taro wiederentdeckt. Ebenso kostet man sich bei den Entrees durch regionale Spezialitäten wie Salate aus Palmenherzen oder Vacoa.

Als klassische Gemüsebeilage reicht man *chouchou,* eine Christophinenart, die sich gut als Gratin zubereiten lässt. Gedünstetes Grüngemüse, *brèdes,* das spinatähnlich schmeckt, aber größtenteils aus uns unbekannten Gewächsen aus dem Garten zubereitet wird, ist ebenso beliebt. Das Geschmackserlebnis runden ein Löffel Gemüsewürzsauce *(achards)* oder scharfe Chili-Sauce *(piment)* ab. Nach dem Hauptgang, in der Regel einem *carri,* wird gerne noch ein Teller Käse aus der Region serviert. Einen Touch Exotik bringen die süßen Würzsaucen und Marmeladen, die den Käse aufpeppen. Nicht réunionesisch, aber verlockend ist der *Café gourmand.* Es handelt sich dabei um einen Espresso (oder eine Schale Kaffee), zu dem süße Häppchen serviert werden – ein raffinierter Nachtisch für Schleckermäuler.

## Obst in Gläsern

Die tropischen Fruchtsorten finden nur allzu gerne ihren Weg ins Glas – als eingemachte Früchte, Konfitüre oder Fruchtgelee. Papayas, das Fleisch der Kokosnüsse, die süßlich-scharf schmeckenden Longanfrüchte *(longani),* Lit-

Im Grand Hôtel du Lagon (L'Hermitage) wird kreolische Küche exzellent zubereitet

schis, Sternfrüchte, Ananas oder Goyaviers werden mit Vorliebe eingekocht. Die in den Höhenlagen z. B. um Plaine-des-Palmistes gedeihenden Goyaviers sind wegen ihres erdbeer-bananen-ähnlichen Geschmacks und des hohen Vitamin-C-Gehalts sehr beliebt (s. S. 279). Zwischen Juni und September schwärmen ganze Familien aus, um sie zu pflücken.

## Rum, Wein und Bier

Lokalen Rum aus Zuckerrohr selbst anzusetzen und mit eingelegten Früchten und Gewürzen zu veredeln wird von den Réunionesen wie ein Volkssport betrieben. Zwischen sechs Monaten und zwei Jahren muss der *rhum arrangé* reifen, damit sich der ganze opulente Geschmack entfaltet. Hat man erst einmal an der hochprozentigen Spezialität Gefallen gefunden, wird sie einen Réunion-Besuch unab-

lässig begleiten. Je nach Belieben trinkt man ein Gläschen zu den Vorspeisen als *apéro* oder nach dem Essen als *digestif* – oder beide Male.

So groß wie die Auswahl an Rumsorten in den Supermärkten ist, so sehr variiert die Qualität. Aus den Rückständen der Siedeprozesse z. B. wird Melasserum *(rhum de sucrerie, rhum traditionnel)* hergestellt. Direkt aus dem Zuckerrohrsaft hingegen wird der qualitativ hochwertige *vieux rhum* oder *rhum agricole* gewonnen. Er wird nur in den kleineren Destillerien wie in der Zuckerfabrik Bois-Rouge bei Saint-André, im Museum Saga du Rhum in Saint-Pierre oder in der Zuckerfabrik Gol bei Saint-Louis zum Verkauf angeboten. Bei einer Degustation kann man die unterschiedlichen Rumaromen je nach Lagerung (z. B. in Eichenfässern) oder Alter schmecken.

Weinkelterung hat auf Réunion nur rund um Cilaos Tradition. Der dort aus der Isabella-Traube gewonnene Wein weist einen hohen Alkoholgehalt auf und erinnert geschmacklich eher an einen schweren Portwein als an einen Tafelwein, da er stark mit Rohrzucker gesüßt wird. Bei regelmäßigem Genuss schädigt er außerdem aufgrund seines hohen Methanolgehalts das zentrale Nervensystem, was die Regierung in den 1990er-Jahren dazu veranlasste, seine Herstellung zu verbieten. Um den Fortbestand der diversen Weingärten zu sichern, sattelten die Weinbauern auf die in Frankreich gängigen Sorten Chenin, Malbec und Pinot Noir um und produzieren seit einigen Jahren auch akzeptablen Tafelwein. Dennoch ist der traditionelle süße Wein von Cilaos nicht von den Tischen der Cilaosiens wegzudenken.

Sehr beliebt auf Réunion ist das Inselbier der Marke Dodo. Weniger kultig, aber kräftiger im Geschmack präsentieren sich die anderen Biersorten, wie das Fischer-Bier aus Saint-Louis und das aus Mauritius importierte Phoenix-Bier. Die Mikrobrauerei Trois-Brasseurs mit Restaurants in Saint-Denis und Saint-Pierre produziert ebenfalls ausgezeichnetes Bier.

## Essen gehen

In allen größeren Orten gibt es eine relativ große Auswahl an Restaurants, Mittagsimbissen, *camionbars* oder *tables d'hôtes* (s. S. 24). In den Restaurants wird in der Regel von 11.30 bis 14 und 19 bis 21 Uhr warmes Essen serviert, nur manche Imbisse haben durchgängig geöffnet. Beliebte Snacks sind Sandwiches, überbackene Baguettes mit unterschiedlichen Füllungen wie Hühnerstücken, Mais mit Thunfisch, Steaks, Fisch oder Würsten. Essengehen ist in vielen Fällen eine teure Angelegenheit. Preislich attraktiv sind Gerichte zum Mitnehmen *(à emporter).*

# Aktivurlaub, Sport und Wellness

## Baden

Réunion verfügt über einige schöne Strandabschnitte, die zu Ferienzeiten und an den Wochenenden gut besucht sind. Wegen der tückischen Strömungen und dem scharfkantigen Korallengestein empfiehlt es sich, nur an überwachten Stränden mit Rettungsschwimmern wie z. B. in Saint-Gilles, Saint-Leu oder Saint-Pierre ins Wasser zu gehen. Nur innerhalb der Lagune L'Hermitage und La Saline-les-Bains ist gefahrloses Schwimmen möglich, ansonsten ist Vorsicht geboten.

Die Flaggen am Strand bedeuten: rot – Baden verboten, gelb – äußerste Vorsicht geboten, grün – Baden ist erlaubt.

## Canyoning

Takamaka, Fleurs-Jaunes, Ravine Blanche oder Trou de Fer sind Namen, die Canyoning-Fans aufhorchen lassen. Abseilend, kletternd, springend, rutschend, schwimmend und manchmal sogar tauchend bewegt man sich durch grandiose wasserführende Schluchten teilweise über den blanken Felsen bergabwärts. Professionelle Veranstalter gibt es in Cilaos, Hell-Bourg, Saint-Denis, im Osten und natürlich im Großraum Saint-Gilles und Saint-Leu. Eine Reservierung im Vorhinein ist zwingend notwendig, zumal die Canyoning-Routen in den Bergen liegen, die Büros sich aber in den Städten befinden.

# Gleitschirmfliegen

Anspruchsvolle Bedingungen finden Gleitschirmflieger im Inselwesten, wo in regelmäßigen Abständen sogar Etappen der Gleitschirm-Weltmeisterschaften ausgetragen werden. Das wichtigste Zentrum für Gleitschirmflug *(vol en parapente)* ist Saint-Leu, wo fast alle kommerziellen Anbieter ihre Büros haben. Obwohl es mehrere anspruchsvolle Absprungplätze gibt, z B. auf dem Maïdo, in Dos d'Ane, am Dimitile oder in Saint-Joseph am Piton de L'Entonnoir, empfiehlt es sich, erst mal die Thermik am Les Colimaçons in Saint-Leu auszuprobieren. Anfänger machen ihre ersten Flugversuche ohnehin von Saint-Leu aus.

# Golf

Es gibt Golfplätze in La Montagne, Saint-Gilles-les-Hauts und L'Etang-Salé.

# Hochseefischen

Das Zentrum für Hochseefischen *(pêche au gros)* liegt in Saint-Gilles, aber auch von Saint-Pierre und Le Port laufen Boote aus. In den besten Monaten, zwischen Oktober und Mai, starten die Fischer frühmorgens und kehren um die Mittagszeit wieder zurück. Der Fang gehört dem Schiffseigner, der ihn an die Restaurants der Umgebung verkauft. Fischereiausfahrten dauern maximal einen Tag ohne Übernachtung.

# Kite- und Windsurfen

Die Szene ist überschaubar, aber beste Bedingungen findet man je nach Windstärke in Saint-Pierre (Ravine-Blanche und Terre-Sainte), wo bereits ausgeschilderte Kite- und Windsurfer-Strände eingerichtet wurden. Daneben sieht man vereinzelt Wind- und Kitesurfer in La Saline-les-Bains (Trou d'eau) und bei Boucan-Canot.

# Klettern

In Anbetracht dessen, dass es an die 20 ausgewiesene Kletterrouten gibt, verwundert es, dass Klettern noch als Randsportart abgetan wird. Für viele Kletterer ist die Bezwingung des glatten Basalts anstatt des üblichen rauen Sandsteins sicherlich eine Herausforderung. Die Preise für Klettertouren beginnen bei 35 € für einen halben Tag. Kletterschuhe sind selbst mitzubringen, die restliche Ausrüstung wird üblicherweise gestellt. Veranstalter mit viel Erfahrung finden Interessierte in Cilaos.

# Radfahren

Das gut ausgebaute Straßennetz scheint für passionierte Radfahrer attraktiv, allerdings hat die Sache einen Haken: Enorme Höhenunterschiede sind zu bewältigen, die Sonne brennt unbarmherzig auf den Asphalt und rücksichtslose Autofahrer können Radsportler gefährden. Auch die vor einem Jahrzehnt angelegten Mountainbiking-Routen (VTT, *vélo tout terrain)* werden nur in den wenigsten Fällen gewartet, obwohl an einigen Orten noch vielversprechende Hinweistafeln stehen. Angeblich soll es an die 1500 km markierter Pisten geben, aber wirklich befahrbar sind nur wenige Abschnitte. Zudem ist die Zahl der Verleiher von hochwertigen Fahrrädern verschwindend gering. Was Veranstalter häufig anbieten, sind Downhill-Fahrten, z. B. vom Maïdo oder vom Piton de la Fournaise. Die Preise schließen Bustransport, Begleitung, Ausrüstung und Picknick mit ein.

# Rafting

Die Flüsse Rivière du Mât und Rivière des Marsouins im Osten eignen sich aufgrund der Stromschnellen für rasante Wildwasserabfahrten. Beste Bedingungen mit viel Wasser herrschen vor allem zur Regenzeit von Dezember bis März. Veranstalter haben ihre Büros in Saint-Benoît.

# Reiten

An der Anzahl der Reitställe (écurie) lässt sich erkennen, dass Reiten ein beliebter Zeitvertreib der Insulaner ist. Es gibt sie in zahlreichen Orten, meist in den Höhen, wo die Luft kühler ist und sich wunderbare Möglichkeiten für Ausritte bieten.

# Segeln

Möglichkeiten für Segeltörns ergeben sich viele: So kann man in zwei Tagen die Insel umrunden, in einem Tag nach Mauritius (108 Seemeilen) oder in eineinhalb Tagen nach Madagaskar (370 Seemeilen) segeln. Für kürzere Strecken kann man in Saint-Gilles-les-Bains einen Hobie Cat mit oder ohne Skipper mieten.

# Surfen

Die für Anfänger geeigneten Surfspots sind die Plage des Roches-Noires in Saint-Gilles-les-Bains und die Küste vor Trois-Bassins. Die restlichen Spots bei Saint-Leu, Saint-Pierre und entlang der Küste bleiben den Profis vorbehalten. Zwischen Saint-Gilles-les-Bains und Saint-Leu werden Kurse von diversen Surfschulen angeboten, wobei das größte Hindernis vermutlich die Sprache sein dürfte. Einige Lehrer sprechen ganz passabel Englisch.

# Tauchen

Insgesamt gibt es nur vier Tauchzentren auf der Insel: Saint-Gilles, Saint-Leu, L'Etang-Salé und Saint-Pierre. Trotz der starken Strömungen ist die Beliebtheit von Saint-Gilles bei Tauchern ungebrochen, da sich vor der Küste größere Fischschwärme präsentieren. Saint-Leu punktet mit farbenprächtigeren und intakteren Korallenriffen, außerdem kommen durch die geschützte Lage seltener Strömungen vor, was besonders für Anfänger oder Tauchkursabsolventen angenehm ist.

Seriöse Tauchschulen, die die französischen Gesetze achten, sind verpflichtet, von Anfängern ein maximal drei Monate, von Fortgeschrittenen ein maximal ein Jahr altes ärztliches Attest einzufordern. Denn während PADI, der weltweit größte Tauchverband, nach amerikanischer Sitte auf die Selbstverantwortung pocht, verlangt der französische Tauchverband (FFESSM) von den angeschlossenen Tauchschulen, dass sie die Verantwortung für den medizinischen Zustand ihrer Taucher übernehmen. Wer ohne ärztliches Attest nach Réunion reist, kann dies notfalls auch vor Ort von einem Hausarzt (généraliste) ausstellen lassen (um die 30 €).

# Wandern

Ein dichtes, gut gepflegtes Wegenetz, gute Beschilderungen und vor allem sensationelle Landschaften und Panoramen machen Wandern auf Réunion zum unvergesslichen Erlebnis. Neben botanischen Lehrpfaden, Spazierwegen und Tagesstrecken gibt es die Weitwanderwege GR R1 und GR R2 (GR = *Grande Randonnée).* Sie durchqueren die ganze Insel und sind weiß-rot markiert. Entlang der Routen gewähren Berghütten Unterkunft. Zur Regenzeit (Januar–April) empfehlen sich Wanderungen eher nicht, da die Wege sumpfig und teilweise von Erdrutschen verlegt sind, außerdem ist mit plötzlich anschwellenden Bergbächen zu rechnen. Während dieser Monate ist ein Anruf beim Office Nationale des Forêts (Tel. 0262 37 38 39, www.onf.fr/la-reunion), dem Forstamt, ratsam.

## Maison de la Montagne

Landläufig als Maison de la Montagne bekannt ist die Reservierungszentrale für die Bergunterkünfte. Reservierungen können entweder direkt online oder per Telefon oder über eines der zahlreichen Fremdenverkehrsämter getätigt werden.

**Centrale de Réservation de l'Île de la Réunion Tourisme**
5, rue Rontaunay, Saint-Denis
Tel. 0262 90 78 78
resa@reunion-nature.com
www.gitesdefrance.re
Mo–Fr 9–16, Sa 9–12.30 Uhr

## Wanderkarten

Die besten Wanderkarten werden vom Pariser Institut Géographique National (IGN) herausgegeben. Auf sechs verschiedenen, detaillierten Karten ist die Insel abgebildet (4401RT bis 4406RT). Ohne IGN-Wanderkarten sollten keine längeren Wanderungen unternommen werden. Zu erwerben sind sie auf Réunion in Buchhandlungen, im Supermarkt und manchmal in den Fremdenverkehrsbüros.

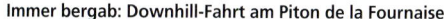

**Immer bergab: Downhill-Fahrt am Piton de la Fournaise**

# Feste und Unterhaltung

## Ethnische Feste

So bunt wie die Bevölkerung auf Réunion sind auch die Feste. Besonders spektakulär begehen die hinduistischen Tamilen ihre Feiertage mit Prozessionen, Tanz und Musik. So wird beim Fest zu Ehren der Göttin Pandialée z. B. ein **Feuerlauf** *(Marche sur le feu)* veranstaltet. Nach einer 21 Tage dauernden Fasten- und Betzeit *(carême)*, während der die Gläubigen weder Fleisch essen noch sexuell aktiv sein dürfen, überqueren sie barfuß glühende Kohlen – ohne sich zu verbrennen. Beim Büßerfest **Cavadee** tragen die Männer auf ausgedehnten Prozessionen schwere Holzaltäre und durchstechen ihre Haut mit unzähligen Nadeln, an die sie Zitronen hängen. Das Lichterfest **Dipavali** oder **Neujahr** feiern die Tamilen mit Musik, Tanz und kulinarischen Köstlichkeiten. Der chinesische Teil der Bevölkerung begrüßt das neue Jahr mit Drachenumzügen und ehrt den Heiligen **Guan Di** mit Tanz und Musik, Speisen und Aufführungen. Alle Bewohner sind am **20. Dezember** vereint, wenn mit Musik und Straßenfesten der Abschaffung der Sklaverei gedacht wird (s. S. 63).

## Musik- und Kulturfestivals

### Leu Tempo Festival
Neben dem Sakifo (s. S. 77) hat sich das Tempo Festival zum bedeutendsten Musik- und Kunst-Festival der Insel entwickelt. Jeweils eine Woche im Mai verwandeln sich die Straßen von Saint-Leu zur Bühne von Akrobaten, Artisten, Musikanten und Gauklern. Groß und Klein ist auf den Beinen, wenn Tanz-Workshops, Konzerte, Theater-

aufführungen, Zirkusnummern, Pantomime-Darbietungen, Puppentheater und noch vieles mehr geboten wird. Die umtriebige Kulturinitiative Le Séchoir hat das Festival ins Leben gerufen und organisiert es auch. Manche Programmpunkte sind gratis, für andere müssen Tickets gekauft werden (zwischen 4 und 20 €). Unterkünfte im Umkreis von Saint-Leu sollten rechtzeitig gebucht werden.

### Manapany Surf Festival
Ein kleineres Kultur- und Musikfestival findet jeweils im September in Manapany-les-Bains unweit von Saint-Joseph statt. Obwohl das Manapany Surf Festival in erster Linie als Sportveranstaltung für Surfbegeisterte geführt wird, hat es sich in den letzten Jahren zu einem angesagten, zweitägigen Musikfestival gemausert, wo hippe junge Bands und etablierte Musiker gleichermaßen auftreten (Zwei-Tages-Pass im Vorverkauf 25 €).

### Le Grand Boucan
Sicherlich nicht so spektakulär wie Karnevalsumzüge in Lateinamerika, aber dennoch sehenswert ist der alljährlich im Juni stattfindende Karnevalsumzug in Saint-Gilles-les-Bains. Höhepunkt des Umzugs, wo verkleidete Menschen auf geschmückten Wagen an den Zuschauern vorbeidefilieren, ist die Verbrennung des Königs Dodo *(le roi Dodo)* am Strand von Roches-Noires und das nachfolgende Feuerwerk.

## Sportevents

Die Insel der Extreme scheint ein guter Nährboden für Extremsport zu sein. Die bekannteste Extremsportveran-

# Festkalender

## Januar

**Marche sur le feu:** in verschiedenen Gemeinden. Feuerlauf (s. S. 32).

**Fête de Karli:** in Bois-Rouge. Schlachtung von mehr als 1000 Opfertieren.

**Fête du Pongol:** Mitte Januar, in Saint-Louis und Saint-Benoît. Indisches Erntedankfest.

## Februar

**Nouvel An chinois:** in Saint-Denis und Saint-Pierre. Chinesisches Neujahr mit Umzügen (s. S. 32).

**Cavadee:** in Saint-André und Saint-Louis. Büßerfest (s. S. 32).

## April

**Nouvel An tamoul:** auf der ganzen Insel. Tamilisches Neujahr (s. S. 32).

**Cavadee:** in Saint-Pierre. Büßerfest (s. S. 32).

## Mai

**Leu Tempo Festival:** in Saint-Leu. Wichtigstes Musikfestival (s. S. 32).

**Cavadee:** in Saint-Leu, Saint-Paul. Büßerfest (s. S. 32).

## Juni

**Le Grand Boucan:** in Saint-Gilles-les-Bains. Karneval (s. S. 32).

## Juli

**Marche sur le feu:** in Saint-Leu und Sainte-Rose. Feuerlauf (s. S. 32).

## August

**Sakifo Festival:** in Saint-Pierre. Musik- und Kunstfestival (s. S. 77).

**Le Guan Di:** in Saint-Denis, Saint-Pierre, Saint-André. Chinesisches Hochfest mit Tänzen, Musik, Speisen und Aufführungen (s. S. 32).

**Cavadee:** in Saint-Denis. Büßerfest (s. S. 32).

## September

**Fête de Notre-Dame-de-la-Salette:** in Saint-Leu. Hochfest des wichtigsten Schutzpatrons der Insel (s. S. 134).

**Manapany Surf Festival:** in Manapany-les-Bains. Sportwettbewerb mit Kultur- und Musikveranstaltungen (s. S. 32).

## Oktober

**Le Grand Raid:** Ultra-Cross-Lauf quer über die Insel, Start Saint-Philippe, Ziel Saint-Denis (s. S. 33).

## November

**Dipavali:** in Saint-André, Saint-Paul, Saint-Louis, Saint-Pierre, Saint-Denis. Indisches Lichterfest mit Musik (s. S. 32).

## Dezember

**Fête du 20 décembre 1848 (Fête des Cafres):** überall auf der ganzen Insel wird der Tag der Abschaffung der Sklaverei gefeiert (s. S. 63).

**Marche sur le feu:** in La Possession und Saint-André. Feuerlauf (s. S. 32).

staltung ist der Ultra-Cross-Lauf **Grand Raid** quer über die Insel jeweils im Oktober. 168 km und 9500 Höhenmeter müssen bei der Diagonale des Fous von den ›Verrückten‹ bewältigt werden. Die Schnellsten laufen die Distanz in 20–22 Std. Im Dezember findet im Westen der Mountainbike-Contest **Mégavalanche** statt. Dabei muss der Maïdo bergab bezwungen werden. Beim Teamgroßwettkampf **Réunion d'Aventures** im Mai ist die Vielseitigkeit (Wandern, Orientierungslauf, Canyoning etc.) der 30 Teams gefragt.

# Reiseinfos von A bis Z

## Apotheken

Exzellent sortierte Apotheken *(pharmacie)* befinden sich in jedem kleinen Dorf. Man erkennt sie am leuchtenden grünen Kreuz. Neben Medikamenten und Heilbedarf führen sie Sonnencremes, Kontaktlinsenzubehör, Zahnseide, Mundwasser und andere Dinge, die es bei uns eher in Drogerien zu kaufen gibt. Spezielle Präparate oder homöopathische Mittel sollten aber von zu Hause mitgebracht werden.

## Ärztliche Versorgung

An niedergelassenen Ärzten, Zahnärzten, Krankenhäusern, Privatkliniken, Masseuren oder Physiotherapeuten mangelt es nicht. Im Normalfall sind Erkältungskrankheiten (verursacht durch Klimaanlagen und Klimawechsel), Sonnenbrand bzw. -stich sowie Verletzungen des Bewegungsapparates die größten gesundheitlichen Gefahren dar.

EU-Bürger sollten die Europäische Krankenversicherungskarte (EHIC) mit sich führen. Bei in Deutschland gesetzlich Versicherten ist sie automatisch auf der Rückseite der Versichertenkarte aufgedruckt. Die Behandlung muss zunächst vor Ort bezahlt werden, wird aber von der Krankenversicherung im Nachhinein zurückerstattet. Da der Rücktransport nicht durch die EHIC-Karte abgedeckt ist, empfiehlt es sich, eine private Reiseversicherung abzuschließen. Kreditkartenbesitzer erhalten mit der Kreditkarte einen umfassenden Reiseschutz, der teilweise mit den Leistungen, die in den Reiseversicherungen üblicherweise eingeschlossen sind, identisch ist.

## Diplomatische Vertretungen

**Deutsches Konsulat**
9c, rue de Lorraine
97400 Saint-Denis
Tel. 0262 21 62 06
h.mellano@wanadoo.fr

**Schweizer Konsulat**
107, chemin Crève Cœur
97460 Saint-Paul
Tel. 0262 45 55 74

**Österreichische Botschaft**
6, rue Fabert
75007 Paris
Tel. 033 01 40 63 30 63, 033 01 40 63 30 90 (Konsularabteilung)
Fax 033 01 45 55 63 65
paris-ob@bmeia.gv.at
Österreich unterhält auf Réunion keine eigene Landesvertretung. Zuständig ist die Botschaft in Paris.

## Feiertage

**1. Januar:** Neujahr
**März/April:** Ostermontag
**1. Mai:** Tag der Arbeit
**8. Mai:** Tag des Sieges von 1945 (Kriegsende)
**Mai/Juni:** Christi Himmelfahrt, Pfingstmontag
**14. Juli:** Nationalfeiertag
**15. August:** Mariä Himmelfahrt
**1. November:** Allerheiligen
**11. November:** Waffenstillstand von 1918
**20. Dezember:** Tag der Abschaffung der Sklaverei (wichtigster lokaler Feiertag)
**25. Dezember:** Weihnachtsfeiertag

## Elektrizität

Die elektrische Versorgung entspricht europäischem Niveau, außer in abge-schiedenen Regionen. Die Stromspan-nung beträgt 220 Volt. Adapter wer-den nicht benötigt.

## Geld

Offizielles Zahlungsmittel ist der Euro. Die Bankendichte (Mo–Fr 8–16 Uhr) ist äußerst hoch, sollte es in einem Berg-dorf keine Bankfiliale geben, so exis-tiert zumindest ein Geldausgabeauto-mat (meist in der Nähe der Post). Allerdings ist der bargeldlose Zah-lungsverkehr mit der Bankkarte z. B. an den Supermarktkassen nicht über-all möglich. In solchen Fällen werden aber meist Kreditkarten wie die Mas-tercard, Visacard und American Ex-press problemlos akzeptiert.

Die Réunionesen verwenden noch Schecks. Manche Vermieter von Feri-enwohnungen verlangen Schecks als Sicherheit. Das Problem kann durch kostenfreie EU-Standardüberweisun-gen oder eben die Buchungen über einen professionellen Veranstalter (s. S. 15) gelöst werden.

## Kinder

Réunion ist ein ausgesprochen kinder-freundlicher Flecken, schon allein weil die kreolischen und französischen Fa-milien selbst oft kinderreich sind. Kin-der sind überall gern gesehen, Extra-Betten *(lit supplémentaire)* werden meist verrechnet. Üblicherweise erhal-ten Kinder vergünstigte Tarife – in den Restaurants, Hotels, bei Aktivitäten, Eintritten etc. Für die Kleinen ist Ré-union ein Abenteuerparadies ohne große Gefahren: Plantschen, Schnor-

### Chikungunya-Fieber

2005/2006 grassierte eine Chikungu-nya-Epidemie auf der Insel, bei der Schätzungen zufolge die Hälfte der In-selbevölkerung und auch Touristen er-krankten. Obwohl die Gefahr nun ge-bannt ist, kommt es saisonal noch ver-einzelt zu Krankheitsfällen. Der einzige wirksame Schutz gegen Chi-kungunya-Fieber ist ein konsequenter Mückenschutz. Bei guter gesundheitli-cher Verfassung sollte Chikungunya aber kein Problem darstellen.

cheln und vielleicht Surfen im Westen machen genauso viel Spaß wie leichte Wanderungen in den Höhen, Ausritte und Besuche von Abenteuerspielplät-zen, Wasserparks und Hindernispar-cours. Einige Hotels haben sich auf Fa-milien mit Kindern spezialisiert.

## Medien

Die beiden wichtigsten Tageszeitun-gen mit Lokalkolorit sind Le Quotidien und Le JIR (Journal de l'île de la Ré-union). Die öffentlich-rechtliche Rund-funkanstalt Réseau France outre-mer (RFO) sendet Radio- und Fernsehpro-gramme in den Überseedepartements. Nicht nur die Fernsehsender Téle Ré-union und Tempo Réunion, sondern auch der Radiosender Radio Réunion sind ihr angeschlossen. Antenne Ré-union, die einzige wirkliche lokale Fernsehanstalt, bannt täglich um 19 Uhr die meisten Zuschauer mit der Nachrichtensendung JT *(journal télé-visé)*. Per Satellit übertragen werden natürlich französische TV-Programme wie TV5Monde, France 24, TF1 – aller-dings verfügen nicht alle Ferienwoh-nungen und Pensionen über alle Ka-näle. Deutschsprachige Sender wird

**Bunte Tücher sind schöne Souvenirs, stammen aber meist aus Indien**

man auch in den höherklassigen Unterkünften kaum finden.

Mit über 40 Sendern präsentiert sich die Radiolandschaft, zu den beliebtesten zählt Radio Freedom, vor allem weil das Radioprogramm direkt von den Zuhörern gestaltet wird und sie live mit den Moderatoren telefonieren. Andere Sender, wie Kreol FM, senden hauptsächlich lokale Musik, Chérie spielt Schmusesongs, oder NRJ (ausgesprochen ›enerschik‹) konzentriert sich auf Pop- und Rockmusik.

## Internet

Mit dem Unterseeglasfaserkabel ist Réunion zwar an das europäische Datennetz angeschlossen, aber die Réunionesen beklagen, dass das Internet im Vergleich zum Mutterland relativ teuer ist und bei weitem nicht die Bandbreite wie in Europa hat. In vielen Unterkünften steht Wireless LAN (Wifi) den Gästen gegen Aufpreis zur Verfügung. Öffentliche Internetcafés sind rar, hin und wieder finden sich gegen Gebühr Computer in Cafés oder Pubs.

## Notruf

**Polizei:** Tel. 17
**Feuerwehr:** Tel. 18
**Rettung (SAMU):** Tel. 16

## Öffnungszeiten

Im Allgemeinen muss man damit rechnen, dass man an Sonn- und Montagen vor verschlossenen Türen steht. Eine Mittagspause von 11.30–14 Uhr ist in Büros, Geschäften, Fremdenverkehrsämtern und Autovermietungen durchaus üblich. Wer nach 14 oder 21 Uhr hungrig wird, muss sich eventuell selbst versorgen. Zahlreiche Restaurants schließen ihre Küche zu dieser Zeit.

Viele Dienstleister sind in den Schulferien nicht zu erreichen. Dafür sind die Bäckereien und Supermärkte an Sonntagvormittagen geöffnet, bleiben dafür aber montagvormittags zu.

## Post

Postämter gibt es flächendeckend in jedem größeren Ort (Mo–Fr 8–12, 14–17, Sa 9–12 Uhr), je weiter weg sie von Ballungsräumen liegen, desto eingeschränkter sind die Öffnungszeiten. Für Postsendungen nach Europa muss mindestens eine Woche veranschlagt werden, da der gesamte Postverkehr über Paris abgewickelt wird. In Frankreich ist es üblich, Postkarten in Kuverts zu versenden, weswegen es dafür auch keine günstigeren Tarife als die üblichen Brieftarife (1 €) gibt. Beim Kauf von Karten erhält man automatisch Kuverts. Außer in Postämtern kann man Briefmarken vereinzelt in Tabak- und Zeitschriftenläden kaufen.

## Reisekasse und Preise

Buchstäblich alles, angefangen beim Flug über Unterkünfte bis hin zu Abendvergnügungen oder Restaurantbesuchen, sprengt den mitteleuropäischen Rahmen bei weitem. Die meisten Waren müssen von weit her importiert werden und kosten inklusive der Importsteuer um 30–40 % mehr als in Frankreich. Ein Réunion-Urlaub kommt von April bis Juni am günstigsten, am teuersten von Oktober bis Dezember. Im Juli und August erreichen die Flugtickets von Paris aus den alljährlichen Preiszenit: Der Staat muss für seine auf Réunion stationierten Beamten Flugtickets kaufen, was die Preise in schwindelerregende Höhen steigen lässt.

Mittagsmenüs in Gasthäusern kosten 5–15 €, Snacks wie Sandwiches oder belegte Baguettes kosten nur wenige Euro. Am Abend ist mit höheren Preisen zu rechnen, von 15–18 € für kreolische Küche bis zu 25–50 € für gehobene Zubereitungen. Wer ein gewisses Maß an Sauberkeit und Standard wünscht, muss mit mindestens 40 €, eher mit 60 € aufwärts pro Zimmer rechnen. Bei preisgünstigeren *gîtes* und *chambres d'hôtes* muss man Abstriche bei Ausstattung und Sauberkeit machen. Bei Wanderungen ist es allerdings manchmal unvermeidbar, in ungepflegten Berghütten zu übernachten.

## Reisen mit Handicap

Einzelne Hotels und Pensionen, Strände, touristische Betriebe und so-

### Spartipps

Viele Picknickplätze machen es einfach, mittags günstig zu essen – entweder mit einer mitgebrachten Jause oder aber warmen Speisen wie Pizza (8 €) oder *carri à emporter* (ab 5 €). An Wochenenden bauen Hähnchenbrater schon früh ihre Verkaufsstände auf – wer Lust auf ein gebratenes Hähnchen hat, sollte schon vor 11 Uhr zuschlagen. Die günstigsten Unterkünfte sind Ferienwohnungen (s. S. 25).

Mit der Karte **Le Passeport Gourmand** erhält man zum Preis von einmaligen 55 € Rabatte von 50 % für 2 Personen, 40 % für 3 Personen und 30 % für 3 Personen in Restaurants, Unterkünften, Freizeit- und Wellnesseinrichtungen. Er ist beispielsweise in den Tourismusbüros von Saint-Denis, La Possession, Saint-Pierre, Cilaos oder Saint-Gilles erhältlich (www.passeportgourmand-reunion.fr).

gar Sehenswürdigkeiten, z.B. der Maïdo, haben sich auf gehbehinderte oder rollstuhlfahrende Urlauber eingestellt. Strände mit dem Label Handiplage sind entsprechend mit Rampen in den Sand, behindertengerechten Sanitäranlagen sowie Behindertenparkplätzen ausgestattet. Ausgebildete Rettungsschwimmer *(maîtres nageurs)* stehen zur Verfügung, die mit der Bedienung des Tiralos, eines schwimmfähigen Dreirad-Rollstuhls, vertraut sind. Zu den ausgewiesenen Handiplages zählen der Strand von Saint-Leu (Eingang beim Sportplatz unweit vom Lokal Le Zat, direkt neben dem Turm der Rettungsschwimmer), der Strand Les Dauphins in Saline-les-Bains und der öffentliche Strand in Saint-Pierre. Mit der Tauchschule Excelsus in Saint-Leu ist barrierefreies Tauchen möglich.

## Sicherheit

Réunion ist nicht sicherer oder unsicherer als andere Destinationen. In den letzten Jahren mehren sich Diebstahldelikte. Der Großteil der Überfälle, Diebstähle und auch Morde geschieht in ganz normalen Wohngegenden. Außerdem hat die Beschaffungskriminalität von Drogensüchtigen in den letzten Jahren zugenommen. Touristen werden von dieser Kriminalität in den meisten Fällen nichts spüren. Dennoch ist es sicherlich nicht falsch, abends und in der Nacht einsame Plätze und Straßen zu meiden. Wertgegenstände dürfen keinesfalls im Auto gelassen werden (Kamera, Bargeld, Mobiltelefon). Wanderungen sollten generell nicht alleine unternommen werden. Den Wagen unbewacht mehrere Tage in freier Natur stehen zu lassen, ist ebenfalls nicht ratsam.

## Souvenirs

Da nur wenige Dinge tatsächlich auf der Insel gefertigt werden, ist die Auswahl an inseltypischen Erzeugnissen klein. Die kreolische Volkskunst ist nur noch in den Bergen lebendig, doch in vielen Fällen nicht immer tauglich für moderne, europäische Haushalte (z.B. die Stickereien von Cilaos oder die Vacoa-Korbwaren des Südens).

In jedem Fall lohnenswerte Souvenirs stellen landwirtschaftliche und kulinarische Produkte dar, darunter die Vanille, Gewürze wie Kurkuma oder rosa Pfeffer, Rum und Rumprodukte, Gelees und Marmeladen, Achards-Gläschen, Würzsaucen oder Pimentconfit, Parfümessenzen und ätherische Öle. Ebenso kommen die beliebten T-Shirts mit den Inselmotiven und den kreolischen Wortspielen in Frage, z.B. von den Marken Pardon oder L'Effet Pei. Die meisten Textilien oder bunten Flechtwaren stammen hingegen aus Indien, zahlreiche Kunsthandwerkserzeugnisse aus Madagaskar.

## Telefonieren

**Vorwahl von Deutschland:** 0049
**Vorwahl von Österreich:** 0043
**Vorwahl der Schweiz:** 0041
**Vorwahl Réunion:** 0262
Festnetzanschlüsse beginnen ebenso mit 0262, sodass man bei Anrufen nach Réunion diese Zahlenkombination doppelt wählen muss. Das Mobilfunknetz (SFR, Orange Réunion, Only) ist flächendeckend ausgebaut, Mobilnummern beginnen mit 0692 oder 0693. Telefonkabinen mit *télécartes,* die an den Kiosken und bei der Post erhältlich sind, gibt es nur mehr vereinzelt. Für Notrufe oder Ähnliches empfiehlt sich die Mitnahme eines freigeschalteten Mobiltelefons. In den

Städten finden sich SFR- und Orange-Shops, wo man für ca. 15 € eine SIM-Karte samt 5 € Gesprächsgebühr erwerben kann. Beim Kauf wird ein Personalausweis oder Reisepass verlangt, außerdem muss man eine Adresse auf Réunion nennen. Guthaben sind in allen Supermärkten, Zeitungs- und Buchläden sowie zahlreichen anderen Verkaufsstellen erhältlich. Nach sechs Monaten ohne Anruf wird die Nummer automatisch ungültig.

## Trinkgeld

Trinkgeld (pourboire) ist an und für sich keine große Sache auf Réunion. Als Trinkgeld verbleiben ein paar Münzen auf dem Tisch, bloß das Wechselgeld als Trinkgeld zu belassen ist unhöflich. Überhaupt wird nicht so viel Trinkgeld wie in Deutschland oder Österreich gegeben, es ist überdies im Preis meist schon inbegriffen.

## Trinkwasser

Offiziell heißt es, dass das Trinkwasser nach französischem Vorbild aufbereitet wird und keine Gesundheitsgefährdung darstellt. Es ist daher grundsätzlich möglich, das Wasser aus der Leitung zu konsumieren. Dennoch ist es in vielen Regionen stark gechlort. Manchmal, je nach Witterung und Menge der Regenfälle, kann die Wasserqualität nicht aufrechterhalten werden. Viele Réunionesen kaufen daher im Supermarkt lieber abgepacktes Wasser.

## Umgangsformen

Außer wenn es sich um religiöse Stätten handelt, gibt es wenige Fettnäpfchen, in die Mitteleuropäer treten kön-

nen. Die Umgangsformen sind französisch, die allgemeine Etikette ebenso. Korrekterweise sollte man statt eines schmucklosen »bonjour« besser »bonjour, Madame, bonjour, Monsieur« oder »bonjour, messieurs dames« sagen. So viel Zeit gebietet die französische Höflichkeit. Wer zum Apéro (Aperitif) geladen wird, kommt besser satt und gegen 18, 19 Uhr zur Einladung. Beim Apéro werden neben Alkohol auch kleine Häppchen gereicht, aber nach spätestens zwei Stunden erwarten die Gastgeber, dass der Besuch sich verabschiedet. In Restaurants werden keine getrennten Rechnungen ausgestellt. Einer zahlt stets für alle am Tisch. Da Pünktlichkeit schon in Frankreich keine große Tugend ist, sollte man dies auch nicht für Réunion erwarten. Termine, Veranstaltungen oder gesellige Zusammenkünfte starten selten pünktlich. Anders ist die Lage beim Nachhausegehen – da schließen die Läden, Restaurants und Autovermietungen überpünktlich.

In den Gaststätten herrscht striktes Rauchverbot, doch dürfen rauchende Besucher darauf hoffen, dass die Gesetze gerne in Eigenregie korrigiert werden. Hinduistische Tempel sowie katholische Kirchen verlangen dezente Bekleidung, die Knie und Schultern bedeckt. Vor den heiligen Innenräumen eines Tempels müssen die Schuhe abgestreift werden. Einige Moscheen stehen Besuchern nach den Gebetsstunden offen, im Zweifelsfall sollte man genau nachfragen.

## Zeit

In der mitteleuropäischen Sommerzeit (MESZ) ist Réunion zwei Stunden voraus, im Winter drei Stunden. Auf der Insel selbst wird nicht auf Sommerzeit umgestellt.

# Panorama – Daten, Essays, Hintergründe

Urwaldkulisse auf dem Weg zur La Roche Ecrite

# Steckbrief Réunion

**Lage und Fläche:** Réunion liegt im Indischen Ozean und gehört zum Maskarenen-Archipel, das aus Réunion, Mauritius und Rodrigues besteht. Die Insel liegt auf 55° 29' östlicher Länge und 21° 5' südlicher Breite, ca. 680 km östlich von Madagaskar und 180 km südwestlich von Mauritius. Réunion ist 72 km lang und 51 km breit, verfügt aber wegen des zerfurchten Reliefs über eine Fläche von 2512 km², was der Größe Luxemburgs entspricht.
**Einwohner:** 808 250 (Stand 2011)
**Inselhauptstadt:** Saint-Denis (144 300 Einw.)
**Weitere Orte:** Saint-Paul (mit Saint-Gilles 103 000 Einw.), Saint-Pierre (76 300 Einw.), Saint-André (53 000 Einw.)
**Währung:** Euro
**Zeitzone:** UTC +4 , April–Okt. +3 Std., ansonsten +2 Std. zu Mitteleuropa

## Geografie und Natur

Réunion ist vulkanischen Ursprungs und wird aus zwei Vulkanen gebildet, wobei einer noch äußerst aktiv ist. Die höchste Erhebung ist der Piton des Neiges mit 3071 m, der die drei Cirques Cilaos, Mafate und Salazie wie ein Kleeblatt um sich schart. Sehr zur Freude der Wanderer bietet das gebirgige Relief viele Möglichkeiten für Touren. Der aktive Vulkan Piton de la Fournaise und seine Lavaströme können gefahrlos besucht werden. Zwei markante Klimazonen sorgen für unterschiedlich hohe Regenmengen im Osten und im Westen, was drastische Unterschiede in der Vegetation zur Folge hat. Zudem gibt es je nach Seehöhe unterschiedlichste Vegetationstypen – von der Savanne bis zu Heidekraut-Steppen. Der Großteil der einzigartigen, teilweise endemischen Vegetation wurde dem wirtschaftlichen Gewinnstreben (Monokulturen) geopfert, nur wenige ursprüngliche Naturräume konnten erhalten bleiben, z.B. der Bergregenwald von Bébour-Bélouve. 2007 wurden über 40 % der Insel als Naturpark ausgewiesen; 2010 erhielten die Kernzonen des Naturparks die Anerkennung als UNESCO-Weltnaturerbe.

## Geschichte und Kultur

Viele Jahrhunderte war Réunion unbesiedelt und nichts als ein bequemer Zwischenstopp auf dem Seeweg nach Asien. Als die französische Vormachtstellung im indischen Ozean erstarkte, geriet auch Réunion in den französischen Einflussbereich, zuerst als Kolonie, später als Teil des Staates. Primär wurde Réunion für wirtschaftliche Zwecke ausgebeutet, für den Anbau von Kaffee, später von Zuckerrohr und Vanille. Der einstige Reichtum der Insel begründete sich in erster Linie auf der Sklaverei. Afrikaner, Inder, Chinesen und Europäer besiedelten Réunion und vermischten sich, was die markante *métissage* der Bevölkerung ausmacht. Es entstand die kreolische Sprache und Kultur.

## Politik und Verwaltung

Seit dem 19. März 1946 ist Réunion ein französisches Überseedepartement, das seit 2003 nur mehr als La France d'Outre Mer (DOM) bezeichnet wird. Ein Präfekt steht an der Spitze, dem ein Generalrat (frz. *Conseil général)* mit 44 gewählten Mitgliedern und ein Regionalrat (frz. *Conseil régional)* mit 45 Mitgliedern zur Seite steht. Réunion entsendet fünf Abgeordnete in die französische Nationalversammlung (frz. *Assemblée nationale)* und drei in den Senat (frz. *Sénat).* Réunion ist durch seine Zugehörigkeit zu Frankreich Teil der Europäischen Union.

## Wirtschaft und Tourismus

Réunion ist stark vom Mutterland Frankreich und von der EU abhängig: Die Einfuhren nach Réunion überstiegen im Jahr 2007 die Ausfuhren um das Fünfzehnfache. Heute ist Réunion zudem einer der größten Subventionsempfänger von Frankreich und der EU. Wichtigster Wirtschaftszweig ist die Landwirtschaft, vor allem die Produktion von Rohrzucker und Rum, tropischen Früchten und Vanille. Die regionale Kaufkraft liegt bei 61,6 % des Durchschnitts der EU. Die Arbeitslosenquote beläuft sich auf mehr als 30 % und stellt somit die höchste regionale Arbeitslosenzahl Frankreichs dar. Im Schatten der Strände von Mauritius oder den Seychellen stehend, entwickelt sich der Tourismus nur langsam. Ein großes Handicap stellt das hohe Preisniveau und die französische Sprache dar.

## Bevölkerung und Sprachen

Die Bevölkerungszahlen sind stark steigend (1,5 % pro Jahr). 2006 wohnten knapp 788 000 Menschen auf Réunion, 2011 sind es über 808 000. Über die ethnischen Zugehörigkeiten gibt es

nur Schätzungen: 45 % der Bevölkerung sollen madagassischer und afrikanischer, 25 % indischer, 25 % europäischer und 3 % chinesischer Abstammung sein. Laut Prognosen sollen 2030 1 Mio. Menschen auf der Insel leben. Im Privaten sprechen die Réunionesen die Mischsprache *créole* (dt. Kreolisch, s. S. 74). Französisch ist die offizielle Landessprache.

## Religion

Weil alle Sklaven ohne Ausnahme zwangskatholiziert wurden, bekennt sich die große Mehrheit der Bevölkerung zum römisch-katholischen Glauben. Erst nach Abschaffung der Sklaverei wurde den indischen Vertragsarbeitern die Religionsausübung erlaubt, was die große Anzahl von Hindus und Muslimen erklärt. Unter den Chinesen gibt es einige wenige Buddhisten. Dennoch ist der Aberglaube neben den institutionellen Konfessionen weit verbreitet.

**Réunion**

43

# Geschichte im Überblick

### Entdeckungszeit

**1186** Erste arabische Aufzeichnungen erwähnen eine Insel namens Dina Morgabim.

**1504** Der portugiesische Seefahrer Diego Fernandez Pereira landet ungeplant am 9. Februar auf Réunion. Er nannte die Insel Santa Apollonia. Wenige Tage später entdeckte er Mauritius.

**1513** Auf der Suche nach einem alternativen Seeweg nach Indien fährt der portugiesische Seemann Pedro Mascarenhas über das Kap der guten Hoffnung und erreicht das Archipel, das nach ihm benannt wird.

**1638** Das bretonische Schiff ›Saint-Alexis‹ ankert am 29. Juni vor Possession und nimmt die Insel in Besitz.

**1642** Im Namen der französischen Krone wird die Insel ein zweites Mal besetzt, diesmal von Saint-Paul aus. Zum Ruhme des Sonnenkönigs Ludwig XIV., der dem Adelsgeschlecht der Bourbonen entstammt, wird sie Île Bourbon getauft.

**1663** Am 10. November gehen zwei Siedler mit sechs madagassischen Dienern, darunter drei Frauen, bei der Grotte des Premiers Français im heutigen Saint-Paul an Land. Der erste französische Stützpunkt im Indischen Ozean wird gegründet.

### Die Jahre der Französischen Ostindien-Kompanie

**1664** Die Französische Ostindien-Kompanie wird gegründet. Das Handelsunternehmen erhält das Monopol auf den Handel, ein Besitzrecht auf eroberte Gebiete und sogar eine eigene Gerichtsbarkeit.

**1665** Als erster Gouverneur einer französischen Kolonie im Indischen Ozean legt Etienne Regnault mit 20 weiteren Siedlern den Grundstein für das erste Dorf an den Ufern des Etang de Saint-Paul.

**1667–1704** Etienne Regnault gründet 1667 die beiden Siedlungen Saint-Denis und Sainte-Suzanne. Als sich Frankreich 1669 aus Madagaskar zurückzieht, bleiben die Siedler auf Bourbon. 1671 zählt die Inselbevölkerung 76, 1686 schon 216 Personen. 734 Siedler sind es im Jahr 1704.

**1715** Sechs Mokka-Kaffeepflanzen gelangen auf die Île Bourbon.

**1717** Jeder Siedler, der 100 Sträucher Kaffee anbaut, erhält seine eigene, kleine Plantage. Das Modegetränk in den Pariser Salons bringt der Kompanie rasch satte Gewinne.

| 1723 | Für die Arbeit auf den Plantagen werden bis 1735 jährlich an die 1500 Sklaven aus Madagaskar, Afrika und Indien importiert. |

| 1723 | Der Code Noir tritt in Kraft. Das Gesetz regelt den Umgang mit Sklaven und vereinheitlicht die Bedingungen der Sklaverei in allen Kolonien. |

| 1735–1746 | Der Marineoffizier Bertrand-François Mahé de La Bourdonnais wird Gouverneur von Bourbon und Mauritius und baut sie zu blühenden Kolonien aus, indem er Häfen, Straßen und Lagerhäuser bauen lässt. |

| 1754 | Laut einer Volkszählung leben 3376 Weiße und 13 517 Sklaven auf der Île Bourbon. |

| 1767 | Der französische König kauft die Kolonie von der bankrotten Ostindien-Kompanie zurück. |

### Die Revolutionsjahre

| 1789 | Französische Revolution. Es folgt eine Neuorganisation der Verwaltung auf Bourbon. Der direkt von den Bürgern zu wählende Conseil général und eine Assemblée coloniale werden eingeführt. |

| 1793 | Die Umbenennung in Île de la Réunion erinnert an den Zusammenschluss der Revolutionssoldaten mit den Königlichen Garden beim Sturm auf die Tuilerien, mit dem der Sonnenkönig verjagt wurde. |

| 1796 | Die Kolonialversammlung weigert sich, dem Dekret aus dem Mutterland Folge zu leisten, nämlich die Sklaverei abzuschaffen. |

| 1806 | Als Zeichen des Danks an Napoleon wird die Insel in Île Bonaparte umbenannt, nachdem er die Verwaltung umstrukturiert und 1802 die Sklaverei wieder eingeführt hat. |

| 1807 | Mehrere Wirbelstürme zerstören alle Kaffee- und Gewürznelkenplantagen. Zuckerrohr wird wegen seiner Widerstandsfähigkeit erstmals angepflanzt. |

| 1809–1815 | Nach der gewonnenen Schlacht von Trafalgar wollen die Briten die Vormachtstellung der Franzosen im Indischen Ozean brechen. Sie gehen 1809 in Sainte-Rose an Land und liefern sich in den Folgejahren blutige Schlachten mit den Franzosen. Bei der Redoutenschlacht bei Saint-Denis wird die französische Garnison vernichtend geschlagen. Der Vertrag von Paris vom 6. April 1815 regelt, dass die Insel an Frankreich zurückgegeben werden muss. |

### Die Jahre der Zuckerkolonie

**1817–1833** Zuckerrohr wird zum alles dominierenden Wirtschaftsgut auf Bourbon. 1819 baut Charles Desbassyns die erste dampfbetriebene Zuckermühle, bis 1833 entstehen 189 Fabriken. Trotz stetigem Import von Sklaven muss dem Bedarf an Arbeitskräften mit Vertragsarbeitern aus Indien begegnet werden.

**1840** Der Sklave Edmond Albius entdeckt die manuelle Vanillebefruchtung.

**1848** Das Pariser Dekret über die Abschaffung der Sklaverei wird am 20. Dezember durch Generalkommissar Sarda Garriga auf Réunion verkündet. Als Ersatz für die afrikanischstämmigen Sklaven werden in der Folge indische Vertragsarbeiter angeheuert.

**1850–1860** Der Ruhm der prosperierenden Kolonie erreicht Paris, wo Réunion auf der Weltausstellung 1855 viele Medaillen gewinnt und Leconte de Lisle mit seinen exotisch-romantischen Gedichten begeisterte Leser findet. In den Städten entstehen repräsentative Villen, das *lycée* besuchen bereits 500 Schüler und 1856 wird die Gesellschaft für Wissenschaft und Kunst ins Leben gerufen.

**ab 1860** Wegen der zunehmenden Konkurrenz (Zuckerrohr aus Kuba, Zuckerrüben in Europa) und durch den Bau des Suezkanals 1869 verliert Réunion seine handelspolitische Bedeutung. Im Zusammenspiel mit verschiedenen Epidemien halbiert sich die Zuckerproduktion. Es wird mit neuen Kulturen experimentiert.

**Architektur der Kolonialzeit: Villa eines Zuckerbarons in Saint-Denis**

| | |
|---|---|
| **1882** | Die erste Eisenbahnlinie von Saint-Benoît nach Saint-Denis wird am 11. Februar, die zweite von Saint-Louis nach Saint-Pierre am 19. Juni eröffnet. |
| **1886** | Nach siebenjähriger Bauzeit legt das erste Dampfschiff am neuen Überseehafen von Le Port an. |
| **ab 1900** | Große Rodungsaktionen finden in den Höhenlagen statt, wo Geranium, Vetyvergras, Ylang-Ylang und weitere Duftessenzen als neues Exportgut die sinkenden Zuckererlöse wettmachen sollen. |
| **1918** | Von den 14 423 Soldaten kehren 3000 nicht mehr aus dem Ersten Weltkrieg zurück. |
| **1945** | Nachdem die Verbindung zum Mutterland durch die Besetzung der Deutschen gekappt wird, bricht die blanke Not aus. Die Monokulturen führen zu Hungersnöten, die Wirtschaft bricht zusammen und Epidemien breiten sich aus. |

## Departementalisierung

| | |
|---|---|
| **1946** | Réunion wird in ein französisches Departement umgewandelt. Ausbau der Infrastruktur und Modernisierung der Wirtschaft. |
| **ab 1962** | Die Verdoppelung der Einwohner auf knapp 355 000 erfordert ein umfangreiches Schulbauprogramm. |
| **1976** | Die vierspurig ausgebaute Küstenstraße zwischen Saint-Denis und La Possession wird als teuerste Straße der Welt zum populären Symbol der Departementalisierung. |
| **2005** | Eine Chikungunya-Epidemie grassiert und legt das Inselleben lahm. |
| **2007** | Einer der regenreichsten Zyklone (Gamède) fegt im Februar über die Insel. Ein Teil der einzigen Verbindung zwischen dem Süden und dem Norden, die Brücke über die Rivière Saint-Etienne, stürzt ein. |
| **2009** | Die Route-des-Tamarins, die vierspurige Autobahn zwischen Saint-Louis und Saint-Paul, wird am 23. Juni eröffnet. |
| **2010** | Am 21. März geht die Ära des Langzeitregenten Paul Vergès zu Ende, dessen unorthodoxe Politik und Vetternwirtschaft gegen Schluss kritisiert wird. Didier Robert aus Le Tampon löst ihn als Präsident des Conseil régional de la Réunion ab. Réunion wird als UNESCO-Weltnaturerbe anerkannt. |

# Tanz auf dem Vulkan

Die Schwesterninseln Mauritius und Rodrigues liegen nicht weit von Réunion entfernt, und doch könnten die Inseln unterschiedlicher nicht sein. Réunion, das jüngste und höchste Eiland des Maskarenen-Archipels, erhob sich vor 2,5 Mio. Jahren aus dem Meer. Seitdem formen Wasser, Wind und Feuer das unverkennbare Relief.

Inselketten sind ein typisches Phänomen des sogenannten Hotspot-Vulkanismus. Der aktive Réunion-Hotspot, eine massive Magmakammer im oberen Erdmantel, die ihren Standort nicht verändert, brach vor über 65 Mio. Jahren auf und fördert seitdem Magma an die Erdoberfläche. Es entstanden über die Jahrmillionen die Seychellen, Lakkadiven und Malediven, die nach Norden abdrifteten, da sich die über dem Hotspot liegende Erdplatte bewegt. Als sich die Inselgruppen vom Hotspot entfernten, erloschen die Vulkane, die Landmassen kühlten ab, sanken in sich zusammen und wurden durch Erosion abgetragen. Übrig blieben schließlich nur noch Atolle zum Teil unter dem Meeresspiegel. Jüngeren Entstehungsdatums sind die Maskarenen-Inseln Rodrigues und Mauritius – sie bildeten sich vor etwa 10 Mio. Jahren. Das jüngste Eiland, Réunion, liegt noch über dem Hotspot, sodass es zu den aktivsten vulkanischen Regionen der Welt zählt.

## Lava- und Erosionslandschaften

Während die Aktivitäten des Piton des Neiges (3071 m), des Stammvulkans von Réunion, vor 12 000 Jahren zum Stillstand kamen, brodelt der Piton de la Fournaise (2632 m) bis heute. Seine Lavaströme bedecken mindestens ein Drittel der Insel, und wie mächtig der Vulkan einst gewesen sein muss, macht die 3 km breite Caldera, die Plaine des Sables, deutlich. Die Silhouette der beiden zusammengewachsenen Schildvulkane Piton des Neiges und Piton de la Fournaise bestimmt das Aussehen und die Geologie der Feuerinsel, weitere über 180 größere und kleinere Krater prägen die Landschaften wie z. B. die eingestürzten Riesenkrater der drei Talkessel Salazie, Mafate und Cilaos. Beim Piton de la Fournaise ist die Schildform, ein weiter Krater mit flach abfallenden Hängen, noch deutlich zu erkennen.

Das zackige, zerklüftete Inselrelief geht allerdings nicht auf den Vulkanismus, sondern auf die zügige Erosion durch die hohen Niederschlagsmengen zurück. So haben Wind und Regen tiefe Schluchten *(ravines)* im porösen Basalt geformt, kleine Inselchen in den Kesseln *(îlets)* herausgewaschen, steil aufragende Kesselwände *(remparts)* hinterlassen und gewaltige Flussläufe *(rivières)* eingeschnitten, die im Oberlauf Gesteinsmassen mit sich reißen und sie nahe dem Mündungsdelta wieder freigeben.

## Vulkanismus live

Der absolute Höhepunkt besteht für jeden Réunion-Urlauber darin, die rot glühende Lava am Piton de la Fournaise in Aktion zu beobachten. Mal brodelt sie in der Caldera, mal fließt sie die Bergflanken gen Süden hinunter. Hier überrollen Lavaströme regelmäßig die Hauptküstenstraße, um anschließend mit Getöse im Meer zu versinken.

Es ist nicht unwahrscheinlich, dass man das Spektakel erlebt – immerhin fließt die Lava ein- bis zweimal pro Jahr. 2007 kam es sogar zum Jahrhundertausbruch. Seit dem Zweiten Weltkrieg konnte man beobachten, dass die großen Vulkanausbrüche einer gewissen Systematik folgen: Sie treten im Neun- bis Elf-Jahresrhythmus auf. Die letzten markanten Ausbrüche fanden 1977, 1986, 1998 und 2007 statt.

## Leben mit dem Ausbruch

Was für Besucher ein unvergessliches Spektakel darstellt, ist für Réunionesen ein Stück Identität. Nicht umsonst hat man eher ein liebevolles Verhältnis zum Piton de la Fournaise. Der Vulkan bricht nicht aus, sondern er ›furzt‹ *(Volcan i pet)*, und wenn das Erwachen des Vulkans in den Medien vermeldet wird, feiert sich die Insel selbst. Einheimische setzen sich ins Auto und sichern sich die besten Aussichtsplätze. Immerhin: Ein Ausbruch stellt keine Lebensgefahr dar, denn Explosionen mit Aschewolken finden nicht statt. Als effusiver Vulkan entleert sich der Piton de la Fournaise schnell und ruhig. Nur selten sind Dörfer von den Lavaströmen bedroht.

### Grüne Insel dank Lava
Lava ist reich an Nährstoffen, darum siedeln sich schon wenige Jahre nach dem Erkalten darauf Flechten, Moose und Farne an. Entlang von Spalten bilden Büsche tiefe Wurzeln aus, die bei Regen den Nährstoffstrom aufnehmen. Besonders gut zu beobachten sind diese Vorgänge am Le Grand Brûlé im Inselsüden (s. S. 190).

# Schatzinsel der Natur – die Tier- und Pflanzenwelt

**Schroffe Bergketten, neblige Urwälder, wüstenartige Vulkanlandschaften und eine türkisblaue Lagune – Réunions Naturräume sind vielfältig. Darin wachsen einzigartige Pflanzen von Palmen über Baumfarne und Orchideen bis hin zu Tamarinden und Grünalgen. Tiere bekommt man nur selten zu sehen, es sei denn, man taucht ab ins Wasser.**

Den üppigen Pflanzenbewuchs verdankt die vulkanische Insel weit draußen im Meer Wind, Vögeln und Meeresströmungen. Sie brachten eine Fülle von Samen aus allen Himmelsrichtungen, aber am häufigsten aus dem afrikanisch-madagassischen Raum hierher. Das tropische Klima und die geografische Isolation ließen sie zu einer unverwechselbaren Flora gedeihen. Biologen schätzen, dass heute etwa 60 % der Vegetation endemisch, also nur auf Réunion, vorzufinden sind. Die Fauna nimmt sich dagegen bescheidener aus. Die Tierarten, darunter Vögel, Insekten, Reptilien und Säugetiere, die den weiten Weg über den Ozean fanden, blieben überschaubar.

**Klare Wasserläufe durchziehen den Urwald im Forêt de Bébour-Bélouve**

# Markante Vegetationszonen

Intakte Farbholzwälder (frz. *forêt de bois de couleurs des bas*) findet man am ehesten an den unteren Hängen des Piton de la Fournaise, z.B. bei Basse-Vallée oder Mare Longue. Es gibt mehr als 330 heimische Tropenhölzer, deren Namen fantastisch klingen, wie *bois de corail* (Korallenholz) oder *bois de fer bâtard* (Eisenholz). Der immergrüne Bergurwald herrscht ab 800 m im Osten und ab 1100 m im Westen vor. Häufige Niederschläge, hohe Luftfeuchtigkeit und der permanente Nebel sorgen für ein dichtes Blätterdach aus zahlreichen Etagen. Im Unterholz mit diffusen Lichtverhältnissen wuchern meterhohe Farne und delikate Orchideen, wovon Letztere an die 150 Gattungen auf Réunion entwickelt haben. Tropfnasse Moose und Flechten überziehen die umgestürzten Bäume und verzweigten Äste. Dieser Höhenurwald ist in einigen wenigen Regionen erhalten geblieben, z.B. im Forêt de Bébour-Bélouve (s. S. 273). Wo kommerzielle Interessen den Wald schwinden ließen, wurde Mitte des 20. Jh. der inselfremde Sekundärwald mit japanischer Sicheltanne, der schnellwachsenden Kryptomeria, aufgeforstet, um eine Bodenerosion zu verhindern. Das Holz ist allerdings nicht hochwertig.

Ab 1500 m dominiert die charakteristische Höhentamarinde, ein knorriger, krumm wachsender Baum, der ebenso endemisch wie der Calumet-Bambus ist und die sonnigen Lagen in der Höhe bevorzugt. Je höher man kommt, desto karger wird die Landschaft und niedriger die Pflanzendecke. Strauchartige Heidegewächse, Erika und Moose herrschen hier vor.

Viele Arten haben Blätter mit einem wachsartigen Überzug oder samtigen Haaren entwickelt, um weniger Feuchtigkeit zu verdunsten und sich so vor dem Vertrocknen zu schützen.

# Minimalistische Fauna

Die artenreichste Tiergruppe Réunions sind die Vögel. Sie erreichten die Insel auf ihren Langstreckenflügen oder wurden zufällig durch den Wind hierhergetragen. Der schneeweiße Tropicvogel (frz. *paille-en-queue*) ist zu einer Art Wappentier avanciert. Er lebt in Strandnähe und ist leicht an seinen langen Schwanzfedern zu erkennen. Der Tec-Tec, ein Spatz mit schwarzem Kopf und weißer Kehle, fällt durch seine rostrote Brust, der Cardinal durch sein leuchtend rotes Federkleid zwischen den grünen Blättern auf. Der Webervogel (frz. *tisserin*) baut kugelförmige Nester in den Bäumen.

Zyklonwinde brachten Insekten und Spinnen nach Réunion. Am häufigsten sieht man am Wegesrand ungefährliche Seidenspinnen, die aber vielen wegen der großen Körper und massiven Netze einen Schrecken einjagen. Von den Reptilien ist anzunehmen, dass sie als blinde Passagiere auf Treibgut die Insel erreichten. Das Chamäleon z.B. stammt ursprünglich aus Madagaskar. Seine zeitlupenartigen Bewegungen haben ihm den liebevollen Kosenamen *endormi* (Eingeschlafener) eingebracht. Überaus wendig flitzen dagegen Geckos (frz. *margouillat*) an Bäumen oder Hauswänden entlang. Die schnelle Salamanderart mit ihren bezaubernden Klick-Lauten nutzt jede Lichtquelle, um Moskitos, Falter und Käfer zu fangen.

Einziges nennenswertes heimisches Säugetier ist der Tanrek, ein Borstenigel, der sich nicht einrollen kann und während der kühlen Jahreszeit in seinem Bau überwintert. Sein Auftauchen auf diversen Speisekarten *(kreol. tangue)* zur Jagdzeit im März ist heutzutage umstritten.

## Die mit den Menschen kamen

Nach der Entdeckung und Besiedelung der Insel Anfang des 18. Jh. begannen die Siedler damit, die Wälder im Küstenbereich großflächig zu roden, um das Land landwirtschaftlich nutzbar zu machen (s. S. 57). Damit begann der Import von Nutzpflanzen wie Kaffee, Bohnen, Linsen, Zuckerrohr, Victoria-Ananas, Bananen, Mangos, Litschis, Zitrusfrüchten, Kokosnüssen, Mais, Reis und Weizen. Gewürzpflanzen wie Vanille, Pfeffer, Ingwer oder Gewürznelken gehören seit diesen Tagen ebenfalls zur réunionesischen Pflanzenwelt. Anfang des 20. Jh. kamen Duftpflanzen wie Geranium und Vetyver hinzu, die in den Höhen angebaut wurden.

Große Probleme bereiten in heutiger Zeit die eingeschleppten wuchernden Pflanzenarten wie Goyavier, Rosenapfel und wilder Wein. Vielerorts überwuchern sie als Pflanzenpest die ursprüngliche Vegetation und drohen sie zu ›ersticken‹.

Auch die ursprüngliche Fauna blieb von der Ankunft des Menschen nicht unberührt. Die Siedler brachten Nutztiere wie Schweine, Kühe, Katzen und Hunde auf die Insel. Um auf die Jagd gehen zu können, setzten sie Rotwild, Hasen und Wachteln aus. Ratten und Mäuse reisten mit jedem Schiff an. Schon nach kurzer Zeit wurden einheimische Tierarten, die bisher keine natürlichen Feinde kannten, von Ratten und verwilderten Haustieren bedroht. Viele einheimische Tiere verschwanden nach einiger Zeit ganz aus dem Naturraum, da die Siedler ihr Fleisch schätzten (s. Kasten links).

## Bunte Korallenwelt

Im Gegensatz zur Landfauna ist die Meeresfauna um Réunion ungeheuer artenreich. Dazu trägt insbesondere die reiche Fischwelt des Korallenriffs zwischen Boucan-Canot und Pointe au Sel bei Saint-Leu bei. Korallen beziehen ihren Sauerstoff von einzelligen Grünalgen, die für ihren Stoffwechsel Licht benötigen. Lichtdurchflutete Lagunen wie die von L'Hermitage oder Naturhöhlen wie die von Boucan-Canot oder am Cap Homard bieten optimale Bedingungen, damit die Korallenpolypen ihre kalkhaltige Substanz ausscheiden und eine vielgestaltige Zauberwelt von Türmchen, Rosetten, Labyrinthen oder fächerartigen Stöcken bilden. Je nach Korallenart benötigen sie mindestens 100 Jahre zum Wachsen, manchmal sogar tausend.

Bei der Jagd verharrt das Chamäleon in einer Art Starre

Zwischen den Korallen schwimmen neben Seepferdchen, Krebsen oder Muränen eine bunte Schar von Riffffischen wie beispielsweise die orange-weiß gestreiften Clownfische, gelbe Kofferfische, lustige Wimpelfische mit ihrem auffälligen, langen weißen Fortsatz oder Papageienfische in den Farben des Regenbogens.

## Schutzgebiete und Weltnaturerbe

Um das Korallenriff besser vor menschlichen Eingriffen zu schützen, wurde die Réserve Naturelle Nationale Marine de la Réunion geschaffen. In dem 40 km langen Unterwasserreservat von Cap La Houssaye bis L'Etang-Salé gelten mehr oder weniger strikte Bestimmungen – so ist in der hellblauen Zone Baden, Schnorcheln oder Tauchen erlaubt, in der roten Zone hingegen darf sich niemand aufhalten. Ähnlich motiviert war die Erklärung von Réunion zum neunten Nationalpark Frankreichs im März 2007. 40 % der Inseloberfläche stehen seitdem unter Schutz. Primär geht es darum, die Vielfalt der Fauna und Flora zu erhalten und Projekte einzudämmen, die Naturräume für wirtschaftliche Zwecke erschließen. Besondere Aufmerksamkeit verdient auf Réunion die große Anzahl von endemischen Gattungen, die dreimal so groß wie auf Hawaii und viermal so vielfältig wie auf den Galapagos-Inseln ist. Für Wanderer bedeutet der Nationalpark (ohne Eintrittsgebühren) kaum Einschränkungen, allerdings könnte es zukünftig zu Änderungen bei anderen Aktivitäten wie z. B. Mountainbiken kommen, denn die Routen führen mitten durch die eigentlich geschützten Landschaften. Der Einzigartigkeit Réunions Rechnung tragend nahm die UNESCO die Insel 2010 in die Liste des Weltnaturerbes auf – ein weiterer offizieller Schritt in Richtung eines ernsthaften Naturschutzes.

# Ein Garten Eden für Blumenfreunde

**Die Flora auf Réunion präsentiert sich wie ein Garten Eden – neben eingeführten Duft- und Gewürzpflanzen gedeihen unter flechtenbehangenen Urwaldbäumen einheimische Orchideen. Der blühenden Pracht begegnet man auf Schritt und Tritt: Sie zeigt sich am Wegesrand, in den Vorgärten der Häuser, in Parks oder in den botanischen Anlagen.**

Unvergesslich für jeden Réunion-Besucher in den Monaten November bis Februar ist sicher die Blüte der Flamboyants, der Flammenbäume. Mit ihren leuchtend roten Blütenständen verwandeln sie die Grünanlagen in den Küstenregionen in ein Flammenmeer. Während des restlichen Jahres zeigen sich die Bäume ganz unauffällig grün, aber dafür blühen dann andere exotische Schönheiten.

## Edle Blütenformen

Die Orchideen zählen zu den begehrtesten und beliebtesten Pflanzen der Insel. Im Unterholz der Hochlandwälder gedeihen mindestens 120 Orchideenarten, die auf Réunion leichter als anderswo zu sehen sind, da die Bäume weniger hoch wachsen. Denn: Orchideen sitzen auf Bäumen – von dort lassen sie ihre Wurzeln baumeln, um Wasser aus der feuchten Luft aufzunehmen. Im Allgemeinen öffnen sie ihre eleganten Blüten zwischen November und Juni.

Von blassorange bis knackig rot reicht die Färbung des attraktiven Fackelingwers (frz. *rose de porcelain*), der auf den Bauernmärkten genauso wie in den Blumenhandlungen nicht fehlen darf. Bis zu 25 cm Durchmesser erreichen die imposanten Blüten, die

auf Réunion nur als dekorative Elemente, in der Heimat der Pflanze, Asien, auch zur Desinfektion von Wunden oder als Zutat in Suppen und Currys verwendet werden.

## Blühende Kaskaden

Mit üppig hängenden Blütenständen hübsch anzusehen hat die Schnabel-Heliconie (lat. Heliconia Rostrata) einen festen Platz in vielen Inselgärten. Die blassroten bis scharlachroten Blüten mit den breiten gelben Rändern ähneln Papageienschnäbeln, darum der französische Name *bec d'oiseau* (Vogelschnabel), oder erinnern an Hummerscheren. Aus Peru und Argentinien stammend, wurde das Bananengewächs vermutlich von Botanikern heimisch gemacht.

Herzförmige Blätter und pfeifenförmige, bordeauxrote Blüten machen die Pfeifenblume (lat. Aristolochia) zu einem Hingucker in botanischen Gärten. Die hängenden Blüten der tropischen Kletterpflanze duften betörend, um Insekten zur Bestäubung anzulocken. Es gibt noch zahlreiche andere Sorten der Pfeifenblume auf Réunion, die sich in Farbe und Größe unterschieden – die auffälligen Formen bleiben aber unverkennbar. Im Inselwesten ergießen sich die pinken Bougainvilleas über graue Betonmauern.

## Blumenfelder in den Höhen

In allen Rot-, Weiß- und Rosaschattierungen blühen die Flamingoblumen (lat. Anthurium), die ebenso wie die eleganten weißen Callas (lat. Zantede-schia aethiopica) auf dem Hochplateau von Plaine-des-Cafres oder im Wald von Bébour wachsen (s. S. 273). Am Kratersee Piton de l'Eau schreitet man im tropischen Winter, von Juli bis September, durch ein Meer von Abertausenden von weißen Calla-Blüten (s. S. 272). Blau blühende Hortensienwälder kann man auf dem Weg zum Bassin des Hirondelles bewundern (s. S. 277, Foto S. 54).

## Gewürze: Ingwer und Pfeffer

Genau hinschauen muss man in botanischen Gärten, um Ingwer zu erkennen, dessen unterirdische Wurzel als Küchengewürz und Arzneimittel Verwendung findet. Die Kletterpflanze mit ca. 10 cm langen Ähren, auf denen kleine Kügelchen sitzen, stammt ursprünglich aus Indien. Erstmals auf Réunion angepflanzt hat sie der Botaniker Joseph Hubert in Saint-Benoît, der die meisten Nutz- und Zierpflanzen nach Réunion brachte.

**Dufterlebnis der besonderen Art**
Im Jardin des Parfums et des Epices bei Le Baril zieht der Hobby-Botaniker Patrick Fontaine auf einem 800 Jahre alten Lavastrom Orchideen, exotische Blumen, Palmen als Wachstumshilfe für Vanille, Kardamom, Zimtbäume und Parfümpflanzen wie Geranium, Vetyver oder Ylang-Ylang. Seine Mission: tropische, endemische und botanisch interessante Pflanzen für die Nachwelt zu konservieren (s. S. 188).

Pfeffer ist ebenfalls eine Kletterpflanze, die bis zu 10 m lange Ranken ausbildet. Genutzt werden die Pfeffer-Samen in verschiedenen Stadien ihrer Reifung. Alle vier Pfeffersorten – weiß, schwarz, rot und grün – werden von ein und derselben Pfefferpflanze gewonnen. Für weißen Pfeffer erntet man die roten reifen Beeren, legt sie in Wasser ein, entfernt die Schalen und trocknet sie. Für schwarzen Pfeffer werden die unreifen Früchte getrocknet, wodurch sie sich schwarz verfärben. In Lake eingelegt werden für grünen Pfeffer die unreifen, für roten Pfeffer die vollreifen Samen.

## Kuriose Nutzpflanzen

Seit 1825 soll die große unförmige Jackfrucht Aufzeichnungen zufolge auf der Insel kultiviert werden. Meistens verkochen sie die Réunionesen wie ein Gemüse fein geschnitten in *carris* (s. S. 25), doch auch die gelblichen Samen mit Kastaniengeschmack können gekocht gegessen werden. Unangenehm ist die Zubereitung, denn die das Fruchtfleisch umgebenden Fasern stoßen ein klebriges Sekret aus, das sich nur mit Öl von der Haut lösen lässt.

Der Flaschenkürbis gehört zu den klassischen Zutaten der réunionesischen Küche, z. B. in Eintöpfen *(daube de calebasse)*. Weil die Früchte ein Jahr lang unbeschadet in Salzwasser schwimmen können, ohne dass die Samen an Keimfähigkeit einbüßen, überstanden die ersten Exemplare einst die lange Reise von Ostafrika nach Réunion. Der endemische Calumet-Bambus wurde zwar nie gegessen, aber früher im Hüttenbau verwendet. Er wächst in Nachbarschaft mit der Hochlandtamarinde in dichten Wäldern wie z. B. bei La Petite-France (s. S. 128).

# Geschundenes Paradies – Umweltzerstörung gestern und heute

**Raubbau an der Natur hat die Insel seit ihrer Kolonialisierung begleitet. Als die ersten Siedler anlegten, drangen sie in vollkommen unberührte Landschaften vor. Innerhalb weniger Jahrzehnte wichen die Urwälder Zuckerrohrplantagen und Siedlungen. Heute bedroht die globale Erwärmung der Meere das artenreiche Korallenriff.**

Stück für Stück wurde die Fauna und Flora von Anbeginn der menschlichen Besiedlung den wirtschaftlichen Interessen geopfert. Die ersten Siedler rotteten Landschildkröten und den Dodo (s. S. 52) aus, weil sie sich vorrangig von ihnen ernährten. Dann begannen die Kolonialisten, Plantagen anzulegen, zuerst in kleinerem Rahmen für Kaffee, später im großen Stil im Küstenbereich für Zuckerrohr. Anfang des 20. Jh. mussten den Geraniumfeldern immense Urwaldbestände in den Höhen weichen.

## Verschwundene Primärwälder

Die Folgen waren verheerend: Mehr als die Hälfte aller Wälder wurden dem Erdboden gleichgemacht. Vom einstigen Trockenwald auf der Inselwestseite (bis auf etwa 750 m) gibt es nur noch Restbestände im Cirque de Cilaos, denn die Ebenholzbäume sind längst in einem Möbelstück oder einem Dachstuhl verarbeitet. Der vormals über 750 m liegende halbtrockene Wald ist vollends verschwunden. Holzarten wie Grand-Natte oder Eisenholz waren ebenfalls im kolonialen Schiffs- und Möbelbau begehrt. Auf den gerodeten, nicht mehr bewirtschafteten Flächen bildeten sich savannenähnliche Landschaften mit Sukkulenten und widerstandsfähigen Agaven wie z. B. bei Saint-Leu. Einzig der Forêt de Bébour-Bélouve ist als letzter unberührter Primärwald erhalten (s. S. 273).

Dort, wo früher im Küstenbereich Mangrovenwälder die Erosion verhinderten, forstete man vor über 50 Jahren australische Filaosbäume (Sumpfeiche) als Brennholz auf. Um die Kulturen und Menschen vor den Winden und den Kräften des Meeres zu schützen, ließ man großflächig auf den schwarzen Basaltküsten Vacoabäume (kreol. pinpin) aus Madagaskar pflanzen. Die Bewohner des Südens machten aus der Not eine Tugend, integrierten die Vacoafrucht alsbald in ihren Speiseplan und flochten aus den Palmenblättern Korbwaren.

## Korallenriff in Not

Bereits während der Zeit der ersten Zuckerrohrplantagen begann das Korallenriff zu leiden. Damals benötigte man neben Asche Kalk, um den Zuckerrohrsaft zu reinigen. Der Einfachheit halber gewann man das

Mineral aus dem Korallenriff. Nach der Zuckerproduktion folgten das Dynamitfischen und später das Fischen mit Schleppnetzen der französischen Fischereiflotte. In den letzten drei Dekaden kamen darüber hinaus noch die Wasserverschmutzung durch Exkremente und Dünger sowie die globale Erwärmung der Meere, die Übersäuerung der Ozeane durch angereichertes Kohlendioxid und der Wassersport hinzu. Heute ist das Korallenriff vor Réunion akut gefährdet (s. Kasten links).

Sterben Korallenriffe, verschwindet die Nahrungsmittelgrundlage der bunten, wendigen Bewohner wie Papageien- oder Schmetterlingsfische, Schnecken, Krebse oder Seeigel. Es verschwindet aber auch der natürliche Schutzwall, der die Küstenbereiche vor Brandung und Erosion schützt. Weniger Schutz bei hohem Wellengang – insbesondere bei Tropenstürmen – hat Küstenerosion und dadurch bedingt häufigere Überflutungen zur Folge.

## Regionale Umweltstrategien

Zumindest auf institutioneller Ebene hat man schon vor Jahren erkannt, dass Réunion seine Ressourcen schützen muss. Die Meeresschutzzone, die 80 % des Korallenriffs einschließt, und der 2007 eingerichtete Nationalpark sind nicht zuletzt wichtige Instrumente der nachhaltigen Regionalentwicklung (s. S. 53). Die Réserve Naturelle Nationale Marine kann jedoch nur ein erster lokaler Schritt sein, denn es bedarf globaler Schutzmaßnahmen, um das Absterben der Korallenriffe vor Réunion und weltweit zu stoppen.

Innovativ sind die Pläne der Inselverwaltung bei der Energieversorgung. Schon seit den 1980er-Jahren wird der Inselstrom gänzlich aus erneuerbaren Energiequellen gewonnen, nämlich aus Wasserkraft. Daneben gibt es seit 1992 ein Biomassekraftwerk in Bois-Rouge, 2007 ging das erste Solarkraftwerk ans Netz. Es erzeugt 1,45 MW photovoltaische Energie und erbringt damit den Strom, um den Jahresverbrauch von 850 réunionesischen Haushalten zu decken.

# Gamède, Dina oder Clothilda –
# Zyklone haben hübsche Namen

**Schon lange vor dem ersten tropischen Sturm der Saison gibt der meteorologische Dienst in Sainte Clotilde die Liste der Vornamen bekannt, nach denen sie benannt werden. Gamède hieß der schwerste Zyklon der letzten Jahre. Er brachte im Februar 2007 die Brücke in Saint-Louis zum Einsturz.**

Von Februar bis April gehören Zyklone zum Leben auf Réunion wie der Schnee im Winter in Mitteleuropa. Nicht jeder aufkommende Wind ist gleich ein Zyklon, manche glückliche Jahre sehen nur starke Stürme.

## Rasende Tiefdruckwirbel

Die Tropenstürme entstehen über dem Meer: Wenn sich gegen Ende des tropischen Sommers die Wassertemperaturen in Tiefen von 70–80 m über 27 °C aufheizen, verdunsten riesige Wassermengen. Die feuchte Luft steigt auf und gerät unter dem Einfluss der Erdrotation in Bewegung. Üblicherweise wandern die tropischen Wirbelstürme langsam von Ost nach West – sie erreichen durchschnittlich kaum mehr als 25 km/h –, doch die Richtung kann sich abrupt ändern, was sie unberechenbar und gefährlich macht. Im Inneren des Wirbels herrschen Tiefdruck und völlige Windstille. Sobald die Luftmassen schneller als 60 km/h um das ›Auge‹ wirbeln, hat sich das Tiefdruckgebiet schon zu einem zünftigen Tropensturm ausgewachsen. Ab Rotationsgeschwindigkeiten von 118 km/h sprechen Meteorologen von einem Zyklon, der leicht bis zu 200 km/h oder mehr erreichen kann.

## Ausgeklügelt – das Vorwarnsystem

Wenn ein Tropensturm im Anrollen ist, hält die Insel den Atem an. Hochleistungsrechner berechnen mit Hilfe von Satellitenbildern die Verläufe *(trajets)* und die Ankunft der Tiefdruckgebiete. Gebannt verfolgt man vor dem Fernseher die Meldungen und leistet den Anweisungen der Präfektur im gegebenen Fall Folge. Die Ankündigung der Vigilance cyclonique bedeutet, dass in den nächsten Tagen mit einem Zyklon zu rechnen ist. Die Bevölkerung wird aufgefordert, Häuser auf lose Bauteile und Bäume auf brüchige Äste zu kontrollieren. Danach folgt die Warnstufe 2, Alerte orange. In den Supermärkten bilden sich wegen der Hamsterkäufe von Lebensmitteln und Wasser lange Schlangen an den Kassen. Schulen und Kindergärten werden geschlossen, Ausflüge aufs Meer oder in die Berge sind natürlich zu stornieren. Für die letzten Besorgungen und Vorbereitungen an den Häusern bleiben noch 24 Stunden. Bei Alerte rouge schließlich herrscht Ausgehverbot, das von der Polizei kontrolliert wird.

## Spur der Verwüstung

Die verheerende Gewalt eines Zyklons ist schwer vorstellbar und noch schwerer in Worten wiederzugeben. Heulende Windstöße wirbeln alles in die Luft, was nicht niet- und nagelfest ist, reißen Dächer von den Häusern und entwurzeln massive Bäume. Stromleitungen werden gekappt und so manches Auto hat danach nur noch Schrottwert. Viel schlimmer als der Wind sind jedoch die enormen Regenmassen. Vormals vollkommen ausgetrocknete Schluchten verwandeln sich binnen Minuten in reißende Flüsse. Das aufgepeitschte Meer türmt sich zu Wellen von 7–9 m Höhe auf und kracht gegen die Küste. Marinas werden zerstört, Boote sogar an Land geschleudert.

## Überwiegend Sachschäden

Tagelang halten solche Tiefdruckgebiete die Insel in ihrem Bann. Oft ist es mit einem Durchgang nicht getan: Der Zyklon dreht ab, schlägt einen Haken und kommt zurück. Sobald die Gefahr vorüber ist, beginnt das Großreinemachen. Straßen müssen gesäubert, die Elektrizität wieder in Gang gesetzt und die verstopften Flussläufe ausgeputzt werden. Soliden Häusern mit ordentlichen Fensterläden und Balken können solche Wirbelstürme normalerweise kaum etwas anhaben. Am meisten leiden die Armen in ihren bescheidenen Behausungen sowie die Landwirtschaft unter den Stürmen. Nicht alle Regionen auf der Insel sind übrigens gleich stark von Zyklonen betroffen.

**Tropenstürme auf einen Blick**
Je nach mittlerer Windgeschwindigkeit unterscheidet Météo-France folgende Sturmklassen.
**Dépression Tropicale:** 51–62 km/h
**Tempête Tropicale modérée:** 63–88 km/h
**Forte Tempête Tropicale:** 89–117 km/h
**Cyclone Tropical:** 118–165 km/h
**Cyclone Tropical intense:** 166–212 km/h
**Cyclone Tropical très intense:** über 212 km/h

# Sklaverei – die dunkle Seite der Kolonialwirtschaft

**Ab 1715 bauten französische Siedler Kaffee, später Zuckerrohr auf Réunion an. In den nachfolgenden Dekaden, schätzt man, wurden dafür jährlich bis zu 1500 Sklaven aus Ostafrika und Madagaskar auf die Insel deportiert. Die Kolonialverwaltung hatte aus den Fehlern anderer Kolonien gelernt und führte 1723 den Code noir ein – ein königliches Edikt, das den Umgang der Pflanzer mit ihrem ›Menschenmaterial‹ regelte.**

Der Code noir, das schwarze Gesetzbuch, institutionalisierte die Sklaverei auf Réunion bis zu ihrer Abschaffung 1848. Er verpflichtete die Besitzer, ihre Sklaven den Umständen entsprechend gut zu behandeln. Sie mussten gut genährt und gekleidet sein und bei Krankheit gepflegt werden. Den Alten wurde ein humanes Sterben gewährt, nicht wie bis dahin üblich ein gewaltsamer Tod durch Verhungern. Darüber hinaus schrieb er fest, dass die Sklaven ihrem alten Glauben abschwören und stattdessen zwangsgetauft und -katholisiert werden mussten. Auch wenn sie keinerlei christliche Nächstenliebe von ihren Besitzern erwarten durften, so gestand man ihnen einen freien Sonntag zu, allerdings nur, damit sie nicht den Kirchgang und die Bibelstunden versäumten.

## Entrechtetes Dasein

Das Edikt sah die Pflanzer und Plantagenbesitzer als väterliche Respektsper-

Nachgestellte Ankunft der ersten Sklaven: Fête des Cafres am Strand von Saint-Paul

sonen, die im Gegenzug für ihre Güte Ergebenheit und Treue bis in den Tod erwarten durften. So mussten zwei junge Sklaven, die heiraten wollten, ihre Besitzer um Erlaubnis bitten. Ihre Kinder gingen automatisch in den Besitz desjenigen Herrn über, dem die Mutter gehörte. Besonders drakonisch wurden Fluchtversuche geahndet: Beim ersten unentschuldigten Fernbleiben wurde dem Fliehenden ein Ohr abgeschnitten, beim zweiten wurden die Kniekehlen durchtrennt und beim dritten der Tod angeordnet. Schließlich regelte der Code noir, dass für Sklaven vor dem Gesetz die gleichen Rechte galten wie für bewegliche Dinge.

## Alltag auf den Plantagen

Während die Männer die harte Arbeit auf den Feldern ausführten, verrichteten die Frauen die Hausarbeit. Ihre Tätigkeit war sozial höherwertig als die der Feldsklaven. Handwerker und Kutscher waren mehr wert als Gartenarbeiter. In der gleißenden tropischen Sonne schufteten die Sklaven immer unter der Beobachtung der Aufseher. Einmal pro Tag schaute der Herr vorbei und ließ sich Bericht erstatten. Nach zehn bis zwölf Stunden Arbeit durften sich die Sklaven in ihre Strohhütten ohne Belüftung und Licht zurückziehen. Ihre eigenen Häuser richteten die Gutsherren (maîtres) luxuriös ein und statteten sie mit allem erdenklichen Komfort aus. So eine habitation (oder später domaine) war fast wie ein autarkes Dorf, denn neben den Hütten der Sklaven und dem Herrenhaus umfasste sie weitere Wirtschafts- und Wohngebäude für die weißen Aufseher, Buchhalter, Ingenieure, Ärzte und das farbige Hauspersonal sowie eine Krankenstation, eine Kapelle und sogar Verliese.

Ohne Sklaven wäre die Bewirtschaftung der riesigen Ländereien unmöglich gewesen. Sie waren die Lokomotive des Wohlstands. Sogar Priester hielten sich Sklaven, die per Aushang an den Kirchentüren zum Verkauf angeboten wurden.

## Flucht in die Berge

Einige Sklaven ertrugen die Peitschenhiebe und Repressalien nicht länger und flüchteten. Es trieb sie in die unwegsamen, bis dahin noch nicht erschlossenen Berge. Sie bildeten Gruppen, die mal hier, mal dort campierten und von der Jagd, dem Fischfang und ein wenig Ackerbau lebten. Um sich Werkzeug, Waffen oder andere Dinge zu besorgen, formierten sie sich zu Banden und unternahmen Raubzüge zu abseits gelegenen Plantagen. Dort brannten sie Häuser und Felder nieder, töteten, wenn es sein musste, Aufseher und nahmen auch schwarze Frauen mit – zwecks Familiengründung. Die Plantagenbesitzer reagierten mit der Entsendung schwer bewaffneter Suchtrupps. Unerbittlich jagten die Sklavenjäger die Entflohenen, man lieferte sich ein brutales Katz-und-Maus-Spiel. Selbst die einfache Bevölkerung machte Jagd auf die marrons, wie man die entflohenen Sklaven nannte, denn die abgetrennte linke Hand berechtigte zur ausgesetzten Prämie – für verarmte Weiße eine Menge Geld.

Besonders in den Cirques und Höhenlagen erinnern viele topografische Namen an die heldenhaften Aufständischen von damals. So waren Cilaos und Mafate, Anchaing und Cimendef allesamt Bandenführer, Hèva und Maryan ihre Gefährtinnen. Allerdings wurden die gefürchtetsten Sklavenjäger, Bronchard und Mussard, ebenfalls in den Namen eines Höhenzugs und einer Höhle verewigt.

## Freiheit ohne Perspektive

103 000 Réunionesen, davon 60 000 Unfreie, hörten am 20. Dezember 1848 die Verlautbarung des aus Paris angereisten Kommissars der Republik, Sarda Garriga, über das Ende der Sklaverei. Im verlesenen Dekret appellierte man an die Befreiten, dass sie dennoch die Arbeit auf den Plantagen nicht niederlegen sollten, da sie dort alsbald einen gerechten Lohn für ihre Arbeit erhalten würden. Man empfahl ihnen Brüderlichkeit und ermahnte sie, im Sinne der französischen Tugenden Ordnung und Arbeit hochzuhalten.

Die wiedererlangte Freiheit bedeutete jedoch nicht, dass sich die Lebensverhältnisse grundlegend veränderten. Neue schikanöse Gesetze machten den Freigelassenen ein Überleben fast unmöglich. So mussten schwarze Landbesitzer beispielsweise beim Bürgermeister eine Genehmigung einholen, um Waren auf dem Markt zu verkaufen, die selbstverständlich nur einen Tag gültig war, also immer wieder neu beantragt werden musste. Sich auf der Insel zu bewegen war für die Befreiten ebenfalls nur bedingt möglich, da sie ohne ein *livret de travail,* das ausschließlich die auf den Plantagen verbliebenen ehemaligen Sklaven erhielten, jederzeit wegen Vagabundierens verhaftet werden konnten. Insgesamt war die wirtschaftliche Situation der Freigelassenen so schlecht, dass sich viele wieder auf ein Abhängigkeitsverhältnis mit dem ehemaligen Herrn einließen.

## Arbeiternachschub aus Indien

Um dem drohenden Ende des Sklavenhandels zuvorzukommen, das seit 1817 offiziell in den französischen Kolonien herrschte, aber nur halbherzig umgesetzt wurde, rekrutierten die Großgrundbesitzer ab 1827 Vertragsarbeiter *(engagés)* aus Indien. Eine zweite indische Einwanderungswelle folgte nach der tatsächlichen Abschaffung der Sklaverei 1848, als den Plantagen die afrikanischstämmigen Arbeitskräfte reihenweise davonliefen.

Für die Pflanzer und Plantagenbesitzer bedeutete das Ende der Sklaverei kein grundsätzliches ethisches Umdenken. Um ihre hohen Profite beizubehalten, stellten sie zwar nun meist die südindischen Tamilen mit Vertrag ein, zahlten ihnen für die harte Feldarbeit aber nur ein paar Franc. Ähnlich wie ihre afrikanischen Vorgänger kamen die Inder in Schiffen wie Tiere eingepfercht über den Indischen Ozean. Dennoch gewährte man ihnen zumindest auf dem Papier mehr Rechte: Sie durften zu ihren Göttern beten, konnten sich Ehepartner aussuchen und ihre Kinder waren freie Menschen.

### Tag der Freude
Neben den religiösen Hochfesten gilt **La fête des Cafres** (kreol. Fet Kaf') am 20. Dezember als höchster Feiertag. Der Abschaffung der Sklaverei wird mit Umzügen und Festlichkeiten, begleitet von traditionellen Klängen wie Séga und Maloya, in allen größeren Städten gedacht. Die Tourismusbüros erteilen Informationen zu den Veranstaltungen.

Anfangs war die Insel für die Franzosen nur ein bequemer Zwischenstopp auf der Handelsroute nach Indien. Als im 18. Jh. dort aber erfolgreich Kaffee gepflanzt wurde, zweifelten die kühlen Rechner in Paris keine Sekunde daran, dass die Île Bourbon das Potenzial zu einer ertragreichen Kolonie hatte. Heute ist Réunion als Überseedepartement vollwertiges Mitglied der Grande Nation.

Die Gründung der französischen Ostindien-Kompanie im Jahr 1664 hatte vor allem den Zweck, den Seeweg zwischen dem Kap der Guten Hoff- mit den Engländern es viel kostete. 1767 war der Verlust unzähliger Schiffe für die Ostindien-Kompanie nicht mehr zu kompensieren, sodass sie bankrott ging. Der französische Staat sprang ein und übernahm die Besitzungen.

## Koloniale Landwirtschaft

Die Siedler, die bis zu diesem Zeitpunkt von der Ostindien-Kompanie ausgenutzt worden waren, sahen mit dem Kauf der Ländereien ihre Stunde gekommen. Sie reorganisierten die Ver-

# Von der Kolonie zum Département d'Outre-Mer

nung in Südafrika und Asien sicherzustellen. Als Aktiengesellschaft war die Kompanie profitorientiert und an der Erschließung neuer Handelsgebiete, aber vor allem an der Billigproduktion gewinnbringender Waren, darunter Kaffee, interessiert. Die eroberten Gebiete gingen in ihren Besitz über, dafür musste die Kompanie aber auch für die militärische Verteidigung sorgen. Auf ihr Betreiben hin wurden die ersten Siedler auf Réunion ansässig gemacht, die ersten Plantagen angelegt und die ersten Sklaven auf die Insel gebracht. Trotz mäßig guter Geschäfte schlitterte das Unternehmen in finanzielle Schwierigkeiten, da der Krieg in Indien

**Repräsentatives Gebäude der Kolonialzeit: das alte Rathaus in Saint-Denis**

waltung und führten verschiedene administrative Ebenen ein. Durch den Wegfall des Kaffeemonopols der Ostindien-Kompanie stagnierte der Handel mit Kaffee, außerdem zerstörten Zyklone und Parasiten einige Ernten. Es mussten neue Exportschlager gepflanzt werden, doch der Anbau von Nelken und Muskatnuss brachte nicht den gewünschten wirtschaftlichen Erfolg. Danach versuchte man sich an Mais, Weizen, Bohnen oder Erbsen, doch auch sie waren nur mäßig erfolgreich, besonders weil Frankreich ihren Import beliebig steuern durfte. Wenn in Frankreich genügend Bohnen oder Weizen vorhanden war, wurde der Import einfach gestoppt.

Als sich am 1. Januar 1804 Saint-Domingue in der Karibik unabhängig erklärte, war Frankreich auf einen Schlag eine seiner profitbringendsten Zuckerkolonien los. Zuckerrohr war bereits um 1785 auf Île Bourbon eingeführt worden, doch nun brachte man auch noch die Zuckerverarbeitung, die zuvor auf den Antillen perfektioniert worden war, nach Réunion. Bis 1833 entstanden 189 Zuckerfabriken, die händeringend Arbeitskräfte benötigten. Da die afrikanischen Sklaven nicht mehr ausreichten, engagierte man Arbeiter aus Indien (s. S. 63). Die wirtschaftliche Blütezeit der Insel wurde eingeläutet, ab 1841 exportiert man darüber hinaus die berühmte Bourbon-Vanille ins Mutterland.

## Krise der Monokulturen

Wie fatal die Abhängigkeit von den Monokulturen war, zeigte sich ab 1860, als die Weltmarktpreise für Zucker einbrachen. Der Rohrzucker begann mit dem billigeren europäischen Rübenzucker zu konkurrieren, und

zahlreiche Ernteausfälle durch Parasiten führten zur Rezession. Ab 1900 wurden riesige Landstriche für die Geraniumproduktion gerodet, denn die Blütenduftessenz sollte als neues Exportgut die sinkenden Zuckererlöse wettmachen. Die Rosengeranie enthält wie Rosenöl Citronellol und sollte das echte teure Rosenöl ersetzen. Durch den Ersten Weltkrieg und die große Weltwirtschaftskrise in den 1930er-Jahren brachen die Exporteinnahmen aber weiter weg. Schon bald konnten die meisten Réunionesen die hohen Preise für importierte Lebensmittel nicht mehr bezahlen. Da wegen der Plantagenwirtschaft aber keine Nutzflächen für den Anbau von Nahrungsmitteln zur Verfügung standen, drohten Hungerkatastrophen.

## Neubeginn als Überseedepartement

Gegen Ende des Zweiten Weltkriegs befand sich Réunion in einem desolaten Zustand. Die Bevölkerung war unterernährt, die Kindersterblichkeit hoch. Während sich die meisten ehemaligen Kolonien bemühten, zu unabhängigen Staaten zu werden, zog es Réunion vor, französisch zu bleiben. 1946 schließlich gliederte die Republik Réunion, Martinique, Guyana und Guadeloupe als Überseedepartements (DOM, Département d'Outre-Mer) in die Grande Nation ein. Die Insulaner wurden den Kontinentalfranzosen gleichgestellt. Trotz des Wendepunktes auf dem Papier mussten die Inselbewohner noch lange auf echten Fortschritt warten. Ab 1959 führte ein steter Geldfluss auf die Insel aber doch zu Verbesserungen für die stark angewachsene Bevölkerung. Es wurden Gesundheitseinrichtungen, Schulen, vier-

**Duft der Plantagenwirtschaft – Geranium**

Obwohl Réunion wie um 1900 noch immer ein wichtiger Lieferant für Geraniumessenz ist, wird das Duftöl nicht mehr im großen Stil hergestellt. Einige wenige Réunionesen betreiben kleine Destillerien (alambics) als Zubrot und verkaufen die Essenzen ab Hof, z. B. in La Petite-France oder in der Kooperative CAHEB in Le Tampon (s. S. 129 und 259). Fündig werden Liebhaber schwerer Düfte auch auf den diversen Bauernmärkten, z. B. in Saint-Paul oder Saint-Pierre.

**Zuckerrohrfelder, soweit das Auge blickt: Landschaft bei Sainte-Suzanne**

spurige Schnellstraßen sowie moderne Kraftwerke gebaut. Die Küstentrasse N1 von Saint-Denis nach La Possession ging als teuerstes Straßenbauprojekt der Welt in die Geschichte ein.

## Postkoloniale Strukturprobleme

An dem hohen Anteil von Zucker am réunionesischen Export hat sich bis heute nichts geändert, allerdings können die Pflanzer kaum noch davon leben – und das, obwohl der Staat den Zuckerrohranbau kräftig subventioniert. Jedes Jahr wird der Basispreis für Zuckerrohr von der EU neu festgesetzt. Dieser liegt weit über dem Weltmarktpreis, deckt aber nicht die Kosten der Pflanzer. Deshalb zahlt Paris noch einen zusätzlichen Zuschlag, um die réunionesische Zuckerproduktion auf dem Weltmarkt wettbewerbsfähig zu machen.

Die Subventionierung der Insel ist allerdings kein selbstloser Akt, vielmehr legt die Grande Nation Wert darauf, im Indischen Ozean präsent zu sein. Außerdem kommen die Subventionen letztlich französischen Konsumgüterproduzenten, Handelsunternehmen, Baufirmen und Stromversorgern zugute, die auf Réunion Aufträge erhalten. In zweiter Linie scheint die Subventionierung der Landwirtschaft sinnvoller zu sein, als arbeitslos gewordenen Landwirten Arbeitslosengeld zu gewähren. Drittens sichert das Überseedepartement dem Mutterland nicht nur militärische Präsenz, sondern vor allem nicht unbeträchtliche Fischereigründe. Eine Strategie zur Modernisierung der réunionesischen Wirtschaft verzeichnet in den letzten Jahren außerdem deutliche Erfolge (s. S. 70)

# Teuer bezahlt – der Anschluss an Europa

Man wähnt sich in Europa, nachdem man den Flieger verlassen hat: vierspurige Schnellstraßen, Strom, der immer fließt, ausgezeichnete Kliniken, moderne Schulzentren, eine ordentliche Kanalisation samt Kläranlagen, teure Sportstätten mit Flutlicht und angemessene Sozialwohnungen. Abermillionen Euro sind im französischen Budget veranschlagt, um Réunion an den europäischen Lebensstandard anzugleichen.

Als französisches Überseedepartement ist Réunion gleichzeitig Teil der EU. So kommt die Insel nicht nur in den Genuss der nationalen Solidarität, sondern auch der europäischen Strukturförderung. Eine der unangenehmen Nebenwirkungen der Zugehörigkeit zu Europa trotz der sonst positiven Auswirkungen ist das hohe Preisni-veau, das laut nationaler Kartellbehörde im Durchschnitt um 50 % höher liegt als im Mutterland Frankreich.

## Hohe Lebenshaltungskosten

Die Politik argumentiert immer wieder damit, dass die hohen Transportkosten und Einfuhrsteuern am hohen Preisniveau schuld seien, was nur bedingt stimmt. Es fehlt vielmehr der politische Wille. Einerseits kann an einer Senkung der Steuern und folglich des Preisniveaus niemand ernsthaft interessiert sein, denn ein gewisser Teil der Importsteuern fließt direkt in die Kassen der Kommunen. Damit wird Infrastruktur gebaut oder instand gehalten, was wesentlich zur Attraktivität der Dörfer und Städte beiträgt und wiederum Ansiedlungen (und Steuereinnahmen) begünstigt. Andererseits bekrittelt die Kartellbehörde immer wieder, dass es auf Réunion keine echte freie Marktwirtschaft gebe. Die politischen Entscheidungsträger sind so eng mit der Wirtschaft verflochten, dass sie sich damit schwertun, echten Wettbewerb auf der Insel zu fördern und Markteintrittsbarrieren für neue Unternehmen zu senken. Egal ob im Lebensmittelhandel, beim Auto- und

Grenze kommen, müssen die ärmeren Bevölkerungsgruppen den Euro ihrer Sozialleistungen mehrmals umdrehen. Ganze 52 % der Réunionesen leben unter der Armutsgrenze von 880 € pro Monat. Trotzdem: Die Arbeitslosengelder, Familienbeihilfen und sonstigen Unterstützungszahlungen tragen nicht unerheblich zur gesteigerten Kaufkraft bei. Die öffentlichen Leistungen speisen so indirekt den Konsum. Dennoch kann der lokale Produk-

Elektrogeräteimport oder im Bauwesen, die großen marktdominierenden Firmen befinden sich in der Hand einiger weniger Familien, die die Preise kontrollieren und zugleich politisch Einfluss nehmen. Ein gutes Beispiel sind die hohen Flugticketpreise. Nur vier Fluglinien dürfen auf Réunion landen, von gesundem Wettbewerb kann keine Rede sein. Gewisse politische Entscheidungsträger sind überdies Aktionäre bei Air Austral und Corsair.

tionsapparat davon nur am Rande profitieren, denn in erster Linie werden ja importierte Waren konsumiert. Ein 2007 gestartetes Förderprogramm der EU nimmt deshalb die Ansiedlung von Firmen auf Réunion in Angriff.

## Mangel an Arbeitsplätzen

## Die Kaufkraft verpufft

Während die durch Zuschläge, Urlaubsgratifikationen und teilweise sogar Gratisflüge nach Paris verwöhnten Beamten wie Politiker, Lehrer, Forstbeamte, Polizisten oder Bademeister selten ein Problem mit den erhöhten Lebenshaltungskosten haben und häufig auf Gehälter jenseits der 4000-€-

Das Interesse nationaler wie internationaler Investoren an dem kleinen Markt Réunions mit nur ca. 800 000 Verbrauchern ist jedoch gering, dazu kommen hohe Lohnkosten, die französische Steuergesetzgebung und die 35-Stunden-Woche. Am lukrativsten für Investoren und Geschäftsleute bleibt der Handel. Der Großteil der Beschäftigten ist im Dienstleistungsbereich tätig. In der Zuckerrohr-Landwirtschaft arbeiten hingegen nur noch 12 000 Saisonarbeiter während der Erntezeit von

Juni bis Dezember, 8000 Pflanzer und ein paar hundert Fabrikarbeiter, die den Zucker verarbeiten. Der Rest der landwirtschaftlichen Produktion fällt nicht ins Gewicht, denn weder vom Vanilleanbau, der Rumdestillation, den Parfümessenzen oder dem Anbau von tropischen Früchten kann auf der Insel ein Bauer gut leben. Einzig einige wenige Fischereiunternehmen mit großen Trawlern fahren mit dem Fang von Thunfisch, Tiefseekrabben, Krabben und Langusten satte Gewinne ein.

Trotz aller schwierigen Voraussetzungen hat sich die Wirtschaftsstruktur von Réunion im Laufe der letzten Jahre aber positiv verändert. Innerhalb zweier Generationen hat sie sich von einer auf monoindustriellen Brachen wie der Zuckerproduktion basierenden hin zu einer auf Dienstleistungen konzentrierten Wirtschaft entwickelt. Nichtdestotrotz sind die Tourismus-, Dienstleistungs- und Handwerksbetriebe aber nicht in der Lage, in ausreichendem Maße Arbeitsplätze zu schaffen (s. Kasten unten), mit dem Ergebnis, dass es eine offizielle Arbeitslosenrate von 29 % gibt. Dabei beschönigt diese Zahl das tatsächliche Heer der Erwerbslosen, denn Gelegenheitsarbeiter, Umschulungsmaßnahmen, prekäre Beschäftigungsverhältnisse und saisonal befristete Verträge sind von den offiziellen Zahlen ausgeschlossen. Zu den größten gesellschaftlichen Herausforderungen zählt die hohe Jugendarbeitslosigkeit von 46 %. Viele sehen als letzten Ausweg die Emigration nach Frankreich, wo sie mit ähnlichen Problemen wie zu Hause kämpfen müssen.

## Zögerliche Tourismusentwicklung

Auch wenn die Ernennung zum UNESCO-Weltnaturerbe 2010 (s. S. 53) die Insel ins Bewusstsein der mitteleuropäischen Touristen katapultiert hat, kommt der Tourismus nicht so recht in die Gänge, hohe Flugpreise, fehlende Direktflüge aus Europa und das hohe Preisniveau bleiben ein Handicap im preissensiblen Tourismussegment. Zusätzlich fehlt einheimisches Personal, das ausreichend qualifiziert ist. Eine touristische Servicementalität hat sich bei den meisten Réunionesen ebenfalls noch nicht eingestellt. Daran können auch rührige Begleitmaßnahmen des Conseil régional wie die Einrichtung von Museen, Wanderwegen und Picknickplätzen nichts ändern. Réunion wird sich wahrscheinlich nicht zum zweiten Mauritius entwickeln, nicht nur wegen der fehlenden Sandstrände. Der größte Anteil der derzeitigen Touristen besteht aus Réunionesen auf Verwandtschaftsbesuch und Franzosen (métros). Die Anzahl der ausländischen Touristen hauptsächlich aus Deutschland, Österreich und der Schweiz bleibt bescheiden.

# Métissage – Identität aus drei Kontinenten

**Am 8. April 1794 wurde aus der Île Bourbon La Réunion. Obwohl sich der Name auf ein Ereignis der Französischen Revolution bezieht, ist er auf der Insel heute Programm. Ethnien aus drei Kontinenten verschmolzen zu einem großartigen Neuen – im wahrsten Sinne eine Réunion, eine Vereinigung und Zusammenkunft, verschiedener Kulturen und Traditionen.**

Die Vorfahren der heutigen Inselbewohner kamen in aufeinanderfolgenden Einwanderungswellen, zuerst die Weißen, dann die Afrikaner und später die Inder und Chinesen. Ungewöhnlich für ehemalige Kolonialgebiete begannen die verschiedenen Bevölkerungsgruppen sich im Laufe des 20. Jh. miteinander zu vermischen. *Métissage* nennen die Inselbewohner den so entstandenen bunten Cocktail an Hautfarben, Gesichts- und Körpertypen und tragen ihr Lebensmotto als Schriftzug sogar auf T-Shirts. Jeder Réunion-Besucher stellt schnell fest, dass die unzähligen gemischtethnischen Paare nicht nur auf dem Papier von Tourismusprospekten existieren, sondern tatsächlich gelebter Alltag sind.

## Zuallererst Kreolen

Alle Réunionesen sind französische Staats- und damit gleichzeitig EU-Bürger. Zuallererst legen die Inselbewohner aber Wert darauf, als Kreolen *(créoles)* bezeichnet zu werden. Jede Person, die auf der Insel geboren wurde, ungeachtet ihrer Hautfarbe und ethnischen Herkunft, gilt als Kreole. Im August 1668 wurde Anne Mousse, Tochter zweier Madagassen, offiziell als erste Kreolin geboren. Sie wird bis heute als Großmutter der *créoles* verehrt.

Offen Rassismus zu zeigen wird als eines der größten Tabus auf der Insel geahndet. Hinter vorgehaltener Hand jedoch müssen selbst die größten Idealisten feststellen, dass versteckter Rassismus wie in jeder Gesellschaft auch hier existiert. Es geht dabei weniger um institutionelle Diskriminierung, denn sowohl im öffentlichen Dienst als auch in hohen, wirtschaftlichen Positionen sitzen heute Réunionesen aus allen Bevölkerungsgruppen. Dennoch entscheidet die Herkunft oft noch immer über den sozialen Status.

## Cafres

Ein ähnliches Dilemma entsteht bei der Einteilung der Bevölkerung in Herkunftsgruppen. Denn obwohl die *métissage* ein wichtiges Merkmal der réunionesischen Identität ist, kommt es offiziell zur Zuordnung zu ›reinrassigen‹ Kategorien. Als *cafres* bezeichnen sich die Menschen afrikanischer Abstammung, deren Vorfahren als Sklaven auf die Insel gebracht wurden, um die Arbeit auf den Plantagen zu verrichten. Sie machen die Mehrheit der Bevölkerung aus. Aus dem Arabischen stammend, bedeutet *kafir* ›der Ungläubige‹ und wurde ursprünglich im südlichen und östlichen Afrika von den deutschen Kolonialisten für die Einheimischen verwendet. Von einer negativen Konnotation kann aber auf Réunion keine Rede sein.

## Malbars und zarabs

Die *malbars,* Nachfahren der indischen Vertragsarbeiter (s. S. 63), machen den zweitgrößten Anteil in der Bevölkerung aus. Die Anfang des 19. Jh. nach Réunion zugewanderten Inder waren zwar zum großen Teil Tamilen aus Südindien und nur in geringer Zahl von der Malabarküste im Südwesten Indiens, dennoch setzte sich der Name *malbars* im Kreolischen durch. Als der Hinduismus von den Zuckerbaronen später toleriert wurde, wandten sich viele zwangskatholisierte Tamilen wieder ihrem alten Glauben zu. Inder muslimischer Religionszugehörigkeit, deren Vorfahren aus der an Pakistan grenzenden Region Gujarat stammen, heißen *zarabs*. Zum Namen kamen sie, weil sie sich zum gleichen Glauben wie die Araber bekannten.

## Ti-blan, gro-blan und z'oreille

Der Bevölkerungsanteil der Europäer von unter 10 % wird in drei Gruppen unterteilt: *ti-blan* (auch *yabs),* *gro-blan* und *z'oreille.* Die Bezeichnung *yab* oder *ti-blan*, frz. *petits-blancs,* ›kleiner Weißer‹, klingt heute noch ein wenig abwertend. Sie geht auf die ersten französischen Siedler zurück, die Kleinbauern, Händler und Handwerker waren. Viele von ihnen flohen in die Berge, als sie von der Regierung 1717 gezwungen wurden, auf den Kaffeeplantagen zu arbeiten. Sie mussten zudem den Großgrundbesitzern an der Küste weichen, die alles Land aufkauften. In den Bergen verarmten sie und mischten sich mit den ebenfalls in die Höhen geflohenen *cafres.*

Im Gegensatz zu ihnen galten die *gro-blan,* frz. *gros blancs,* die reichen Großgrund-, Plantagen- und Fabrikbesitzer, als Aristokratie. Sie bauten ihre Anwesen hauptsächlich in Küstennähe, um in der Nähe ihrer Plantagen und Fabriken zu sein, aber dennoch auf ungefähr 200–300 m Seehöhe, um in den Genuss der kühleren Höhenluft und der Winde zu kommen. Nach Ende des Zuckerbooms sattelten sie um auf das Banken- und Versicherungswesen, eröffneten Importfirmen und gründeten bedeutende Handelsunternehmen, z. B. für Autos. Noch heute ist die Insel wirtschaftlich und politisch in den Händen einiger weniger alteingesessener Familien.

Die Departementalisierung 1946 zog die Einwanderung von Regierungsbeamten, Ingenieuren und Lehrern aus dem Mutterland nach sich, die übermäßig gut bezahlte Arbeitsplätze erhielten. Die weiße urbane Mittelschicht, die ihre französischen Gewohnheiten mitbrachte, fand unter den echten Réunionesen kaum Anschluss. Ihr Name *z'oreilles* erinnert angeblich daran, dass die Festlandfranzosen eine Hand ans Ohr hielten, weil sie das Kreolisch nicht verstanden. Da der Begriff einen negativen Beigeschmack hat, hört man häufig die neutrale Bezeichnung *métros* von *métropolitain* (dt. hauptstädtisch).

## Sinoi

Mit der letzten Einwanderungswelle in den 1850er- und 1860er-Jahren kamen die Chinesen *(sinoi)* nach Réunion – die zahlenmäßig kleinste Bevölkerungsgruppe (ca. 3 %). Die schlechten Lebensbedingungen sowie politische Repressalien in den südchinesischen Provinzen bewegten sie dazu, ihre Heimat zu verlassen. Die sich stetig verbessernden Schiffsverbindungen zwischen Hongkong und den Maskarenen beförderten die arbeitswilligen Chinesen direkt nach Réunion. Anfangs als Vertragsarbeiter beliebt, begannen sie sich alsbald vehement gegen die schlechten Arbeitsbedingungen zu wehren und wurden den Plantagenbetreibern lästig. Sie flohen, mussten betteln und stehlen, und lange haftete ihnen ein schlechter Ruf an, was die Immigration zum Erliegen brachte. Gegen Ende des 19. Jh. und während der ersten Dekaden des 20. Jh. intensivierte sich die Einwanderung wieder, die Chinesen ließen sich hauptsächlich als Händler nieder. Die typischen Chinesenläden *(boutik sinoi)* wandelten sich mit der Zeit zu Supermärkten, und vielen gelang der Aufstieg zu Großhändlern oder Lebensmittelproduzenten. Die jüngeren Generationen genossen häufig gute Ausbildungen, z. B. in Paris, und sind heute freiberuflich als Ärzte, Rechtsanwälte oder Architekten tätig. Wie die anderen Ethnien pflegen die *sinoi* ihre Traditionen, feiern das Neujahrsfest oder lernen die Sprache ihrer Vorfahren in Sprachkursen, sind aber nicht so sehr wie die Tamilen oder Muslime ihrer Geschichte verpflichtet.

### Gemeinsame Heimatsymbole

Egal welcher Herkunft – alle Réunionesen lieben ihre Insel. Auf T-Shirts, Postkarten, Tassen prangen die repräsentativen Motive – unter den beliebtesten rangieren der brodelnde Vulkan Piton de la Fournaise, die Inselumrisse, die Nummer 974 (Kennzahl des Departements), der Vogel mit dem weißen Schweif *(paille en queue)* und nicht zu vergessen der Bierslogan *Le Dodo lé la.* Bei einem Réunionurlaub begegnet man diesen gemeinschaftstiftenden Symbolen überall, als Souvenir kann man sie mit nach Hause nehmen.

# Kreolisch –
# mehr als nur eine Sprache

**Aus vielerlei Gründen galt Kreolisch über Jahrhunderte als minderwertig: Es war die Sprache der Sklaven und verarmten Landbevölkerung. Bis vor einigen Jahrzehnten handelte es sich um eine mündliche Sprache ohne Schrift. Heute sehen immer mehr Inselbewohner darin einen kulturellen Reichtum, den sie pflegen möchten.**

Eigentlich entstand das Kreolisch aus einer Not heraus. Die Sklaven auf der Île Bourbon wurden aus unterschiedlichen Ländern rekrutiert. Aus Angst vor Aufständen trennte man Menschen gleicher Herkunft prinzipiell voneinander, die Sklaven konnten sich also untereinander gar nicht verständigen. Damit sie die Anweisungen ihrer Besitzer verstanden, sprachen diese mit ihnen in einem reduzierten Französisch.

So bildete sich das réunionesische Kreolisch heraus – ein melodischer Singsang, der zwar eine große Nähe zum Standardfranzösischen aufweist, aber dennoch eine Bereicherung durch portugiesische, madagassische, tamilische Elemente erfahren hat und sogar Kisuaheli- und Hindi-Spuren beinhaltet.

## Einfache Grammatik, bildhafter Wortschatz

Die kreolische Grammatik zeichnet sich durch Vereinfachung aus. Nomen und Verben sind größtenteils unveränderlich. So existieren weder ein -s in der Mehrzahl noch Geschlechter (maskulin oder feminin) für Nomen. Verben kennen keine Konjugation und auch keine komplizierten Zeitformen. Der für Französischlernende schwer begreifbare *subjonctif* wurde gänzlich eliminiert, als einziges Hilfsverb bei zusammengesetzten Zeiten wurde *avoir* eingeführt, z.B. *elle a sorti* statt französisch *elle est sortie* (gebildet mit *être)*.

Das Kreolisch mag zwar in der Grammatik nicht so kompliziert sein, doch auf der lexikalischen Ebene weist es einen großen Reichtum an bildhaften Umschreibungen auf. So wird die Nacht (frz. *la nuit*) als *fait noir* bezeichnet, die Polizei (frz. *la police*) als *la loi* (in Anlehnung an das Gesetz) oder der Baum (frz. *l'arbre*) als *pied de bois* (frei übersetzt: Holzfuß). Weil das Chamäleon sich zur Täuschung von Feinden tot stellt und minutenlang starr verharrt, nennen es die Insulaner *endormi* (frz. eingeschlafen). Eine Biene heißt *mouche à miel* (frei übersetzt ›die, die Honig schneuzen‹) und Wandern, eine Lieblingsbeschäftigung der Réunionesen, *batt' un carré* (frei übersetzt ›durch die Felder ziehen‹).

# Fließender Sprachenwechsel

In informellen Gesprächssituationen, in der Familie, im Alltag, wenn es um Tradition und Unterhaltung geht oder auch darum, mit einer Pointe zu punkten, dominiert das Kreolisch. Für den Beruf, die Schule, die Verwaltung, die Wissenschaft und fast alle Medien ist das Standardfranzösisch reserviert – die offizielle Landessprache. An häufiges Wechseln zwischen den Sprachen sind die meisten Inselbewohner gewöhnt. Trotzdem erleben die Kinder ihre kreolische Mündlichkeit spätestens in der Schule als Handicap. Nicht nur der Schulerfolg, sondern der spätere berufliche und soziale Aufstieg ist nämlich unweigerlich an die Beherrschung des Französischen gebunden.

Ältere Réunionesen, speziell in Bergregionen, sind des Standardfranzösischen häufig nicht mächtig.

# Aufwertung des kreolischen Kulturguts

Vor allem die Studien Robert Chaudensons und seiner Schüler vom Kreolischen Institut der Universität Saint-Denis haben zu einer Neubewertung des Kreolischen geführt. Literaten, Lehrer, Theaterleute, Journalisten und Musiker haben sich der Kultivierung der kreoli-

## Kreolische Vokabeln für den Alltag

Die Aussprache ist überwiegend lauttreu.

| | |
|---|---|
| Bonzhour! Adië! | Guten Tag! |
| Adië zot tout! | Guten Tag an alle! |
| Nï artrouv! | Auf Wiedersehen! |
| siouplè | bitte sehr |
| merssi | danke |
| Lé bon | einverstanden |
| ben sir | klar doch, sicher |
| Kosa la fé? | Was gibt es Neues? |
| Koman i lé? | Wie geht es dir? |
| Mi apel ... | Ich heiße ... |
| Mi sort ... | Ich komme aus ... |
| Mi rod ... | Ich suche ... |
| Moin la bëzoin ... | Ich benötige ... |
| Nana ...? | Hast du, haben Sie ...? |
| Mi perd ler. | Ich habe mich verirrt. |
| lontan | damals, vor langer Zeit |
| ziskakan | bis wann? |

schen Sprache verschrieben. 2001 wurde unter der Schirmherrschaft der Académie de Réunion der Conseil Académique de la Langue et de la Culture Réunionnaises gegründet, um den Ruf und die Wertigkeit des Kreolischen zu verbessern und die Inselsprache auch in den Unterricht zu integrieren. Die *créolité*-Bewegung widmet sich der Poesie und der Literatur und einige Radiosendungen sowie Internetzeitungen publizieren auf Kreolisch.

Immer mehr Réunionesen sind stolz darauf, Kreolisch zu sprechen. Während sich im Jahr 2000 nur 47 % der Bevölkerung für eine Forcierung aussprachen, sind es bei einer Umfrage 2008 bereits 61 %. Gleichzeitig bekräftigen 90 % der Befragten, dass sie die Zweisprachigkeit und die kreolische Sprache im Besonderen als Bereicherung ansehen. Die ursprüngliche Forderung, Kreolisch als Unterrichtssprache einzuführen, wurde jedoch noch nicht umgesetzt – immerhin hat es ja noch gar keine offiziell bestätigte Rechtschreibung. Wer Blogs oder Kommentare auf Online-Plattformen liest, wird sehen, dass sich die Sprecher für unterschiedliche Schreibweisen entscheiden: Das Französische *comment* z. B. wird von einigen Sprechern als *comen*, von anderen als *komen* transkribiert.

## Kreolische Lebensweise

Bei den Schreibweisen des Kreolischen mag vielleicht Uneinigkeit herrschen, bei den Lebensgewohnheiten der Réunionesen dafür nicht. Ähnlich wie im Mutterland sieht man sie an Wochenenden oder an kühleren Abenden am Strand, in sandigen Hauseinfahrten oder auf eigens angelegten Plätzen Pétanque spielen. Obwohl einige Spieler in Clubs organisiert sind, betreiben die meisten es einfach als ein geselliges Hobby. 1999 fand sogar die Weltmeisterschaft in Saint-Denis statt. Ebenso begeistert gehen die Insulaner wandern. Besucher werden kaum eine Wanderung unternehmen, ohne auf Einheimische zu treffen. Man sieht sie ungeachtet von Temperaturen oder Wochentagen schnellen Schrittes auf der Straße marschieren. Sie kennen alle Abkürzungen und Schleichwege sowie die schönsten Kioske für die Brotzeit. Die Wochenenden, insbesondere der Sonntag, sind für ein Picknick mit der Familie oder Freunden reserviert. Wenn sie es sich leisten können, verbringen die Réunionesen das Wochenende und den Urlaub am liebsten weg von zu Hause. Die Bergler strömen ans Meer, die Küstenbewohner freuen sich auf die kühlere, klare Bergluft. Von Juni bis Dezember haben die Hahnenkämpfe *(les coqs bataille)* in den Arenen *(gallodromes)* Hochsaison, die die indischen Einwanderer mitbrachten.

## Neue Impulse

Einflüsse auf die kreolische Lebensart kommen in der jüngsten Vergangenheit auch von neuen Einwanderergruppen. Zum einen suchen Menschen aus Madagaskar und den Komoren auf Réunion Arbeit. Die Komorer verändern mit ihrer Kleidung aus Tüchern und den bemalten Gesichtern das Straßenbild: Als Sonnenschutzmittel und Schönheitselixier werden die Sandelholzmasken aufgetragen. Zum anderen verlegen auch immer mehr Festlandfranzosen ihren Wohnsitz auf die Insel, wenn ihnen die westliche Leistungsgesellschaft zu viel wird. Sie genießen es, dass auf Réunion die Uhren nach wie vor langsamer ticken.

# Der Puls der Insel – Musik und Tanz

**Die Annäherung an das kreolische Lebensgefühl erfolgt am besten über die Musik. In den pulsierenden Rhythmen verschmolzen Einflüsse aus Ostafrika, Madagaskar und dem Mutterland Frankreich. Versuchen Sie einmal den Séga oder den Maloya zu tanzen! Viel Spaß und ein echtes Gemeinschaftserlebnis sind garantiert.**

Auf Volksfesten wie z. B. der Fête des Cafres am 20. Dezember (s. S. 63) erklingen in allen Orten die traditionellen Rhythmen Séga und Maloya. Aber auch bei den Musikfestivals sind die afrikanisch anmutenden Lieder begleitet von Tanzperformances ein fester Bestandteil im Programm. Alljährlich in der ersten Augustwoche findet die größte Musikveranstaltung der Insel, Sakifo, in Saint-Pierre statt. Über 60 000 Zuhörer jubeln vier Tage lang begeistert réunionesischen, französischen, aber auch internationalen Bands zu, die auf mehreren Bühnen spielen. Über Séga und Maloya hinaus

**Tanzen, bis die Röcke fliegen: Séga-Tanzgruppe bei einer Festveranstaltung**

**www.sakifo.com**
Die Veranstalter des Sakifo Musik
Festival in Saint-Pierre informieren
auf ihrer Internetseite über den
Festivaltermin und das Programm
im jeweils kommenden Jahr. Dort
erfährt man auch, wann der
Ticket-Vorverkauf beginnt. Tages-
pässe kosten ca. 25 €, Vier-Tages-
Pässe ca. 88 €. Wer sich schon einmal in die réunionesische Musik
einhören möchte, sollte das Stich-
wort Sakifo Records anklicken.
Unter http:// 2010.sakifo.com sind
die Musikbeiträge des Vorjahres-
festivals eingestellt.

sind noch weitere Musikrichtungen
vertreten, z. B. Hip-Hop, Reggae, Folk
und Chanson. Der kreolische Festival-
name Sakifo ist abgeleitet von dem
Ausdruck *ce qu'il faut* (dt. es muss).

# Ekstatischer Tanz – der Séga

Obwohl bei Volksfesten häufig noch
traditionelle Séga-Gruppen auftreten,
erfreut sich heute vor allem der moderne Séga großer Beliebtheit. Die traditionellen Instrumente sind dort der
Akustikgitarre, dem Schlagzeug und
dem Synthesizer gewichen. Einige der
modernen Séga-Bands sind bei den Jugendlichen beliebter als amerikanische
Popstars. Der Séga ist auf allen Inseln
im Indischen Ozean verbreitet, dennoch verfügen alle Varianten über ihren ganz eigenen Rhythmus. Der Séga
auf Réunion gilt als lebhafter und flot-
ter als der auf den Seychellen, aber gemächlicher als der auf Rodrigues. Bis
heute wird der Séga auf Kreolisch gesungen, die erotisch anmutenden

Tanzelemente blieben über die Jahrhunderte ebenfalls erhalten. Die Séga-
Tänzer auf Réunion sind farbenprächtig gekleidet, besonders die Frauen.
Sie tragen ein knappes Oberteil, das
vorne oft von einem Knoten gehalten
wird. Bunte, weite Volantröcke ver-
vollständigen das Outfit.

Die Entstehung des Séga geht auf
die Sklavenzeit zurück. Um sich wenigstens ein paar Stunden am Sonntag
zu amüsieren, fertigten die Sklaven
einfache Instrumente an, die sie aus ihrer afrikanischen Heimat kannten, er-
fanden Melodien und begannen, zu
diesen zu tanzen. Später arbeiteten sie
auch französische Klänge wie die Polka
oder die Quadrille mit ein. Wegen seines erotischen Hüftschwungs war der
Séga vielen Plantagenbesitzern ein
Dorn im Auge, vielerorts verboten sie
ihn deshalb.

Das wichtigste traditionelle Rhyth-
musinstrument des Séga stellte der
*bobre* dar. An einem mit einer Saite zu
einem Bogen gespannten Vacoa-Holz-
stab war eine Kalebasse als Resonanz-
körper befestigt. Mit einem Holzstab
schlug der Musiker auf das Stahlseil
und gab den Takt für die Tänzerinnen
und Sänger an. Der *caïamb,* eine Art
Rassel, bestand aus einem aus Zuckerrohr gefertigten Hohlkörper, der mit
Maiskörnern gefüllt war. Aus alten
Rumfässern stellte man die Trommel
*houleur* her, die mit Kuhhaut bespannt
wurde.

# Klagelieder der Sklaven – der Maloya

Der Maloya ist neben der Séga der
zweite wichtige Musik- und Tanzstil
auf Réunion. Vergleichbar mit dem
Blues der amerikanischen Sklaven entstand er auf den Feldern und in den

Hütten nach der Arbeit als eine Art Klagelied. In einer Art Sprechgesang begann ein Sänger mit einer Frage und forderte die Antwort des Chores, der *bande,* heraus. Begleitet von traditionellen Schlaginstrumenten, wurden die anklagenden Fragen und verzweifelten Antworten unaufhörlich wiederholt. Währenddessen fanden sich Paare zum Tanz ein. Während der Kolonialzeit war der Maloya nicht nur durch die Sklavenhalter, sondern auch durch die Kolonialverwaltung verboten, da man fürchtete, die Lieder würden die Sklaven aufstacheln und zu Aufständen animieren.

In den 1970er- und 1980er-Jahren besann sich die Musikszene von Réunion auf ihre Wurzeln. Sozialkritische Themen wurden aufgegriffen – *chômage, zamal et rhum* (Arbeitslosigkeit, Drogen und Alkohol) und gegen Korruption und Misswirtschaft gesungen. Dass aus den politisch-gesellschaftlichen Anklagen letztlich ein populäres Genre entstehen konnte, ist Danyèl Waros zu verdanken. Andere wichtige Vertreter sind Ziskakan, die den Maloya zu einer Art Ethnorock mit indischen Elementen, Reggae und Jazz weitereinwickelten. Ti-Fock machten aus dem Maloya einen Maloggae, eine Verschmelzung von Reggae mit Maloya. Als Meisterwerk des immateriellen und mündlichen Erbes wurde der Maloya 2009 von der UNESCO zum Welterbe ernannt.

## Kampftanz Moringue

Wie der Maloya erlebt der Moringue, eine afro-madagassische Kombination aus Kampfkunst und Tanz, seit einiger Zeit eine Renaissance. Mehrere Clubs und Schulen haben sich schon formiert, es werden sogar Meisterschaften ausgetragen. Die Entstehung des Moringue (auch *batay kréol)* ist unklar, aber die unterschiedlichen Theorien beinhalten alle einen Teil der Wahrheit. In erster Linie entwickelte sich der Moringue dadurch, dass die entwurzelten Afrikaner mit rituellen Tänzen sich ihrer Heimat erinnerten. Zudem versetzten die Bewegungsabfolgen und Trommelrhythmen die Männer in Trance, und sie entflohen wenigstens vorübergehend ihrem tristen Alltag. Als sich der Moringue langsam zu einer Tanz- und Kampfkunst mit festen Regeln entwickelte, boten die spielerischen Kämpfe den Männern die Möglichkeit, sich untereinander zu duellieren – was den Sklaven durch den Code noir (s. S. 61) grundsätzlich verboten war. Solange der Moringue den Alltag auf den Plantagen nicht durcheinanderbrachte, wurde er von den Gutsherren geduldet. Im 20. Jh. drohte der Moringue in Vergessenheit zu geraten.

## Andere réunionesische Klänge

Doch nicht jede traditionelle Musik, die man im Radio hört, ist Maloya, Séga oder Moringue. Viele Lieder sind einfache *chansons créoles,* deren Melodien mit den Händlern und Seemännern aus Europa kamen. Solche Walzer, Polkas oder gar Opernarien aufgepeppt mit volkssprachlichen Texten waren im 19. Jh. bei den *soirées* beliebt. Als heimliche Hymne der Insel wird »Ti Fleur Aimée« betrachtet, das bei Karaoke-Abenden oder Partys gerne lautstark mitgesungen wird. Coverversionen tauchen in regelmäßigen Abständen auf und ein Fest ohne das Lied, das vom réunionesischen Künstler Georges Fourcade 1930 komponiert wurde, ist undenkbar.

Farbenprächtige hinduistische Tempel liegen in unmittelbarer Nachbarschaft zu eleganten Minaretten und katholischen Kirchen. Die Dichte an Gotteshäusern ist gemessen an der Einwohnerzahl hoch – die Réunionesen sind tiefgläubig. Religiöse Berührungsängste existieren keine, ganz im Gegenteil: Die Gläubigen empfinden die Toleranz über Konfessionsgrenzen hinweg als Bereicherung.

Über TV und Radio laden sich die Religionsgemeinschaften auf Réunion gegenseitig zu wichtigen Feierlichkeiten ein. Die Weihnachtsdekoration

den Anfängen der Kolonie die Angst vor Missernten, Krankheiten, Zyklonen und Vulkanausbrüchen in der Bevölkerung groß war, stellten die Stadtväter die Siedlungen unter den Schutz von Heiligen. Der Bau von Gotteshäusern wurde zu diesem Zweck forciert, mit dem Ergebnis, dass heute jedes noch so kleine Dörfchen zumindest über eine Kapelle verfügt.

Seit der Besiedlungszeit dominiert der Katholizismus, da auch alle Sklaven mit ihrer Ankunft zwangskatholisiert wurden, notfalls mit Peitschenhieben. Ausdruck einer lebendigen Volksfrömmigkeit sind heute die zahlreichen,

# Mit göttlicher Hilfe – Vielfalt der Religionen

schmückt die Straßen von November bis weit in den April hinein, denn nach dem christlichen Weihnachten folgen das chinesische Neujahr im Februar und schließlich das tamilische Neujahr im April. Selbst die Muslime gestatten in ausgesuchten Moscheen Andersgläubigen den Zutritt. Toleranz ist auf Réunion keine Worthülse, sondern gelebter Respekt vor den Mitmenschen.

## Die Insel der Heiligen

Saint-Denis, Saint-Pierre, Saint-Paul, unzählige Städte, gerade an der Küste, tragen die Namen von Heiligen. Da in

**Ein junger Tamile hat sich zum Dipavali-Fest als Gott Vishnu verkleidet**

stets mit frischen Blumen geschmückten Heiligenstatuen, die teilweise an besonderen Punkten in der Landschaft aufgestellt wurden, wie z. B. die Figur der Gottesmutter nahe dem Col de Bellevue (s. S. 274) oder die Vierge au Parasol in Piton Sainte-Rose (s. S. 218). Aber nicht nur die Jungfrau Maria wird verehrt, auch die Ruhestätten aufopfernder Geistlicher, z. B. von Pfarrer Lafosse in Saint-Louis, der sich für die Abschaffung der Sklaverei einsetzte, oder Pater Clément Raimbault in Saint-Bernard, der sein Leben den Leprakranken widmete, zählen zu den verehrten Plätzen. Besucher finden sich manchmal unverhofft in Prozessionen zu Ehren der örtlichen Namenspatronen wieder, die zu großen Spektakeln ausarten. Das größte Fest richtet Saint-Leu aus, wo die Fête de La Salette, ein Fest zu Ehren der Muttergottes, Zehntausende Menschen mobilisiert (s. S. 134). Viele Menschen bekreuzigen sich vor Opferstöcken, Heiligenstatuen und rot bemalten Altären des Heiligen Expédit. Die Heilige Maria dankt ihren Schäfchen die Treue: Sie erscheint auf Réunion öfters als anderswo.

## Hindus und Muslime öffnen sich bereitwillig

Der Hinduismus, die älteste Religion der Welt, kennt anderswo verwirrend viele Götter, das starre Kastenwesen und die Reinkarnation. Nicht so auf Réunion, denn die eingewanderten Tamilen mussten ihre hinduistischen Traditionen mit katholischen Einflüssen in Einklang bringen. Wie alle Plantagenarbeiter wurden sie zunächst zwangskatholisiert: Sonntags hatten sie in die Kirche zu gehen und sie erhielten katholische Namen. Als später der Bau hinduistischer Tempel erlaubt wurde, befahlen ihnen ihre Herren, weiterhin am christlich-französischen Leben teilzuhaben. Heute leben die tamilischen Nachfahren in zwei Welten – sie essen einerseits kein Fleisch, weil es die Hindutradition vorsieht, und wichtige Festivitäten wie Hochzeiten oder Taufen werden nach der hinduistischen Astrologie ausgerichtet, aber gleichzeitig lassen sie ihre Kinder christlich taufen und verehren den katholischen Heiligen Expédit (s. S. 83).

Die Aufweichung der starren Traditionen bringt ihnen den Vorwurf ein, öffentlich christlich und im privaten Rahmen hinduistisch zu sein. Die réunionesischen Hindus nehmen solche Anschuldigungen gelassen und laden stattdessen alle Insulaner regelmäßig zu ihren Festen ein. Einige finden immer in den gleichen Tempeln statt, andere wechseln von Jahr zu Jahr ihren Platz. In den örtlichen Fremdenverkehrsämtern informiert man gerne über anstehende Festlichkeiten.

Tolerant und offen verhalten sich ebenfalls die Muslime. Die muslimische Gemeinde auf Réunion kann als gemäßigt bezeichnet werden, die keinem Fundamentalismus anhängt. Vielleicht hat dies auch mit ihrer starken Wirtschaftsleistung von 35 % zu tun, obwohl sie nur knapp 5 % der Bevölkerung stellt. Dennoch werden Besucher kaum mit muslimischen Festen in Berührung kommen, viele Moscheen stehen Besuchern aber außerhalb der Gebetsstunden offen.

## Chinesische Traditionen

Die chinesischen Vertragsarbeiter konvertierten bereitwillig zum Christentum – möglicherweise bedingt durch das konfuzianische Ideal der Harmonie. Erst spät, Mitte des 20. Jh., entstanden quasi als Gegenbewegung erste Tempel, nachdem 1949 in China die Kommunisten an die Macht kamen. Erste Sekten, basierend auf buddhistischem Gedankengut, wurden gegründet. Man erbaute und renovierte vermehrt chinesische Tempel, in denen daoistische, buddhistische und konfuzianische Gottheiten verehrt werden. In den Privathäusern werden chinesische Traditionen noch immer hochgehalten. Die traditionellen chinesischen Feste wie das Neujahrsfest oder der Geburtstag des Kriegsgottes Guan Di im Juli oder August nehmen überdies im réunionesisch-chinesischen Jahreskalender eine wichtige Stellung ein. Wie schon bei den Hindus ist jedermann zum chinesischen Neujahrsfest eingeladen, wenn in den Straßen der Städte mit Feuerwerk und Knallkörpern böse Geister vertrieben und der Löwen- und Drachentanz aufgeführt werden. Nur im Familienkreis hingegen verzehrt man jene Speisen, die laut chinesischer Mythologie Reichtum und Wohlstand bringen sollen.

# Mysteriöse Machenschaften

Institutionelle Religionen und Wahrsagerei, Geisterbeschwörung, Voodoo-Zauber oder Hexerei schließen sich auf Réunion nicht aus. Mit Grasbüscheln und Bananenblättern oder mit von den oberirdischen Stromleitungen pendelnden Schuhen wünscht man gewissen Mitmenschen Unheil an den Hals. Die Urheber warnen davor, solche Arrangements durcheinanderzubringen, denn dies wird mit einem Fluch geahndet. Nicht selten finden Geisterbeschwörungen und Teufelsaustreibungen statt, die passenderweise gleich vom christlichen Seelsorger der Gemeinde durchgeführt werden. Selbst ein Mörder wird verehrt. Bevor Kleinkriminelle ein Ding drehen, heißt es, bitten sie die Geister des 1911 hingerichteten Massenmörders und Einbrecherkönigs Sitarane um Unterstützung – mit Rum, Zigaretten, frischen Blumen und roten Stofffetzen.

# Ein Heiliger für alle Fälle

Mehr als auf die Fürsprache der Jungfrau Maria und der Ahnen vertraut man aber auf Réunion auf den Heiligen Expédit. Der christlichen Lehre zufolge war Expédit ein römischer Zenturio in Armenien, der zum Christentum konvertierte. Deshalb stehen in den blutroten kleineren und großen Altären

auch die typischen Legionärsstatuen. Die Verehrung des Saint-Expédit entstand aber eher aus einem Missgeschick heraus. Als Anfang des 20. Jh. eine Bestellung in Rom mit der Bitte um Sendung einer Heiligenstatue einging, wurde diese prompt erfüllt. Bei der Ankunft des Pakets auf Réunion wusste aber leider keiner der Empfänger, um welchen Heiligen es sich dabei handelte. Auf dem Paket stand nur »e spedito« und ein Datum, also »versandt am«. In Unkenntnis des Italienischen nahmen die Gläubigen an, es handle sich um den Namen des Heiligen. Die Signalfarbe rot rührt übrigens daher, dass die päpstliche Farbe Rot ebenfalls auf dem Paket zu finden war. Ob diese Geschichte stimmt, sei dahingestellt, sie zeichnet aber ein augenzwinkerndes Bild der réunionesischen Gutgläubigkeit. Am Straßenrand, oft an unübersichtlichen Stellen oder versteckt in Felsnischen stehen die roten Altäre zu Ehren des Expédit, geschmückt mit Blumen, kleinen Porzellanfiguren und Kerzen. Bei der Suche nach einer Arbeitsstelle oder bei Familienproblemen vertraut man auf seine Hilfe und bringt ihm Opfergaben dar. Gefeiert wird er übrigens am 19. April.

# Unterwegs auf Réunion

Der Blick vom Piton Maïdo auf den Cirque de Mafate ist atemberaubend

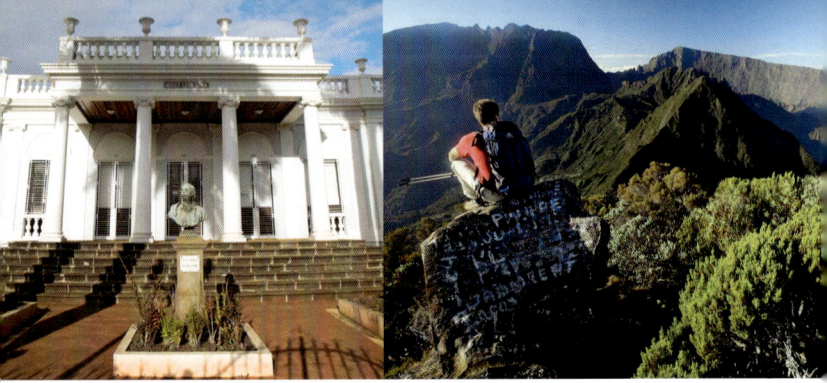

# Saint-Denis und Umgebung

## Highlight !

**La Roche Ecrite:** Der Hausberg von Saint-Denis geizt weder mit Aussicht noch mit sportlicher Herausforderung. S. 101

## Auf Entdeckungstour

**So wohnte die Hautevolee von einst – Rue de Paris:** An der Rue de Paris, dem einstigen Beverly Hills von Saint-Denis, wohnten Zuckerbarone und Politiker, reiche Händler und Ärzte. Ihr Geschmack prägte die Kolonialarchitektur der Insel. S. 92

**Die Briten auf Réunion – die D41 und der Chemin des Anglais:** Anders als auf Mauritius erinnert auf Réunion nichts mehr an die kurze Präsenz der Briten, doch bei einem Ausflug auf der Bergstraße D41 lässt sich die Geschichte nachvollziehen. S. 106

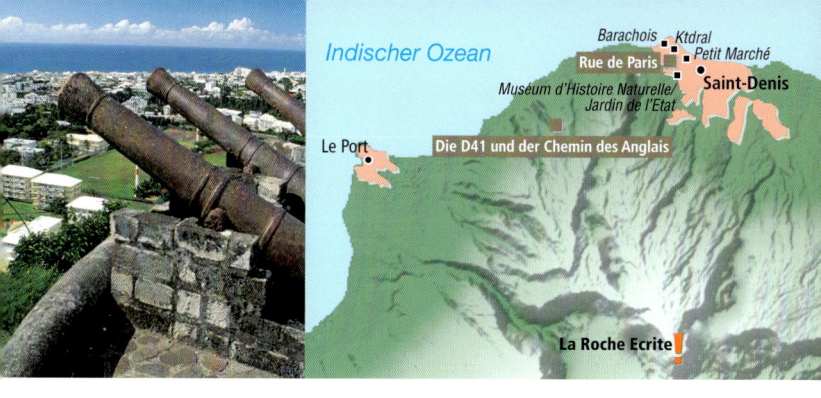

La Roche Ecrite

## Kultur & Sehenswertes

**Muséum d'Histoire Naturelle:** Das naturhistorische Museum von Saint-Denis präsentiert präparierte Tiere der Tropen, eingebettet in ausführliche Hintergrundinformationen. S. 97

## Aktiv & Kreativ

**Papangue ULM:** Ein Flug in einem Ultraleichtflugzeug über das Gebirgspanorama von Réunion ist unvergesslich für jene, die immer schon wie ein Vogel fliegen wollten. S. 100

**Le Dodo Palmé:** Wer Tauchspots abseits der Touristengruppen sucht, sollte mit dem Veranstalter Le Dodo Palmé Tauchgänge rund um Le Port unternehmen. S. 109

## Genießen & Atmosphäre

**Petit Marché:** Auf dem kleinen Markt in Saint-Denis herrscht am Vormittag dichtes Gedränge um die bunten Obst- und Gemüsestände. S. 95

**Jardin de l'Etat:** In der stickig-heißen Stadt ist das Grün des Gartens Balsam für die Seele. S. 96

## Abends & Nachts

**Barachois:** Am Barachois, dem Inbegriff der kreolischen Flaniermeile, ist immer etwas los. S. 89

**Ktdral:** Im Restaurant mit Bar an der Kathedrale von Saint-Denis lässt sich bei einem Glas Wein das Altstadtflair genießen. S. 100

# Urbanes Savoir-Vivre vor herrlichem Bergpanorama

Der erste Blick auf Réunion vom Flugzeug aus macht Lust auf mehr: Die steil aufragenden, zerfurchten und sattgrünen Berglandschaften warten verheißungsvoll auf aktive Urlauber. Der weiße Häuserteppich von Saint-Denis überzieht die Hänge und verliert sich weiter oben im charakteristischen Bergnebel. Das türkisblaue Meer plätschert an die anthrazitgrauen Steine der Küste. Dazwischen wälzt sich eine Verkehrslawine über die Schnellstraße, die den Osten und den Westen über die Hauptstadt verbindet. Willkommen am südlichsten Ende Frankreichs!

## Saint-Denis ▶ E/F 1/2

Der erste Eindruck der Inselhauptstadt mag gar nicht so schmeichelhaft sein: heruntergekommene Gebäude an der Durchgangsstraße, Verkehrsstaus und zwischen den Häusern stickige, abgasverseuchte Luft. An dem wirtschaftlichen und administrativen Zentrum mit knapp 140 000 Einwohnern finden Besucher erst auf den zweiten Blick Gefallen. Hübsche Stadtvillen, ein großer Stadtpark, mehrere Museen, Straßenmärkte sowie Einkaufsmeilen, Haute-

## Infobox

**Reisekarte:** ▶ E/F 1/2
**Cityplan:** Saint-Denis S. 96

### Touristeninformation
**Office de Tourisme Saint-Denis:** 14, rue de Paris, Maison Carrère, Tel. 0262 41 83 00, Mo–Sa 9–18 Uhr.
**Centrale de Réservation de l'Île de la Réunion Tourisme:** 5, rue Rontaunay, Tel. 0262 90 78 78, www.reunion-nature.com, Mo–Do 8–12, 13–17, Fr 8–11 Uhr. Inselweite Reservierungen.

### Anreise und Weiterkommen
**Auto:** Die Route Nationale N2 verbindet den östlich der Stadt gelegenen Flughafen mit dem Stadtzentrum. Parkplätze befinden sich am Barachois, in den einzelnen Straßenzügen, am alten Bahnhof und beim Bierlokal Trois Brasseurs. Achtung: Mo–Sa müssen von 8 bis 12 und 14 bis 18 Uhr außer in den Schulferien an den Automaten Parkgebühren bezahlt werden: 1 Std. 0,40 €, 3 Std. 0,80 €, 8 Std. 1,80 €. Als größte Stadt der Insel muss Saint-Denis täglich mit dem Verkehrskollaps kämpfen. Es empfiehlt sich, die Stadt von 6.30 bis 10 Uhr, in den Mittagsstunden und von 17 bis 19 Uhr großräumig zu meiden.
**Bus:** Saint-Denis kann leicht mit Bussen erreicht werden. Vom Flughafen bis zum Busbahnhof verkehrt 12 x tgl. ein Shuttlebus (*navette aéroport,* 4 €). Ebenso fährt die Linie G der Busgesellschaft Cars Jaunes von Saint-Benoît über den Flughafen (Gillot) sowie die Linien A, B und C derselben Gesellschaft vom Westen und den Stränden zum Busbahnhof in Saint-Denis. Für die Erkundung der Umgebung sind die Busse keine Alternative zum Auto.

Couture-Boutiquen und Krämerläden machen einen Besuch kurzweilig.

Dort, wo heute nahe dem Hôtel de la Préfecture der Verkehr durchrollt, ankerte 1667 im Mündungsdelta der Rivière Saint-Denis das Schiff des ersten Gouverneurs Etienne Regnault. Anfangs regierte er die Insel von Saint-Paul aus, doch schon bald ließ er ein Lagerhaus, die spätere Präfektur, am Saint-Denis-Delta bauen. Saint-Denis lag strategisch günstig, ganz in der Nähe der großen Plantagen, die sich im grünen, fruchtbaren Nordosten befanden. Die ersten Siedler ließen sich daraufhin am rechten Flussufer nieder, doch erst 1728 wurden weitere Lagerhallen für die Zwischenlagerung von Kaffee, dem ersten Exportgut der Inselwirtschaft, errichtet. Gouverneur Mahé de La Bourdonnais verlegte die Kolonialverwaltung 1738 schließlich nach Saint-Denis und baute die Stadt aus. Trotz der Passatwinde war der Schiffsanleger, der danach häufig von Zyklonen zerstört wurde, für die großen Handelsschiffe der Ostindien-Kompanie sehr gut geeignet.

# Barachois

Heute ist der Barachois eine lang gezogene Promenade unter Palmen, die beim öffentlichen Schwimmbad beginnt und bis zu den Kanonen nahe dem Square La Bourdonnais reicht. Dabei erinnert der Name daran, dass ein 1819 errichteter Schiffsanleger bereits während der Bauarbeiten von einem Zyklon zerstört wurde. Die Überreste der Mole formten eine kleine Lagune (frz. *barachois).* Bald aber versandete der kleine Hafen und 1937 schüttete man die Lagune vollends zu. Die Küstenpromenade mit ihren Bänken, den Pétanque-Plätzen und den Snackbars ist ein beliebter Treffpunkt der Einhei-

mischen – insbesondere in den Stunden der glutroten Sonnenuntergänge.

## Parc d'Artillerie [1]

Gegenüber dem Schwimmbad erhebt sich ein imposantes Gebäude, der Parc d'Artillerie mit seinem Säulengang. Früher als Kaserne und als Haus des Militärkommandanten genutzt, ist hier das Straßenamt untergebracht.

## Roland-Garros-Statue [2]

Weiter westlich, schräg vor einem Café gleichen Namens, steht die Roland-Garros-Statue. Der 1888 in Saint-Denis geborene Luftfahrtpionier überflog als erster Pilot das Mittelmeer, machte sich bei sehr vielen europäischen Wettbewerben einen Namen und war im Ersten Weltkrieg der erste Soldat, der eine Maschine mit Gewehr an Bord – quasi das erste Jagdflugzeug – manövrierte. 1918 starb er im Luftkampf.

## Kanonen und Square La Bourdonnais

Direkt am Meer zeigen die **Kanonen** [3] in Richtung Wasser und erinnern daran, dass sich Saint-Denis im Laufe der Geschichte oft verteidigen musste. Bei den Kanonen geht die Nulllinie der Insel durch, d. h. von hier aus werden die Distanzen zum Rest der Welt gemessen. Schräg gegenüber befindet sich der **Square La Bourdonnais** [4], wo am 20. Dezember 1848 die Abschaffung der Sklaverei proklamiert wurde.

## Hôtel de la Préfecture [5]

Neben dem Square La Bourdonnais thront auf einer kleinen Anhöhe das markante Hôtel de la Préfecture – das älteste Steingebäude der Insel. Auf den Fundamenten eines Lagerhauses der Ostindien-Kompanie erbaut, ließ es Mahé de Labourdonnais 1739 weiter zu einem repräsentativen Gouverneurspalast samt Befestigungsanlage

## Saint-Denis und Umgebung

mit Kasernen und Lagerhallen für den Kaffee ausbauen. Mehrere Baumeister hinterließen ihre Handschrift, doch die meisten fanden Gefallen an neoklassizistischen Elementen wie den Säulengängen, den Veranden oder den prägnanten Erkern.

# Avenue de la Victoire

Die Avenue de la Victoire durchzieht Saint-Denis von Norden nach Süden. Einige alte Lagerhäuser der Ostindien-Kompanie lassen sich ausmachen, bevor die Rue Rontaunay links abzweigt.

### Palais Rontaunay 6
*5, rue Rontaunay, Mo–Do 8–12, 13–17, Fr 8–11 Uhr*
Das Palais in der Rue Rontaunay fungierte lange Jahre als Regierungssitz, bevor das Tourismusamt darin einzog. Nicht an vielen Gebäuden in Saint-Denis sind die traditionellen Architekturelemente wie Holzbauweise, Veranda, Grundriss oder Durchgangszimmer so strikt eingehalten worden wie hier. Auf dem Rückweg zur Avenue de la Victoire passiert man an der Rue Jean

---

*Unser Tipp*

### Alles bio – Planète Nature 5
Planète Nature auf der Rückseite der Kathedrale ist die einzige Adresse weit und breit für Biolebensmittel. Die regionalen Produkte kann man nicht nur kaufen, sondern im Bistro als leckere Gerichte direkt verspeisen (26, rue Jean Châtel, Tel. 0262 88 67 49, www.planetenature.re, Mo–Sa 12–15, Fr, Sa bis 20 Uhr, Mittagsgerichte ab 12 €).

---

Châtel Nr. 27 eines der prachtvollsten Gebäude der Stadt hinter einem karibikblauen schmiedeeisernen Zaun, das Palais der Banque de la Réunion.

### Kathedrale 7
*Place de la Cathédrale*
Die schlichte weiße Fassade der 1829–1832 erbauten Kathedrale beherrscht den begrünten Platz an der Avenue de la Victoire, in dessen Mitte ein dekorativer Brunnen aus dem Jahr 1854 steht. Das Gotteshaus läutete die neoklassizistische Ära auf der Insel ein. An der Ecke des Kirchvorplatzes zur Rue Alexis de Villeneuve erinnert eine Büste an den einflussreichen réunionesischen

Überschaubare Metropole: Saint-Denis am Abend

Politiker, der 1946 an dieser Stelle ermordet wurde – bis heute blieb sein gewaltsamer Tod ein Rätsel.

### Collège Saint-Cyprien und ehemaliges Militärhospital

Schräg gegenüber der Kathedrale steht das 1759 fertiggestellte **Collège Saint-Cyprien** 8, das Lazaristenkolleg. In der einstigen Missionarschule war von 1963 bis vor wenigen Jahren das Hauptgebäude der Universität untergebracht. Seit deren Umzug nach Moufia dient das gelbe Gebäude als Annex der Universität. Ein paar Schritte weiter liegt hinter einem kleinen Park versteckt das ehemalige **Militärhospital** 9 *(Ancien hôpital militaire)*, wo heute ein Teil der Präfektur einquartiert ist.

# Rue de Paris

Der kleine Kreisverkehr mit dem **Monument aux Morts,** der Gedenksäule für die Gefallenen des Ersten Weltkriegs, und dem prachtvollen alten **Rathaus** 10 markiert den Beginn der Rue de Paris (Foto S. 64). An ihr reihen sich prächtige Palais aneinander, die Einblick in den Lebensstil der Kolonialzeit gewähren, darunter das **Musée Léon-Dierx** (s. Entdeckungstour S. 92).

# *Auf Entdeckungstour*

## So wohnte die Hautevolee von einst – Rue de Paris

An der Rue de Paris, dem einstigen Beverly Hills von Saint-Denis, wohnten Zuckerbarone und Politiker, reiche Händler und Ärzte. Ihr Geschmack prägte die Kolonialarchitektur der Insel, denn sie ließen Stilelemente aus einzelnen Epochen und verschiedenen Regionen importieren und zu einem neuen Ganzen verschmelzen.

**Cityplan:** s. S. 96

**Öffnungszeiten:** Maison Déramond-Barre Sa/So 9–12, 14–16.30; Maison Carrère Mo–Sa 9–17.30, Führungen 9.30, 10.30, 11.30, 14.30, 15.30, 16.30, 3–4 €; Artothèque Di–So 9.30–17.30, freier Eintritt; Musée Léon-Dierx Di–So 9.30–17.30 Uhr, 2 €

Der Spaziergang beginnt am Kreisverkehr um das Monument aux Morts, wo die Avenue de la Victoire in die Rue de Paris übergeht. Triumphierend thront auf der rechten Seite das 1860 fertiggestellte alte **Rathaus** 10 . Der neoklassizistische Monumentalismus entsprach dem Selbstverständnis der Grande Nation: Mit 75 Fenstern, imposanten Maßen von 37 m x 13 m, dem kecken Campanile und dem prächtigen Springbrunnen im Innenhof kann es wohl kaum ein anderes Gebäude auf der Insel aufnehmen.

### Nord-Süd-Achse im Schachbrettmuster

Die Rue de Paris bildet zusammen mit der Avenue de la Victoire die Nord-Süd-Achse der Stadt. Der erste Bauplan für Saint-Denis, der die Anordnung der Häuser nach strengem barockem Schachbrettmuster wie in Europa vorsah, wurde 1733 entworfen. Dem städtebaulichen Wildwuchs musste schließlich ein Riegel vorgeschoben werden. Die Stadtplaner reservierten die Querstraßen an der Avenue de la Victoire für die Lagerhallen, Läden, eine Schule und den Gouverneurspalast (Hôtel de la Préfecture) der Ostindien-Kompanie. Jenseits des Rathauses sollten die Residenzen der wohlhabenden Bürger errichtet werden. Die wichtigste Straße erhielt anfangs den Namen Grande Rue, wurde aber 1848 nach der Februarrevolution in Paris zur Rue de Paris umgetauft.

### Prachtexemplare kolonialer Inselarchitektur

Zu sehen sind heute an der Rue de Paris neben dem Rathaus nur noch wenige originale Gebäude, denn viele der zwischen 1830 und 1870 aus Holz erbauten Villen mussten im 20. Jh. abgerissen werden. Hinter der Querstraße

Rue Pasteur liegt links die auffällige mintgrüne **Maison Déramond-Barre** 11 (Nr. 15), wegen ihrer Bewohner, dem Dichter Léon Dierx und dem späteren französischen Premierminister Raymond Barre, eines der prominentesten Häuser der Straße. Errichtet 1830–1832 und mehrmals umgebaut, gilt es als Wegbereiter für die Architektur der kreolischen Herrenhäuser: die epochale Veranda *(varangue)*, die es auch bei den bescheideneren kreolischen Häusern gibt, sowie die Scheinfassade *(façade-écran)*, die die Stadtbaumeister der kirchlichen Barockarchitektur entliehen hatten, avancierten zu den archetypischen Architekturelementen. Wie bei vielen anderen Villen auch, fügte man erst in den 1920er-Jahren den prachtvollen Garten samt Springbrunnen sowie das mächtige Eisentor *(baro)* hinzu.

### Intime Details aus dem Leben der Stadtbewohner

An der Adresse Rue de Paris Nr. 14 liegt die **Maison Carrère** 12 . Das 1905 erbaute Haus eines Zuckerhändlers, der es mit seinen fünf Töchtern bewohnte, ist heute der Sitz des Fremdenverkehrsamtes. Bei Führungen schreitet man durch die Zimmer mit französischem, britischem und indischem Mobiliar und kunstvollen Vitrinen, die typisch für wohlhabende Haushalte waren. Im hinteren Teil liegen die Rauchküche, der Hühnerstall und die Latrinen, denn selbst gut situierte Stadtbewohner hatten Ende des 19. Jh. weder fließend Wasser noch Strom oder eine Kanalisation. Ebenso wenig wurden die in den europäischen Städten üblichen Zerstreuungen angeboten. Aus Angst vor Übergriffen unterlag die ohnehin schon streng katholische Gesellschaft einem noch viel strikteren Reglement. Frauen beispielsweise war es nicht gestattet, am öffentlichen Leben teilzunehmen oder sich auf den Straßen frei zu bewegen. Das geselligste Ereignis des Tages für Bürgertöchter und -ehefrauen bestand darin, auf der *guétali,* einer Art Panoramaterrasse an der Einfriedung des Gartens, zu sitzen, zu häkeln und hinter den filigran geschnitzten Holzabdeckungen das Treiben auf der Straße zu beobachten. An einigen Häusern in Saint-Denis sind die *guétali* (die kreolische Wendung *gèt a li* bedeutet so viel wie »Schau dir das an!«) noch erhalten.

### Ein Haus aus Stein

Die Hausnummer 25 an der Rue de Paris trägt die blitzweiße, nicht öffentlich zugängliche **Maison Repiquet** 13, die im 19. Jh. als einziges Haus von Saint-Denis komplett aus Stein gebaut wurde – ein Indiz dafür, dass die Erbauer besonders wohlhabend gewesen sein müssen. Besonders imposant ist die inseltypische Veranda, die sich über die komplette Vorderseite erstreckt. Schmucke Pilaster und Ornamente auf der Scheinfassade, indische Fensterbögen aus Glas, filigrane *lambrequins,* eine Art Regenrinne, die den prasselnden Regen abfängt, und nicht zuletzt ein fast schon königlicher Garten machen die Villa zu einer Augenweide. Selbst die Gärten in der Stadt verfolgten neben dem ästhetischen Zweck vielmehr einen praktischen: Man baute Obst und Gemüse an, legte Kräutergärten an, pflanzte schattenspendende Bäume und bunt blühende Blumen, da sich die Haushalte mit diesen Produkten selbst versorgen mussten.

### Kunst in prächtigem Rahmen

In typisch kreolischer Manier erbaute man in den 1840er-Jahren das gelbweiße Herrenhaus an der Rue de Paris Nr. 26: vollständig aus Holz, mit großen Fenstern für die Luftzirkulation, einem Springbrunnen und besonders auffälliger Scheinfassade. Heute können sich Kunstinteressierte in der dort ansässigen **Artothèque** 14 gegen minimale Gebühren Werke zeitgenössischer réunionesischer Künstler ausleihen. Ein Besuch der Innenräume lohnt nicht nur wegen der Kunstobjekte, sondern besonders wegen der prunkvollen Ausstattung und des Mobiliars.

Gut zu erkennen an seiner hellblauweißen Scheinfassade ist das neoklassizistische **Musée Léon-Dierx** 15 (Nr. 28, s. Foto S. 92), das in den 1840er-Jahren entstanden ist, aber Mitte des 20. Jh. komplett entkernt und neu ausgebaut wurde. Das Museum ehrt den 1912 verstorbenen großen Poeten der Insel. Das Who's Who der zeitgenössischen réunionesischen Kunst ist ebenso zu sehen wie einflussreiche Altmeister und Avantgardisten, u. a. Cézanne, Gauguin, Renoir oder Picasso.

### Villen am südlichen Ende

Die kreolische Architektur von Mauritius, erkennbar an den Türmchen, inspirierte den Erbauer der **Maison Timol** 16 (Nr. 32). Die Fassade ist wie in Originaltagen noch immer vollständig aus Holz. Schräg gegenüber in der **Villa du Conseil Général** 17 (Nr. 49) wohnte der wohlhabende Händler Lucien Lebeau, der sich entgegen der kreolischen Tradition für ein geneigtes Dach entschied. Seit 1977 ist das Gebäude in staatlichem Besitz. Die Erbauer der **Maison Isautier** 18 (Nr. 51) ließen sich zu keinen architektonischen Experimenten hinreißen. Von der Veranda und der Scheinfassade bis hin zum Flachdach und dem schmiedeeisernen Tor entspricht alles dem Lehrbuch. Ein paar Schritte weiter endet die Rue de Paris am Kreisverkehr der Place de Metz.

# Rue Maréchal-Leclerc

Zwei Häuserblocks hinter dem Kreisverkehr kreuzt die Rue Maréchal-Leclerc die Rue de Paris. Ein eklektischer Mix aus modernen internationalen Marken- und indischen sowie chinesischen Läden flankiert die zu den Öffnungszeiten quirlige Einkaufsstraße. Es lohnt sich, an einem der Kioske zur Stärkung einen Happen zu essen, z. B. *samoussas.* Der Straßenabschnitt zwischen Rue de Paris und Rue de l'Est ist Fußgängerzone.

### Grand Marché [19]

*Mo–Sa 7–18 Uhr, manchmal wird auch früher geschlossen*
Am südwestlichen Ende der Rue Maréchal-Leclerc liegt der Grand Marché. Die Markthallen wurden 1866 eröffnet. Stilistisch nehmen die schmucken Eisenkonstruktionen an der Architektur des Second Empire Anleihe. Die Einzelteile wurden direkt aus Paris eingeführt. Heute sind die Hallen vornehmlich Souvenir- und Kunsthandwerkverkäufern aus Madagaskar vorbehalten, weswegen man auch vom *marché malgache* spricht.

### Grande mosquée Noor al Islam [20]

*9–12, 14–16 Uhr, Besichtigung nur mit Führung, Anmeldung beim Office de Tourisme, s. S. 88*
Von Weitem schon sieht man das schlanke, blütenweiße und 32 m hohe Minarett der großen Moschee. Nachdem sich 1854 verstärkt sunnitische Muslime aus Indien niederließen, entstand der Bedarf für ein Gebetshaus. Erst 1905 wurde ein solches eröffnet – das erste und größte der Insel und das erste Frankreichs überhaupt. Im mit smaragdgrünen Fliesen verzierten Haupthaus sind im Erdgeschoss bazarartige Ladenarkaden untergebracht, die einen angenehm kühlen und einladenden Innenhof mit Waschgelegenheiten und Beträumen umgeben.

### Petit Marché [21]

*Mo–Sa 6–19 Uhr*
Hinter dem Straßenknick hat die Fußgängerzone ein Ende und geht nahtlos in eine stark befahrene Straße über. Gegenüber einem riesigen unbebauten Brachgelände befindet sich in zweiter Reihe der Petit Marché, der so klein gar nicht ist. Früchte, Gemüse, Fisch, Fleisch, Blumen bieten die Händler hier feil.

### Pagoden Guan Di [22] und Thiaw Law Tong [23]

*Besichtigung nur mit Führung, Anmeldung beim Office de Tourisme, s. S. 88*
In unmittelbarer Nachbarschaft, in der Rue Sainte-Anne Richtung Westen, liegen die chinesische Pagode Thiaw Law Tong (oder Lisi Tong) und gegenüber die Pagode Guan Di (oder Chane), die beide Ende des 19. Jh. erbaut wurden und Kouam-Di, dem Gott des Handels und der Literatur, gewidmet sind. An großen Festtagen wie dem Chinesischen Neujahr oder dem Geburtstag von Guan-Di organisieren die Gemeindemitglieder Feuerwerke und große Drachenumzüge.

### Kalikambal [24]

Noch ein paar Schritte weiter auf der Maréchal-Leclerc und man steht vor dem farbenfrohen Hindutempel Kalikambal, dem vierten Gotteshaus auf der wichtigsten Marktstraße von Saint-Denis. Er wurde von hinduistischen Kaufleuten am damaligen Stadteingang errichtet. Besuche sind unter gewissen Auflagen möglich (Schuhe ausziehen, kein Leder bei sich tragen, keine freizügige Kleidung). Interessierte sollten eine Führung buchen (Anfragen beim Office de Tourisme).

# Jardin de l'Etat 25

*Place de Metz, tgl. 6–18 Uhr, frei*
Seine Glanzzeiten erlebte der 1767 eingerichtete Jardin de l'Etat in den 1860er-Jahren, als der Garten aus über 4000 Pflanzenspezies aus Australien, China, Indonesien, Brasilien, Madagaskar oder auch Mauritius bestand. Zwei Büsten im Park erinnern an den Botaniker und Gründungsvater Pierre Poivre und an Joseph Hubert, den wichtigsten réunionesischen Tropenbotaniker. Für Pflanzenliebhaber ist

# Saint-Denis

*Indischer*

*Ozean*

Busbahnhof
(gare routière)

Boulevard Lancastel

Aéroport Roland Garros,
Sainte-Marie

N 2

Rue de l'Est

Rue des Limites

Boulevard de
l'Océan

Rue Maréchal Leclerc

Gyon

Sainte-Anne

Rue des Limites

Rue Roland Garros

Roland Garros

Rue Jules Olivier

Sainte-Marie

Rue de Montreuil

Monseigneur de Beaumont

Rue du Général de Gaulle

Rue de Caen

Rue Suffren

Rue Liancourt

Rue Colbert

Rue Malartic

Jertin

Rue Ruisseau des Noirs

Rue Monthyon

Rue Mazagran

R. Boulot

Rue des Manguiers

## Sehenswert

1 Parc d'Artillerie
2 Roland-Garros-Statue
3 Kanonen
4 Square La Bourdonnais
5 Hôtel de la Préfecture
6 Palais Rontaunay
7 Kathedrale
8 Collège Saint-Cyprien
9 Militärhospital
10 Rathaus
11 Maison Déramond-Barre
12 Maison Carrère
13 Maison Repiquet
14 Artothèque
15 Musée Léon-Dierx
16 Maison Timol
17 Villa du Conseil Général
18 Maison Isautier
19 Grand Marché
20 Grande mosquée Noor al Islam
21 Petit Marché
22 Pagode Guan Di
23 Pagode Thiaw Law Tong
24 Kalikambal
25 Jardin de l'Etat
26 Muséum d'Histoire Naturelle

## Übernachten

1 Hôtel Juliette Dodu
2 Best Western Le Saint Denis
3 L'Austral Hôtel
4 La Marianne

## Essen & Trinken

1 La Bourdonnais
2 Clos Saint Jacques
3 Le Roland Garros
4 Le Reflet des Îles
5 Le Goujrat
6 Guétali Café
7 Aux Délices de l'Orient
8 Paul
9 Le Massalé

## Einkaufen

1 Virgin Megastore
2 La Galerie Artisanale
3 Serge Gélabert
4 Pardon
5 Planète Nature

## Aktiv & Kreativ

1 Papangue ULM

## Abends & Nachts

1 Théâtre Le Grand Marché
2 Le Bar à Cas
3 Les Trois Brasseurs
4 Ktdral
5 O Bar
6 Le Saint-Hubert

---

der schön angelegte Garten ein Muss: Seltene Gattungen aus fernen Ländern, lauschige Plätzchen, Springbrunnen und Teiche machen ihn zu einem angenehmen Ort an heißen Tagen. Das Parkcafé Guétali lädt zum Verweilen ein (s. Unser Tipp S. 98).

## Muséum d'Histoire Naturelle 26

*1, rue Poivre, Di–So 9.30–17.30 Uhr, 2 €*

Das am Ende des Parks gelegene und 1855 eröffnete Naturhistorische Museum zeigt Exponate und Tierpräparate der Fauna der Insel und anderer

**Unser Tipp**

### Erfrischende Oase – Guétali Café 6 im Jardin de l'Etat

Die Brasserie mit Kaffeehauscharakter nur hundert Meter links vom Haupteingang des Gartens serviert durchgehend Nespresso-Café, Sandwiches und Snacks, kühle Salate und herzhafte Tartelettes. In der loungemäßigen Atmosphäre lässt es sich gut verschnaufen. Am Wochenende ist der Garten samt Café erklärtes Ziel aller erholungsbedürftigen Großstädter (außer Montagnachmittag tgl. 8–18 Uhr, Hauptgerichte ab 10 €).

tropischer Umgebungen, z. B. Käfer und Schmetterlinge, aber auch Wassertiere und gar ein Skelett des ausgestorbenen Dodo (s. S. 52).

## Übernachten

In Saint-Denis zu übernachten sollte man wenn möglich vermeiden. Im Großen und Ganzen sind die Hotels bei der gebotenen Qualität überteuert.

*Beste Wahl –* **Hôtel Juliette Dodu** 1: 31, rue Juliette Dodu, Tel. 0262 20 91 20, www.hotel-jdodu.com, DZ 136–166 €, 1 Suite 226 €. Im Geburtshaus der heroischen Juliette Dodu untergebracht, halten die 43 Zimmer des Romantikhotels nicht ganz, was die charmante Empfangshalle verspricht. Pool im Innenhof, bezaubernde Lounge im ersten Stock. WLAN.

*Direkt am Barachois –* **Best Western Le Saint Denis** 2: 2, rue Doret, Tel. 0262 21 80 20, www.bestwestern-saintdenis-iledelareunion.com, DZ 115 €, Buf-

fetfrühstück 12,50 €. Ein paar schmucke Designer-Möbelstücke in Retrofarben und die puristische Bar können nicht darüber hinwegtäuschen, dass das Geschäftshotel mit 118 Zimmern aus den lieblosen 1980er-Jahren stammt. Das hauseigene Restaurant L'Oasis genießt einen ausgezeichneten Ruf. Pool, WLAN, Parken vor der Tür auf einem öffentlichen Parkplatz.

*Funktional –* **L'Austral Hôtel** 3: 20, rue Charles Gounod, Tel. 0262 94 45 67, www.hotel-austral.fr, an der Schnellstraße auf der Höhe der Les Trois Brasseurs stadteinwärts, DZ 87 €, Buffet-Frühstück 11 €. Funktionales, zentral gelegenes Hotel ohne viel Schnick-Schnack. WLAN, Pool.

*Gut und günstig –* **La Marianne** 4: 5, ruelle Boulot, nahe Jardin de l'Etat, Tel. 0262 21 80 80, hotel-la-marianne@wanadoo.fr, DZ 46 € inkl. Frühstück. Einfaches Hotel in grünem Wohnviertel, freundliche Atmosphäre, ausgestattete Zimmer, das Mobiliar ist etwas altbacken, aber für das Preis-Leistungs-Verhältnis akzeptabel, WLAN.

## Essen & Trinken

*Très chic –* **La Bourdonnais** 1: 14, rue Amiral Lacaze, Tel. 0262 58 35 51, Mo 12–15, Di–Do 12–15, 19–22, Fr 12–15, 19–23, Sa 19–23 Uhr, Gerichte à la carte 30–50 €. Im schönen Gebäude der Ostindien-Kompanie wird kreative französische Küche kredenzt. Im selben Haus, Eingang Rue Labourdonnais, bietet Le Salon Mahé preiswertere Regionalküche (Tagesgericht ab 15 €).

*Mediterrane Küche –* **Clos Saint Jacques** 2: 5, ruelle Edouard, Tel. 0262 21 59 09, Mo–Fr mittags, Di–Sa abends, Hauptgerichte ab 20 €. Eine stilechte kreolische Villa direkt an der Kathedrale ist der romantische Rahmen für solide kulinarische Genüsse.

*Die Institution –* **Le Roland Garros 3**: 2, place du 20-Décembre-1848, Tel. 0262 41 44 37, tgl. 7–24 Uhr, Hauptgerichte ab 14,50 €. Direkt am Barachois fühlt man sich ein bisschen wie in einem Pariser Bistro – inklusive spröder Kellner, erhöhtem Lärmpegel und viel Frequenz. Bevorzugter Treff der Geschäftsleute mit klassischen Gerichten aus der Metropole.

*Kreolische Spezialitäten –* **Le Reflet des Îles 4**: s. Unser Tipp unten rechts.

*Nur auf den ersten Blick unappetitlich* – **Le Goujrat 5**: bd. Gabriel Macé, Tel. 0262 21 60 61, Di–Sa mittags und abends, Hauptgerichte ab 13 €. Hinter der schmutzigen Fassade über dem öffentlichen Schwimmbad verbirgt sich ein indisches Geschmackswunder. Schön ist es, draußen mit Blick aufs Meer zu speisen.

*Im Jardin de l'Etat –* **Guétali Café 6**: s. Unser Tipp links.

*Ordentliche Portionen –* **Aux Délices de l'Orient 7**: 59, rue Juliette Dodu, Tel. 0262 41 44 20, Di–Sa 11.40–13.30, 19–21.30 Uhr, Hauptgerichte ab 8 €. Der Klassiker unter den chinesischen Restaurants zeichnet sich durch eine umfangreiche Karte und ein vernünftiges Preis-Leistungs-Verhältnis aus.

*Patisserie zum Anbeißen –* **Paul 8**: 3, av. de la Victoire, Tel. 0262 56 05 60, tgl. 6–20 Uhr. Gleich gegenüber vom Barachois gelegen zählen die Torten und Kuchen der Patisserie zum Besten, was Saint-Denis bieten kann. Ideal, um sich einen Espresso oder ein Bier zu genehmigen. Die Räumlichkeiten hin zur Rue Doret sind einladender.

*Authentisch indisch –* **Le Massalé 9**: 30, rue Alexis de Villeneuve, Tel. 0262 21 75 06, Mo–Sa 10–20, So 11–20 Uhr. Winzige, unscheinbare indische Snackbar mit feiner Auswahl von *samoussas, bonbon piments* oder auch indischem Kuchen und Törtchen, z. B. die grellbunten, aromatisierten *balfi.*

# Einkaufen

*Großes Mediensortiment –* **Virgin Megastore 1**: 129, rue Maréchal-Leclerc/ Ecke rue Jules Auber, Tel. 0262 97 77 77, Mo–Sa 9–19.30 Uhr. Im riesigen Store findet man alles, was mit Zeitschriften, Büchern, Musik oder Multimedia zu tun hat. Réunionesische Musik und Konzerttickets sind ebenfalls im Angebot.

*Kunsthandwerk –* **La Galerie Artisanale 2**: Centre commercial Carrefour, Mo 12.30–20.30, Di–Sa 8.30–20.30, So 9–12.30 Uhr. Das größte Geschäft für lokales Kunsthandwerk liegt in einem Rondeau inmitten des größten Einkaufszentrums der Insel.

*Fotos vom Profi –* **Serge Gélabert 3**: 85, rue Juliette Dodu, Tel. 0692 85 20 79, www.gelabert.com, Mo–Sa 9–12, 14–18 Uhr. Fotogeschäft für anspruchsvolle Postkarten- und Fotosammler. Außerdem im Sortiment: DVDs, Bücher, Poster, Tischsets, etc. mit Fotomotiven der Insel.

*T-Shirts und mehr –* **Pardon 4**: 96, rue Jean-Châtel, Tel. 0262 41 15 62, www.pardon.net, Mo–Sa 8.30–18.30 Uhr.

---

*Unser Tipp*

### Kreolische Spezialitäten – Le Reflet des Îles 4

Neben den üblichen Gerichten finden sich seltene Spezialitäten der traditionellen Küche wie Taro *(songes)* oder Carri mit Grundeln *(carri bichiques)*. Die Speisekarte ist auf Englisch! Das Lokal gilt als eines der besten kreolischen Restaurants der Insel (27, rue de l'Est, Tel. 0262 21 73 82, Mo–Di, Do–Sa 12–14, 19–22 Uhr, Hauptgerichte 12–35 €).

Einheimische Markenware mit Kult-charakter.
*Bio und Natur* – **Planète Nature** `5`: s. Unser Tipp S. 91.

# Aktiv & Kreativ

*Über den Wolken* – **Papangue ULM** `1`: 10, allée Belynted, chemin Segret, erste Abfahrt nach dem Flughafen (beschildert als Duparc und McDonald's), danach den Schildern ›Port de Plaisance‹ und ›Aéroclubs‹/›Météo France‹ folgen, Tel. 0692 08 85 86, www.papangue-ulm.re. Als äußerst kompetenter Anbieter von Ultraleicht-Überflügen hat sich Papangue auf der Insel einen guten Namen gemacht. Je nach Flugstrecke und Dauer kosten die Überflüge 80–190 €. Brigitte Monat hilft gerne bei der Reservierung (www.reunion-urlaub.com).

# Abends & Nachts

*Selbstbewusstes Gegenwartstheater* – **Théâtre Le Grand Marché** `1`: 2, rue Maréchal-Leclerc, Tel. 0262 20 33 99, www.cdoi-reunion.com, Mo–Fr 11–18, Sa 14–18 Uhr, die Aufführungen finden samstags statt, Karten 10 €. Hinter den Markthallen wird seit 1998 Theater gemacht. Das multikulturelle Ensemble agiert im Spannungsfeld von französischer Gegenwartsdramaturgie, kreolischer Identität und mannigfaltigen kulturellen Einflüssen.
*Studentenlokal* – **Le Bar à Cas** `2`: 19, rue Pasteur, Tel. 0262 20 17 68, Mo–Sa 6.30–0.30, So 18–0.30 Uhr. Die zünftige Brasserie mit den typischen, deftigen Métro-Gerichten zu akzeptablen Preisen (ab 12,50 €) verwandelt sich am Abend in eine geschäftige Bar.
*Gutes Bier* – **Les Trois Brasseurs** `3`: bd. Lancastel/place Régnauld, Tel. 0262 30 84 00, www.les3brasseurs.re, tgl. 11.30–0.30 Uhr. Vollmundige Biersorten samt deftigem Essen. Die Mikrobrauerei ist im alten Bahnhof von Saint-Denis untergebracht, der 1963 geschlossen wurde.
*Hip und trendy* – **Ktdral** `4`: 7, ruelle Saint-Paul, Tel. 0692 95 92 00, Mo–Sa 10–24 Uhr. Restaurant samt Bar im charmanten Altstadtviertel hinter der Kathedrale. An den Wochenenden finden den Konzerte und Veranstaltungen statt.
*DJs und Party* – **O Bar** `5`: 32, rue Compagnie, Tel. 0693 90 21 10, Mo–Sa 7–2 Uhr. Die Zauberformel hier heißt tadelloses Essen, mittwochs DJs und an den Wochenenden Party bis spät in die Nacht.
*Großbildfernseher* – **Le Saint-Hubert** `6`: 4, rue Victor-Mac-Auliffe, Tel. 0262 21 95 95, Mo–Sa bis 0.30 Uhr. Vorwiegend junges Publikum frequentiert die Brasserie und Bar, denn das Ambiente ist ungezwungen, freitags trifft man sich zur Karaoke.

# Infos & Termine

### Verkehr

**Flughafen:** Aéroport Roland Garros, Tel. 0262 28 16 16, www.reunion.aeroport.fr. Der Flughafen hieß früher Gillot und ist so auch noch auf den Straßenschildern angeschrieben. Er liegt ca. 8 km östlich vom Zentrum direkt an der N2 (15 Min. Fahrzeit). Es verkehren Shuttlebusse zwischen dem Flughafen und dem Stadtzentrum, s. S. 101.
**Mietwagen:** Au Bas Prix, Aéroport Roland Garros, Tel. 0262 48 81 89, www.aubasprix.fr. Zuverlässige lokale Autovermietung mit einem großen Fuhrpark, Zustellung nach Hause oder ins Hotel. Bei einer Mietdauer von bis zu 13 Tagen 36 €/Tag in der billigsten Kategorie, ab 14 Tagen 30 €/Tag.

ADA: Aéroport Roland Garros, Tel. 0262 21 59 01, www.ada-reunion.com. Bei einer Mietdauer von bis zu 14 Tagen 49 €/Tag für ein klimatisiertes Fahrzeug, bis zu 20 Tagen 39 €/Tag.

ITC Tropicar: Aéroport Roland Garros, Tel. 0262 24 01 01, www.itctropicar. com. Mit Niederlassungen in Saint-Denis, Saint-Gilles und Saint-Pierre. Effizientes und gut organisiertes Unternehmen, Fahrzeugmiete ab 41 €/Tag für weniger als 14 Tage.

**Busbahnhof:** bd. Lancastel, Tel. 0810 12 39 74, an der N2 gegenüber der Rue Pasteur. Die Linien der Car Jaune A, B, C, D fahren in Richtung Westen und Süden, die Linien F und G in den Osten bis Saint-Benoît. Tickets für eine Zone 1,40 €. Auch die Airport-Shuttles fahren bis zum Busbahnhof. Busfahrpläne und Informationen sind im Fremdenverkehrsbüro erhältlich.

**Stadtbusse:** Citalis, Tel. 0800 65 56 55 (gratis), Auskünfte Mo–Fr 7.30–18, Sa 8–17 Uhr. Stadtbusse verkehren flächendeckend im ganzen Stadtgebiet zwischen 5 und 20 Uhr. Einen Busbahnhof gibt es nicht, aber beim Hôtel de Ville und dem Petit Marché befinden sich große Haltestellen. Tickets im Vorverkauf 1 €, im Bus 1,30 €.

**Taxis:** Die Taxis sind keine wirkliche Alternative, da sie teuer und unzuverlässig sind. Am Jardin de l'Etat gibt es einen der seltenen Stellplätze, ansonsten müssen Taxis telefonisch gerufen werden: Taxis Paille-en-queue Tel. 0262 29 20 29, Taxis Dyonysien Tel. 0262 21 31 10, Flughafen-Taxi Tel. 0262 48 83 83.

### Termine

**Nouvel An chinois:** Februar. Großes Feuerwerk.

**Cavadee:** August. Hinduistisches Büßerfest mit Prozessionen.

**Le Guan Di:** August. Geburtstagsfeier des chinesischen Kriegsgottes mit Drachenumzügen.

# Die Umgebung von Saint-Denis

## Wanderung zur La Roche Ecrite ❗

Als höchste Erhebung im Norden müssen sich die beiden Cirques de Mafate und Salazie den 2276 m hohen Gipfel La Roche Ecrite, einen der schönsten Aussichtsberge der Insel, teilen. Genüsslichen Gehern empfiehlt sich eine Zwei-Tagestour mit einer Übernachtung in der auf 1839 m Höhe gelegenen Gîte de la Plaine des Chicots. Nur geübte Wanderer in guter körperlicher Verfassung sollten die Tour an einem Tag in Angriff nehmen (19 km hin und zurück, 6–8 Std.). Die Gîte sollte bei der Maison de la Montagne reserviert werden (s. S. 31).

### Le Brûlé ▶ E 2

Erste Station von Saint-Denis auf dem Weg zur La Roche Ecrite ist Le Brûlé auf 830 m Seehöhe. Man erreicht das Bergdorf über Bellepierre (D42) oder Saint-François (D43). Seinen Namen verdankt es dem Umstand, dass hier lange Holzkohle für Saint-Denis produziert wurde, der Rauch und das ›Verbrannte‹ waren weithin sichtbar. Hinter Bambushecken versteckt liegen typische Kreolenhäuser, aber außer einer pittoresken Kirche hat das Dorf für Touristen wenig zu bieten. Ab Le Brûlé folgt man der Teerstraße noch knappe 6 km zum Mamode Camp, einem großen Naherholungsgebiet (1200 m) mit Parkplatz und Picknickplätzen.

### Wanderung ab Mamode Camp
▶ E 2/3

*Mamode Camp – Gîte de la Plaine des Chicots (5,35 km) – La Roche Ecrite (4,15 km); Strecke gesamt 9,5 km*

**Einer der schönsten Aussichtspunkte der Insel: La Roche Ecrite**

Am Parkplatz des Mamode Camp lässt man das Auto stehen. Schilder leiten die Wanderer zur Plaine des Chicots. Anfangs führt der Weg durch schattigen Kryptomeriawald, weiter oben weicht er Tamarindenbäumen mit Bartflechten, Fanjanfarnen, Calumet-Bambus oder *fleurs jaunes,* einer Johanniskrautart. Dass es hier feucht ist, kann man mit bloßem Auge sehen: Je nach Saison erfordert der glitschige Pfad volle Konzentration, teilweise ist er sogar mit Holzplanken ausgelegt.

Je höher man kommt, desto mehr weitet sich der Ausblick und das glit-zernde Meer wird in der Ferne sichtbar. Nach ca. 1,5–2 Std. gabelt sich der Pfad: Nach links marschiert man nach **Bois-des-Nèfles** (9,5 km, 3 Std.), nach rechts noch 1 km weiter bis zur **Plaine des Chicots** und weiter auf die La Roche Ecrite. Nach weiteren 30 Minuten ist die **Gîte de la Plaine des Chicots** erreicht, die – ganz mit Tamarindenschindeln bedeckt – unter besonders prächtigen Exemplaren der Höhentamarinde steht.

Die Gîte liegt am bewaldeten Rand der Plaine des Chicots, einer kargen Hochebene auf 1900 m Höhe. Die Ve-

derer aus aller Welt ihre Inschriften. Die Aussicht macht süchtig: rechts vorne der Kegel des Cimendef (2228 m), dahinter der zerklüftete Morne de Fourche (2267 m), der sanft ansteigende Grand-Bénare (2898 m) und davor der Cirque de Mafate. Getrennt durch die Abbruchkante von Mafate und Ciloas erheben sich links daneben der Piton des Neiges (3071 m) und Le Gros Morne (3019 m), die beide ineinander zu verschmelzen scheinen. Direkt unterhalb liegt der zerklüftete Cirque de Salazie mit seinem abgeflachten Kegel, dem Piton d'Anchaing (1356 m) und dem kreisrunden Teich Mare-à-Martin. Weit draußen schimmert das azurblaue Meer, die ersten Wolken sammeln sich am Horizont.

### Rückweg über Mare-aux-Cerfs
▶ E/F 3

Für den Rückweg bieten sich zwei Varianten: Ein Abstecher zur **Caverne Soldats** eröffnet einen Blick in das 1000 m tiefer gelegene Tal der Rivière des Pluies. Viel interessanter ist der Umweg über den **Mare-aux-Cerfs** und den dahinter liegenden spektakulären Aussichtspunkt über Mafate. Der ›Hirschteich‹ erinnert daran, dass europäische Seemänner um 1750 Hirsche aus Java und Borneo aussetzten, um sich auf der Überfahrt nach Indien Frischfleisch zu sichern. Während im Zweiten Weltkrieg die Hirsche als ausgerottet galten, wurden sie Mitte der 1950er-Jahre wieder angesiedelt – mit mäßigem Erfolg. Vorbei an der **Caverne Dufour** erreicht man schnell die Gîte. Der Abstieg zum Parkplatz Mamode Camp geht zügig voran.

getation zeigt sich in einem anderen Kleid: Heidebüsche und Ginster wechseln sich mit offenen weiten Grasflächen ab. Die großflächigen rutschigen Lavaplatten sind markant mit weißen Pfeilen markiert. Nach 20 Minuten sehen Wanderer erstmals den Gipfel der La Roche Ecrite. Bei der nachfolgenden Abzweigung nach La Bretagne eröffnet sich ein wunderbares Panorama der Ostküste. Steht man nach einer letzten herausfordernden Steigung endlich an der Abbruchkante, ist der Name des Berges kein Rätsel mehr. Auf dem nackten Felsen hinterlassen Wan-

## Übernachten

*Erfrischend gastfreundlich –* **La Prévallée:** bei Le Brûlé, 15, chemin des Frangipaniers, Tel. 0262 23 02 79, bernard.johanne@orange.fr, DZ 50 €. Zwei einfache, aber saubere Gästezimmer sind in einem kreolischen Haus mit tropischem Garten untergebracht. Auf der überdachten Terrasse wird das Frühstück serviert; auf Vorbestellung kocht die Hausherrin ein Abendmenü.

# Auf der Route du Littoral bis La Possession

### La Grande Montagne ▶ D 2/3

An der Westausfahrt von Saint-Denis auf der Route du Littoral, der Schnellstraße entlang des Meeres, sieht man ihn sehr eindrücklich – den Steilfelsen von La Grande Montagne, der bis zur Abbruchkante des Cirque de Mafate reicht. Zwischen Saint-Paul und Saint-Denis gab es lange nur eine Schiffsverbindung, denn die Felsformation schien unüberwindbar. Den ersten Weg pflasterte man 1730. 1849 wurde die Trasse für die Höhenstraße Route de la Montagne (D 41) angelegt, die aber als zeitaufwendige Alternative zur zweistündigen Bootsfahrt nur bei stürmischer See in Frage kam. Noch heute ist die D 41 über den Höhenzug und durch den Ort La Montagne eine panoramareiche Ausweichroute zwischen Saint-Denis und La Possession (s. Entdeckungstour S. 106).

### La Grande-Chaloupe ▶ D 1/2

Eingekeilt zwischen Felsen liegt die **Bahnstation** von La Grande-Chaloupe. Der Name erinnert an die Schaluppen, die Pendelboote, die zwischen den großen Schiffen und der Küste verkehrten, um die Fracht anzulanden. Um den Abtransport des Zuckers zu optimieren, wurde 1882 ein 10,8 km langer Eisenbahntunnel nach Saint-Denis fertiggestellt. Er zählt zu den Pionierleistungen des Eisenbahnbaus

und stand damals hinter dem Gotthard- und dem Fréjus-Tunnel an dritter Stelle der Weltrangliste. Doch die Züge fuhren nie profitbringend. Heute sehen Besucher im alten Bahnhofshäuschen Schautafeln über die Sklaverei und die Vertragsarbeiter (s. S. 61). Ein paar Schritte nach Norden sieht man den alten Tunneleingang.

Durch die isolierte Lage war La Grande-Chaloupe für die Quarantäne prädestiniert. Mit dem vermehrten Zuzug indischer und chinesischer Arbeiter in den 1850er-Jahren wurden zwei **Lazarette** errichtet, um die Einschleppung von Pocken, Pest und Cholera zu verhindern (Di–Fr 9–12.30, 13.30–15.30, Sa–So 9–12.30, 13.30–17.30 Uhr, Tel. 0262 55 64 10, Eintritt frei).

# La Possession ▶ C/D 2

Das aufstrebende Gewerbegebiet La Possession liegt so unscheinbar direkt an der N1, dass viele daran vorbeifahren. Obwohl die Einheimischen den Ort wegen der zentralen Lage und der Wohnqualität lieben, gibt es für Touristen kaum Sehenswertes. Vermutlich 1638, drei Jahrzehnte vor den ersten Kolonisten in Saint-Paul, ankerte das französische Schiff ›Saint-Alexis‹ in der Bucht und der Kapitän nahm die Insel vorsorglich in Besitz (*la possession*, dt. Besitz), indem er das Königswappen an einem Baum befestigte. Seit jeher wird die Region landwirtschaftlich intensiv genutzt. Auf der Insel weiß jedes Kind, dass die Jujube-Frucht, ein seltenes Steinobst asiatischen Ursprungs, die im Geschmack an einen karamelisierten Apfel erinnert, aus La Possession kommt. Nostalgiefahrten mit dem **Ti'Train Lontan,** der von einem Verein betrieben wird, finden nur auf Anfrage für größere Gruppen statt (Tel. 0692 85 36 78).

## Übernachten

*Safari-Feeling –* **Lodge Roche Tamarin & Spa:** 142, chemin Bœuf Mort, an der alten Route Nationale abzweigen, Tel. 0262 44 66 88, http://villagenature. com, DZ ab 185 €. Die Konstruktion der Lodge im südafrikanischen Safari-Stil scheint etwas deplatziert, aber die 16 charmanten Chalets haben alle Blick aufs Meer. Traumhaft schönes Spa mit stolzen Preisen ab 70 €.

## Infos

**Office de Tourisme:** 24, rue Evariste de Parny, schräg gegenüber der Kirche, Zufahrt über Rue Waldeck Rochet, Tel. 0262 22 26 66, possession-tourisme@ wanadoo.fr, Mo 9–16, Di–Fr 9–17, Sa 9– 12 Uhr.

### Verkehr

**Bus:** Die Linien A, B, C und D der Car Jaunes halten in La Possession. Für die Weiterfahrt nach Dos-d'Ane empfiehlt sich der Ausstieg am Rond Point N 4, um den Kar'Ouest Bus 8a (9 x tgl.) zu erreichen.

**4x4-Taxis:** Von La Possession verkehren Geländewagentaxis nach Deux-Bras (7 € ab 4 Pers., ansonsten 20 €), z. B. Monsieur Timon Tel. 0692 76 76 68 oder Monsieur Budel Tel. 0692 03 13 29. Anfragen beim Fremdenverkehrsamt.

## Dos-d'Ane ▶ D 3

Ab der Abfahrt ›Rivière-des-Galets/ Le Port‹ von der N1 folgt man der D1 13,5 km bergauf in Richtung Dosd'Ane. Die 1600 Einwohner des verschlafenen Bergdorfs auf einem Höhenplateau (871 m) in unmittelbarer Nähe zum Cirque de Mafate versorgen die Insel mit Salat und Hühnern. Die

## Die Umgebung von Saint-Denis

Gewächshäuser sowie die Hühnerfarmen sind schon bei der Einfahrt ins Dorf unübersehbar. Wanderer können von Dos-d'Ane (dt. Eselsrücken) den herausfordernden Pfad auf die La Roche Ecrite (4,5 Std. für 8 km) oder die Wanderung nach Mafate in Angriff nehmen.

### Cap Noir

Oberhalb von Dos-d'Ane erhebt sich das **Cap Noir,** ein Aussichtspunkt mit tollem Panorama über den Cirque de Mafate (s. Lieblingsort S. 110).

## Übernachten

*Urlaub auf dem Bauernhof –* **Le Durantha:** 7, allée Galet Rond, Tel. 0692 14 23 71, DZ 45 € inkl. Frühstück, HP 25 € pro Pers. Einfache Zimmer mit Charme, was vor allem den großen Himmelbetten zu verdanken ist.

## Le Port ▶ B/C 2

Da die weite Aufschüttungsebene Plaine-des-Galets als Hafen viel besser geeignet war als die Bucht von Saint-Denis, wurden 1886 die ersten Becken eröffnet. Dockersiedlungen, Lagerhäuser und Matrosenkneipen schossen aus dem Boden. 1895 endlich wurde daraus die flächenmäßig kleinste Stadt der Insel. Als Wiege der Gewerkschaftsbewegung sah sie die ersten Streiks und ist nach wie vor die Hochburg der Kommunisten geblieben.

Heute ist Le Port die einzige Industriestadt Réunions (38 313 Einw.), was man besonders daran erkennt, dass sich frühmorgens und spätnachmittags der Stau rund um Le Port verdichtet. Wer unverfälschtes kreolisches Multikultiambiente ohne französische Einflüsse erleben ▷ S. 109

# Auf Entdeckungstour

## Die Briten auf Réunion – die D41 und der Chemin des Anglais

Es gab eine Zeit, als im Indischen Ozean noch um Territorien und Einfluss gekämpft wurde. Besonders Großbritannien hatte großes Interesse an Réunion als Außenposten. Anders als auf Mauritius erinnert auf Réunion nichts mehr an die kurze Präsenz der Briten, doch bei einem Ausflug auf der Bergstraße D41 lässt sich die Geschichte nachvollziehen.

**Karte:** s. S. 108

**Start:** Ausfahrt an der N1 Richtung La Montagne

**Strecken:** auf der D41 Saint-Denis–La Possession 31 km einfach, Wanderung auf dem Chemin des Anglais hin und zurück ca. 4 km

Nach der Abfahrt von der N1 auf die D41 im Westen von Saint-Denis zweigt rechter Hand die Rue Militaire und davon die Avenue du Chef de Bataillon Lambert zur **Caserne Lambert** `1` ab. Die Kaserne an der Rivière de Saint-Denis wurde zwar erst 1846 erbaut, also nach der britischen Besatzungszeit, die dort stationierten Soldaten sollten die Insel aber vor zukünftigen Invasionen schützen. Noch frisch saß die Erinnerung an die verlorene Redoutenschlacht gegen die Briten 1810. Heute beherbergt die Kaserne die französischen Streitkräfte mit 1460 Soldaten als südlichster Außenposten Frankreichs.

## Obelisken für die Gefallenen

300 m hinter der neogotischen Eglise Notre Dame de La Délivrance an der D41 biegt man in einer Kurve rechts zu den **Mausolées de La Redoute** `2` ab. Das Denkmal, das an die Redoutenschlacht (frz. *Bataille de la Redoute*) erinnert, besteht aus zwei Obelisken: Der kleinere gedenkt der britischen Gefallenen und wurde bereits 1810 aufgestellt, der größere und prominentere erinnert seit 1857 an die französischen Opfer. Unweit von hier, weiter oben in Richtung La Montagne, fand die Schlacht tatsächlich statt.

Durch die Französische Revolution (1789–1799) und Differenzen mit dem Mutterland war die Verteidigung Réunions geschwächt gewesen. Die Briten liebäugelten mit einem weiteren Stützpunkt im Indischen Ozean, denn seit 1809 war Rodrigues bereits im Besitz der englischen Krone und Réunion sowie Mauritius sollten folgen. Am 7. Juli 1810 landeten die Briten westlich von Saint-Denis bei Grande-Chaloupe und zogen über den Chemin des Anglais Richtung Hauptstadt. Am 8. Juli 1810 vereinten sie sich mit den Truppen, die an der Nordküste an der

Rivière de Saint-Denis an Land gegangen waren. Von der Stärke der britischen Armee überrascht, unterlagen die Franzosen im folgenden Gefecht. Es handelte sich dabei um die einzige ordentliche Schlacht in der Inselgeschichte, bei der zwei reguläre Armeen aufeinandertrafen. Es sollte fünf weitere Jahre dauern, bis im Vertrag von Paris 1815 geregelt wurde, dass die englischen Besitzungen wieder an Frankreich zurückerstattet werden mussten. Die meisten Réunionesen assoziieren La Redoute mit dem Helikopter-Landeplatz und dem Stadion **Stade de La Redoute** `3`, wo u. a. jedes Jahr das legendäre Grand Raid endet. Bei der Weiterfahrt auf der D41 sieht man rechter Hand das Stadion liegen.

## Kanonen zum Gedenken

Danach beginnen die Kehren hinauf nach La Montagne. Zum Gedenken an die Redoutenschlacht stellten die Stadtväter an der zweiten Kehre **Les Quatre Canots** `4`, vier Kanonen, auf – die passenderweise auf die Stadt gerichtet sind (s. Foto S. 106). 2,7 km und etliche Kehren weiter oben folgt die schöne Aussichtsplattform **Trois Bancs** `5` mit einer Schautafel und herrlichem Blick über Saint-Denis. Nach weiteren 6 km verdichten sich die Villen zum Ortszentrum von La Montagne, das wegen der angenehm kühlen Höhenluft beliebter Wohnort wohlhabender Städter ist. An Wochenenden zieht der Parc du Colorado, wo ein Golfplatz, Picknickplätze, Wanderwege und ein großes Naherholungsgebiet warten, Scharen von Ausflüglern an.

## Einfallsroute der Engländer

Nach 14 km ab Saint-Denis zweigt von der D41 die Straße nach Saint-Bernard ab. In **Saint-Bernard** `6` (470 m) wurde 1854 die einzige Leprastation der Insel

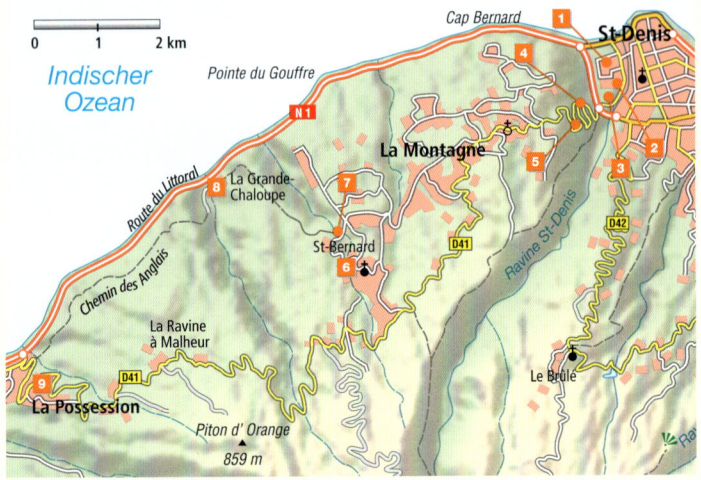

erbaut, in die man die Kranken verbannte. In die Station ist ein Einkaufszentrum eingezogen.

Am Ortsende von Saint-Bernard, 3,2 km hinter dem Abzweig von der D41, geht es bei der Bushaltestelle Grande-Chaloupe (keine Schilder) nach links zum Chemin des Anglais. Eine holprige Betonrampe führt zum Beginn der ältesten Straße von Réunion. Beim kleinen **Parkplatz** ⑦ lässt man das Fahrzeug stehen. Sanft abfallend geht es Richtung Meer. 1730 begannen die Bauarbeiten an dem gepflasterten Weg, der damals noch Chemin Crémont hieß. Auf der Trasse vom Anleger in Grand-Chaloupe über den Fels La Montagne nach Saint-Denis sollten Pferde und Zugtiere Waren transportieren und so die wirtschaftliche Isolation von Saint-Denis beenden. Was man zu diesem Zeitpunkt nicht ahnte, war, dass der Weg zum Einfallstor für Feinde werden würde.

Hin und wieder sind die glattgeschliffenen alten Basaltsteine zu erkennen, rosa bemalte Steine markieren den Weg. Nach 1,6 km ist der erste spektakuläre Aussichtspunkt erreicht, von dem man auf die darunter liegende Autobahn, die Küste, die große Ravine und den Hafen Le Port sieht.

Der Chemin des Anglais führt insgesamt über 8 km hinunter zur Bahnstation **La Grande-Chaloupe** ⑧ (s. S. 104) und weiter nach La Possession (Gehzeit ca. 1,5–2 Std.). Die Pflasterung ist größtenteils gut erhalten. Hinunter bis zur alten Zugstation sind es nur wenige hundert Meter, die man am besten wieder zurückgeht.

## Abfahrt nach La Possession

Nach der kurzen Wanderung geht es auf der D41 weiter in Richtung La Possession. Langsam verliert die Straße an Höhe, beeindruckende Ausblicke auf Le Port folgen. Nach einigen scharfen Kehren ist der Ort **La Possession** ⑨ erreicht, wo man entweder nach Saint-Denis zurück- (N1) oder in den Westen der Insel weiterfährt.

möchte, kann der Innenstadt einen Besuch abstatten.

Östlich der Pointe-des-Galets liegt der große Industriehafen mit seinen unzähligen Containerschiffen, Kränen und Lkw-Kolonnen, der Port Est. Eine Besichtigung ist nicht möglich, wohl aber kann man von der Straße aus das Treiben beobachten. Westlich davon befindet sich der alte Hafen (Port Ouest, *port plaisance),* der frei zugänglich ist. Ab November legen im Port Ouest zahlreiche Kreuzfahrtschiffe an – ein majestätisches Schauspiel.

Vor den Toren der Stadt fließt der Geröllfluss Rivière des Galets. In der Zyklonzeit muss das ansonsten knochentrockene Flussbett unvorstellbare Wassermassen aus Mafate aufnehmen, die Le Port manchmal an die Grenze einer Katastrophe bringen. Mit etwas mehr als 33 km gehört die Rivière des Galets zu den längsten Flüssen auf der Insel, sie hat ihren Ursprung an der Nordwestflanke des Piton des Neiges.

Ein imposanter Anblick, der sich von der Doppelbrücke der N1 darbietet!

## Aktiv & Kreativ

*Viele Tauchspots –* **Le Dodo Palmé:** Port de Plaisance, Tel. 0692 77 60 71, www.dodopalme.com. Neben Saint-Gilles werden andere Spots im Norden oder im Osten angefahren. Viele Einheimische tauchen hier, da die Tauchspots weniger überlaufen sind. 1 Tauchgang 45 €, 10 Tauchgänge 390 €.

*Segeln wie vor 100 Jahren –* **HNOSS:** Port de Plaisance, Tel. 0692 08 10 81, www.lehnoss.com. Der 1937 erbaute norwegische Fischkutter mit Segeln kann mit oder ohne Skipper für einen ganzen Tag (750 €) oder nur ein paar Stunden, z. B. am späten Nachmittag für einen Sundowner (450 €), gemietet werden. Die Fahrt mit einem originalen Segelschiff – dem einzigen von Réunion – hat Stil.

**In den Hafen von Le Port fahren riesige Containerschiffe ein**

*Lieblingsort*

**Blick in den Kessel von Mafate
– Cap Noir** ▶ D 3
Nach einer kurzen Fahrt (2,5 km)
von Dos d'Ane auf dem Chemin de
Cap Noir kann man das Auto auf
einem Parkplatz stehen lassen. Von
hier geht es zu Fuß weiter. Der
Spaziergang von gerade zehn
Minuten wird mit einem fabelhaf-
ten Rundblick auf den Cirque de
Mafate – vom Grand-Bénare über
den Gros Morne und den Piton des
Neiges bis zur La Roche Ecrite –
belohnt. Das Panorama ist allerdings nur denjenigen vergönnt,
die früh genug losgefahren sind.
Der Cirque de Mafate verschwindet nämlich schon früh hinter Wolkenschwaden.

# Die Westküste

## Highlights ❗

**Piton Maïdo:** Nirgendwo anders ist der Blick in den Cirque de Mafate so dramatisch wie vom Maïdo. S. 128

**L'Hermitage-les-Bains:** Im Schatten von Abertausenden von Filaos-Bäumen am Strand von L'Hermitage schlägt man der Tropenhitze ein Schnippchen. S. 130

## Auf Entdeckungstour

**Die Zuckerwirtschaft zwischen L'Etang-Salé und Saint-Louis:** Auf Réunion gibt es keine kreolische Familie, die nicht mit der Zuckerproduktion verbunden wäre. Bei einer Fahrt von L'Etang-Salé nach Saint-Louis kann man Stationen der Zuckerwirtschaft besichtigen. S. 144

**Das schönste kreolische Dorf – L'Entre-Deux:** Als weiße Kleinbauern von der Küste in die Berge zogen, entwickelten sie den kreolischen Hausstil. Im schmucken Bergdorf L'Entre-Deux lässt sich die so entstandene typische Inselarchitektur gut nachvollziehen. S. 152

Saint-Paul

St-Gilles-les-Bains  Musée Historique
de Villèle

L'Hermitage-
les-Bains

Piton Maïdo

Saint-Leu

Cirque
de Cilaos

La Fenêtre

L'Entre-Deux

Indischer
Ozean

L'Etang-Salé

Die Zuckerwirtschaft zwischen
L'Etang-Salé und Saint-Louis

Saint-Louis

# Kultur & Sehenswertes

**Musée Historique de Villèle:** Im alten Herrenhaus der Domaine Villèle wird die Vergangenheit lebendig – die der gepeinigten Sklaven und die der privilegierten Oberschicht. S. 127

# Aktiv & Kreativ

**Surfenlernen in Saint-Gilles-les-Bains:** Wochenendkurse, Einzelstunden und sogar englischsprachige Surflehrer gibt es in den beiden Surfschulen von Saint-Gilles-les-Bains. S. 123, 124

**La Fenêtre:** Entweder man wandert entlang der Abbruchkante oder man fährt mit dem Auto bis zum Aussichtspunkt auf den in der Tiefe liegenden Cirque de Cilaos. S. 149

# Genießen & Atmosphäre

**Wochenmarkt von Saint-Paul:** Märkten haftet auf Réunion etwas Farbenfrohes an – dem von Saint-Paul ganz besonders. S. 115

**Jachthafen von Saint-Gilles-les-Bains:** Am Vormittag, wenn die Hochseefischer und Tauchausflügler zurückkommen, herrscht Betriebsamkeit auf den Kais. S. 121

# Abends & Nachts

**Musik, Tanz, Performances:** In Saint-Leu macht man die Nacht gerne zum Tag, denn in den drei Veranstaltungszentren Le Séchoir, Le K und La Ravine tritt die Crème de la crème der kreolischen und frankophonen Künstler auf. S. 137

# Wassersport und kreolischer Charme – Küste unter dem Wind

Heißere, trockenere Temperaturen und weniger Regen charakterisieren die windabgewandte Seite der Insel. Für Besucher bedeutet dies nicht nur beste Bedingungen für Strandurlaube und sportliche Herausforderungen wie Surfen, Gleitschirmfliegen oder Tauchen, sondern auch die umfassendste Infrastruktur der Insel. Nichts an der Westküste ist wirklich weit entfernt – nicht der nächste Supermarkt, nicht die Autovermietung und schon gar nicht das benachbarte Restaurant. Viele Menschen genießen diese Annehmlichkeiten und siedeln sich im Westen an, nicht zuletzt auch, weil es hier die meisten Arbeitsplätze gibt. Von Saint-Paul bis Saint-Louis an der Küste und bis zum Maïdo, Tévelave und L'Entre-Deux erstreckt sich eine Region, die viele Gesichter hat.

## Infobox

**Reisekarte:** ▶ A–F 3–9
**Cityplan:** Saint-Gilles-les-Bains S. 120

### Anreise und Weiterkommen
**Auto:** Von Saint-Paul bis fast nach Saint-Louis reicht die Route-des-Tamarins (N1). Wer nicht unbedingt schnell von A nach B muss, kann auf die alte Straße N1A ausweichen, die über weite Teile direkt am Meer entlangläuft.
**Bus:** Entlang der Westküste verkehren die meisten Busse der Cars Jaunes. Im Einzelfall ist abzuklären, welche Ortschaften angesteuert werden, einige fahren über die Höhen (Les Hauts).

## Saint-Paul ▶ B 3/4

Wenige Kilometer hinter der Überquerung der Brücke über die Rivière des Galets beginnt Saint-Paul, eine der flächenmäßig größten Kommunen Frankreichs. Der Großraum zählt zu den stauanfälligsten der Insel, allein schon die unübersichtliche Beschilderung der Straßen macht ihn wenig attraktiv.

1663 erhielten zwei Franzosen die Erlaubnis, auf der Île Bourbon einen permanenten Posten einzurichten. Mit zehn madagassischen Dienern, darunter drei Frauen, gingen sie bei der Grotte des Premiers Français an Land. Zwei Jahre später landete eine zwanzigköpfige Siedlergruppe – Franzosen, Flamen und Engländer –, die am Nordufer des Teiches, nahe dem heutigen Viertel Savanna, Vieux Saint-Paul gründeten. Saint-Paul wurde zur ersten französischen Niederlassung im Indischen Ozean, nicht nur wegen der besten Ankerbucht der Insel, sondern da der Ökonom Jean-Baptiste Colbert – er hatte unter Ludwig XIV. den Staatshaushalt saniert – das Potenzial der Insel erkannte und sie zum Stützpunkt auf dem Handelsweg nach Indien machte.

## Stadtzentrum

### Chaussée Royale
Wer das durch und durch kreolische Stadtzentrum besuchen möchte, verlässt entweder bei ›Etang‹ oder der nächsten Ausfahrt die N1, um auf die

114

alte Chaussée Royale zu gelangen. Von den vormals repräsentativen Residenzen gibt es nicht mehr viele, außer dem 1776 erbauten **Haus von Madame Desbassyns** (s. auch S. 127) und der **Maison Grande Cour** (Nr. 233), in der seit 1959 Kinder chinesischer Herkunft unterrichtet werden (Ecole Franco-Chinoise).

## Quai Gilbert

Vorbei an der schmucken, aus Basaltsteinen erbauten **Eglise de La Conversion de Saint-Paul** zweigt die Chaussée Royale kurz vor dem Meeresfriedhof rechts ab und führt zur Küste und dem Quai Gilbert, der Hauptstraße entlang dem Wasser. Früher stellten Stege die einzige Möglichkeit dar, um Schaluppen mit Waren zu beladen, die zwischen dem seichten Ufer und den draußen in der Baie de Saint-Paul ankernden Schiffen hin und her pendelten. Unzählige Stege konnten den gewaltigen Kräften der Zyklone nichts entgegensetzen – sie wurden allesamt zerstört. Ob der nagelneue Steg (2009) dem nächsten Zyklon standhalten kann, wird sich zeigen – er wurde erst nach dem Jahrhundertzyklon Gamède erbaut. Heute ist der 130 m lange Steg bei Sonnenuntergang besonders bei den Fischern beliebt.

Jedes Wochenende findet am Quai Gilbert nördlich des Steges der **Wochenmarkt** statt (Fr 6–19, Sa 6–13 Uhr). Er war der erste Markt auf Réunion, den Touristen für sich entdeckten, deswegen beklagen auch viele, dass er zu kommerziell geworden sei: Kleidung aus Indien, madagassische Vanille, kreolische Gemüsekuchen und afrikanische Musikinstrumente. Der wichtigere Markttag ist der Freitag.

Gegenüber dem Steg liegt ein markantes Gebäude mit weißer Fassade, grauen Balken und Basaltsteinverzierungen. Das vormalige **Hôtel Lacaye** für betuchte Reisende und verdienst-

volle Marineoffiziere, in dem zeitweise die Marinebehörde, eine Schule und sogar die Feuerwehr einquartiert waren, harrt einer Instandsetzung.

## Altstadt

Mitten im Herzen der Altstadt, an der **Place du Général-de-Gaulle,** vor einem plätschernden Springbrunnen, ist das **Bürgermeisteramt** seit 1815 untergebracht. Die vormalige Kaserne der Ostindien-Kompanie erinnert tatsächlich an eine Festung. Der Stadtkern hat in den letzten Jahren durch Revitalisierungen an Attraktivität gewonnen. Kreolisches Flair mit arabischen Läden, indischen Gemüsehändlern, chinesischen Ein-Euro-Läden und kreolischen Kneipen liegt in der Luft. Weiße Gesichter sind Mangelware, *métros* siedeln sich hier erst gar nicht an, denn mangels schwimmtauglicher Strände ist mit Tourismus in der Region kein Geld zu machen.

## Cimetière marin

Leicht zu finden ist der direkt im Kreuzungsbereich des Quai Gilbert und der Hauptstraße N1A gelegene Friedhof mit Ausblick aufs Meer. Auf den Grabsteinen stehen die Namen ehrwürdiger Kapitäne, die bei der Überfahrt ihr Leben verloren, verdienter lokaler Persönlichkeiten wie auch von bedeutenden Personen des öffentlichen Lebens. So fanden der Poet Leconte de Lisle (1818–1894) und der allseits verehrte Pirat La Buse (1680–1730) hier ihre letzte Ruhestätte. La Buse machte als gefürchteter Freibeuter die Gewässer zwischen Madagaskar und den Seychellen unsicher. Sein sagenhafter Schatz soll irgendwo auf den Seychellen – oder vielleicht doch auf Réunion? – vergraben sein. An sein Grab pilgern Menschen und opfern Rum und Zigaretten, in der Hoffnung, er möge sein Geheimnis ausplaudern.

Auch wenn es ein wenig morbid an-mutet, der gepflegte und blumenrei-che Friedhof ist wirklich einen Besuch wert. Gleich am Eingang steht zwar eine Schautafel, aber man kann sich einfach mit den Wogen des angren-zenden Meeres und dem säuselnden Wind treiben lassen.

### Grotte des Premiers Français
Gleich gegenüber, auf der anderen Seite der Landstraße nach Saint-Gilles, befindet sich die Grotte des Premiers Français (s. S. 113), die – obwohl um-getauft in Grotte des Premiers Réuni-onnais – seit einigen Jahren wegen Steinschlags gesperrt ist.

# Etang Saint-Paul ▶ C 3

Am nordöstlichen Ende der Stadt liegt der Etang Saint-Paul. Der Süßwasser-see, der von den Regenfällen in den Bergen gespeist wird, garantierte lange Zeit die Wasserversorgung der Siedler. Zum Meer hin existiert ein klei-ner Durchlass, aber selbst bei hoher Brandung gelangt kein Salzwasser in den See. Nur ein kleiner Teil des weit-läufigen Etang ist heute noch sichtbar, der Rest ist versumpft und überwu-chert. Das Gewässer reicht bis zu 1,5 km ins Landesinnere und zieht sich auf der anderen Seite der Schnell-straße von Norden nach Süden an der ganzen Stadt entlang.

Für die Bootsfahrt ist und war der See wegen der geringen Wassertiefe von durchschnittlich 1 m nie geeignet, einzig Wasserskiläufer nutzen den See – ein spritziges, wenn auch kurzes Ver-gnügen.

### Tour des Roches
Viel mehr als historische Wanderung denn als wahre Sehenswürdigkeit sollte die Tour des Roches gewertet

werden. Der Weg rund um die Hinter-seite des Etang de Saint-Paul führt durch das in den Anfangsjahren der Kolonie bevorzugte Siedlungs- und Anbaugebiet, bevor sich dieses mit zu-nehmender Versumpfung zu einem Malariaherd entwickelte. Nicht verges-sen: Mückenlotion!

Die 7 km lange Tour beginnt im nördlichen Ortsteil Savannah. Dort zweigt bei der Kirche am zweiten Kreisverkehr der D4 der Chemin de la Tour des Roches nach Süden ab. Hinter der Kirche befindet sich die stillgelegte Zuckerfabrik von Savannah, die mitt-lerweile in ein Bürogebäude umge-wandelt wurde. Auf halber Strecke um den See liegt ein altes Mühlrad (mou-lin à eau), wo sich gerne schwänzende Schüler und verliebte Paare den Tag vertreiben. Es ist das einzige erhaltene Mühlrad, das bei der Zuckerproduk-tion im Einsatz war. Die Tour endet am Südende von Saint-Paul im Ortsteil Grande Fontaine.

Eine zweite Wanderung lässt sich von Savannah aus unternehmen. Am Chemin de la Tour des Roches befindet sich 2 km hinter dem Start am Kreis-verkehr der Einstieg zu einem ausge-schilderten, wegen der Steigungen an-spruchsvollen Pfad zum Wasserbecken Bassin Vital (ca. 1,5 Std.).

# Übernachten

*Farbenfrohe Zimmer –* **Kia Ora:** 204, rue Saint Louis, Abfahrt ›Etang‹, zen-tral, unweit des Hindu-Tempels, Tel. 0262 25 31 68, www.kiaorarun.com, DZ 60–80 €. Proper und adrett, noch dazu mit äußerst sympathischen Gast-gebern, präsentiert sich die familiäre Pension mit drei unterschiedlich gro-ßen Zimmern. Üppiger Garten, nette Lounge zum Relaxen. AC, TV, Kühl-schrank.

**Ruhestätten mit Meerblick: der Cimetière marin in Saint-Paul**

*Für Individualisten –* **La Case Passion:** in Plateau-Caillou, Anfahrt über die D6 Richtung Saint-Gilles-les-Hauts, 37, av. des Moutardiers, Tel. 0262 57 19 15, DZ 40 €, Frühstück 7 €. Zwei schlichte Zimmer in einem Holzpavillon, WLAN und Pool. Freundlicher Empfang, leckeres Frühstück. Es wird Englisch gesprochen.

## Essen & Trinken

*Hinter dem Friedhof –* **Le Grand Baie:** 14, rue des Filaos, Tel. 0692 60 73 70, Mo–Sa mittags und abends, Menüs ab 12 €. Einfaches Gasthaus direkt am Meer mit sympathischem Ambiente. Kreolische und französische Küche, einmal pro Monat wird eine Milonga (Tango-Tanzen) veranstaltet.

*Am Meer –* **Le Débarcadère:** 1, rue de la baie, Tel. 0262 45 19 41, Mo–Sa mittags, Fr–Sa abends, Hauptgerichte ab 10 €. Nettes Restaurant mit Blick auf die Bucht. Neben Carris und Fisch kommen lyonnaisische Spezialitäten auf den Tisch. Gilt als eine der besten Adressen der Stadt.

## Infos & Termine

### Verkehr

**Auto:** An der Meeresfront gibt es ausreichend Parkplätze (30 Min. 0,50 €).
**Bus:** Der Busbahnhof liegt im Stadtzentrum an der Chaussée Royale (Tel. 0262 22 54 38, Ticketverkauf Mo–Fr 6.15–18, Sa 7–12.30, 10–17 Uhr). Die Linien A, B, C und D der Cars Jaunes verkehren zwischen Saint-Denis und Saint-Paul. Der Bus nach Maïdo fährt ab um 6, 14 und 16 Uhr.

### Termine

**Cavadee:** Ende Mai, Hindu Tempel in der Rue Leconte Delisle. Büßerfest mit beeindruckenden Prozessionen, Besucher sind willkommen.

## Unser Tipp

**Ultraleicht über die Insel –
Felix ULM**

Felix ULM ist der älteste und einer der renommiertesten Anbieter von Ultraleichtflügen auf Réunion. Seit 1988 können Touristen die spektakulären Ausblicke auf die réunionesische Küste und Gebirge aus der Vogelperspektive genießen. Die Flugzeuge mit österreichischen Motoren sind in Top-Zustand, die Piloten werden laufend geschult, die Betreuung ist allumfassend und herzlich. Bequeme Kleidung, eventuell eine windundurchlässige Jacke sowie Sonnenbrille gehören zur Ausstattung. Pro ULM kann nur jeweils ein Gast transportiert werden (Z.A. Cambaie, Saint-Paul, Anfahrt über die N1, Tel. 0692 87 32 32, www.felixulm.com).

# Boucan-Canot ▶ A/B 4

Südlich des Cap de la Houssaye, wo übrigens während der Saison öfters Wale beobachtet werden können, liegen Réunions schönste Badestrände. Die nächsten 15 km Küstenlinie stehen im Zeichen des Tourismus mit Hotelanlagen und Ferienwohnungen, Restaurants und Bars und viel Action für Jung und Alt. Der erste Strandort, Boucan-Canot, ist 4 km südlich des Cimetière marin von Saint-Paul erreicht. Er zählt zu den Aushängeschildern von Réunion. Blütenweiß und feinsandig präsentiert sich der Strandabschnitt, wo es ohne das vorgelagerte Korallenriff ein wenig steiler ins Meer geht und die Küste deshalb nicht vor höherem Wellengang und Strömungen geschützt

ist. Aus diesem Grund gehört Boucan-Canot noch nicht zur Lagune. Kinder planschen am besten im kleinen Naturbecken. Es empfiehlt sich, den überwachten Strandabschnitt zu wählen, der im Einzugsbereich des Rettungsturmes liegt. Die hohen Wellen und unberechenbaren Strömungen reizen die Surfer und Kite-Surfer, aber alle sportlichen Aktivitäten werden vom nicht überwachten Strandabschnitt gestartet. Am Wochenende geht es hier hoch her. Doch es sind nicht primär Touristen, die in Scharen nach Boucan-Canot kommen, sondern Einheimische. ›Sehen und gesehen werden‹ gilt auch für die réunionesischen Jugendlichen, die sich auf den terrassierten Liegeplätzen oder jenseits der verkehrsberuhigten Straße in den Kneipen und Restaurants vergnügen.

## Übernachten

Abgesehen von den beiden Vier-Sterne-Hotels gibt es jede Menge Pensionen und Ferienwohnungen in zweiter Reihe, die aber überteuert sind.

*Zweitbeste Wahl –* **Le Boucan-Canot:** 32, rue Boucan-Canot, Tel. 0262 33 44 44, www.boucancanot.com, DZ ab 197 €. Direkt am Meer gelegenes, in die Jahre gekommenes Hotel, das sich nicht immer durch hilfsbereites Personal auszeichnet. Empfehlenswertes Restaurant. Für den gebotenen Standard zu teuer.

*Ruhelage direkt am Strand –* **Le Saint Alexis:** 44, route de Boucan-Canot, Tel. 0262 24 42 04, www.hotelsaintalexis. com, DZ ab 190 €, Frühstück 25 € pro Pers. In Anlehnung an das Schiff der ersten Siedler, die ›Saint-Alexis‹, ist das Hotel architektonisch einem Schiff nachempfunden. In den raffiniert konzipierten Zimmern fühlt man sich wohl, jene im Erdgeschoss haben direkten Zugang zum riesigen Pool. WLAN, schickes Spa mit beeindruckenden Preisen, ideal für Ruhebedürftige und Honeymooner. Empfehlenswertes Restaurant und zuvorkommendes Personal.

## Essen & Trinken

*Haute Cuisine am Strand – **Le Beau Rivage:** 58, rue de Boucan-Canot, Tel. 0262 43 69 43, www.lebeaurivage.re, Di–So 12–14, 19.30–21.30 Uhr, Hauptgerichte 24–85 €. Direkt am weißen Sandstrand von Boucan-Canot steht das schicke Restaurant der gehobenen Klasse. Klassisch französische Küche mit einem Hang zu Fisch und Meeresfrüchten.

## Infos

**Auto:** Von Saint-Paul fährt man am besten auf der Landstraße entlang der Küste nach Boucan-Canot.
**Bus:** Die Busse der Cars Jaunes halten in Boucan-Canot.

# Saint-Gilles-les-Bains ▶ A 4

Zu einem großen Strand-Ballungsraum ist Boucan-Canot in den letzten Jahren mit Saint-Gilles-les-Bains verwachsen. Letzteres hat seit Langem den Ruf, das Mekka für Strandtouristen zu sein und noch obendrein der Hotspot in Sachen Nightlife und Einkaufen. Wenn man aber das erste Mal durch die Stadt fährt, ist die Enttäuschung groß, denn unter dem ›mondänsten‹ Ferienort der Insel stellt man sich etwas anderes vor. Und in der Tat, Saint-Gilles-les-Bains, meist als Saint-Gilles abgekürzt, hat in den letzten

Jahren viel an Glamour und Exklusivität verloren. Das liegt hauptsächlich daran, dass die restlichen Orte an der Lagune daran gearbeitet haben, attraktiver zu werden, während sich Saint-Gilles auf seinen Lorbeeren ausruhte. In den meisten Fällen gibt es also keinen Grund, sich in Saint-Gilles einzuquartieren. Die Preise sind nirgends so hoch wie hier und kreolischen Charme sucht man vergeblich, denn das gesamte Stadtgebiet bis in die Höhen ist dicht verbaut und fest in der Hand der *métros*.

Der ehemalige Fischerort Saint-Gilles-les-Bains profitiert hauptsächlich von seinem Jachthafen und dem der Küste vorgelagerten Korallenriff. Primär interessant ist Saint-Gilles deshalb für alle Arten von Wassersport, von Tauchen, Segeln und Hochseefischen bis hin zu Surfen. Wer gut essen gehen möchte, findet hier mit Sicherheit ein Gourmetrestaurant. Außerdem beginnt in Saint-Gilles die Lagune mit ihren traumhaften Strandabschnitten. Nicht alle sind gleich attraktiv, aber irgendwo entlang der Lagune, die bis Etang-Salé reicht, werden Strandliebhaber sicher fündig. Jedenfalls muss man als Tourist damit rechnen, dass man sich den Strand an den Wochenenden und in den Schulferien mit vielen Einheimischen teilen muss.

# Plage des Roches Noires [1]

Direkt im Ort Saint-Gilles-les-Bains befindet sich einer der Hauptstrände, nämlich die Plage des Roches Noires. Er reicht bis zur Marina des Jachthafens. Die Hauptbeschäftigung an diesem Strand sind Sonnenbaden und Surfen. Besonders die Jugend findet sich hier gerne ein, genießt die Nähe zu zahlreichen Cafés und Bars und sieht den plan-

Chemin Summer No. 1

N 1

Rue du Général-de-Gaulle

Chemin Bottard

Boulevard de la Plage

Rue de Roland Garros

Rue de la Poste

Rue de la Plage

Indischer

Ozean

Fußgängersteg

Fußgänger-brücke

Rue du Général-de-Gaulle

Chemin Carrosse

Rue des Lanternes

Rue des Arums

Rue des Brisants

Rue du Général-de-Gaulle

Rue des Maxyllis

N 1

Trois-Bassin, L'Hermitage,
St-Leu, St-Pierre

0        150        300 m

schenden Surfanfängern zu. Bleiben Sie am überwachten Strandabschnitt, denn hier ist die Wahrscheinlichkeit gering, ein Surfbrett an den Kopf zu bekommen.

Die Plage des Roches Noires gilt auf Réunion als Anfänger-Hotspot für Surfer. Das Wasser ist relativ seicht, an der Reef Break holt man sich selten Verletzungen und die Wellen rollen sanft heran. Der Surfshop Parksa bietet Surfboards zum Ausleihen an, bei mehreren Surfschulen kann man man erste Gehversuche auf dem Brett wagen (s. S. 123, 124). Vor den Strömungen ist jedoch Vorsicht geboten.

# Saint-Gilles-les-Bains

## Am Jachthafen

Von der Place Paul-Julius-Bénard, an der das **Fremdenverkehrsamt** 2 seinen Sitz hat, führt eine Fußgängerbrücke in den **Jachthafen** 3. Er wurde in der Mündung der Ravine Saint-Gilles angelegt. Die Brücke endet am oberen Teil der Marina nahe der Bäckerei La Case à Pain. Von frühmorgens bis mittags herrscht Betriebsamkeit im Hafen. Boote laufen aus, andere kommen mit großem Fang zurück. Taucher zwängen sich in Neoprenanzüge, Flaneure schlürfen in den Bistros ihren Espresso.

### Aquarium de la Réunion 4

*Tel. 0262 33 44 00, www.aquariumde lareunion.com, Di–So 10–18 Uhr, 8 €*
Auf einer künstlichen Insel mitten im Jachthafen liegt das Unterwassermuseum, das sich der submarinen Welt von Réunion widmet. Anbei findet sich ein gut sortierter Geschenkeladen. Korallengärten, die unterschiedlichsten Fischgattungen und Unterwasserlebewesen können in großen Aquarien ganz aus der Nähe beobachtet werden.

## Plage des Brisants 5

Südlich der Marina, am letzten großen Parkplatz am Boulevard Hubert Delisle, befindet sich ein weiterer hübscher, idyllischer Strandabschnitt, die Plage des Brisants. Absolute Surfprofis mögen sich an den Wellen des Strandes versuchen, doch wegen des Riffs kommt es hier oft zu Verletzungen. In der kleinen Strandbar **Chez Les Filles** 9 kann getrost auf Schuhe verzichtet werden, man sitzt direkt auf Sand. Der Ozean ist zum Greifen nahe. Besonders empfehlenswert ist ein Sundowner mit Blick auf die Lichter der Stadt und die wagemutigen Surfer, die noch die letzten Wellen vor der Finsternis bezwingen möchten.

## Stadtzentrum

Geht man über die Fußgängerbrücke wieder zurück zur Place Paul-Julius-Bénard, kann man einen Blick in die überdachte, städtisch wirkende **Markthalle** 6 werfen. Mittwochvormittags drängen sich hier die Händler, um

Obst, Gemüse, lokale Erzeugnisse und das eine oder andere Souvenir an die Frau oder den Mann zu bringen.

Folgt man der Straße vorbei am Fremdenverkehrsamt weiter Richtung Norden, gelangt man auf die Rue du Général-de-Gaulle. Ein paar Schritte weiter fällt an der Ecke zur Rue de la Poste das fotogene türkisfarbene Blechhäuschen **Chez Loulou** 7, heute eine Bäckerei, ins Auge. Hier können Stadtflaneure links abzweigen und über die Rue de la Poste den Strand erreichen. Weiter auf der Verlängerung, der Rue de la Plage, liegen noch einige kreolische blütenumrankte Villen, die an Zeiten erinnern, als in Saint-Gilles noch Baumwolle wuchs und mit der Eisenbahn die ersten Badegäste kamen.

## Übernachten

*Für Selbstversorger –* **Senteur Vanille** 1: route du Théâtre, von der D10 in Richtung L'Eperon bei der Total-Tankstelle links abbiegen, Tel. 0692 78 13 05, www.senteurvanille.com, DZ ab 80 €, Lodge 135 €. Die sieben charmanten Bungalows sind teilweise mit antikem Mobiliar eingerichtet. Die fünf weitläufigen Lodges aus Holz erinnern an Blockhäuser in Südafrika und bieten exzellente Ausblicke auf das Meer. Schöner Pool im üppigen Garten mit 13 000 Mango-Bäumen, man spricht Englisch.

*Geräumige Zimmer –* **Hôtel des Palmes** 2: 205, rue du Général-de-Gaulle, Tel. 0262 24 47 12, http://hoteldespalmes. fr, DZ ab 78 €. Die weitläufige Hotelanlage und die geräumigen Zimmer sind einladend, wenn auch der Garten ein wenig lieblos wirkt. Zum Strand muss man ca. 10 Min. laufen, doch für Abkühlung sorgt der Swimmingpool. Exzellente Verkehrsanbindung an diverse Buslinien.

## Essen & Trinken

*Traumhafter Hafenblick –* **Le St. Gilles La Vigie** 1: Port Saint-Gilles, Tel. 0262 24 43 12, www.lavigie-stgilles.fr, Di–Sa 12–14.30, 19–22.30 Uhr, So nur mittags, Hauptgerichte 25–70 €. Eine der feinsten Adressen der Insel liegt im Hafen, über dem Restaurant Cap Ouest. Köstlichkeiten des Meeres in allen Varianten werden im stylischen Ambiente kredenzt.

*Fischspezialitäten –* **Le DCP** 2: place du Marché, Tel. 0262 33 02 96, Di–So mittags und abends, Hauptgerichte ab 18 €. Das Restaurant mit dem halsbrecherischen Namen Dispositifs de Concentration de Poissons hat sich auf Fisch spezialisiert, der von den Hochseefischern direkt ins Lokal geliefert wird. Geschmacklich top!

*Panorama-Gaumenfreuden –* **Paul et Virginie** 3: 15, rue de la Plage, Tel. 0262 33 04 53, Mi–So mittags und abends, Di nur abends, Hauptgerichte ab 15 €. Von der großen Terrasse überblicken die hungrigen Gäste die türkisblaue Bucht von Roches-Noires. Moderne, raffinierte Gerichte im durchgestylten Interieur.

*Bretonische Crêpes und Galettes –* **Le Vieux Quimper** 4: place du Marché, Tel. 0262 24 53 48, tgl. 12–23 Uhr, Hauptgerichte ab 6 €. Kein Wunder, dass das Lokal – im Gegensatz zu seinen Nachbarn – immer voll ist: In der erstklassigen Crêperie finden Naschkatzen süße Crêpes wie auch Liebhaber der pikanten Kost Galletes mit Käse, Wurst, etc. Köstlich sind auch die Eisbecher.

*Kreolisch gut –* **Chez Marie** 5: Port Saint-Gilles, unweit der La Case à Pain, Tel. 0262 24 08 87, tgl. 9–16 Uhr, Hauptgerichte ab 14 €. Einfaches, sauberes Speiselokal im Hafen, das für seine moderaten Preise bei guter Qualität über die Stadtgrenzen hinweg bekannt ist.

Fisch- und Fleischgerichte sowie kreolische Speisen dominieren.

*Platzhirsch –* **Chez Mité** **6** : 6, rue de la Plage, Tel. 0262 24 22 92, Mo–Sa mittags, Hauptgerichte ab 9 €. Das alteingesessene Restaurant bietet solide, kreolische Küche zum attraktiven Preis. Mittags heißt es früh hungrig sein, denn die Töpfe leeren sich schnell. Tipp: Mitnehmen und am Strand genießen!

*Snacks mit Aussicht –* **Beach Burger Fast Food** **7** : Port Saint-Gilles, Tel. 0262 22 17 25, tgl. 10–21 Uhr. Adrettes, sauberes Fast-Food-Restaurant mit dem gewissen Etwas: Die Snacks werden frisch zubereitet, die Bedienung ist freundlich und flott, und am meisten berauscht der Ausblick. Ein guter Ort, um das Treiben des Hafens zu genießen!

*Pizza mit Aussicht –* **Mobile Imbisse** **8** : Plage des Roches Noires, bis spät in die Nacht. Viele Leute kaufen sich einen Snack an den beiden Bars, setzen sich an den Kai und genießen das Meer.

*Sand unter den Zehen –* **Chez Les Filles** **9** : Plage des Brisants, Tel. 0692 03 19 07, tgl. 8–19.30 Uhr. Sandwiches und warme Gerichte.

# Einkaufen

An der Durchgangsstraße, der Rue Général-de-Gaulle, befinden sich hauptsächlich Souvenir- und T-Shirt-Läden, Restaurants und Boulangeries, zwei Apotheken sowie ein Zeitschriftenshop.

*Köstliche Naschereien –* **La Case à Pain** **1** : Port Saint-Gilles, Tel. 0262 44 81 19, Di–Sa 6.30–19, So 6.30–19 Uhr. Süße Leckereien für den Hunger zwischendurch und schmackhaftes dunkles Brot.

*Kult-T-Shirts –* **Pardon** **2** : 57, rue Général-de-Gaulle, Tel. 0262 24 49 58,

www.pardon.net, Mo–Sa 9–12, 14–18 Uhr. Die Kollektionen wechseln jede Saison und immer werden typisch réunionesische Dinge porträtiert und ironisiert. Coole Sprüche und smarte Designs.

*Mehr T-Shirts –* **L'Effet Pei** **3** : 82, rue Général-de-Gaulle, Tel. 0262 33 91 45, tgl. außer So nachmittags. Beliebte, réunionesische T-Shirt-Marke.

# Aktiv & Kreativ

Als Indiz für die gute Qualität von Veranstaltern gilt das Siegel Réunion Qualité Tourisme, wo sich die Mitgliedsbetriebe jährlichen Tests unterziehen.

*Glasbodenboote –* **Visiobull** **1** : Port Saint-Gilles, Tel. 0262 24 37 04, www.visiobul-reunion.fr, 12 €. Steuert die Korallenriffe der Lagune innerhalb der Réserve Naturelle an. Dauer: 45 Min.

*Wale in Sicht –* **Dauphin Safari** **2** : s. Unser Tipp S. 124.

*Katamaranfahrten –* **Cat'Ananas** **3** : Port Saint-Gilles, Tel. 0692 65 60 00, www.catananas.com. Dolce Farniente auf einem segelbestückten Katamaran, halber Tag 60 €, Tag 90 €.

*Downhill & Miet-Velos –* **Rando Réunion Passion** **4** : 3, rue du Général-de-Gaulle, Tel. 0262 24 26 19, infos@vttreunion.com. Bergab-Fahrten vom Maïdo – vom Transfer über die Ausrüstung bis hin zur Versicherung ist im Preis von 55 € alles inbegriffen. Die Radtour (35 km) führt größtenteils durch den Wald. Weitere Touren: Abfahrt vom Vulkan Piton de la Fournaise. Miet-Velo ab 12 € pro Tag, gestaffelte Preise.

*Surfen I –* **Ecole de Surf Cyril Thévenau** **5** : kein Büro in der Stadt, Treffpunkt Trois Bassins, Tel. 0692 04 40 40, Surfkurse ab 20 €/Std. Cyril ist ein älterer Surfhaudegen, der viel Erfahrung im Unterrichten hat, auf Englisch.

**Unser Tipp**

## Wale in Sicht

Seit einigen Jahren werden von Juli bis Oktober vor der Küste von Saint-Gilles Wale gesichtet – 2009 die Rekordzahl von 150 Exemplaren! Wissenschaftler vermuten, dass die Wale auf der Suche nach ruhigeren Gewässern das Meer um Réunion aufsuchen. Doch der Trubel vor der Küste könnte die Wale auch von hier vertreiben, sollte es kein Umdenken geben. Von achtsamen Walbeobachtern ist deshalb Eigenverantwortung einzufordern: Boote müssen einen Abstand von mindestens 100 m einhalten. Bei Gruppen von mehr als fünf Booten sollten sie sogar 300 m von den Walen entfernt bleiben. Sprechen Sie vorab mit dem Anbieter **Dauphin Safari** 2 (Port Saint-Gilles, Tel. 0692 86 69 69, www.dauphinsafari.com, 2–2,5 Std. 29–36 €).

*Surfen II* – **L'Ecole de Surf des Roches-Noires** 6 : Plage des Roches Noires, Tel. 0262 24 63 28 oder 0692 86 00 59, www.ecole-surf-reunion.com. Kurse bei Bertrand ab 17 €.

*Tauchen* – **Bleu Marine** 7 : Port Saint-Gilles, Tel. 0692 85 80 83, www.bleu-marine-reunion.com, Di–So. Alle Taucher, egal ob Profis oder Anfänger, sind bei Yves Reignier gut aufgehoben. Professionelles, gut gewartetes Equipment, Erfahrung seit 1995 und der gewisse Schmäh sind seine Markenzeichen. Im Büro gibt es ein WC, eine Dusche und Kaffee gratis, Tauchgang 50 €, 3 Tauchgänge 144 €, 10 um 450 €.

*Hochseefischen* – **Réunion Fishing Club** 8 : Port Saint-Gilles, Tel. 0262 24 36 10, www.reunionfishingclub.com. Renommiertes Unternehmen für Hochseefischerei, Halbtagestrips 100 € pro Pers., Boot pro Tag bis zu 6 Fischer 750 €. Im Preis inklusive sind die Angelausrüstung, der Guide, Getränke und sogar der Transfer innerhalb von Saint-Gilles.

*Surfboardverleih* – **Parksa** 9 : Plage des Roches Noires, Tel. 0262 24 25 12, www.parksa.fr, tgl. 9.30–18 Uhr. Surfshop direkt am Strand, wo Boards ausgeliehen werden können für 6 € pro Stunde.

*Segeln* – **Objectif Mer** 10 : Port Saint-Gilles, Tel. 0262 27 72 15, www.objectif-mer-location.com. Segelcharter halber Tag 80–120 €, Tag 180–200 €, Skipper halber Tag 50 €.

*Helikopter-Rundflug* – **Helilagon** 11 : Altiport de l'Eperon, Anfahrt über die D10 in Richtung L'Eperon, beim Sportplatz links in den Chemin Summer 2 abbiegen, Tel. 0262 55 55 55, www.helilagon.com. Am eindrücklichsten ist mit Sicherheit der Überflug der gesamten Insel (Tour ›L'Incontournable‹), Rundflüge 85–260 €.

*Wasser hautnah erleben* – **Run Aventures** 12 : Port Saint-Gilles, Tel. 0692 64 08 22, www.runaventures.com. Haarsträubende Aktivitäten wie Rafting, Kayak Jump und Wildwasserwanderungen zwischen 35 und 80 € werden geboten.

*Hochseefischen für Genießer* – **Franz Arnold:** Tel. 0692 73 23 63, tirolerfranz @rocketmail.com, Treffpunkt nach Telefon- oder Mailkontakt. Seit 20 Jahren ist Franz, ein pfiffiger Tiroler, Berufsfischer auf Réunion. Empfehlenswert für Hochseefischer, die eine deutsche Begleitung oder Organisation suchen, oder für Fischer mit Extrawünschen, z. B. Grundfischen, Nachtfischen, Fliegenfischen (in Bébour-Bélouve); auch nur Ausflüge aufs Meer, pro Tag und Boot 300 €.

## Abends & Nachts

*Brasserie im Hafen –* **Cap Ouest 1**:
Port de Saint-Gilles, Tel. 0262 33 21 56,
tgl. 8.30–1 Uhr. Tagsüber Café und Restaurant. Großbildleinwand für sportliche Großereignisse, Séga- und Maloya-Konzerte am Sonntagabend, DJs am Wochenende.
*Für Nachtschwärmer –* **Le Cubana Café
2**: 122, rue du Général-de-Gaulle, Tel.
0262 33 24 91, Di–Sa 18–4 Uhr. Beliebte
Bar/Diskothek mit Lounge-Charakter,
wo es meist hoch hergeht.
*Gemütliche Bar –* **Chez Nous 3**: 122,
rue du Général-de-Gaulle, Tel. 0262 24
08 08, tgl. abends, warme Küche bis
Mitternacht. Gesetzteres Publikum findet sich in der Bar ein, wo auch zu
Abend gegessen werden kann. Eingängige Musik, angenehmes Ambiente, WLAN gratis.

## Infos & Termine

**Office de Tourisme:** 1, place Paul-Julius-Bénard, Tel. 0810 79 77 97, www.
saintpaul-lareunion.com, tgl. 10–13
und 14–18 Uhr.

### Internet
**Hotw@ve:** 37, rue du Général-de-Gaulle, an der Einfahrt von Saint-Gilles, Tel. 0262 24 04 04, Mo–Sa 10–19
Uhr, 1 Min. 0,16 €, 1 Std. 7 €, 2 Std. 13 €.
Kleines Cybercafé mit Parkplatz.

### Verkehr
**Auto:** Die N1A führt direkt an der Stadt
vorbei, um ins Stadtzentrum zu gelangen, muss man abfahren. Von der
Route-des-Tamarins (N1) erreicht man
über die D10 das Zentrum.
**Mietwagen:** Lokale Leihagenturen in
der Rue Général-de-Gaulle oder ihrer
Verlängerung, der Avenue de Bourbon
(in Richtung Les Filaos/L'Hermitage).

**Bus:** Die Linien B und C der Cars Jaunes
halten mehrmals in Saint-Gilles-les-Bains.

### Termine
**Grand Boucan:** Ende Juni. Eine Art Faschingsumzug durch das Stadtzentrum
mit Musik, Einlagen und Feuerwerk.

# Saint-Gilles-les-Hauts ▶ B 4

Untrennbar verbunden mit den Höhen
von Saint-Gilles ist der Name der Familie Desbassyns, der ab Mitte des
18. Jh. die Region gehörte. Nachdem
Henri Paulin Panon 1745–1763 der
französischen Krone im südindischen
Puducherry gedient hatte, erbte er
große Ländereien im Westen, darunter
auch die drei Bassins der Ravine Saint-Gilles, was ihnen den Beinamen Desbassyns (›von den Bassins‹) einbrachte.
Als er 1770 die beste Partie der Insel,
Mademoiselle Marie Anne Ombline
Gonneau, ehelichte, vergrößerte sich
mit einem Schlag das Plantagenimperium. Zuerst wurde der Anbau von
Baumwolle und Kaffee betrieben, später aber durch Zuckerrohr in den Höhen (Les Hauts) ersetzt. Zur Anlegestelle am Meer und dem Depot führte
eine Schotterpiste, ein Fußpfad schlängelte sich hinauf bis auf 2400 m zur
Höhle La Glacière (s. S. 129).

# Bassins de la Ravine Saint-Gilles ▶ B 4

Heutzutage geht es viel bequemer in
die Les Hauts. 2 km vor Saint-Gilles
zweigt die D10 in Richtung Saint-Gilles-les-Hauts und L'Eperon beim Fast-Food-Resto Quick ab. Nach weiteren
2 km passiert man das Theater und

**Wasserfälle ergießen sich in das Bassin des Cormorans**

oberhalb die Bassins. Der Eingang zum Bassin des Cormorans, Bassin des Aigrettes und Bassin Malheur liegt rechts 100 m hinter dem Imbiss Snack Therezian. Man lässt das Auto an der Straße stehen. Die Wanderung zum ersten Becken, dem türkisblauen Bassin des Cormoran, ist simpel (15 Min.), doch die folgenden Becken erfordern mehr Geschick, vor allem weil wasserführende Tunnel zu durchqueren sind.

## Village artisanal de l'Eperon ► B 4

*Uneinheitliche Öffnungszeiten, aber meist Di–Sa 9–12, 14–18 Uhr*

Von der D10 zweigt man 2,5 km hinter den Bassins nach rechts auf die D12 ab, um 500 m weiter, noch vor der Ortseinfahrt von L'Eperon, rechts zum ›Village Artisanal‹ zu gelangen. Die ursprüngliche Idee, in der ehemaligen Zuckerfabrik der Desbassyns ein Kunsthandwerkerdorf zu etablieren, ist längst dem Kommerz gewichen. Hohe Mieten zwangen die Künstler, den Standort zu verlassen oder aber sich auf lukrativere Geschäfte zu spezialisieren. Deshalb gibt es auch nur eine Handvoll Läden mit echtem Kunsthandwerk vor Ort, der Rest ist ein attraktiver Mix aus indisch-indonesischstämmigen Souvenirs, Krimskrams und Kaffeehäusern. Zum Bummeln und Souvenireinkauf ist

*Töpferkurse* – **Poterie de l'Eperon:** Tel. 0262 22 73 97, Do, Sa 9.30–18 Uhr. Töpferkurse für Anfänger und Fortgeschrittene.

## Musée Historique de Villèle ▶ B 4

Wenn die D10 2 km östlich von Eperon auf die D6 stößt, biegt man rechts in den Ortsteil Villèle ab. 1,8 km weiter, nachdem die D6 um die Ravine Saint-Gilles einen Schlenker gemacht hat, ist der Abzweig rechts zum Museum erreicht.

### Maison de Villèle

*Tel. 0262 55 64 10, www.cg974.fr/cul ture/index.php/Villèle, Di–So 9.30– 12.30, 13.30–17.30 Uhr, alle 30 Min. Führungen bei mindestens 2 Pers., Dauer jeweils 30 Min., 2 €*

Das ehemalige Herrenhaus der Familie Panon-Desbassyns beherbergt seit 2007 eine Sammlung, die die Kolonialgeschichte Réunions und im besonderen die Kehrseite davon, die Sklaverei, thematisiert. Der herrschaftliche Steinbau – unüblich zu einer Zeit, als man Häuser aus Holz fertigte – wurde 1788 ganz nach den Plänen des Hausherrn im Stil der südindischen Kolonialhäuser vollendet – von Tamilen *(malbars)*, die er als Kriegsbeute mitgebracht hatte. Massive, indoportugiesische Bögen und Säulen formen zweistöckige Veranden. Direkt aus Indien importierten die Hausherren die Idee, das rechteckige Flachdach mit einem zementähnlichen Putz zu veredeln, der aus Kalk, Eiern, Butter und Öl zusammengemischt wurde. Das Dach diente zum Trocknen des Kaffees, später war der portugiesische Begriff für Mörtel namensgebend für das typische franco-kreolische Flachdach: *argamasse*. Innen zeugen edle Parkettböden mit

das Dorf aber allemal einen Abstecher wert. Einmal im Monat gibt es Veranstaltungen, Informationen erteilt das Tourismusbüro. Sonntag und Montag ist das ›Village Artisanal‹ aber tunlichst zu meiden, denn die uneinheitlichen Ladenöffnungszeiten machen Einkaufen zum Spießrutenlauf. Eine Handvoll Künstler sind übrig geblieben.

## Aktiv & Kreativ

*Malkurse* – **Atelier J. J. Houée:** Tel. 0692 41 58 64 oder 0262 71 81 20, www.ate lier-houee.com, Mo–Sa 10 € pro Std., verschiedene Malstile, Jean-Jacques Houée spricht auch Englisch.

Intarsien, elegante Tamarindenholz-vertäfelungen und edelste Ausstattung vom Wohlstand der Besitzer. Sehenswert: edles Mobiliar aus Indien, chinesisches Porzellan, ein Kamin speziell für Zyklone und Illustrationen zum berühmten Mauritius-Roman »Paul und Virginie« (1787). Eine Cousine des Hausherrn soll dem französischen Autor, Jacques-Henri Bernardin de Saint-Pierre, als Vorbild für die weibliche Heldin gedient haben. Das Haupthaus ist nur im Rahmen einer Führung zugänglich.

In den öffentlich zugänglichen Nebengebäuden wird deutlich, worauf der Überfluss basierte – auf der Ausbeutung von Menschen. 1824 ›besaß‹ die Zuckerbaronin 461 Sklaven, über die sie penibel Buch führte. Dem Vernehmen nach regierte sie mit eiserner Hand. Selbst kranke Sklaven waren zu Tätigkeiten wie Seileknüpfen oder Steinezermahlen angehalten. Im weitläufigen Garten finden sich jede Menge Schautafeln, am Horizont glitzert der Indische Ozean.

### Chapelle Pointue

*Di–So 9.30–12.30, 13.30–17.30 Uhr, kein Eintritt, ein Audio-Guide (ca. 2 €) ist für die Kirche erhältlich*

Das Dach der Chapelle Pointue sticht hervor. Erst 1841, wenige Jahre vor ihrem Tod 1846, begann Madame Desbassyns, das Kirchlein mit dem spitz zulaufenden Turm zu erbauen.

## Aktiv & Kreativ

*Golf mit Aussicht –* **Bassin Bleu:** 75, rue Mahatma Gandhi, in der Nähe des Musée de Villèle, Tel. 0262 70 03 00, www.bassinbleu.fr, tgl. 7.30–19 Uhr, 9 Löcher 35 €, 18 Löcher 60 €. 18-Loch-Golfanlage in den Höhenlagen von Saint-Gilles mit noblem Ambiente.

# Piton Maïdo ! ▶ D 5

Ohne Fleiß kein Preis: Als Entschädigung für die schwindelerregende etwa einstündige Anfahrt bis zum 2205 m hohen Maïdo wartet ein herrlicher Ausblick in den Cirque de Mafate und auf der anderen Seite bis zum Meer – natürlich nur frühmorgens, bevor um spätestens 7 Uhr die ersten Wolken aufziehen (Foto s. S. 84). Die Anfahrt erfolgt entweder von Saint-Paul oder von Saint-Gilles-les-Bains aus (27 bzw. 31 km). In jedem Fall muss man sich immer in Richtung Le Guillaume halten. Hinter Le Guillaume wechselt man ein letztes Mal für nur 800 m auf die D3, um schließlich rechts auf die 17 km lange, gut ausgebaute Forststraße F8 abzubiegen. Über den Höhenweiler La Petite-France gelangt man schließlich auf den Maïdo.

Neben den vielen kreolischen Siedlungen ist an der Anfahrt die Durchquerung der unterschiedlichsten Vegetationszonen interessant. Im unteren, dicht besiedelten Bereich überwiegen die Nutzpflanzen, allen voran Gemüse und Zuckerrohr. Weiter oben herrscht ein frischeres, mit Europa vergleichbares Klima vor, in dem Buchen, Eichen, Platanen, vor allem aber schnellwachsende Akazien gedeihen. Ihre Hitzeleistung schien für die Destillerieapparate bei der Geraniumölherstellung genau richtig, weswegen sie rund um La Petite-France kultiviert wurden. Die endemischen Holzarten wie die Riesenbäume Natte (lat. Mimusops maxima) und Takamaka oder die Calvariabäume wurden gegen 1920 flächendeckend abgeholzt und dem Geraniumanbau geopfert.

Oberhalb von La Petite-France gedeiht auf Höhenlagen bis zu 1500 m Réunions einziger endemischer Bambus, der Calumet, der früher beim Hüttenbau zum Einsatz kam, aber heute nur mehr an wenigen Plätzen vorkommt. Vielerorts hatte man die gerodeten Flächen mit Kryptomeriawald (Sicheltannen) aufgeforstet. Die letzten 6 km sind von Picknickplätzen gesäumt, zuerst entlang samtweicher Wiesen und knorriger Höhentamarinden, ab 1950 Höhenmetern in baumloser Heidelandschaft.

Am ersten großen Parkplatz (mit WC) auf der linken Straßenseite schon in Gipfelnähe starten die anstrengenden Wanderungen nach **Roche-Plate**, am darauffolgenden zweiten Parkplatz ist der Piton Maïdo erreicht. Bis zur Schautafel ist die Zugangsrampe sogar rollstuhltauglich. Die schönsten Berge geben sich ein Stelldichein: von der La Roche Ecrite ganz links über den Cimendef, den Gros Morne, den zweithöchsten Berg der Insel, der den Piton des Neiges verdeckt, bis hin zum Grand-Bénare rechts außen. Ihnen zu Füßen liegt der zerklüftete Cirque de Mafate. Oberhalb drehen knatternde Helikopter und ULM-Flugzeuge ihre Runden – manche kommen sogar so nah, dass man die Passagiere winken sehen kann.

Am oberen Parkplatz beginnt die Wanderung zum dritthöchsten Gipfel, dem **Grand-Bénare** (2898 m) und zur **Caverne de la Glacière.** In dieser Höhle wurde zur Zeit der Desbassyns (s. S. 127) in den Becken des Baches Eis ›gemacht‹. Im kühlen Hochlandklima fror die Wasseroberfläche zu. Diese Eisplatten wurden eingesammelt und den Gutsbesitzern sowie ihren Gästen in kühlen Drinks serviert.

**La Petite-France** ▶ C 4

Ein Zwischenstopp in La Petite-France auf dem Rückweg an die Küste bietet Kurzweil – mit dem Besuch einer Schaudestillerie, einem guten kreolischen Mittagessen sowie einer Runde

auf dem Quadbike oder im Klettergarten. Nachdem Ker Anval mitten im Wald auf etwa 1000 m Höhe ein Haus gebaut hatte, taufte er den Ort, weil das kühlere Höhenklima ihn so an seine Heimat Frankreich erinnerte, La Petite-France. Einige wenige Geraniumöldestillerien sind heute noch geöffnet wie die Distillerie du Maïdo.

## Übernachten

*Edle Bleibe –* **La Clé des Champs:** in Bellemène-les-Hauts, an der D3, 154, chemin des Barrières, Tel. 0262 32 37 60, http://lacledeschamps.re, DZ ab 172 €. Charmantes Anwesen auf 700 m Seehöhe mit viel Liebe zum Detail und sternereifer Küche.

## Essen & Trinken

*Kreolisch essen –* **Chez Bazou:** 304, route du Maïdo, Tel. 0692 81 32 83, Di– So mittags, Hauptgerichte ab 10 €. Landgasthaus mit schmackhaften, kreolischen Spezialitäten.

## Aktiv & Kreativ

*Destillerie & ätherische Öle –* **La Distillerie du Maïdo:** route du Maïdo, am Ortsende von La Petite-France, Tel. 0262 32 56 97, Mo–Sa 8–18 Uhr. Unzählige Sorten ätherischer Öle und *Rhum arrangé.*

## Infos

**Bus:** Der Bus auf den Maïdo verkehrt tgl. vom Gare Routière de Saint-Paul um 6, 14 und 16 Uhr. Zurück geht es jeweils um 7, 15 und 17 Uhr. Infos beim Busbahnhof (Tel. 0262 22 54 38).

# L'Hermitage-les-Bains ❗ ▶ A 5

Um von Saint-Gilles-les-Bains nach L'Hermitage-les-Bains zu gelangen, fährt man in Saint-Gilles die Verlängerung der Rue du Général-de-Gaulle (sie heißt in L'Hermitage Avenue de Bourbon) über das Hotel Le Récif nach Les Filaos und L'Hermitage weiter. Überdies gibt es von der N1A aus mehrere Zufahrten zum Strand von L'Hermitage: entweder über den Kreisverkehr von Les Filaos, wo man in Richtung Meer abbiegt und sich beim Hotel Blue Beach links hält, oder über den Chemin de l'Hermitage 600 m weiter vorne an der N1A.

Der **Strand** von L'Hermitage ist legendär auf Réunion (s. Foto S. 12). Idyllisch an einem Wald voller schattenspendender Filaos-Bäume gelegen, zieht er Wochenende für Wochenende Insulaner an, die voller Wonne ihrem Lieblingshobby, dem Picknicken, frönen. Unter der Woche geht es hier gemächlicher zu, doch so richtig für sich wird man die fischreichen Gewässer wohl nie haben. Es ist jedoch verboten, sich dem Korallenriff zu weit zu nähern, da sich zwischen den Korallen kleine Strudel und Strömungen bilden.

### Jardin d'Eden

*An der N1A direkt am Kreisverkehr, Tel. 0262 33 83 16, tgl. Sa–Do 10–18 Uhr, 7 €*
Der botanische Garten mit beschilderten Beeten voller Gewürze, aphrodisierender Pflanzen, Heilkräuter, Kakteen, tropischer Nutzpflanzen und heiliger Gewächse der Hindus ist dafür bekannt, dass häufig Chamäleons zu sehen sind. Beim Gang durch die liebevoll gestaltete Anlage betören die exotischen Düfte.

## Übernachten

*Fünf-Sterne-Hotel –* **Grand Hôtel du Lagon:** 28, rue du lagon, Tel. 0262 70 00 00, http://naiade.com, DZ ab 150 €. Die Gäste sind in 174 stylischen Zimmern und 8 Suiten im kreolisch-tropischen Stil an einem der tollsten Strandabschnitte der Insel untergebracht. Großer Pool, mehrere Restaurants.
*Gemütliches Familienhotel –* **Le Récif:** 50, av. de Bourbon, Tel. 0262 70 01 00, www.naiade.com, DZ ab 150 €. Nicht so exquisit wie das Schwesterhotel Grand Hôtel, aber äußerst sympathische, weitläufige Anlage mit netten Zimmern und viel Angebot für Kinder und Familien. Großer Pool und gutes Restaurant. Liegt nicht direkt am Meer.
*Attraktives Preis-Leistungs-Verhältnis –* **Tropic Apart'Hôtel:** 102, av. de Bourbon, Tel. 0262 22 53 53, www.residence tropic.com, DZ 65–95 €. Moderne Ferienanlage mit zweckmäßigen Zimmern nicht weit weg vom Meer. Kleiner Pool, leider ist die Umgebung nicht sehr attraktiv.
*Rechtzeitig reservieren –* **Les Bougainvilliers:** 27, ruelle des Bougainvilliers, am Ortsende in Richtung Saline rechts in den Chemin de l'Hermitage abzweigen, Tel. 0262 33 82 48, www.bougain villier.com, DZ ab 53 €. Das beliebte, familiäre Gästehaus mit 14 adretten Zimmern (mit AC) bietet einen Pool, WLAN sowie die Gemeinschaftsküche inmitten eines gepflegten Gartens.

## Essen & Trinken

*Kreolisches Buffet –* **La Marmite:** 34, bd. Leconte-de-Lisle, direkt an der Lagune, Tel. 0262 33 31 37, Mo–Sa 19–23.30 Uhr, Buffet 19 €. Beliebtes Restaurant, vor allem weil es täglich ein kreolisches Buffet aus 17 verschiedenen traditionellen Gerichten anbietet.

Hier sollte man nicht zu spät kommen, denn ab 20.30 Uhr kann es mit den Köstlichkeiten bereits vorbei sein.

*Essen auf der Veranda –* **Le Manta:** 18, bd. Leconte-de-Lisle, neben La Marmite, Tel. 0262 33 82 44, tgl. 12–14, 19–22 Uhr, Hauptgerichte ab 15 €. Im überbordenden Tropengarten sitzt man in einer offenen Veranda und lässt sich die kreolisch-französischen Gerichte schmecken.

*Einfach, aber gut –* **Au K'Banon:** am Strand von L'Hermitage, Tel. 0262 33 84 94, So–Do mittags, Fr–Sa mittags und abends, Hauptgerichte ab 13 €. Schlichtes Restaurant mit dem Flair einer Snackbar direkt am Strand, aber die Qualität der kreolischen Speisen spricht für sich.

*Beim Hauptstrand –* **L'Arc en Ciel:** 14, rue Père-La-Frite, Tel. 0262 33 80 61, Hauptgerichte ab 6,50 €. Eines der typisch kreolischen Mittagswirtshäuser mit guter kreolischer Küche und der ortsüblichen Maxime ›Solange der Vorrat reicht‹.

## Abends & Nachts

*Livemusik –* **La Gueule de Bois:** 5, allée des Îles Eparses, gleich neben Le Safari, Tel. 0692 14 13 73, Di–Sa 18–3 Uhr. Legendäre Disco-Kneipe in L'Hermitage mit DJ und Konzerten mehrmals die Woche, speziell an den Wochenenden. Man kann auch zu Abend essen.

*Angesagt –* **Le Coco Beach:** bd. Leconte-de-Lisle, direkt am Strand, Tel. 0262 33 81 43, tgl. mittags und abends. Gemütliche Bar am Strand mit Livemusik am Wochenende. Große Auswahl an Cocktails, zu denen gut die Tapas und die kreolischen Häppchen *(amuse-gueules créoles)* passen.

*Club-Atmosphäre –* **Le Klub Living-room:** 2, mail de Rodrigue, neben dem Supermarkt Score, Tel. 0262 33 15 00,

Mi–So ab 19.30 Uhr. Gute Weine bei Clubatmosphäre und DJ-Klängen.

*Oldies & Schnulzen –* **Moulin du Tango:** av. de Bourbon, hinter dem Casino, Tel. 0262 24 53 90, Mi, Fr, Sa, Ferienzeit 22–5 Uhr, 10 €. Gesetzteres Publikum und junge Leute, die auf alte Sachen wie Tango, Rock'n'Roll, Cha-cha-cha oder gar English Waltz stehen. Jeans und Turnschuhe sind übrigens nicht zugelassen.

## Infos

**Mietwagen:** ITC Tropic Car, 27, av. de Bourbon, Tel. 0262 24 01 01, www. itc tropicar.com, Mo–Sa 8–12, 14–18 Uhr, neuere Fahrzeuge 29–31 €/Tag.
Sixt, 101, av. de Bourbon, im Hotel Les Filaos, Tel. 0262 34 41 53, www. sixt.fr, tgl. 8–12, 15.30–19.30 Uhr, Fahrzeuge ab 39 €/Tag.
**Bus:** Linie A stoppt bei der Haltestelle Les Filaos; die Linien B und C der Cars Jaunes stoppen auch bei L'Hermitage und Bruniquel (Rue du Lagon), danach etwa noch 500–700 m zum Strand.

# La Saline-les-Bains

▶ B 5

Die vor einigen Jahren erbaute Umgehung hat das Straßendorf sehr an Lebens- und Urlaubsqualität gewinnen lassen. Beim Bruniquel-Kreisverkehr biegt man in Richtung Meer ab und hält sich dann an der Landstraße (beim Supermarkt Leader Price) links, um wenige hundert Meter danach das Zentrum von Saline-les-Bains zu erreichen. Früher gerne als Badeort für Arme abgetan, hat sich Saline-les-Bains in den letzten Jahren zu einem attraktiven Städtchen mit Apotheke, Boulangerie und einer Menge neuer Quartiere ausgewachsen – denn der Strand steht den anderen in nichts nach. Die Übernachtungs- und Restaurantpreise blieben vergleichsweise auf einem angemessenen Niveau.

Der weiße Sandstrand von L'Hermitage findet hier seine Fortsetzung. Es gibt zwei ausgewiesene Strandabschnitte: Südlich der Post, direkt an der Hauptstraße, zweigt man in Richtung Meer ab und erreicht den Strand **Planch'Alizé.** Am südlichen Ortsende, in Richtung Saint-Leu, liegt der noch viel idyllischere Abschnitt **Trou d'eau** unter einer Schar von Filaos-Bäumen. Achten Sie auf Ihre Wertsachen und schließen Sie Ihr Fahrzeug ab!

## Übernachten

*200 m vom Planch'Alizé-Strand –* **Swalibo:** 9, rue des Salines, Einfahrt schräg gegenüber der Post, Tel. 0262 24 10 97, www.swalibo.com, DZ ab 130 €. Intimes, gepflegtes Resort mit 30 farbenfrohen Zimmern, die rund um einen schönen Pool gruppiert sind.

*Hideaway für Selbstversorger –* **La Closerie du Lagon:** 78 ter, rue Auguste-Lacaussade, Tel. 0692 76 60 89, www.closerie-du-lagon.fr, Appartement 100 €. Die 60 m²-Deluxe-Ferienwohnung ist ein stilvolles Refugium zum attraktiven Preis. Direkt am Meer.

*Direkt am Strand –* **La Maison du Lagon:** 72, rue Auguste-Lacaussade, Tel. 0262 24 30 14, www.lamaisondulagon.com, DZ ab 86 €, Frühstück 10 €. Wenn nebenan in der Closerie nichts mehr frei ist. Etwas abgewohnt, aber für die Lage akzeptabel.

## Essen & Trinken

*Strandbar mit Snacks –* **Planch'Alizé:** 25, rue des Mouettes, Plage du Planch'

Alizé, Tel. 0262 24 62 61, www.fransurf.com/lareunion/planchalize/index.html, tgl. 9–18 Uhr, Hauptgerichte ab 12 €. Nette Bar am Hauptstrand mit Snacks, Salaten und Mittagsgerichten.

*Direkt im Sand –* **La petite vague:** Plage du Petit Trou d'eau, Tel. 0692 08 16 76, Mo–Di 8.30–16, Mi–So 8.30–24 Uhr, Hauptgerichte ab 10 €. Dieses gemütliche Strandrestaurant empfiehlt sich für ein leichtes Mittagessen oder für einen Sundowner. Hier gibt es auch Duschen, was ideal für Badenixen und Schnorchler ist. Nicht überteuert.

## Infos

**Bus:** Die Linien B und C der Cars Jaunes halten in Saline-les-Bains.

# Trois-Bassins ▶ B 5

Bis auf die Surfer werden wohl kaum Leute bei Trois-Bassins Augenglänzen bekommen. Gleich hinter der markanten Kurve der Umgehungsstraße von Saline-les-Bains und noch bevor sich die Straße zu einer zweispurigen Schnellstraße verbreitert, liegt Trois-Bassins, eine etwas unansehnliche Siedlung mit einem schönen Strand und guten Wellen für angehende und erfahrene Surfer. Wenn es an anderen Spots keine *swells,* optimale Surfwellen, gibt, in Trois-Bassins gibt es welche. Zum Strand mit nur wenigen Parkplätzen führt die Rue des Nautiles, zum Surfen biegt man am Schild ›Pointe Trois-Bassins‹ ab.

## Infos

**Bus:** Die Linien B und C der Cars Jaunes halten kurz vor dem Pointe Trois-Bassins.

# Saint-Leu ▸ B/C 6/7

Saint-Leu ist ein kleines, quirliges Städtchen, das seinen Reiz erst bei einem Aufenthalt entfaltet. Der Charme von Saint-Leu besteht in seiner Authentizität. Im regen kreolischen Leben sind die Einheimischen unter sich geblieben, an Wochenenden platzen die Strände und die Picknickplätze aus allen Nähten.

Seinen Namen verdankt der Ort dem ersten Seefahrer Laleu, der sich hier niederließ. Die erste offizielle Landnahme erfolgte 1663 durch die Ostindien-Kompanie. In den 1790er-Jahren lag Saint-Leu auf Platz 10 der französischen Rindfleisch- und Kaffeeproduktion. 1801 eröffnete das erste Hotel seine Pforten. Verheerende Zyklone 1806 und 1807 bedeuteten das Ende der Blütezeit von Saint-Leu. Die einzige Sklavenrevolte, die jemals auf der Île Bourbon stattfand, nahm hier 1811 während der englischen Besatzung (1810–1815) ihren Anfang. Ab 1820 begannen die Katastrophenjahre, als schwere Zyklone und Parasiten die Ernten vernichteten. Daraufhin verlegte man sich auch hier auf Zuckerrohr, wobei zwei der bedeutendsten Zuckerfabriken, nämlich Stella Matutina und Portail, in dieser Gemeinde angesiedelt waren. Später, bis in die 1950er-Jahre, kam noch Geranium hinzu.

Heute macht Saint-Leu eher als Surfer-Hotspot und als kultureller Mikrokosmos von sich reden. Zahlreiche Musiker wie die Geschwister Lacaille und Jessica Persée, Pierrot, Lucie und Nirina Baillif, Na essayé oder Maroner stammen von hier. Ein reges kulturelles Leben hat sich mit dem Kulturzentrum Le Séchoir und dem Tempo-Festival entwickelt. Auf der Insel ist Saint-Leu für seine Zimtäpfel bekannt. Sie werden im März und April frisch geerntet und am Straßenrand feilgeboten.

**Bei Saint-Leu geht mancher Speisefisch an die Angel**

## Sehenswerte Gebäude

Nur ein kleiner Teil der Stadt erinnert noch an die bewegte Vergangenheit, als die Ostindien-Kompanie hier imposante Lagerhallen aus Lavastein errichtete, um im 18. Jh. Kaffee zu lagern. In einer einstigen Lagerhalle sind das **Rathaus** sowie das **Tourismusbüro** untergebracht. Ebenfalls aus der Epoche der Ostindien-Kompanie stammt die erhöht liegende **Chapelle Notre-Dame-de-La-Salette,** die 1859 Pfarrer Seyssac erbauen ließ, um sich für die wundersame Verschonung des Dorfes bei einer Choleraepidemie erkenntlich zu zeigen. Sie ist eines der wichtigsten Wallfahrtsziele der Insel (19. September). Jenes Gebäude an der Strandpromenade, in dem heute die **Post** untergebracht ist, diente zunächst als Lagerhalle, später, als die Eisenbahn Saint-Leu erreichte, als Eisenbahnstation.

## Bauernmarkt

*Neben dem Rathaus, Sa vormittags*
Nicht so ausgedehnt wie Saint-Paul und nicht so bunt wie in Saint-Pierre, aber der Charme des Bauernmarkts von Saint-Leu liegt in seiner Bescheidenheit. Es handelt sich um einen echten Bauernmarkt, wo Erzeuger der Region ihre Waren feilbieten: Obst, Gemüse, fangfrischer Fisch, Brot, lokale Spezialitäten, Gewürze und Ähnliches. Die Aussicht ist bezaubernd: Hinter den Filaos-Bäumen liegt das funkelnde Meer.

## Strandpromenade und Strände

Der schönste Platz, um Surfer zu beobachten, ist die **Strandpromenade.** Für die berüchtigte linksdrehende Welle *(La Gauche)* bekannt, zieht Saint-Leu seit vielen Jahren die besten Wellenreiter an. Es gibt mehrere Einfahrten zum **Hauptstrand,** z. B. beim ersten Kreisverkehr, wo Schilder zu den Stränden *(›Plages‹)* und zum Hafen *(›Port de Plaisance‹)* weisen. Aber auch vom Ortskern führen zahlreiche Straßen zum Wasser. Am südlichen Ende der Stadt liegt der zweite schöne Strand von **Four à Chaux.**

Ein vorgelagertes Korallenriff hält die Brandung in Zaum, dennoch ist es empfehlenswert nur an den ausgeschilderten Stränden ins Wasser zu gehen, da es überall tückische Strömungen gibt. Surfanfänger sollten nach Trois-Bassins oder Saint-Gilles ausweichen. Am Hauptstrand südlich des Hafens gibt es Rettungsschwimmer sowie einen rollstuhlgeeigneten Zugang.

## Pointe au Sel

Auf der Hauptstraße N1A nur wenige Kilometer hinter der südlichen Stadtausfahrt geht es rechter Hand zum Pointe au Sel. Das **Salzmuseum** auf der Landspitze ist zwar gut gemeint, aber bietet nur wenig Interessantes (Di–So 9–12, 13.30–17 Uhr, Eintritt frei). Der wahre Grund, um hier eine kurze Pause einzulegen, ist die dahinter liegende **Steilküste,** die sich unglaublich schroff und dramatisch wild präsentiert – ein lohnenswertes Fotomotiv.

Die Küste am Pointe au Sel gilt als schönster **Tauchspot** von ganz Réunion, der allerdings nur für erfahrene Taucher geeignet ist. Man erkennt seine Beliebtheit an den zahlreichen Booten, die dort ankern. Vor der Küste von Saint-Leu befinden sich an die 15 Tauchspots, die von den ortsansässigen Tauchschulen angesteuert werden. Die meisten Spots rangieren zwischen 12 m und 30 m, doch vor dem Pointe au Sel liegt ein 70 m tiefer Abbruch, wo oft Rochen, Thunfische und Hammerkopfhaie gesehen werden.

## Gleitschirmlandeplatz

Die wohl wichtigste Sportart neben Surfen und Tauchen ist das Gleitschirmfliegen. Der Himmel über Saint-Leu ist nur selten nicht von bunten Farbklecksen übersät. Mitunter scheint es, als ob die Paragleiter auf der Motorhaube landen würden, denn der Landeplatz und die meisten Büros der Anbieter befinden sich an der nördlichen Ortseinfahrt direkt neben der Hauptverkehrsroute N1A. Der Absprung erfolgt vom Colimaçons (800 m).

### Kélonia l'Observatoire des Tortues Marines ▶ B 6

*46, rue du Général-de-Gaulle, nördliche Ortseinfahrt, Tel. 0262 34 81 10, www.kelonia.org, tgl. 9–18, geführte Touren um 10, 11.30, 14, 15.15, 16.30 Uhr, ca. 1 Std., 7 €*

Erst 2006 öffnete die Schildkrötenbeobachtungsstation Kélonia, die zuvor eine berühmt-berüchtigte Schildkrötenfarm beherbergte, in der vom Aussterben bedrohte Schildkröten für den Verzehr gezüchtet wurden. Das Washingtoner Artenschutzabkommen hatte man hier am Ende von Europa jahrelang großzügig übersehen. Seit 2006 firmiert die Anlage unter Kélonia und widmet sich dem Schutz und der Aufzucht von Schildkröten. In der Station werden verletzte oder bedrohte Tiere versorgt.

# Ausflüge von Saint-Leu

### Stella Matutina ▶ C 7

*Piton Saint-Leu, 6, allée des Flamboyants, an der südlichen Ortsausfahrt von Saint-Leu auf der D11 bis Piton Saint-Leu, Tel. 0262 34 16 24, www.stellamatutina.fr*

Das Museum zur Zuckerwirtschaft in einer stillgelegten Zuckerfabrik ist bis 2012 wegen Renovierung geschlossen. Die neue Ausstellung wird die Arbeit der Sklaven auf den Feldern und in den Fabriken genauso darstellen wie die Industrialisierung der Zuckerproduktion durch die Dampfmaschine.

### Conservatoire Botanique National ▶ C 6

*2, rue du Père-Georges, 7,5 km nördlich von Saint Leu, Anfahrt über D12 Route des Colimaçons, Tel. 0262 24 92 27, www.cbnm.org, Di–So 9–17 Uhr, Eintritt inkl. Führung 6 €*

Nördlich von Saint-Leu, auf der Höhe des Gleitschirmlandeplatzes, zweigt die D12 ab und führt in die Höhenlagen. Diese kurvige Route des Colimaçons (dt. Schnecken) war ursprünglich ein Privatweg, der zum 515 m hoch gelegenen Anwesen der Familie Châteauvieux führte, in dem heute das botanische Nationalkonservatorium beheimatet ist. Man parkt vor der Kirche Eglise de Sacré Cœur, die 1863 als Hauskirche aus lokalem Vulkangestein fertiggestellt wurde, und geht rechts davon eine Prachttreppe hoch bis zur Villa.

Auf der Flucht vor der Französischen Revolution ließ sich Armand de Châteauvieux auf Réunion nieder. Im Auftrag von Charles Desbassyns, Sohn der berüchtigten Sklavenherrin von Saint-Gilles (s. S. 128), erbaute er mehrere Zuckerfabriken, heiratete in die Familie de Villèle ein und erwarb das Grundstück Les Colimaçons, wo er ab 1857 als Botaniker, Architekt und Pflanzer (Zuckerrohr, Geranium, Tee, Baumwolle) lebte. 1991 verlegte der Conseil Régional das Konservatorium auf das 660 ha große eindrucksvolle Anwesen mit betörendem Blick auf die Küstenlinie von Saint-Leu. Seine Hauptaufgabe besteht darin, die Vielfalt der Pflanzenwelt der Insel zu schützen.

Die mit Tamarindenschindeln bedeckten, ursprünglich der Küstenwacht dienenden Ecktürme wurden 1857 durch eine zweistöckige Veranda verbunden, die zum Schutz vor Wind und Wetter später verglast wurde. Durch die Glasfront gelangt man in den Wohntrakt der Villa, wo originale

Einrichtungsgegenstände und ein schönes Edelholzparkett in den Zimmern erhalten sind. Im Hof hinter dem Haus liegt ein großer Seerosenteich und dahinter beginnt der äußerst interessante botanische Garten. Fünf verschiedene Gärten warten auf Pflanzenliebhaber: Ein Abschnitt ist den Palmen gewidmet, ein anderer den längst verschwundenen Pflanzen der Insel, ein dritter Obstbäumen, ein vierter Sukkulenten und Kakteen und der letzte den eingeführten Pflanzen. Ebenfalls wurde eine einmalige Orchideenkollektion angelegt, die videoüberwacht wird, um Orchideenliebhaber nicht in Versuchung zu führen.

## Übernachten

Saint-Leu ist ein guter Standort, um den Westen zu erkunden.

*Stilvoll, aber nicht abgehoben –* **Blue Margouillot:** impasse Jean Albany, am südlichen Ortsende hinter der Gendarmerie nach Osten abzweigen, Tel. 0262 34 64 00, www.blue-margouillat.com, DZ ab 135 €. Viele liebevolle Details machen das Haus mit 12 Zimmern und 2 Suiten nicht umsonst zu einem der gefragtesten Domizile der Gegend: romantisches Candle-Light-Dinner, Nachmittagssündenfall mit Kaffee und Süßspeisen, schöner Pool, elegantes Mobiliar, niveauvoller Service.

*Ruhig gelegen –* **Villa Mascarine:** in Les Colimaçons, 396, rue Georges Pompidou, 200 m hinter dem Konservatorium rechts, Tel. 0262 55 73 17, www.villamascarine.fr, DZ ab 90 €, Ferienwohnung 560 €/Woche, Frühstück 11 €. Auf klimatisch angenehmen 500 m Seehöhe mit Aussicht auf die Küstenlinie genießt man das blubbernde Jacuzzi. Für romantische Urlaube oder gar Flitterwochen. Internet, es wird ein wenig Englisch gesprochen.

*Sympathisches Familien-Hotel –* **Hôtel Iloha:** in Pointe-des-Châteaux, 500 m hinter der Auffahrt auf die D12 rechts, Tel. 0262 34 89 89, www.iloha.fr, DZ ab 84 €, Frühstück 12 €. Beliebtes Hotel mit 79 Wohneinheiten mit großem Swimmingpool, Selbstversorgermöglichkeit durch Kitchenette, ordentliche Zimmer. WLAN, Spa, Autovermietung im Haus; es wird Englisch und Deutsch gesprochen.

*Beste Wahl für Selbstversorger –* **Cases Couleurs:** in Pointe au Sel-les-Hauts, in Richtung Stella von der N1A abzweigen, 51, chemin de la pépinière, Tel. 0262 55 75 55, www.casescouleurs.com, Ferienwohnung ab 70 €, Frühstück 8 €. Traumhafter Palmengarten samt Pool gepaart mit gemütlichen Ferienwohnungen und herrlichem Blick auf das Meer – die farbintensiven Sonnenuntergänge sind im Preis inbegriffen. Attraktives Preis-Leistungs-Verhältnis.

*Rustikale Bungalows –* **Résidence Les Pêcheurs:** 27, av. des Alizés, am südlichen Ortsende, Tel. 0262 34 91 25, http://perso.wanadoo.fr/les.pecheurs, Ferienwohnung ab 48 €/Tag, 308 €/Woche. Sechs saubere Selbstversorger-Bungalows mit Swimmingpool in den Höhen von Saint-Leu.

## Essen & Trinken

*Buffet –* **Hôtel Iloha:** Adresse s. Übernachten, 20–22 Uhr, Buffet 30 €. Für die freitäglichen kreolischen Buffets samt musikalischer Umrahmung reisen die Leute von weit an. Asiatisches Buffet dienstags.

*Dinieren bei Kerzenlicht –* **Blue Margouillot:** Adresse s. Übernachten, nur abends, Hauptgerichte ab 28 €. Feine Gaumenfreuden und die besten Weine aus aller Welt werden bei Kerzenlicht am Pool serviert.

*Alteingesessen –* **O'Jacaré:** 55, av. du Général-Lambert, Tel. 0262 34 88 88, Mo–Sa 12–14.30, 19–22.30 Uhr, Hauptgerichte ab 15 €. Restaurant-Klassiker direkt am nördlichen Ortseingang am Kreisverkehr (Nachteil: Verkehrslärm). Auf der Karte finden sich delikate Grill- und Fischgerichte und ein paar kreolische Spezialitäten. Das Interieur wirkt aber abgewohnt.

*Institution –* **Le ZAT:** 14, rue de la Compagnie-des-Indes, Tel. 0262 42 20 92, tgl. 11–24 Uhr, Hauptgerichte ab 15 €. In der gemütlichen Strandbar im Sand mit Restaurant finden samstags öfter Konzerte statt, internationale Küche.

*Gute Wahl am Meer –* **Villa Vanille:** 69, rue du Lagon, auf der N1A am südlichen Ortsende vor dem Skaterpark, Tel. 0262 34 03 15, Mi–Mo 10–15, 18–23 Uhr, Hauptgerichte ab 14 €. In einem schattigen Garten gegenüber dem Strand liegt die Villa, die internationale und französische Küche offeriert.

## Einkaufen

*Surfboards & -wear –* **Mickey Rat Surf:** 24, rue Barrelier, ein paar Schritte vom Tourismusbüro entfernt, Tel. 0262 34 79 00, www.mickeyratsurf.com, Mo–Sa 9–18 Uhr. Neue und gebrauchte Boards, Surfwear, Reparaturen und viele gute Tipps.

*T-Shirts –* **L'Effet Pei:** 144, rue du Général-Lambert, neben dem MarchéU im Ortszentrum, Tel. 0262 38 37 12, Mo–Sa 9–12, 14–18 Uhr. Großes Sortiment an den für Réunion typischen und so beliebten T-Shirts mit Inselmotiven und kreolischen Wortspielen.

## Aktiv & Kreativ

*Viel Erfahrung –* **Parapente Réunion:** 1 & 103, rue Georges-Pompidou, an der Kreuzung der N1A mit der D12, Tel. 0692 82 92 92, www.parapente-reunion.fr, Absprünge ab 75 €. Eines der ältesten Unternehmen in Saint-Leu. Englisch, Deutsch werden gesprochen.

*Höchste Sicherheitsstandards –* **Excelsus:** in Pointe-des-Châteaux, 1, impasse des Plongeurs, Anfahrt über die D12, Tel. 0262 34 73 65, www.excelsus-plongee.com. Die älteste und renommierteste Tauchschule von Saint-Leu hat sogar zwei Boote für Menschen mit körperlichen Handicaps. Brigitte Monat (s. S. 14) hilft bei der Reservierung und der Kommunikation. Tauchschein ANMP N1 mit 5 Tauchgängen 300 €, Tauchgang 50 €, 6 Tauchgänge 280 €, Schnorcheln ab 30 €.

*Tauchen auf Deutsch –* **Abyss:** 7, bd. Bonnier, direkt gegenüber vom Hauptstrand, Tel. 0262 34 79 79, www.abyssplongee.com. Tauchscheine Padi Open Water mit 6 Tauchgängen 400 €, CEDIP Niveau 1 mit 5 Tauchgängen 335 €, Tauchgang 45 €, Nachttauchgang 50 €. Sympathische Tauchschule mit der einzigen deutschsprachigen Tauchlehrerin der Insel, Sophie.

## Abends & Nachts

*Open Air –* **Le K:** 209, rue du Général-Lambert, Tel. 0262 34 31 38, Tickets 5–18 €. Im Veranstaltungszentrum mitten in der Stadt gibt es häufig Konzerte.

*Rege Kulturszene –* **Le Séchoir:** in Piton Saint-Leu, 28, rue Adrien-Lagourgue, die Straße in Richtung Stella nehmen, Tel. 0262 34 31 38, Tickets 5–18 €, erhältlich bei Le K. Es werden regelmäßig Konzerte, Pantomimetheater, Tanztheatervorstellungen, Dokumentarfilmvorführungen und andere kulturelle Leckerbissen veranstaltet.

*Exzellente Akkustik –* **La Ravine:** beim ersten Kreisverkehr des Ortes links halten, gegenüber der Sporthalle, Tel. 0262 34 31 38, Tickets 5–18 €, erhältlich bei Le K. Konzerte, u. a. Jazz, Maloya, Reggae, Hip-Hop, finden hier in der Schlucht statt.

*Lounge-Charakter –* **Le Comptoir 974:** 228, rue du Général-Lambert, Tel. 0262 33 55 36, Mo–Sa 18–2 Uhr. Die gemütliche Kneipe eignet sich für einen kleinen Umtrunk genauso wie für die gut besuchten donnerstäglichen Konzerte. An Samstagabenden legt ein Diskjockey Musik auf.

*Open-Air-Café –* **Les Filaos:** Front de Mer. Auf den ersten Blick erscheint die kleine Kneipe rund um den grünen Pavillon etwas runtergekommen, aber die Open-Air-Konzerte an Sonntagabenden sind legendär. Liegt zu Beginn der Uferpromenade unter Filaos-Bäumen.

## Infos & Termine

**Office de Tourisme:** Bâtiment Espace Laleu, 1, rue Barrelier, an der Nordeinfahrt hinter dem Kreisverkehr, Mo 13.30–17.30, Di–Fr 9–12, 13.30–17.30, Sa 9–12, 14–17 Uhr. Montags von 13.30 bis 17.30 Uhr sitzt Frau Brigitte Monat im Büro und hilft deutschsprachigen Gästen.

### Internet

**Namasté:** 2, rue Haute, nördliche Ortseinfahrt von Saint-Leu, Tel. 0692 15 56 71, tgl. 9–23 Uhr. Drei Computer und WLAN gegen Gebühr.

### Verkehr

**Auto:** Die N1A führt direkt durch Saint-Leu. Es gibt zwei Auffahrten auf die Schnellstraße – eine über die Straße nach Les Colimaçons (D12) Richtung Norden und eine über Stella Matutina (D11) Richtung Süden. Als Abfahrt eignen sich beide.

**Mietwagen:** in Pointe-des-Châteaux, Location St-Leusienne, 27, rue Georges-Pompidou, 300 m hinter der Auffahrt auf die D12 links, Tel. 0692 86 44 90. Fahrzeuge ab 19 € pro Tag, hilfsbereiter Betreiber.

**Bus:** Die Linien A, B und C der Cars Jaunes halten vor dem Bürgermeisteramt. Mit der Linie C gelangt man nach Stella. Das lokale Busnetz Eolis verkehrt im Umland. Die Linien 46 und 62 halten vor dem Botanischen Observatorium.

### Termine

**Tamilisches Neujahr:** April. Umzüge, Tanzaufführungen, Verkaufsstände, tamilische Gerichte. Wird nicht regelmäßig gefeiert, Infos beim Fremdenverkehrsamt.

**Leu Tempo Festival:** Mai (s. S. 32). Gaukler, Straßentheater, Musikanten auf öffentlichen Plätzen und Konzerte im Veranstaltungszentrum Le K.

# Le Tévelave ▶ D 7

Binnen 30 Minuten ist Le Tévelave von der Küste aus erreichbar. Südlich von Saint-Leu zwischen Piton Saint-Leu und L'Etang-Salé zweigt eine Nebenstraße nach Les Avirons ab, einem für Einheimische attraktiven Wohnort. Mitten in Les Avirons beginnt die kurvige Höhenstraße D16 nach Le Tévelave (7 km). Der interessant klingende Name des Bergdorfes (800–950 m) stammt aus dem Madagassischen *(tavy lava)* und steht für ›großer Wald‹. Noch heute macht das weitläufige Naturreservat Forêt Tévelave hinter dem Dörfchen seinem Namen alle Ehre. Besucher finden in den kühlen Wäldern entlang der Route forestière F6 zahlreiche ausgewiesene Wanderwege. Jene Forststraße führt übrigens bis zum Maïdo (36 km).

## Übernachten

*Dichter Tropengarten –* **Gîte Le Grand Pavois:** 277, Route des Vacoas, direkt an der D16 links, Tel. 0262 57 26 20, www.legrandpavois.fr, Ferienwohnung 400 €/Woche. Drei einfache Ferienwohnungen bei herzlichen Gastgebern im kühleren Höhenklima.

*Farbenfroh –* **Le Papyrus:** an der Hauptstraße in Tévelave, Tel. 0692 85 25 85, marie.lefevure@oop.fr, Ferienwohnung 50 €/Nacht, 300 €/Woche. Freundliche Zimmer und Ferienwohnungen.

*Schokoladenseite –* **La Case Namasté:** 17, rue Francis Rivière, Tel. 0262 24 38 33, http://casenamaste.reunion.fr, DZ 40 €. Drei Gästezimmer und ein Bungalow stehen im indisch inspirierten Holzhaus zur Auswahl. Von Zeit zu Zeit werden Schokoladenseminare am Wochenende veranstaltet (50 €), wo unter der fachkundigen Anleitung eines Meisters des Fachs Patisserie fabriziert wird.

## Essen & Trinken

*Beste Qualität –* **Le Kaki:** 1 bis, ruelle des Canas, hinter dem Tennisplatz rechts, Tel. 0692 31 06 75, claude.payet@hotmail.fr, mittags und abends nach Reservierung, Menü ab 25 €. Der mitteilungsbedürftige Monsieur Payet liebt Essen, das Kochen und die kreolischen Traditionen. Auch wenn er nur auf telefonische Reservierung öffnet, so sind seine Kochkünste die Planung wert.

*Rustikales Berggasthaus –* **Auberge les Fougères:** 53, route des Merles, Tel. 0262 38 32 96, tgl. 12–14, 19–22 Uhr, Hauptgerichte ab 15 €. Besonders beliebt ist das Sonntagsbuffet zu Mittag, wo kreolische und französische Spezialitäten dargeboten werden. Die

### Unser Tipp

**Kochen auf Kreolisch in der Gîte Le Grand Pavois**

Elourda Robert, die Hausherrin der Gîte Le Grand Pavois in Le Tévelave, gibt Kochkurse. Von der Menüplanung über Einkaufen bis hin zur Zubereitung, dem Schmoren über offenem Feuer und dem gemeinsamen Abendessen ist alles im Preis inbegriffen (Ameldung in der Gîte, Adresse s. Übernachten, ab 4 Pers. 35 € pro Person, bei Bedarf übersetzt Brigitte Monat).

16 Zimmer sind einfach, aber zum Wohlfühlen.

## Infos

**Bus:** ab Kirche in Les Avirons 8 x tgl. Bus 85 nach Tévelave.

# L'Etang-Salé-les Bains ▶ C 8/9

Nachdem 1882 die Eisenbahn angekommen war, sollte aus L'Etang-Salé ein Seebad wie Saint-Gilles werden. Bis heute ist der Plan zum Glück nicht aufgegangen, stattdessen hat sich der dörfliche Charakter erhalten. L'Etang-Salé ist ein beschaulicher Ferienort mit schmucken Häusern und Vierteln, einer blauen Lagune, einer kleinen Marina, einem imposanten, zwei Kilometer langen schwarzen Sandstrand inklusive Surferwelle sowie Spazier- und Radwegen und einem schattenspendenden Wald im Rücken (s. Lieblingsort S. 140).

## Lieblingsort

**Schattenspiele mit Meerblick –
der Strand von L'Etang-Salé-les
Bains** ▶ C 8/9
Über 2 km erstreckt sich der
magisch-schöne Sandstrand von
L'Etang-Salé, unter den Filoas-Bäu-
men findet man Schutz vor der
Sonne. Das tosende Meer ist bei
entspannenden Spaziergängen
entlang dem Strand und weiter
an der Küste eine tolle Geräusch-
kulisse.

Wer nicht unbedingt auf Trubel und Nachtleben Wert legt und ebenso die überteuerten Preise der Lagunenorte im Westen meiden möchte, ist hier gut aufgehoben.

Der Ortsname ist auf einen mittlerweile ausgetrockneten Salzwassersee (*étang* dt. Teich, *salé* dt. salzig) zurückzuführen. Bis Anfang des 18. Jh. war der Landstrich unbewohnt geblieben, da sich jenseits der Ravine des Avirons niemand an der als gefährlich geltenden Küste anzusiedeln wagte. Die ersten Siedler, Bauern und Fischer, zogen deshalb in die Höhe. Ab 1874 pflanzte man eine Million Filaos-Bäume entlang des Küstensaums, um die Sanddünen zu stabilisieren. Die schönen und bei den 14 000 Einwohnern äußerst beliebten Wälder sind heute noch rund um den Ort zu sehen.

Salzfelder, Kalköfen und Austernzucht dominierten lange die wirtschaftlichen Geschicke von L'Etang-Salé. Alle Betriebsstätten waren im Besitz der Industriellenfamilie Robin. Für die Produktion von Zucker und als einer der wichtigsten Baustoffe war Kalk unerlässlich, zwei **Kalköfen** (*four à chaux*) sind im Ort noch erhalten (s. Entdeckungstour S. 144). Die Überreste der Austernzucht (*Parc à Hûitre*) sind aber in der **Marina** kaum mehr auszumachen. Ab 1956 dampften nicht einmal mehr Züge durch den überschaubaren Ort. Im alten **Bahnhof** residiert heute das Tourismusbüro. Auf dem Weg nach Saint-Pierre oder Saint-Leu musste die Dampflokomotive Wasser tanken, das im kleinen, runden Bauwerk außerhalb des Bahnhofs gespeichert wurde. Die Fertigstellung der Route des Tamarins im Jahr 2009 hat L'Etang-Salé von einer stinkenden Autolawine befreit, da Sonnenhungrige jetzt nicht mehr durch den Ort fahren müssen, um die Strände entlang der Küste zu erreichen.

### Le Gouffre

Am südlichen Ortsende, nur 500 m nach dem letzten Haus, liegt auf dem Weg zum Golfplatz das landschaftlich reizvolle Naherholungsgebiet Le Gouffre, das aber für die Einheimischen einen bitteren Beigeschmack hat. Wie die Hängebrücke der Rivière de l'Est ist das von Lava geformte Naturbecken an der Steilküste, in das die tosenden Wassermassen hineingedrückt werden, sodass meterhohe Fontänen in die Höhe spritzen, der Ort, an dem Réunionesen am liebsten in den Freitod gehen. Dutzende Kreuze bezeugen die Selbstmorde der oftmals jungen Leute, die sich aus Liebeskummer oder sozialen Problemen ins Wasser stürzen.

# Übernachten

*Überschaubares Hotel –* **Le Floralys:** 2, av. de l'Océan, Tel. 0262 91 79 79, www.hotel-floralys.com, DZ 90–180 €, Frühstück 10 €. Nach einem Makeover hat das ältere Hotel einen neuen, fröhlichen Anstrich erhalten. Kleine Zimmer, aber weitläufiger Garten und toller Pool. Punktet durch Strandnähe.

*Charmant –* **La Villa Blue:** 3, lotissement des Létchis, von der D11 in Etang-Salé-les-Hauts biegt man bei der Epicerie Crack in die D19 ein, Tel. 0692 90 22 30, www.villabluerun.fr, DZ mit Frühstück 75 € ab 3 Nächten. Eine exklusive, charmant eingerichtete Wohneinheit mit Panoramablick auf 120 m Seehöhe für ruhebedürftige Paare. Didier spricht gut Englisch und auch ein wenig Deutsch. Gayfriendly, WLAN gratis.

*Ohne Schraube gebaut –* **Zot Case en Natte:** 3, impasse Alamanda, Anfahrt siehe La Villa Blue, Tel. 0262 26 57 73, Reservierungen über Brigitte Monat (s. S. 14), Ferienwohnung 73 €/Tag ab 3 Tage, 438 €/Woche. Originelles, liebevoll restauriertes Kreolenhäuschen aus dem 19 Jh. Die geschmackvolle Inneneinrichtung samt moderner Ausstattung verspricht einen gemütlichen Aufenthalt.

*Bunt –* **Baobab et Palmiers:** 36, chemin du Cap, an der D110 nach 1,5 km rechts, Tel. 0262 54 02 79, www.baobabetpalmiers.com, Ferienwohnung ab 399 €/ Woche. Fünf hübsche Holzchalets in einem dichten Tropengarten mit Pool. Ruhige Höhenlage, WLAN, sicheres Parken. Madame Radiguet spricht ein wenig Englisch.

# Essen & Trinken

*Franco-Italiener –* **L'Antidote:** 2, av. de l'Océan neben dem Hotel Le Floralys, Tel. 0262 26 55 54, Mi–Mo 9–24 Uhr, Hauptgerichte ab 19 €, Pizza ab 9 €. Mediterrane Spezialitäten im wohl schicksten Lokal von L'Etang-Salé.

*Salate und Pizza –* **La Plantation:** 11, rue des Salines, an der Einfahrtsstraße, gegenüber dem Hotel Le Floralys, Tel. 0262 26 52 24, Di 18–22.30, Mi–So 11–15, 18–22.30 Uhr, Hauptgerichte ab 13 €. Kreolische, französische und chinesische Küche, gute Pizzen und Salate.

*Gut besucht –* **L'Eté Indien:** av. Octave-Bénard, Tel. 0262 26 67 33, Di–Fr 12–14, 19–22, Sa, So 12–23 Uhr, Hauptgerichte ab 10 €. Die Kunden schätzen die moderaten Preise, die flotte Bedienung und die große Speisekarte des Inders an der Hauptstraße.

# Aktiv & Kreativ

*Aquapark für Familien –* **Akoatys:** 2, av. de l'Océan, gleich neben dem Hotel Le Floralys, Tel. 0262 91 49 14, www.akoatys.com, 19 €, Kinder bis 12 Jahre 15 €. Wasserrutschen, Schwimmbecken und allerlei Attraktionen für Klein und Groß.

*Krokodilpark –* **Croc Parc:** in L'Etang-Salé-les-Hauts, Tel. 0262 91 40 41, www.crocparc.re, tgl. 10–17.30 Uhr, Erw. 7 €, Kinder 5 €. Freizeitpark im Wald mit an die 160 Krokodilen.

*Wellenreiten –* **Ecole de Surf Extrême Sud:** 67, rue Octave-Bénard, Tel. 0692 64 45 14, http://extreme-sud.infoconnect.re. Kurs 1 Std. 25 €, 3 Std. 73 €, degressive Preise, Vermietung von Surfbrettern 3 Std. 15 €, 1 Woche 70 €.

*Putten –* **Golf Club de Bourbon:** nach dem südlichen Ortsende 8 km auf der Schnellstraße bis zur Unterführung, danach ins Landesinnere abbiegen, Tel. 0262 26 33 39, www.golf-bourbon.com, tgl. 8–18, Mo erst ab 12 Uhr. Der älteste Golfplatz der Insel (9- und 18-Loch), Green-Fee für 18-Loch 48 € (am Wochenende 60 €), für 9-Loch 27 € (bzw. 35 €).

# Infos

**Office de Tourisme:** 74, av. Octave-Bénard, am Kreisverkehr des Hotels Le Floralys rechts, Tel. 0262 26 67 32 oder 0892 70 22 01, http://sud.reunion.fr, Mo–Do, Sa 9–12, 13–16.30 Uhr.

**Deutsches Informationsbüro:** Zone industrielle (ZI) Les Sables, Ausfahrt N1 südöstlich von L'Etang-Salé, 2. Kreisverkehr links, rotes Gebäude, EG, Tel. 0692 08 18 69, Di–Fr 13.30–17.30 Uhr. Beratung, Betreuung und Buchungen durch Brigitte Monat.

### Verkehr

**Auto:** Von Saint-Leu aus kommend nimmt man die erste Abfahrt, rechts direkt an den Strand bzw. links nach L'Etang-Salé-les-Hauts. Von Saint-Pierre aus kommend hält man sich am ersten Kreisverkehr in Richtung Les-Bains, fährt unter der Schnellstraßenunterführung durch bis ins Zentrum.

**Bus:** Linien A und B der Cars Jaunes.

# *Auf Entdeckungstour*

## Die Zuckerwirtschaft zwischen L'Etang-Salé und Saint-Louis

Auf Réunion gibt es keine kreolische Familie, die nicht mit der Zuckerproduktion verbunden wäre: die eine durch Vorfahren, die als Sklaven auf den Plantagen schufteten, die andere, weil sie von Zuckerbaronen abstammt, die dritte, weil sie heute noch Zuckerrohr pflanzt. Bei einer Fahrt von L'Etang-Salé nach Saint-Louis kann man Stationen der Zuckerwirtschaft besichtigen.

**Reisekarte:** ▶ C–E 8/9

**Strecke:** 13 km

**Usine sucrière du Gol:** 2 km nordwestlich von Saint-Louis an der D11, Tel. 0262 91 05 47, visitesucrerie@gqf.com, Di–Sa 9.30–19 Uhr, nur nach Voranmeldung während der Ernte von Mitte Juli bis kurz vor Weihnachten, Führungen 8.30, 10.30, 13, 15 Uhr, 5 €

Was haben Kalköfen mit der Zuckerproduktion zu tun? – Das fragt man sich, wenn man in L'Etang-Salé-les-Bains vor den Überresten zweier Kalköfen steht. Und doch erinnern die schlichten quadratischen Türme an die große Ära der Zuckerindustrie, die ab 1817 nach der Unabhängigkeit der alten französischen Zuckerkolonie Saint-Domingue auf Réunion begann.

## Kalk reinigt den Rohzuckersaft

Direkt am Meer inmitten von Wohnhäusern befindet sich an der Rue de la Vielle Pompe die Ruine des ersten Kalkofens *(four à chaux)*. Nur ein paar Schritte weiter, an der Hauptstraße N1A, ist auf der Höhe der Tennisplätze und des großen Kreisverkehrs ein zweites Exemplar besser erhalten. In diesem Kalkofen wurde noch bis in die 1940er-Jahre Kalk aus Korallen gebrannt. Den Rohstoff holte man sozusagen direkt von nebenan aus dem Meer. Überall auf der Insel finden sich weitere Kalköfen, z. B. am Pointe au Sel oder in Saint-Pierre zu Beginn der Rue Victor le Vigoureux. Obwohl seit den 1960er-Jahren auf Réunion kein Kalk mehr aus Korallen gewonnen wird, hat sich an dem Einsatz von Kalk in der Zuckerproduktion nichts geändert. Nach wie vor wird der erste Zuckerrohrsaft mit Asche und Kalk versetzt, um die Nichtzuckerstoffe zu binden und auszufällen.

## Plantagen, so weit das Auge reicht

Man verlässt L'Etang-Salé-les-Bains Richtung Norden und fährt geradeaus über die drei Kreisverkehre. 500 m nach dem letzten Kreisverkehr zweigt man in Richtung Osten ab. Die enge Straße führt in Kehren zuerst durch den Wald und später durch Wohngebiet, bis sie die D11 kreuzt. Auf der D11 durchquert man die Gemeinde L'Etang-Salé-les-Hauts, nach wenigen Minuten beginnen ausgedehnte Zuckerrohrfelder, die bis zur Zuckerfabrik Le Gol bei Saint-Louis reichen.

Eigentlich ist der trockene Inselwesten denkbar ungeeignet für den wasserintensiven Anbau von Zuckerrohr, aber in der Mitte des 19. Jh. ließen die Zuckerbarone mit Hilfe ausgeklügelter Bewässerungssysteme Wasser vom regenreicheren Osten in den Westen umleiten. Um den Ertrag zu maximieren und das Zuckerrohr für die unzähligen Mikroklimata auf der Insel zu optimieren, werden in Labors laufend neue, immer ertragreichere Zuckerrohrhybriden gezüchtet. 2010 brachte man die 585. Sorte namens R585 auf den Markt. Der überwiegende Teil der Züchtungen ist allerdings nicht mehr im Einsatz.

## Blüte- und Erntezeit

Besonders schön sind die Felder, wenn im Mai und Juni das Zuckerrohr blüht und sich die graubraunen Federbüschel im Wind wiegen. Bei der Ernte ab Juli wird das bis zu 5 m hohe Rohr dicht über der Erde geschnitten, früher mit Macheten, heute mit großen Erntemaschinen. Die Wurzel verbleibt in der Erde und treibt im Folgejahr wieder aus. Wenn der Boden nach vier bis acht Jahren ausgelaugt und die Lebenskraft der Pflanze erschöpft ist, wird das Feld umgegraben, gedüngt, mit Mineralien angereichert und mit neuen Zuckerrohrtrieben bepflanzt. Dabei werden die Triebe quer in den Boden gelegt.

Aus der Ferne sieht man schon die Schlote der Zuckerfabrik Le Gol rauchen. Während der Erntezeit von Juli bis Dezember geht es in der 1905 erbauten Fabrik hoch her. Voll beladene Lastwagen bringen im Minutentakt das Zuckerrohr, das gleich nach der Ankunft in riesigen Maschinen entwirrt und sortiert wird – ca. 1000 t Zuckerrohr pro Tag! Einst transportierten Sklaven die Hunderte Kilo schweren Rohrbündel auf Ochsenkarren in die Zuckerfabriken, von denen es 1833 über 230 auf der Insel gab.

## Spannende Einblicke in die Zuckerproduktion

Geführte Rundgänge entlang der einzelnen Produktionsstationen samt einer Degustation von Zucker und einer Rumprobe in der Usine sucrière du Gol machen deutlich, wie komplex die Zuckerproduktion ist. Nach dem Sortieren werden die Zuckerrohrstängel zunächst zerkleinert und danach durch mehrere Walzen gepresst, bis der gesamte Zuckersaft aus ihnen gewichen ist. Zum Antreiben der Pressen wurden im 19. Jh. vornehmlich Wasser- und Windkraft eingesetzt. Um 1830 gab es an die 40 Mühlen. Nur eine gut erhaltene Wassermühle existiert heute noch, sie liegt auf dem Weg der Tour des Roches (s. S. 116).

Der trübe Rohsaft durchläuft nun mehrere chemische und physikalische Reinigungsverfahren u. a. unter Zusatz von Kalk und heißem Wasserdampf, bis schließlich die weiße Raffinade aus einem Kessel rieselt. 1000 t Zuckerrohr müssen für 115 kg raffinierten weißen Zucker verarbeitet werden.

Selbst wenn die Führung nur auf Französisch durchgeführt wird, erhält man einen guten Eindruck. Ein zehnminütiger Film stimmt auf die Führung ein, die nur mit geschlossenen flachen Schuhen und mit Sicherheitshelm absolviert werden darf. Teilweise klettert man über steile Treppen und durch enge Gänge. Personen mit Asthma oder Herzbeschwerden sollten wegen der Staubentwicklung, des Lärms und der Hitze nicht daran teilnehmen.

## Die Bedeutung des Zuckers heute

Für Reunion ist das Zuckerrohr Identität und Hauptexportgut in einem. Man mag ihm viel vorwerfen – Monokultur, Pestizidbelastung, Sinnbild der Sklaverei –, doch letztes Endes hat es die Geschichte der Insel maßgeblich bestimmt. Noch heute gibt die Zuckerindustrie an die 12 000 Menschen Arbeit, auch wenn der Staat Frankreich die Zuckerbauern mit Millionen von Euro jährlich subventioniert. Die widerstandsfähigen Hybridzüchtungen sind zyklonresistent und arbeiten der Erosion entgegen. Alle Nebenerzeugnisse der Produktion werden genutzt. So wird ein Viertel der Stromerzeugung der Insel durch das Verheizen der ausgepressten Zuckerfasern bestritten, Reste düngen die Böden und mit Melasse wird Rum hergestellt.

## Besuch bei Coco

Die Tour klingt stimmungsvoll bei der historischen Zuckerrohrwaage Coco aus. Nachdem man Saint-Louis auf der N5 (Rue Bel Air) umfahren hat, stößt man auf den Kreisverkehr Rond de Coq. Anstatt geradeaus nach Cilaos zu fahren, nimmt man die erste Ausfahrt rechts und hält sich an der nächsten Kreuzung links. Nach ca. 500 m ist die letzte erhaltene noch von Hand betriebene Zuckerrohrwaage Balance Coco zu sehen. Obwohl sie 2009 offiziell geschlossen wurde, kann man sich leicht vorstellen, wie die Pflanzer einst Zuckerrohr auf ihren Ochsenkarren anlieferten und abwogen. Eingebettet in saftiggrüne Zuckerrohrfelder, die von Palmen flankiert sind, ergibt die Waage samt dem alten Häuschen mit seinen türkisfarbenen Türen und Fensterläden ein stimmungsvolles Fotomotiv – besonders später am Nachmittag, wenn die tief stehende Sonne die wogenden Felder goldrot einfärbt.

# Saint-Louis ▸ D/E 8/9

Wenn von der N1 aus die dampfenden Schlote des grünen Ungetüms, der Zuckerfabrik Le Gol, auftauchen, dann ist Saint-Louis nicht mehr weit. Die größere der beiden auf der Insel verbliebenen Zuckerfabriken beschäftigt heute noch die Mehrheit der Bevölkerung. Dahinter ragt ungestüm der Dimitile, das südöstliche Ende des Cirque de Cilaos, in die Höhe. Das in den Bergen liegende Dorf Les Makes bietet sich als Ziel eines Tagesausflugs an (s. S. 149). 2007 machte Saint-Louis von sich reden, als der Zyklon Gamède die Brücke über die Rivière Saint-Etienne zerstörte. Jahrelang querte eine behelfsmäßige Fahrbahn das Flussbett, aber der Wiederaufbau der Brücke wird gerade in Angriff genommen.

## Usine sucrière du Gol

*Nördlich von Saint-Louis an der D11*
Während der Erntezeit geht es in der 1905 erbauten Zuckerfabrik hoch her (s. S. 144).

## Mosquée Mubarak

*Avenue principale, Besichtigung nur mit Führung, Anfragen beim Office de Tourisme, s. S. 148*
Mitten in der Stadt, vor dem Hintergrund der sattgrünen Berge, strahlt das Blau der Mosquée Mubarak mit dem Himmel um die Wette. Die Moschee mit dem 33 m hohen Minarett steht seit 1975. In der ›Stadt der Balkone‹ ist die muslimische Glaubensgemeinschaft omnipräsent. Verschleierte Frauen huschen durch das quirlige kreolische Städtchen, Männer mit *kofia* (Kopfbedeckung) und weißen *thawb* (Kleidern) plaudern unter Arkaden. Insgesamt hat sich Saint-Louis gegen allzu europäische Einflüsse resistent erwiesen.

## Eglise de Saint-Louis

*Rue du Docteur Raymond Verges*
Luftlinie nur 300 m von der Moschee entfernt befindet sich die katholische Kirche, die ebenso wie das Minarett schon von der Route Nationale aus zu sehen ist. Im Grundriss einer Basilika ähnlich, demonstriert sie eindrücklich den einstigen Reichtum des Städtchens. Die größte und höchste Kirche der ganzen Insel wurde 1866 aus Basaltsteinen fertiggestellt. Schön anzusehen ist das Viertel rund um die Kirche. Viele der kreolischen Häuser haben einen Balkon im Obergeschoss, wie es in Indien üblich war. Wer Zeit für einen Stadtbummel hat, sollte der Dramaturgie wegen von der Moschee die Hauptstraße entlanggehen und erst auf der Höhe des Rathauses mit seinem begrünten Vorplatz rechts in Richtung Kirche abzweigen.

# Ausflug von Saint-Louis

## La Maison Rouge ▸ E 8

*17A, chemin Maison Rouge, 400 m nach dem Gol-Kreisverkehr links, danach rechts in die Avenue des Acacias, nach dem Radier links, Tel. 0262 91 24 30, Di–Fr 9.30–12, 14–17, Sa 14–17.30 Uhr, Eintritt frei*
In den Pferdeställen der ehemaligen Domaine Maison Rouge hat man das Musée des Arts Décoratifs de L'Océan Indien (MADOI) einquartiert. Im kleinen Ausstellungsraum werden wechselnde Ausstellungen gezeigt, die jeweils Bezug zur Entwicklung von Kunst und Kultur auf Réunion haben. Da die Geschichte der Stadt Saint-Louis eng an Kaffee geknüpft ist, endet der kostenlose Besuch mit der Verkostung einer Tasse Kaffee Bourbon pointue. Nur 100 m weiter oben zweigt rechts eine Einfahrt zum tatsächlichen Herrenhaus ab, der baufälligen Maison Rouge.

## Übernachten

*Ein richtiges Original –* **Case Tatave:** in La Rivière, über die D20 und D3, 55, rue Hubert-Delisle, Tel. 0262 39 72 54, www.location-gite-ile-reunion.com, DZ 50 €, Ferienwohnung 350 €/ Woche, Abendessen 20 €. 100 Jahre alte, als historisches Monument eingetragene Kreolenvilla mit origineller Ausstattung. Bei den warmherzigen Gastgebern ist Wohlfühlen garantiert.

## Essen & Trinken

*Liegt versteckt –* **Le Songe:** 2A, rue des Petites Nattes, am Kreisverkehr Rond de Coq Richtung Norden, Tel. 0262 26 39 44, Mo–Sa mittags, Fr, Sa abends, Menüs ab 6 €. Kleines kreolisches Lokal mit réunionesischen Spezialitäten wie Taro oder Tamarinde.

## Aktiv & Kreativ

*4x4-Ausfahrten –* **Bourbon Sensation:** 8A, chemin Bois de Pêche, Tel. 02 62 91 43 77, www.bourbonsensation.com. Professionelle Jeeptouren u. a. auf den Dimitile, Tagestour 100 €, dreigängiges Mittagessen, Getränke sowie ein leichtes Frühstück sind inklusive. Der Elsässer Inhaber Pierre spricht Deutsch.

## Infos & Termine

**Office de Tourisme:** 28, av. principale, Tel. 0262 24 20 25, http://sud.reunion.fr, Mo–Fr 9–12, 14–17 Uhr. Liegt gleich nach der Überquerung einer Brücke Richtung Stadtmitte.

### Verkehr

**Auto:** Die Abfahrt von Gol führt ins Zentrum, die nachfolgende Abfahrt

auch nach Cilaos, Parkgebühren Mo–Sa 8–12, 14–18 Uhr, 1 Std. 0,50 €.
**Bus:** Busbahnhof, 12, rue Saint Philippe, auf der Rückseite der Kirche. Busse nach Saint-Denis (Linie A, B, C), Saint-Pierre (Linie A, B, C, E, L), L'Entre-Deux (L) und nach Cilaos fahren hier durch oder los. Die Fleuri-Linie 5 fährt 4 x tgl. nach Les Makes. Vom Flughafen Pierrefonds verkehrt ein Shuttlebus, der am Busbahnhof hält (5 €).

### Termine

**Festival de la Canne à Sucre:** Juli. Alle im Zuckerherstellungsprozess involvierten Einrichtungen wie die Zuckerfabrik Gol oder die Maison Rouge bieten Ausstellungen, Gratisführungen, Vorführungen etc. Selbst im Friedhof

Markttag in der Hauptstraße von Saint-Louis

von Père Lafosse werden Themenführungen zur Sklaverei geboten.

**Fait main:** Anfang Dezember, im Parc Exposition von La Rivière. Messe für das kreolische Kunsthandwerk, wie der Name schon sagt, verschiedenste handgemachte Produkte.

# Les Makes ►D/E 7

Im Stadtzentrum von Saint-Louis folgt man den Schildern zur D20. Vorbei am Schulzentrum geht es in scharfen Kehren stetig bergauf. 11 km weiter ist das Bergdorf Les Makes auf der gleichnamigen Hochebene, die eingebettet zwischen wilden Furchen auf 850–1200 m Höhe liegt, erreicht.

# L'Observatoire Astronomique

*18, rue Georges Bizet, Tel. 0262 37 86 83, www.ilereunion.com/observa toire-makes, Führung nur gegen Voranmeldung um 7 €*

Seit 1991 ist Les Makes der Standort des größten Observatoriums im Indischen Ozean. Für astronomisch Interessierte gibt es Führungen, meist abends ab 21 Uhr.

# La Fenêtre ►E 7

Immer der Hauptstraße D20 entlang fährt man durch Obst- und Gemüsekulturen sowie an Picknickplätzen und Kryptomeriawald vorbei, um nach weiteren 11 km an einen großen Parkplatz zu gelangen, der nur wenige Schritte vom Aussichtspunkt La Fenêtre (erkennbar am Funkturm) entfernt liegt. Der Blick aus 1580 m Höhe hat seinen Reiz: Tief unten liegen die Ortschaften des Cirque de Cilaos mit ihren schimmernden Dächern, darüber wacht der Piton des Neiges, der rechts im langen Bergrücken des Dimitile ausläuft.

Wanderer bevorzugen den schweißtreibenderen Aufstieg zum ›Fenster‹ auf dem Sentier de la Plaine du Bois-de-Nèfles, der 5,5 km nach der Kirche von Les Makes an einer schönen Parkanlage mit Picknickplätzen beginnt und am Westrand des Cirque de Cilaos entlangführt. Man hält sich nach dem Ende der Picknickplätze zweimal links, geht in Richtung La Tapage und folgt später dem Schild ›La Fenêtre par Piton Cabris‹. Nachdem der Piton Cabris erklommen ist, endet der nachfolgende steile Abstieg an einer Lichtung am Sommet du Bras Patate mit fantastischer Aussicht. Geradeaus stapft man auf der letzten steilen Steigung dem Aussichtspunkt La Fenêtre zu, der 45 Min. später erreicht ist. Der ein wenig verwirrende Weg zurück erfolgt entweder über die wenig reizvolle Straße D20 oder über den Sentier du contrefort de la scierie.

## Übernachten

*Farbenfrohe Bungalows –* **Case Métisse:** 70, rue Aristide Briand, auf dem Weg von Saint-Louis nach Les Makes bei Grand-Serré rechts abzweigen, Tel. 0262 37 84 20, www.casemetisse.net, Ferienwohnung 60 €/Tag, 290 €/Woche. Die Häuschen sind geräumig und für Selbstversorger ideal, WLAN, Grillplatz, TV, gepflegter Tropengarten.

*Rustikal –* **Bungalows des Makes:** 5, rue Raisins Marrons, Tel. 0692 77 28 38, www.bungalowsrun.com, Ferienwohnung 50 €/Tag, Frühstück 7 €. Vier rustikale Selbstversorgerbungalows aus Holz mit kleinem Spa und auf Wunsch sogar Massagen.

## Essen & Trinken

*Solide –* **Z'Etoile 4 Heures:** 41, rue Paul Hermann, Tel. 0262 37 82 17, Di–So mittags, Menüs ab 8 €. Ein kreolisches Restaurant mit gutem Ruf, aber nicht immer geöffnet. Reservierung empfohlen.

## Aktiv & Kreativ

*Reitausflüge –* **Centre Equestre de la Fenêtre:** 31, route de Montplaisir, Tel. 0262 37 88 74, tgl. 9–12, 14–18 Uhr. Ausritte 16 €/Std., 45 €/halber Tag, 100 €/Tag inkl. Verpflegung.

# L'Entre-Deux ▶ F 8

In Pierrefonds, auf der Höhe des Flughafens, zweigt die D26 bergwärts ab. Nach knapp 3 km gabelt sich die Straße, aber beide Wege führen nach L'Entre-Deux. Die nach links abzweigende D26 führt an der Rivière Saint-Etienne entlang, die nach rechts abzweigende D27 über die Siedlungen Bois d'Olives und Ravine-des-Cabris zur neuen gigantischen Brücke Pont sur le Bras de la Plaine. Über die Brücke ist L'Entre-Deux seit 2002 auch direkt von Le Tampon aus zu erreichen. Nach der Kreuzung hinter der Brücke stößt die D27 wieder auf die D26. In Kehren windet sich die Straße weiter bergwärts bis L'Entre-Deux. Tipp: Auf dem Hinweg nimmt man die D26, auf dem Rückweg darf man sich die fantastische Brücke nicht entgehen lassen! Es gibt einen Picknick- und Parkplatz an dem Saint-Pierre zugewandten östlichen Ende.

Hinter dem Dimitile (1837 m), einem Ausläufer des Cirque de Cilaos, entspringen die beiden Flüsse Bras de Cilaos und Bras de la Plaine, die sich weiter unten zur Rivière Saint-Etienne vereinen. Auf dem fruchtbaren Plateau zwischen den beiden Schluchten – daher der Name L'Entre-Deux – erhielten Kaffeepflanzer 1724 erste Konzessionen. Trotzdem blieb das bis 1848 nur über einen schmalen Pfad erreichbare Plateau lange unbewohnt und daher für geflüchtete Sklaven ein willkommener Rückzugsort. Die berühmt-berüchtigten Sklavenjäger notierten in einem Bericht 1743, dass sich die Sklaven unter der Führung des besonders gefährlichen *marron* Dimitil zusammengerottet hätten. Im 19. Jh. erlebte die 1500-Seelen-Gemeinde gute Jahre, doch Ende des 19. Jh. zwangen die Wirtschaftskrise und diverse Pflanzenkrankheiten die Bewohner dazu, ihre Plantagen aufzugeben. Das stellte sich als Glück heraus, denn als nach einigen Jahren wieder Bauern zuzogen, erhielt jeder eine kleine Landparzelle. Aus diesem Grund zählt L'Entre-Deux heute zu den schönsten Dörfern Réunions, da jede Familie ein kleines oder größeres kreolisches Haus erbauen konnte und die Menschen die Häuser heute noch bewohnen und instand halten (s. Entdeckungstour S. 152).

Die über 5000 Einwohner leben vorwiegend vom Landbau. Daneben hat sich das alte Handwerk erhalten. Der Tourismus spielt noch eine untergeordnete Rolle, denn das Plateau kann trotz dramatischer Bergkulisse nicht mit den echten Cirques konkurrieren. Wie in allen anderen Bergsiedlungen liegt die Arbeitslosigkeit bei 50 %.

# Wanderungen

### L'Arche naturelle ► F 8
Der Naturbogen L'Arche naturelle, ein Teilstück eines früheren langen Lavatunnels, ist lohnendes Ziel einer kurzen Wanderung für die ganze Familie. Am Rathaus und der Kirche vorbei, zweigt die Rue Hubert-Delisle in südöstlicher Richtung ab. Nach 500 m ist in einer Linkskurve ein kleiner Parkplatz (kaum erkennbar), der Startpunkt der Wanderung, erreicht. Wegen Platzmangels empfiehlt es sich, das Fahrzeug im Ort zu parken und zum Startpunkt zu laufen. Nach der Überquerung der Fußgängerbrücke über den Fluss Bras de la Plaine geht es links zum Flussbett und zum Wasserfall hinunter. Die Flussufer sind von fotogenen Basaltorgeln flankiert, deren bizarre Formen durch schlagartiges Abkühlen der Lava entstanden. Während der Regenzeit und nach schweren Niederschlägen ist der Pfad nicht begehbar.

### Dimitile ► F 7
Zum Dimitile folgt man der D26. 4,3 km hinter der Kirche liegt ein kleiner Parkplatz mit einem Kiosk, von dem man über den tief eingeschnittenen Bras de la Plaine bis weit zum Meer hinunterblickt. Nach mehreren Kilometern endet die Teerstraße und die Schotterpiste beginnt. Ab hier dürfen nur noch Geländewagen weiterfahren. Eine Besteigung des Dimitile ist in jedem Fall sehr anstrengend, da viele Höhenmeter überwunden werden müssen. Es gibt mehrere Besteigungsrouten: **Sentier de la Chapelle** (5 Std., der Klassiker), **Sentier du Zèbre** und **Sentier de la Grande Jument** (je 6–8 Std., für ambitionierte Wanderer). Beschreibungen in französischer Sprache liegen im Tourismusbüro aus.

Der Gratweg über Coteau Kervéguen in Richtung Piton des ▷ S. 155

*Auf Entdeckungstour*

## Das schönste kreolische Dorf – L'Entre-Deux

Als weiße Kleinbauern, die petits-blancs, von der Küste in die Berge zogen, entwickelten sie den kreolischen Hausstil. Sie folgten zwar stark europäischen Bauweisen, passten sie aber durch luftige Konstruktionen optimal an das tropische Klima an. Im schmucken Bergdorf L'Entre-Deux lässt sich die so entstandene typische Inselarchitektur gut nachvollziehen.

**Karte:** s. S. 154

**Startpunkt:** bei der Tourismusinformation

**Führungen:** Etienne Bénard, Tel. 0692 36 89 25 oder Anmeldung in der Tourismusinformation, ca. 2 Std., 9 €

Wichtige Elemente der kreolischen Architektur sind die einstöckige Holzbauweise, die bunten Farben, ein Vordach mit kunstvollen Schutzblenden, den *lambrequins,* eine Veranda und ein liebevoll gepflegter Garten. Schon das erste Haus des Rundgangs, die **Tourismusinformation** 1, vereint diese Elemente in sich. Danach folgt man der Rue Fortuné-Hoarau ins Dorfzentrum.

### Erste einfache Behausungen

Die Schiffsbaumeister, die ersten Architekten auf Réunion, brachten europäische Einflüsse auf die Insel. Sie konstruierten um 1720 erstmals einfache *cabanes,* Hütten aus Holz, die mit Blech verkleidet wurden *(case en bois sous tôle)* – wie in der Rue Fortuné-Hoarau das **Haus Nr. 8** 2. Die *cabanes* bestanden zunächst aus zwei Räumen und wurden, wenn die Familie wuchs, einfach nach hinten um weitere Zimmer erweitert. Traditionell befindet sich die Küche außerhalb des Hauses, da mit offenem Feuer gekocht wird.

Gleich nebenan fällt das weiß-grüne **Haus Nr. 6** 3 wegen seiner Scheinfassade *(façade-écran)* auf. Das Ornament in der Raute an der oberen Fassade gibt eine stilisierte Taro-Pflanze wieder. Anders als bei den pompösen Stadtvillen in Saint-Denis (s. S. 92) verwendeten die Baumeister auf dem Land simple geometrische Formen oder Symbole aus dem Alltag der Dörfler.

Auf der Hauptstraße geht es weiter bis zum Monument des esclaves, dem Sklaverei-Denkmal. Gegenüber dem Denkmal befindet sich eine **Kneipe** 4, die seit 200 Jahren existiert. Sie gehörte dem ersten chinesischen Händler, der sich Mitte der 1860er-Jahre hier ansiedelte. Gelegentlich kamen die geflohenen Sklaven, *die marrons,* ins Dorf, um Lebensmittel und andere Dinge zu kaufen. Die Legende erzählt,

dass die Männer üblicherweise zwei Kühe mitbrachten: Eine verkauften sie, um mit dem Erlös die Besorgungen zu erledigen, und der anderen ritten sie zurück in die sicheren Berge. Das Haus wurde sorgfältig und vor allem originalgetreu in Stand gesetzt. Kehren Sie auf eine Tasse Espresso ein!

### Typische Schmuckelemente

Am Sklaverei-Denkmal dreht man um und geht zunächst die Hauptstraße, dann die Rue Payet entlang bis zur nächsten Kreuzung. Das **Haus Ecke Rue Payet/Rue des Frères** 5 gilt als das älteste von L'Entre-Deux. Auffällig sind die Holzschindeln, die *bardeaux,* sowie die kreolische Veranda, die *varangue.* Die Holzschindeln, anfangs meist aus Tamarindenholz, dämmten, schufen in den Höhen ein angenehmes Raumklima und dämpften den Schall. Die Veranda schützte vor der gleißenden Sonne und dem prasselnden Regen – mit Blick auf den Garten und einer Brise gesegnet, ließen sich hier angenehme Stunden am Abend verbringen.

Weiter geht es über die Rue des Frères. Am **Haus Nr. 12** 6 stechen die besonders kunstvollen *lambrequins* ins Auge. Das Muster der Schutzblenden ist Früchten nachempfunden. *Lambrequins* gehören zu den auffälligsten dekorativen Elementen der kreolischen Häuser. Neben dem ästhetischen erfüllen die Bordüren aus Blech oder Holz vor allem einen praktischen Zweck. An den Vordächern angebracht, schützen sie die Fenster, Fassaden oder Veranden vor den wuchtigen Regenfällen. Über die spitz zulaufenden Formen tropft das Wasser sanft nach unten. Traditionell pflanzten die Hausbesitzer unter der Tropfkante kleinwüchsigen Bambus, der als Spritzschutz diente. Die Fassade blieb dadurch sauber. Nebenan zeigt das weiße **Holzhaus**

**Nr. 14** 7 anschaulich die Vorliebe für neoklassizistische Scheinfassaden. An der Fassade angebrachte Stützpfeiler und Pilaster ohne tragende Funktion oder Sims- und Reliefarbeiten wie hier als Dach- und Fensterabschluss stellten – wie die *lambrequins* – immer ein Zeichen für Wohlstand dar.

## Blühender Stolz der Hausfrau

Das benachbarte **Haus Nr. 16** 8 verfügt über einen imposanten Garten. Wer es sich leisten konnte, legte kleine Fischteiche an oder stellte Springbrunnen nach neoklassizistischem Vorbild auf. Doch auch weniger begüterte Familien pflegten den *kour,* den Hof und kreolischen Garten.

Ganz vorne, dicht an der Straße, pflanzte man üblicherweise dekorative Pflanzen wie Fuchsien, Hibiskus oder Bougainvilleas. Viele Gewächse hatten okkulten Charakter. So sollten dornenbesetzte Sträucher die Bewohner vor bösen Geistern schützen, Frangipani ihnen ein langes Leben bescheren und Granatapfelbäume für ausreichend Nachwuchs sorgen. An den Seiten zog man Nutzpflanzen wie Bananenstauden, Papayabäume oder Kartoffeln. Überdies finden sich bis

heute in jedem Garten Heilkräuter, z. B. gegen Magenverstimmungen, Durchfall, Fieber oder ähnliche Beschwerden.

## Leuchtend bunte Fassaden

An der nächsten Wegkreuzung hält man sich links und stößt gegenüber dem Fußballplatz auf ein **Haus mit ungewöhnlicher Farbkombination** 9: rosé und gelb. Traditionell wurden die Farben Taubenblau, Mintgrün und Sonnengelb verwendet, doch heute sind den Schattierungen keine Grenzen gesetzt. Im Grunde werden drei verschiedene Farben kombiniert: eine für das Dach, eine für die Fassade und eine dritte für die Balken und Türverkleidungen. Interessant daran ist, dass früher nur die Fassaden bunt waren, die Rückseite des Hauses war oft nicht einmal weiß getüncht.

## Beste Luftzirkulation

Schräg gegenüber in der Rue Payet steht ein besonders **edles Haus** 10 (Nr. 25). Wie für kreolische Häuser typisch hat es keine Gänge. Wegen der Luftzirkulation öffnet jede Tür direkt ins nächste Zimmer, d. h. von der Veranda gelangt man gleich in den vordersten Raum, zumeist den Salon für den Empfang der Besucher. In den kreolischen Häusern gab es eine strikte Trennung zwischen öffentlicher und privater Sphäre. Zu kleineren Häusern hatten Besucher gar keinen Zutritt, sondern man traf sich im Garten. Wohlhabendere konnten sich den Luxus eines Salons leisten, doch in das nächste und übernächste Zimmer durften auch deren Gäste nicht mehr. Die innersten Räume waren nur der Familie vorbehalten. Über die Rue Payet und Fontaine gelangt man wieder zum Startpunkt des Rundgangs, der Touristeninformation.

Neiges gehört zu den schönsten Panoramarouten Réunions, weswegen man auch unbedingt oben in einer Hütte übernachten sollte. Trittsicherheit und Schwindelfreiheit vorausgesetzt – am Sommet de l'Entre-Deux gibt es Leitern –, werden Wanderer mit tollen Aussichten belohnt.

## Übernachten

*Blick auf die Berge –* **Dimitile Hôtel:** 30, rue du Bras-Long, in Richtung Dimitile, Tel. 0262 39 20 00, www.dimitile.eu, DZ 130–205 €. Das Haupthaus aus dem Ende des 19. Jh. verleiht dem gepflegten Hotel seinen Charme, WLAN, Restaurant, Tennisplatz. Die Betreiber sprechen Deutsch und Englisch.

*Chambre d'hôtes –* **Les Durentas:** 35 bis, rue Défaud, in Richtung Ravine-des-Citrons, Tel. 0262 39 64 03, www.lesdurentas.com, DZ 42 €. Zwei schlichte Zimmer in einem Garten mit Pool in einem hübschen Teil der Siedlung, auf Wunsch Abendessen (20 €).

## Essen & Trinken

*Gehobene Küche –* **Entre-Nous:** im Dimitile Hôtel, Adresse s. Übernachten, tgl. mittags und abends, Hauptgerichte ab 21 €. Auf der Speisekarte findet sich ein guter Mix aus französischer Küche und exotischen, kreolischen Nuancen wie beim Salat ›L'Entre-Deux exotique‹ mit Linsen und Entenbrust.

*Choca-Spezialitäten –* **Le Choca:** 12, rue de l'Eglise, Tel. 0692 69 56 06, Di–So mittags, Fr, Sa abends, Hauptgerichte ab 10 €. Typisch kreolisches Restaurant mit Choca-Spezialitäten, dem inneren Teil der Agaven. Man speist im Schatten einer Palmenallee.

*In einem alten Kreolenhaus –* **Le Longanis:** 9bis, rue du Commerce, Tel. 0262 39 70 56, Do–Di 11–14, 18–20 Uhr, Hauptgerichte ab 12 €. Kreolische Spezialitäten.

*Sympathisches Bistro –* **Le Gadjak:** 1, rue Fortuné-Hoarau, gegenüber dem Rathaus, Tel. 0692 41 03 69, Mo–Sa 8.30–17 Uhr, Hauptgerichte ab 8 €. In einem der ältesten Häuser werden kreolische Gerichte serviert.

## Einkaufen

*Authentisch –* **Kunsthandwerk:** In L'Entre-Deux herrscht eine große Tradition im Kunsthandwerk. In mehr als 15 verschiedenen Ateliers werden lokale Produkte aus Sisal, Stein und Holz erzeugt. Ein Plan mit Adressen liegt im Tourismusbüro aus.

## Aktiv & Kreativ

*Jeep-Touren –* **Kreolie 4x4:** 4, impasse des Avocats, Tel. 0692 86 52 26, www.kreolie4x4.com. Anbieter von Jeep-Touren auf den Dimitile, um 92 €.

## Infos & Termine

**Office de Tourisme:** 9, rue Fortuné-Hoarau, Tel. 0262 39 69 80, www.ot-entredeux.com, Mo–Sa 8–12, 13.30–17 Uhr. Das Tourismusbüro organisiert geführte Rundgänge, z. B. Circuit Café, oder auch Kochkurse.

### Verkehr

**Bus:** Von und nach Saint-Pierre Linie L der Cars Jaunes 7 x tgl. (2 x am So). Die Linien 37, 38 und 39 fahren innerhalb des Gemeindegebiets.

### Termine

**Fête du Choca:** Juli. Agaven-Fest mit Speisen, Ausstellung, Märkten.

# Die Südküste

## Highlights !

**Cap Méchant:** Am ›bösartigen‹ Kap bieten die Naturkräfte Wind, Wasser und Feuer ein fantastisches Schauspiel. S. 185

**Le Grand Brûlé:** Das Lavaland an der Ostflanke des Piton de la Fournaise zeugt von den unbändigen Energien des Vulkans. Bei der Durchfahrt eröffnen sich die verschiedensten Perspektiven auf die faszinierenden Vulkanformationen. S. 190

## Auf Entdeckungstour

**Von den Anfängen Saint-Pierres – die Ostindien-Kompanie:** Für den Handel mit Réunion hatte sich die französische Ostindien-Kompanie umfangreiche Rechte gesichert. In Saint-Pierre errichtete die Handelsgesellschaft die ersten Lagerhäuser für den regen Warenumschlag. S. 166

Le Grand Brûlé
La case volcan
Die Ostindien-Kompanie
Les Cascades de Grand-Galet
Saint-Pierre
Grand'Anse
Cap Méchant
Saint-Joseph

*Indischer Ozean*

# Kultur & Sehenswertes

**Historisches Villenviertel von Saint-Pierre:** Nördlich der Rue des Bons-Enfants erbauten Zuckerbarone und reiche Händler ihre prachtvollen Residenzen. S. 164

# Aktiv & Kreativ

**Cascades de Grand-Galet:** Die schönsten und größten Wasserfälle der Insel muss man sich erst erobern – sie liegen am Ende einer haarsträubenden Steilpassage. S. 183

**La case volcan:** Honoré Dumont führt Wandergruppen über das noch dampfende Lavafeld von 2007 bei Tremblet. S. 190

# Genießen & Atmosphäre

**Latina Café in Saint-Pierre:** In einem der stimmungsvollsten Kaffeehäuser der Insel trinkt man unter Arkaden genüsslich einen Espresso. S. 170

**Strand von Grand'Anse:** Am Wochenende gehen die Insulaner hier ihrem liebsten Hobby nach – Picknicken, bis sich die Tische biegen. S. 172

# Abends & Nachts

**Nachtleben von Saint-Pierre:** Für Partylöwen und Nachtaktive hat Saint-Pierre viel zu bieten, z.B. heiße Rhythmen im L'Africa Queen oder gediegene Töne in The Piano Bar. S. 171

# Tosendes Meer und dampfende Lava – Küste unter dem Vulkan

Als Sud Sauvage, als ›wilder Süden‹, macht der Landstrich seiner Werbelinie alle Ehre. Die unbändigen Kräfte der Natur wirken zwischen Saint-Pierre und Le Grand Brûlé so augenscheinlich wie sonst nirgendwo auf der Insel. Aufgepeitschte Wellen, vom Wind zerzauste Palmen und Vacoa-Bäume, ungezügeltes Wuchern allerorten – alles im Süden ist wild und üppig.

Die Kräfte des Vulkans Piton de la Fournaise formten einen Großteil der Landschaft mit ihren Minikratern, Vulkankegeln und Lavaflüssen, die Wälder, Straßen und Häuser unter sich begruben. Dazwischen drängen Wasserläufe an die Oberfläche und graben auf ihrem Weg zum Meer monumentale Furchen in die Hänge. Selbst klimatisch ist der Süden besonders: Die Temperaturen sind ein wenig erträglicher, sie liegen meist geringfügig unter denen des Westens.

Ohne die kulinarischen Spezialitäten des Südens ist kein Aufenthalt komplett. Aus den kartoffelartigen Früchten des Vacoa-Baumes *(pinpin)* werden Gratins, Carris und Konfitüren hergestellt. Aus dem zarten Herz der im Süden endemischen Palmenart *palmiste rouge* gewinnt man die rare und vergleichsweise teure Delikatesse *palmistes*. Die Palmenherzen benötigen bis zu 10 Jahre zum Reifen. Aus einem Stamm aber können nur maximal zwei bis drei Portionen des Gerichts hergestellt werden. Den Süden mit allen Sinnen zu entdecken gibt einem Réunion-Aufenthalt eine besondere Note – unverschnörkelt, liebenswürdig-schrullig und authentisch.

## Infobox

**Reisekarte:** ▶ E–M 7–10
**Cityplan:** Saint-Pierre S. 162

**Anreise und Weiterkommen**
**Auto:** Sowohl vom Westen (Saint-Gilles, Saint-Leu) als auch vom Osten (Saint-Benoît) ist Saint-Pierre über gut ausgebaute Schnellstraßen zu erreichen. Vom Süden (Saint-Philippe, Saint-Joseph) gelangt man über eine in Teilstücken ausgebaute Schnellstraße nach Saint-Pierre, allerdings gilt die Osteinfahrt als neuralgischer Staupunkt.
**Bus:** Ein dichtes Liniennetz vereinfacht die Anreise mit dem Bus (Cars Jaunes). Von Saint-Denis verkehren die Linien A, B, C, von Saint-Benoît die Linie H und von Saint-Philippe die Linie I nach Saint-Pierre.

## Saint-Pierre ▶ E/F 10

Lange belächelt von der kolonialen Elite von Saint-Denis und der High Society des vormals mondänen Saint-Gilles, scheint sich Saint-Pierre nun endlich von seiner Provinzialität zu befreien. Denn die Hauptstadt des Südens hat ihren Rivalinnen im Norden in puncto Lebensqualität, Infrastruktur, Nachtleben und Flair den Rang abgelaufen, ohne an Beschaulichkeit eingebüßt zu haben. Kolonialer und kreolischer Charme paaren sich in den lebhaften Straßen des Städtchens mit gediegener Ausgeh- und Eventkultur.

Zahlreiche Festivals und der samstägliche Wochenmarkt bilden Fixpunkte in der Kulturstadt Saint-Pierre.

Vorausschauenden Gemeinderäten ist es gelungen, der Stadt regionales Gewicht zu verleihen. Sie richteten die Unterpräfektur Saint-Pierre ein. Dank des besten Krankenhauses im Indischen Ozean vor den Toren der Stadt in Terre-Rouge wird Réunion auch im Mutterland positiv wahrgenommen. Nicht zuletzt das Aérodrome von Pierrefonds festigt den Status der Stadt. Von Letzterem erhofft man sich den Ausbau zu einem ernst zu nehmenden internationalen Flughafen. Als einziger Nachteil muss das Verkehrsaufkommen genannt werden, denn weder die Verkehrsplanung noch der Straßenbau haben mit der Entwicklung von Saint-Pierre Schritt gehalten. An den Einfahrten und der Hauptdurchgangsstraße, dem Boulevard Bank (Abfahrt McDonald's), staut sich regelmäßig der Verkehr.

Im Angesicht dieser Entwicklungen sind die Zeiten vergessen, als Saint-Pierre wirtschaftlich und politisch so isoliert war, dass Lebensmittel- und Wasserengpässe auf der Tagesordnung standen. Erst der 1825 begonnene Bau des 17 km langen Kanals von Pierrefonds über Les Casernes nach Terre-Rouge bescherte der Zuckerrohrproduktion im Süden einen Aufschwung. Für eine ernst zu nehmende Konkurrenzfähigkeit mit dem Norden hätte nur mehr der Hafen gefehlt. Als man 1882 endlich den Hafen einweihte, ahnte niemand, dass er schon 1886 wieder geschlossen werden sollte. Die Konkurrenz des im selben Jahr eröffneten Hafens von Le Port (s. S. 105) war übermächtig, sodass das Becken schnell versandete und Korallen die Hafeneinfahrt überwucherten. Heute gibt es nur noch einen Jachthafen und – in der dahinter liegenden Mündung der Rivière d'Abord – den Fischerhafen von Terre-Sainte.

# Am Meer entlang

### Temple Narassinga Peroumal 1
*Avenue Luc Donat, tgl. 6–18 Uhr*
An der westlichen Ortseinfahrt im Stadtteil Ravine-Blanche warten gleich zwei prachtvolle hinduistische Tempel auf Gläubige. Seit 2010 erstrahlt der Tempel Narassinga Peroumal an der Avenue Luc Donat in neuem Glanz. Die Legende erzählt, dass hier, an der Mündung der Ravine-Blanche, in den 1860er-Jahren ein Boot voller tamilischer Vertragsarbeiter gestrandet sei. 1972 wurde der große Tempel aber erst errichtet, zuvor stand an derselben Stelle ein bescheidenes Bethaus. Unter gewissen Auflagen (keine Schuhe, kein Leder, keine Menstruation) heißen die Hindus ausländische Besucher herzlich willkommen.

### Temple Badhra Karli 2
*Allée du Puit, tgl. 6–18 Uhr*
Nur eine Straße weiter liegt der zweite tamilische Hindu-Tempel Badhra Karli in der Allée du Puit, der als einer der größten und modernsten Tamilentempel der Insel angesehen wird. Geweiht ist er der Göttin Karli, der Göttin des Todes, der Erneuerung und der Transformation. Wer Französisch spricht und eine geführte Tour buchen möchte, erhält beim Fremdenverkehrsamt Auskunft.

### Boulevard Hubert-Delisle
Am Kreisverkehr vor der Küste biegt die Avenue Luc Donat in den Boulevard Hubert-Delisle nach Osten ab. Samstags bleibt die wichtige Hauptstraße abschnittsweise für den beliebten **Wochenmarkt** 3 (s. Lieblingsort S. 160) gesperrt.

**159**

*Lieblingsort*

**So schmeckt Réunion – Wochenmarkt von Saint-Pierre** ③
Ein Stand verkauft eingekochtes Gemüse, frische Ananas, Marmeladen und Duftöle, an der Verkaufsbude mit Kräutertees aus Cilaos formiert sich eine Traube von Interessenten, ganz am Ende gackern aufgeregte Kampfhähne. Indischer oder chinesischer Ramsch wandert natürlich auch über die Ladentische, aber im Großen und Ganzen gilt der samstägliche Markt von Saint-Pierre als authentischster Bauernmarkt der Insel (bd. Hubert-Delisle, Sa 5.30–12 Uhr).

Auf halber Strecke passiert der Boulevard den **Friedhof** 4. Um das Grab des 1911 gehängten Einbrecherkönigs und Serienmörders Sitarane *(tombe de sitarane)* ist ein wahrer Kult entstanden, wie die immer frischen Grabgaben beweisen. Manche munkeln, dass heute noch bei Sonnenuntergang Rituale stattfinden. Zutiefst im Aberglauben verankerte Réunionesen bringen dem Banditen Opfergaben wie Rum, Zigaretten und rote Stofffetzen in der Hoffnung dar, sie besänftigten die bösen Kräfte oder – raffinierter noch – lenkten sie auf böse Mitmenschen (s. auch S. 83).

# Saint-Pierre

## Sehenswert

## Plage de Saint-Pierre **5**

Es gibt mehrere Buchten, eine in der Nähe des Jumbo Score am Westende des Boulevard Hubert-Delisle, eine am Petit-Boulevard de la Plage und eine in Terre-Sainte, aber die wahre, quirlige Attraktion ist der Hauptstrand von Saint-Pierre beim Hotel Alizé Plage. Hier geht es rund, auch unter der Woche. Duschen, ein Bademeister und sogar ein Zugang für Rollstuhlfahrer stehen den Badenden zur Verfügung. Die Gewässer werden durch ein Korallenriff geschützt, je nach Jahreszeit und Meeresströmungen liegen am Strand allerlei Korallenreste herum. Zu jeder Tages- und Nachtzeit ist der dahinterliegende Park bevölkert, man verbringt gerne seine Mittagspause hier und am Wochenende wird gepicknickt.

An die Wellen vor Saint-Pierre sollten sich nur erfahrene Surfer wagen, der Surfspot La Jetée liegt südlich des Hafens und des Piers. Zum Wind- und Kitesurfen trifft man sich am Strand vor der Gendarmerie am Boulevard Hubert-Delisle (schräg gegenüber vom Friedhof).

# Im Stadtzentrum

## Marché Couvert **6**

*Rue Victor le Vigoureux, tgl. 7–18 Uhr*
Auf dem Weg vom Meer ins Stadtzentrum lohnt ein Abstecher zum Marché Couvert, der überdachten Markthalle. Täglich frisches Gemüse, Früchte und Fische, Souvenirs aus Madagaskar oder Indien sowie andere importierte Waren liegen und hängen zum Verkauf aus. Vereinzelt werden auch echte réunionesische Produkte feilgeboten, z. B. Vacoa-Flechtwaren oder Gewürze. Architektonisch ist die Eisenkonstruktion mit dem Grand Marché in Saint-Denis (s. S. 95) verwandt.

## Pagode Guan Di **7**

*46, rue Marius et Ary Leblond*

# Die Südküste

*Unser Tipp*

**Ausflug zum Rummuseum – La Saga du Rhum** [20]
Die älteste Destillerie der Insel wurde von der Familie Isautier 1845 gegründet und ist bis heute in Betrieb. Beim Rundgang erhält man Informationen über die Rumherstellung, eine alte Zuckerpresse aus dem Jahr 1940 wird gezeigt. In dem kleinen Andenkenladen können Rum und andere Spezialitäten gekauft werden. In den Erntemonaten August bis November herrscht am Gelände großer Trubel, wenn unzählige Traktoren und Lkw Zuckerrohr anliefern (chemin Frédeline, außerhalb der Stadt auf dem Weg nach Bois-d'Olives, Tel. 0262 35 81 90, www.sagadurhum.fr, tgl. 10–18, Fr 10–19 Uhr, 7 €, Führungen mit Rumverkostung um 10.15, 11.30, 14.30, 16 Uhr).

Hinter rot-gelben Mauern versteckt sich die 1920 erbaute Pagode Guan Di. Sie ist dem Schutzpatron der Soldaten, der Literatur und des Handels, General Guan Di (mit bürgerlichem Namen Guan Yu) geweiht, der in China einen ähnlich glorifizierten Status wie Konfuzius genießt.

## Mosquée Attâyab-Ul-Massâdid [8]
*Rue des Bons-Enfants, Sa–Do 9–12, 14–16 Uhr*
Vor der Pagode verläuft die Rue François de Mahy Richtung Meer. Kurz vor dem Zusammentreffen mit der Rue des Bons-Enfants taucht rechter Hand die Moschee Attâyab-Ul-Massâdid (dt. die schönste Moschee) auf. Nachdem 1905 die Moschee von Saint-Denis eröffnet worden war, blieben die muslimischen

Brüder von Saint-Pierre nicht lange untätig, kauften Grund mitten in der Stadt und vollendeten 1913 das Gebetshaus. In der heutigen Form existiert die Moschee mit dem 42 m hohen Minarett erst seit 1975. Die Moschee steht angemessen gekleideten nichtmuslimischen Besuchern offen, im Zweifelsfall sollte man aber nachfragen. Nicht vergessen: Schuhe ausziehen! Die Skulpturendekoration der Innenräume wurde von komorischen und afrikanischen Künstlern geschaffen und ist sehenswert.

## Historisches Villenviertel
Von der Einkaufsstraße Rue des Bons-Enfants nach Norden erstreckt sich das historische Villenviertel. Der Großteil der Häuser wurde Anfang des 19. Jh. erbaut, nachdem sich der Inselsüden nach dem Bankrott der Ostindien-Kompanie 1767 wirtschaftlich erholt hatte. Entlang der Rue Auguste Babet befinden sich zahlreiche alte Herrenhäuser, z. B. die **Maison Canonville** [9] (Nr. 17), das Haus (Nr. 52), in dem heute das Büro des Maklers Isautier Immobilier logiert, oder die weiße Villa mit der typischen Fassade und dem Wellblechdach mit der Hausnummer 58.

Die Rue Marius et Ary Leblond, die zwei der wichtigsten réunionesischen Schriftsteller des 19. und 20. Jh. ehrt, zweigt Richtung Westen ab. Sie war einst die wichtigste Durchgangsstraße, wo das Leben pulsierte. Pferdefuhrwerke trabten hindurch, durstige Reisende labten sich in den Gastschenken und das bunte Treiben ersetzte den Anrainern die Tageszeitung.

In der ehemaligen Hauptstraße ist ein Gebäude prächtiger als das andere. In der **Maison Vasseur** [10] (Nr. 9) residierte hinter einem fast blickdichten grünen Eisenzaun der Unterpräfekt von Saint-Pierre. Gegenüber, zwischen den schicken Häusern von Nr. 6 bis 14, ist das Restaurant **Utopia** `2` in einer alten Villa untergebracht (s. S. 169). Ein idealer Zwischenstopp, um koloniales Flair zu spüren! Weiter vorne liegt die prachtvolle **Maison Motais de Narbonne** `11` (Nr. 18), in der die Unterpräfektur ihren Sitz hat. Die Hauptfassade gliedert eine zweistöckige Veranda mit Scheinsäulen.

Zu den ältesten steinernen Wohngebäuden der Insel zählt die **Maison Adam de Villiers** `12` (Nr. 21) an der nächsten Kreuzung links. Um 1760 wurde der Grundstein gelegt. In der heutigen Rue Barquissau Nr. 54 befand sich früher die Küche, daneben, hinter dem rostig-weißen, schmiedeeisernen Tor, lagen die Stallungen.

In diesem Teil der Stadt finden sich noch weitere kreolische Herrenhäuser. Im Tourismusbüro liegt eine Stadtkarte aus, in der die historisch relevanten Bauten verzeichnet sind.

### Südlich der Rue des Bons-Enfants

Von der Rue des Bons-Enfants Richtung Meer erstreckte sich das Viertel mit den Kontoren und Lagerhallen der Ostindien-Kompanie. Drei sehenswerte ehemalige Wirtschaftsgebäude sind heute noch erhalten (s. Entdeckungstour S. 166).

# Terre-Sainte

Während rundum eine moderne Stadt heranwuchs, hat sich der Stadtteil Terre-Sainte, in dem heute noch hauptsächlich Fischer leben, nur wenig verändert: Wellblechhäuser, enge Straßen mit morbidem Charme, vorn am Ufer bunte Fischerboote. Nach ein paar Schritten am Ufer entlang in östlicher Richtung folgt eine idyllische Bucht, die gerne von Einheimischen und Touristen zum Sonnenbaden und Schwimmen genutzt wird.

# Ausflüge von Saint-Pierre

### Sucrerie de Pierrefonds `17`

Wenige Kilometer vor Saint-Pierre zweigt die D26 in Richtung Entre-Deux ab. Wer hier am ersten Kreisverkehr die Abfahrt zur ›Balance de Pierrefonds‹ nimmt, gelangt zu den Ruinen der Zuckerfabrik Pierrefonds. Schon 1830–1851 stand an dieser Stelle eine erste Zuckerfabrik, die wegen der Trockenheit des Gebiets ›La Savanne‹ hieß. Ein Rechtsanwalt kaufte 1851 das ineffiziente Werk und baute es ab 1860 zu einer gewinnträchtigen Fabrik aus, die in ihren besten Jahren knapp 480 Vertragsarbeiter beschäftigte. Erst 1970 schloss man die Fabrik, die Zuckerrohrbauern der Region liefern seitdem die Ernte nach Gol bei Saint-Louis. Auf eigene Verantwortung kann man durchs Gelände spazieren; das Kulturamt der Stadt Saint-Pierre führt in unregelmäßigen Abständen Führungen durch (Anfragen beim Office de Tourisme). Direkt am Vorplatz befindet sich das ehemalige Rumlager (Dépôt de Rhum, heute ein Theater), das an den mit Basaltsteinen eingefassten Rundbögen zu erkennen ist.

### Parc Exotica `18`

*Di–So 9–12, 13.30–17 Uhr, Tel. 0262 35 65 45, 6 €*

400 m weiter auf der D26 folgt links die Einfahrt zum Hotel Le Domaine des Pierres, wo sich auch der Zugang zum Parc Exotica, einem 2 ha großen botanischen Garten mit über 5000 verschiedenen Gewächsen, befindet. Exotische Pflanzen, darunter Orchideen, endemische Palmen aus der Region des Indischen Ozeans, über 800 Kakteen und Sukkulenten sowie ein kleines mineralogisches Museum können bewundert werden.

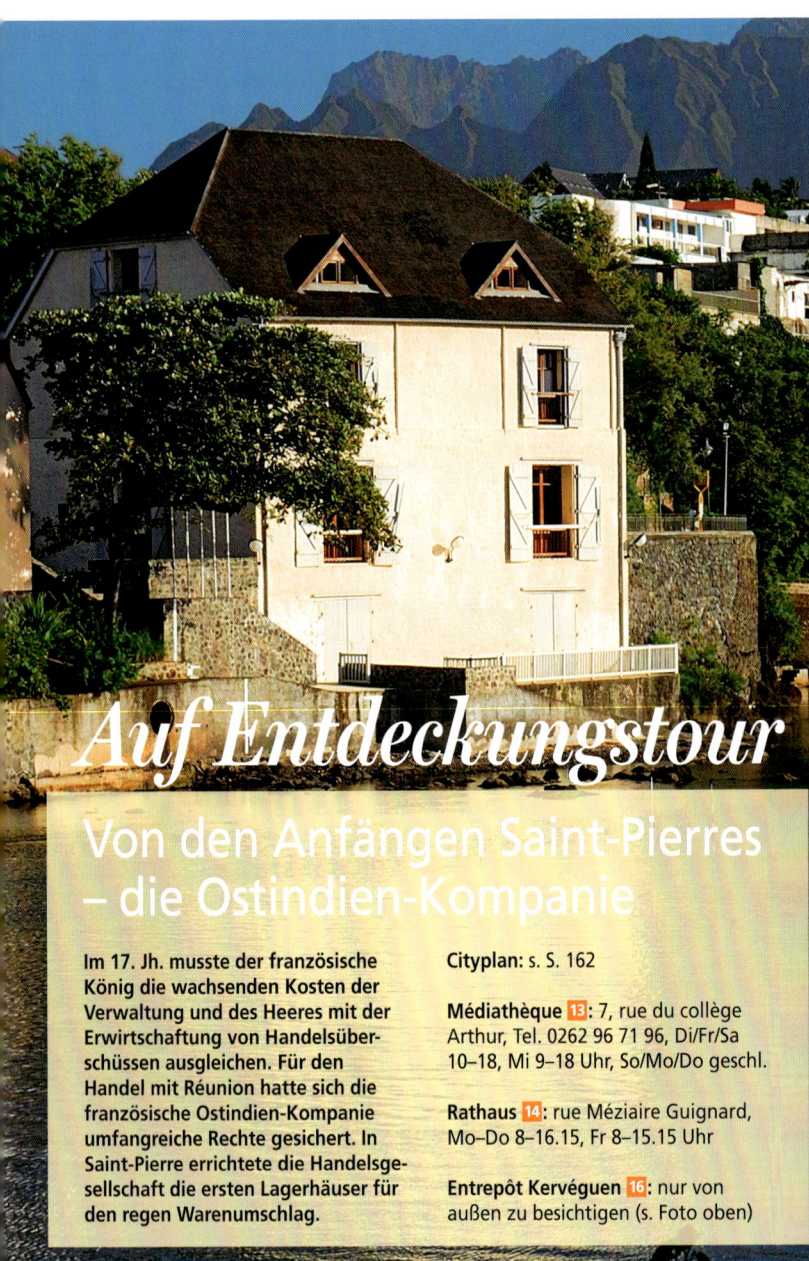

# *Auf Entdeckungstour*

## Von den Anfängen Saint-Pierres – die Ostindien-Kompanie

Im 17. Jh. musste der französische König die wachsenden Kosten der Verwaltung und des Heeres mit der Erwirtschaftung von Handelsüberschüssen ausgleichen. Für den Handel mit Réunion hatte sich die französische Ostindien-Kompanie umfangreiche Rechte gesichert. In Saint-Pierre errichtete die Handelsgesellschaft die ersten Lagerhäuser für den regen Warenumschlag.

**Cityplan:** s. S. 162

**Médiathèque** 13: 7, rue du collège Arthur, Tel. 0262 96 71 96, Di/Fr/Sa 10–18, Mi 9–18 Uhr, So/Mo/Do geschl.

**Rathaus** 14: rue Méziaire Guignard, Mo–Do 8–16.15, Fr 8–15.15 Uhr

**Entrepôt Kervéguen** 16: nur von außen zu besichtigen (s. Foto oben)

Ab 1717 begann die französische Ost-indien-Kompanie (1664–1769), den Kaffeeanbau auf Réunion zu forcieren. Das Modegetränk in den Pariser Salons versprach der Handelsgesellschaft satte Gewinne. Ab 1785 löste Zuckerrohr den Kaffee ab. Die von den Pflanzern erzeugten landwirtschaftlichen Produkte mussten vor der Einschiffung gelagert werden.

## Vom Lagerhaus zum Amtssitz

Startpunkt des Rundgangs ist die **Médiathèque Raphaël-Barquissau** 13, die Stadtbücherei von Saint-Pierre. 1773 fertiggestellt war das Gebäude die zweite Lagerhalle der Ostindien-Kompanie auf Réunion. Immerhin liefen die Segelschiffe nur alle paar Monate aus, mehr als drei Monate waren sie von der Île Bourbon nach Frankreich unterwegs. Sie nahmen die Erzeugnisse der Kolonie in ihren Schiffsrümpfen mit und kamen mit lebensnotwendigen Waren für die Siedler zurück.

Obwohl im Laufe der Zeit zahlreiche Um- und Anbauten gemacht wurden, ist das ursprüngliche zweistöckige Lagerhaus am simplen Satteldach und den je sieben halbrunden Fenstern in den oberen Etagen gut zu erkennen. Die Fenster wurden erst in der ersten Hälfte des 19. Jh. eingebaut, als die Kompanie das Steinhaus als Regierungssitz *(vieux gouverneur)* nutzte. Der zweigeteilte Gebäudekomplex verfügt über zwei Zugänge, der Zugang über die Rue Victor le Vigoureux ist leichter zu finden als der über die Rue des Bons-Enfants.

Auf der Rue des Bons-Enfants geht es weiter Richtung Flussbett, das sich nur bei starken Regenfällen mit Wasser füllt. Kurz bevor man das Ufer erreicht, liegt ein weiteres Gebäude der Ostindien-Kompanie an einem grünen Platz mit Brunnen: das heutige weiß-gelbe **Rathaus** 14 mit seinen halbrunden Fenstern und grünen Fensterläden. An gleicher Stelle hatte man 1736 mit dem Bau eines ersten Lagerhauses aus Holz begonnen, da es unweit der Docks lag. Zwischen 1767 und 1777 folgte ein Lagerhaus aus Stein. Nach weiteren Umbauten nutzte man das einst größte Haus des Südens ab 1825 als Rathaus.

## Landgang der Stadtgründer

Vom Rathaus sind es nur wenige Schritte zu der historischen Anlegestelle **La Rivière d'Abord** 15, an der die ersten Siedler von Saint-Pierre in den 1720er-Jahren an Land gingen. An das bedeutsame Ereignis erinnert heute nur noch der Name – ›der Fluss zum an Land gehen‹ –, weitere Hinweise sind nicht mehr zu sehen. Die Autostraße führt hier im Bogen um die Flussmündung. In der Hochzeit der Ostindien-Kompanie lagen vor Saint-Pierre stets Segelschiffe vor Anker, Schaluppen fuhren zwischen der Anlegestelle und den Schiffen hin und her, und am Ufer ging es beim Be- und Entladen hoch her. Schon von Weitem waren die geblähten Segel der Dreimaster zu sehen, wenn sie Kurs auf Saint-Pierre nahmen. Sie brachten Waren, Kurzweil und neue Gesichter in die Stadt.

## Entladefläche auf Flussniveau

Ganz in der Nähe der Rivière d'Abord ist ein weiteres Kaffeelager, Verwaltungs- und Wohnhaus der Handelsgesellschaft erhalten, das **Entrepôt Kervéguen** 16 (s. Foto links). Auf seiner untersten Ebene öffneten sich die Türen direkt zum Fluss, was das Ausladen der Waren aus den Schaluppen enorm erleichterte. Mitte des 19. Jh. erwarb die Großgrundbesitzerfamilie Kervéguen das Haus, die den Aufschwung im Süden nachhaltig prägte.

### Höhenstraße D3 **19**

Von Saint-Pierre bietet sich eine Rundfahrt durch die Berge an. Man nimmt die N3 in nordöstlicher Richtung und wechselt in Le Tampon auf die D3 in Richtung Mont-Vert. Typisch kreolische Häuser, markante Schluchten, Zuckerrohrfelder und andere bewirtschaftete Flächen, dichte Wälder und herrliche Panoramen aufs Meer wechseln sich im Minutentakt mit abenteuerlichen Kehren ab. In Montvert biegt man auf die D72 ab, die in die D29 nach Grand-Bois übergeht (s. auch Unser Tipp S. 169). Hinter Grands-Bois erreicht man wieder die Küste, nur wenige Kilometer von Saint-Pierre entfernt.

## Übernachten

*Geheimtipp für Ästheten* – **La Villa Belle** **1**: 45, rue Rodier, Tel. 0692 07 40 80, http://villabelle.e-monsite.com, DZ ab 180 €, Frühstück ab 20 € pro Pers. Zugegeben, ein Schnäppchen ist die Villa Belle nicht, dafür aber ein Erlebnis für alle Sinne. Aus dem Herrenhaus des 19. Jh. haben die beiden herzlichen Gastgeber, ein Opernsänger und ein Hotelier, ein Schmuckkästchen mit vier Suiten gezaubert, gayfriendly.

*Elegant und weitläufig* – **Le Domaine des Pierres** **2**: 60, CD 26 Route de l'Entre-Deux, Tel. 0262 55 43 85, www.domainedespierres.com, DZ ab 141,90 €, Frühstück 12 € pro Pers. Das 2009 renovierte Hotel verfügt über 41 große Suiten im herrschaftlichen Anwesen mit großem Pool.

*Die Römer lassen grüßen!* – **Villa Morgane** **3**: 334, rue Amiral-Lacaze, Terre-Sainte, Tel. 0262 25 82 77, www.villamorgane.re, DZ ab 110 €. Das italienische pompöse Design der acht Zimmer mit üppigen Fresken an der Wand,

**Koloniales Flair verbreitet der Platz mit Brunnen vor dem Rathaus von Saint-Pierre**

schweren Vorhängen und Einlegearbeiten im Boden erinnert an italienische Palazzi. Gepflegter Garten, WLAN, Pool, Jacuzzi und Wellness-Einrichtung.

*Neu, modern, schick –* **L'Oasis de Terre-Rouge** 4: 4, chemin Mézino, Terre-Rouge, Tel. 0692 31 28 80, www.oasis deterrerouge.com, Ferienwohnung ab 95 €. Die im mediterranen Stil dekorierten Appartements und Villas in Ruhelage sind mit Flatscreen, WLAN, AC und moderner Küche top ausgestattet.

*Direkt am Strand –* **Alizé Plage** 5: 17 bis, bd. Hubert-Delisle, Tel. 0262 35 22 21, www.alizeplage.fr, DZ 95 €, Frühstück 8 € pro Pers. Obwohl die sieben Zimmer (vier davon mit Meerblick) komfortabel und einladend sind, zahlt man die überzogenen Preise vor allem wegen der Lage am Meer. Das (ebenso teure) Restaurant ist für seine gute Küche bekannt (Hauptgerichte ab 30 €).

*Einfach, aber gut –* **Cap Sud** 6: 6, rue Caumont, Tel. 0262 25 75 64, www.ho tel-capsud-reunion.com, DZ 45 €, Frühstück 6 € pro Pers. Der freundliche Empfang und die zentrale Lage machen die 16 etwas lieblos gestalteten Zimmer (AC, WLAN) wieder wett.

*Familienfreundlich –* **Les Lambrequins** 7: in Ravine-des-Cabris, 95, chemin Diagonale, Ausfahrt Basse-Terre/Les Casernes auf der N3, Tel. 0262 49 74 83, www.gite-reunion.fr, Ferienwohnung ab 302 €/Woche. Sechs komfortable, kreolische Häuschen in verschiedenen Größen. Pool, Kinderspielplatz und sogar ein Tennisplatz.

*Viel Atmosphäre –* **Chez Papa Daya** 8: 27, rue du Four-à-Chaux, Tel. 0262 25 64 87, www.chezpapadaya.com, DZ mit Gemeinschaftsbad 30 €, mit Privat-Dusche 35 €. Einfache Herberge mit kreolischem Herz, das von Papa Daya, einem gastfreundlichen Inder, betrieben wird. Gemeinschaftsküche, AC, WLAN. Gute Stadtlage.

*Unser Tipp*

### Aussicht bis zum Meer – La Cour Mont Vert

An klaren Tagen reicht der Ausblick der Fremdenpension La Cour Mont Vert vom Meer bis zum Piton des Neiges. Im gepflegten Tropengarten stehen über 300 Mangobäume. Die vier hübschen, mintgrünen Holzbungalows mit knallgelben Fensterläden und gemütlichen Veranden laden zum Hierbleiben ein (8ter, chemin Roland Garros, Abzweigung von der N2 nach Mont-Vert-les-Bas, direkt an der D29 etwa 800 m nach der Kreuzung mit der D72, Tel. 0262 31 21 10, www.courmontvert.com, DZ 60 € ab 2 Nächten, Abendessen 27 €).

## Essen & Trinken

*Exklusiv –* **Le Saint-Hilaire** 1: 1, rue Ibrahim Vally, Tel. 0692 68 86 03, Mo–Sa 12–14, 19.30–23 Uhr, Hauptgerichte 45–50 €. Alles an diesem Restaurant ist geschmackvoll: das Interieur, die Speisen, der Garten, ja sogar die Tischdekoration sowie die Dekoration der Gerichte.

*Kolonialflair –* **Utopia** 2: 8, rue Marius et Ary Leblond, Tel. 0262 35 15 83, Hauptgerichte ab 20 €. Man speist in den Räumen einer eigenwillig restaurierten Kolonialvilla. Interessante französische Küche aus regionalen Produkten, preislich ein wenig übertrieben.

*Gutes Bier –* **Les 3 Brasseurs** 3: 2, chemin de la Zone Industrielle No 2, Tel. 0262 96 30 60, http://les3brasseurs.re, tgl. 11.30–0.30 Uhr, Hauptgerichte ab 15 €. In der Mikrobrauerei kredenzt man vor allem deftige Fleischspeisen, die wunderbar zu den sechs Biersorten passen. Di–So abends Unterhaltung, z. B. Chanson-, Salsaabende, Karaoke. *Kreolische Spezialitäten* – **La Détente** **4**: 4, rue François-Isautier, Tel. 0262 25 66 77, tgl. mittags und abends bis 22 Uhr, Hauptgerichte ab 10 €. Nur einen Katzensprung entfernt vom Busbahnhof kann man gut kreolisch speisen. Einfaches Gasthaus, das wegen des akzeptablen Preis-Leistungs-Verhältnisses auch bei Einheimischen beliebt ist. *Fisch & Meeresfrüchte* – **Le Marin Bleu** **5**: 45, rue Amiral-Lacaze, Terre-Sainte, Tel. 0262 35 61 65, Mo–Sa mittags und abends, Hauptgerichte ab 15 €. Im authentischen Kreolenviertel liegt wohl das beste Fischrestaurant des Südens mit Blick auf den Fischerhafen. *Indisches Buffet* – **Lor Tandoor** **6**: 9, rue du Four-à-Chaux, Tel. 0262 01 24 24, Di–Sa 11.30–14.30, 18–22.30, So 11.30–14.30 Uhr, Gerichte ab 9,50 €. Liegt unweit des Rathauses, gleich gegenüber vom Hôtel de Police am Anfang der Rue du Port, schnelles, gutes Essen zu attraktiven Preisen. Tipp: Mitnehmen und im Park vor dem Rathaus im Schatten genießen. *Voller Atmosphäre* – **Latina Café** **7**: 17, bd. Hubert-Delisle, Tel. 0692 63 72 10, tgl. 7–24 Uhr, kleine Gerichte ab 8 €. Dieser beliebte Treffpunkt im alten Bahnhof kommt der Vorstellung eines französischen Kaffeehauses noch am nächsten. Am Wochenende finden ab 18 Uhr Konzerte statt; unter der Woche (momentan am Do) werden Salsaabende organisiert (s. auch L'Africa Queen S. 171). *Gut chinesisch essen* – **Les Bons Enfants** **8**: 124, rue des Bons-Enfants, Tel. 0262 25 08 27, Mo–Sa mittags und abends, Mittagsmenüs ab 7 €. Einfaches Gasthaus im Zentrum mit ausgezeichnetem Preis-Leistungs-Verhältnis, solide Speisenqualität, aber nur wenig Flair. *Suppen, Salate und Fruchtsäfte* – **Kaz Vitamines** **9**: 6, rue François de Mahy,

Tel. 0692 85 24 40, Di–Sa 10–17 Uhr, Gerichte ab 4,50 €. Allein die klangvollen Namen lassen das Wasser im Mund zusammenrinnen – Nirvana Wild (Sojamilch mit Melonensaft, Kardamom und Mandeln) oder *Le diab'l marie sa fille* (der Teufel heiratet seine Tochter) bestehend aus Ananas, Birnen, Bananen, Papaya und Orange.

# Einkaufen

*Kunsthandwerk* – **Les Comptoirs du Sud** **1**: bd. Hubert-Delisle, unterschiedliche Öffnungszeiten. Höherpreisige Produkte réunionesischer Künstler und Handwerker: Möbel, Lampen, Keramik, Bilder.
*Echte Réunionesen* – **Charly Lesquelin** **2**: in Les Comptoirs du Sud, Adresse s. o., Tel. 0692 60 16 55. Charly Lesquelin ist ein wahres réunionesisches Original und einer der wenigen international ernst genommenen Maler der Insel. Farbintensive Kunstwerke, die den leuchtenden Farben der Insel und den starken kulturellen Kontrasten gerecht werden.
*Regionales* – **Märkte:** Samstagsmarkt s. S. 161, Markthalle s. S. 163.

# Aktiv & Kreativ

*Tauchen* – **Plongée Océan Indien** **1**: Port de Saint-Pierre, Tel. 0692 69 41 57, http://plongeeoceanindien.com. Ausflüge zu 20 Tauchspots werden angeboten, allerdings ist der Süden nicht für Anfänger geeignet.
*Hochseefischen* – **Pêche Sud Evasion** **2**: Port de Saint-Pierre, Tel. 0692 70 05 18, www.pechesudevasion.fr. Halber Tag ab 90 € pro Pers.
*Helikopter-Rundflug* – **Corail Hélicoptères** **3**: Aérodrome de Pierrefonds, Tel. 0262 22 22 66, www.corail-heli

copteres.com. Es werden zahlreiche Flüge angeboten, bei denen z. B. alle drei Cirques (220 €, 35 Min.), der Piton de la Fournaise (160 €, 25 Min.) oder alle Highlights überflogen werden (Cirques, Trou de Fer, Vulkan, Lagune um 240 € für 45 Min.).

## Abends & Nachts

Das manchmal laute Nachtleben spielt sich bis ca. 2 Uhr morgens am Boulevard Hubert-Delisle ab. Die großen Diskotheken befinden sich jedoch außerhalb der Stadt, das Acapulco in Terre-Rouge oder das Le Chapiteau in Montvert-les-Bas (jeweils 10 € Eintritt). *Im Stadtzentrum –* **L'Africa Queen** 1 : 17, bd. Hubert-Delisle, Fr–Sa 23–5 Uhr, 10 €. An Wochenenden verwandelt sich das Latina Café im alten Bahnhof zum angesagtesten Club in Saint-Pierre. Gespielt werden aktuelle Discofetzer, Electro und Soul, aber auch Hits aus den 1980er-Jahren. Gemischtes, jüngeres Publikum.
*Urige Bar –* **Kabarhum** 2 : bd. Hubert-Delisle, Tel. 0262 35 39 94, www.kabarhum.com, Di–Sa 17–2 Uhr. Das Sortiment an Rumgetränken gehört zu den besten der Stadt. Sympathisches Ambiente, immer gut besucht.
*Restaurantbar –* **Little Italy** 3 : 7, rue du Four-à-Chaux, Tel. 0262 70 00 92, Mo–Fr 7–13, 19–24, Sa ab 19 Uhr. Angenehmes Lokal, um den Tag ausklingen zu lassen oder mittags/abends einen Happen zu essen, Fr ab 19 Uhr Livemusik (Soul, Jazz, Funk), italienische Küche. Tipp: bei heißen Temperaturen Salate als Mittagssnack!
*Soul & Jazz –* **The Piano Bar** 4 : 6, rue des Bons-Enfants, Tel. 0692 87 82 12, Di–So abends. Gesetzteres musikbegeistertes Publikum findet sich in der Pianobar ein, um Cocktails, die Kunstobjekte und die Livemusik zu genie-

ßen, die schon mal in improvisierten Sessions (rund um das Klavier) entsteht.
*Chillen am Meer –* **Long Board Café** 5 : 18, Petit-Boulevard de la Plage, Tel. 0692 82 09 95, Di–So 19–1 Uhr. Gemütliche Bar in einem alten Kreolenhaus direkt am Meer. Abends finden fast täglich Konzerte, DJ-Sessions oder Karaokeabende statt. WLAN.

## Infos & Termine

**Office de Tourisme:** 26, rue Amiral-Lacaze, http://sud.reunion.fr, Tel. 0892 70 22 01 (kostenpflichtig), Mo–Sa 9–12, 13–16.45 Uhr.

### Verkehr

**Flugzeug:** Aérodrome de Pierrefonds, 6 km nordwestlich von Saint-Pierre, direkt an der N1, Tel. 0262 96 77 66 (Flugauskunft), 0262 96 80 00 (Vermittlung), www.pierrefonds.aeroport. fr. Der Flughafen Pierrefonds wickelt hauptsächlich Flüge nach Mauritius, Madagaskar und via Saint-Denis auch einige Flüge ins Mutterland ab. Vom Flughafen in die Stadt verkehrt ein Shuttlebus *(navette),* der am Marché couvert und am Busbahnhof hält (5 €).
**Auto:** Auf den ersten Blick wirkt Saint-Pierre wegen der vielen Einbahnstraßen ein wenig unübersichtlich, aber bald hat man sich an das System gewöhnt – eine Straße führt in die eine, die nächste genau in die entgegengesetzte Richtung. Zahlreiche Gratis-Parkplätze existieren, z. B. direkt an der Ecke Rue François-Isautier/Boulevard Hubert-Delisle (beim großen Groupama-Schild) oder an der Rivière d'Abord. Ansonsten zahlt man Parkgebühren während der Geschäftszeiten.
**Mietwagen:** Avis, Budget, ADA oder Europcar haben in Saint-Pierre ebenso Niederlassungen wie lokale Anbieter.

Wein Location: 49, rue Victor le Vigou-reux, Tel. 0262 25 22 52, www.weinlo cation.com. Gute Fahrzeuge, attrak-tive Preise, allerdings werden öfter Re-servierungen verschlampt. Eignet sich aber gut für Spätentschlossene.

**Bus:** Der Busbahnhof liegt im westli-chen Teil der Stadt, unweit des McDo-nald's-M. Saint-Pierre ist Endstation der meisten Linien, man muss umstei-gen. Vom Busbahnhof starten alle Busse in die höher gelegenen Dörfer (Les Hauts).

### Termine

**Sakifo:** August, www.sakifo.com, Ti-cketvorverkauf www.tikepei.com, Ta-geseintritt ab 25 €, 4-Tages-Pass 88 €. Das wichtigste Musikfestival der Insel, seit 2004 verwandelt sich Saint-Pierre jedes Jahr im August in einen Klang-teppich der Extra-Klasse. Das mehrere Tage dauernde Musikfestival mit vier Bühnen präsentiert Künstler aus prak-tisch allen Kontinenten, die Weltmusik von Reggae und Maloya über Hip-Hop und Jazz bis hin zu Electro und Chan-son darbieten (s. auch S. 78).

# Grand'Anse ▶ G 10

In den Süden gelangt man am schnells-ten über die N2, die in Saint-Pierre am Boulevard Bank beginnt. Entlang der Hauptverbindungsroute liegen alle be-deutenden Highlights. Das Postkarten-motiv des Südens schlechthin liegt ganz nah an der Hauptverbindungs-route N2. Geschützt durch zwei Kaps, das Cap du Piton Grand'Anse an der linken Seite und das Cap de l'Abri an der rechten Seite, konnte sich im Laufe der letzten 100 000 Jahre weißer Ko-rallensand anlagern. Den beliebtesten Strand des Südens muss man sich nur an den Wochenenden oder in den Schulferien mit Scharen von pickni-

ckenden Einheimischen teilen, die im Schatten der pittoresken Kokospalmen und Vacoa-Bäume ihren Lieblingsbe-schäftigungen frönen: Picknicken, Es-sen, Feiern, Musizieren. Unversehens findet man sich dann in einer Feier-lichkeit wieder. Wer zu Weihnachten oder Neujahr auf Réunion weilt, sollte sich das Spektakel in der Bucht von Grand'Anse nicht entgehen lassen. Ausschließlich im Felsenbecken darf gebadet werden, das tosende offene Meer mit den vielen Strömungen und den spitzen Korallen eignet sich nicht zum Schwimmen. Die Beine vertreten kann man sich am Piton de Grand'Anse (s. Lieblingsort S. 174).

## Übernachten

*Luxushotel ohne Anschrift –* **Palm Ho-tel & Spa:** Tel. 0262 56 30 30, www. palm.re, DZ ab 210 €. Das erste und einzige Luxushotel des Südens mit 65 Zimmern thront malerisch über der Bucht von Grand'Anse. Pool, Spa, Fit-nesscenter, WLAN, zwei Restaurants, Bar und Lounge. Es gibt deutsch- und englischsprachiges Personal.

*Familiär –* **Lé Gaillard:** 26, chemin Neuf, unweit der Kreuzung von D30 und D73, Tel. 0262 56 77 68, www.le-gail lard.net, DZ 65 €. Es ist immer wieder unglaublich, was sich auf engsten Raum unterbringen lässt: Pool mit Blick aufs Meer, Sonnenterrasse, Sauna, Hamam, Jacuzzi und sogar eine kleine Lounge. Zwei farbenfrohe Zim-mer im Erdgeschoss, eine große Feri-enwohnung im Obergeschoss.

## Essen & Trinken

*Essen mit Meerblick –* **Les Badamiers:** 22, chemin Neuf, unweit der Abzwei-gung nach Grand'Anse, Tel. 0262 56 97

53, Mo–Sa 11.30–14.30, 18.30–22 Uhr, Hauptgerichte ab 9 €. Herrliche Aussicht bei deftiger, guter kreolischer Küche ist selbst für réunionesische Verhältnisse selten. Der gesellige Monsieur Malet steht in der Küche. Auf eine Speisekarte wird verzichtet, stattdessen erfährt man die jeweiligen Tagesmenüs und Gerichte direkt von Madame Malet.

*Köstlich kreolisch –* **Le Vacoa:** 25, route de Grand'Anse, auf dem Weg zur Bucht linker Hand, Tel. 0262 56 95 17, tgl. 10–14.30, Mo–Sa 18.30–21 Uhr, Hauptgerichte ab 10 €. Traditionsreiches Lokal, das in Bezug auf die original réunionesische Küche einen tadellosen Ruf genießt. Den tollen Blick aufs Meer und die Bucht von Grand'Anse lässt man sich angemessen bezahlen.

## Infos

**Office de Tourisme:** 60, chemin de Grand'Anse, am südlichen Ende des Parkplatzes, Tel. 0262 28 99 17, www.sudsauvage.com, Mo, Mi, Fr 9–12, 13–17 Uhr.

### Verkehr

**Auto:** Der schnellste Zugang zur Bucht von Grand'Anse befindet sich direkt beim Palm Hotel & Spa, unterhalb dessen die D30 abzweigt. Die zweite Zufahrt (auf die D30) beginnt vor der Ravine Manapany östlich von Petite-Île.
**Bus:** Es gibt keine Busverbindungen, außerhalb an der N2 (Linie I) ist auszusteigen.

# Petite-Île ▶ G 10

Auf der Route Nationale 2 weiter, nur 1,8 km hinter dem Palm Hotel & Spa, liegt Petite-Île. Ihren Namen erhielt die Gegend von der vorgelagerten kleinen

*Unser Tipp*

### Kreolische Villa für Individualisten – Vèrémer

Drei stilvoll dekorierte Zimmer, eine Ferienwohnung und einen Pool mit Blick aufs Meer bietet die Villa Vèrémer an einer der Verbindungsstraßen zwischen N2 und dem Chemin Neuf (D30) zwischen Grand'Anse und Petite-Île. Alain und Rajack sind herzliche Gastgeber, die mit großem Wissen über Ausflüge und Sehenswürdigkeiten aufwarten. Der ganze Stolz von Alain, der fließend Englisch spricht, ist sein Garten (40, chemin Sylvain Vitry, Tel. 0262 31 65 10, www.chambre-gite-veremer.com, DZ 50–60 €, Ferienwohnung 320 €/Woche, gayfriendly).

unbewohnten Felseninsel, die zahlreichen Vögeln als Heimstätte dient. Heute finden sich an den steilen Hängen der Ortschaft viele Plantagen und Felder. Die Menschen in Petite-Île leben hauptsächlich vom Anbau von Obst und Gemüse, wie z. B. von Zitrusfrüchten, Paprika, Tomaten, Kräutern oder Zucchini.

Petite-Île besteht aus zwei Teilen. Südlich der Schnellstraße befindet sich ein begehrtes Wohngebiet. Ins Zentrum gelangt man, wenn man beim zweiten Kreisverkehr nach der Abzweigung nach Grand'Anse bergan auf die D31 fährt. Für Touristen bietet das Städtchen wenig, außer ein paar idyllischen Unterkünften. Man brüstet sich, eine Kunsthandwerksstraße (Chemin des Artisans) zu haben, aber die einzelnen Ateliers sind mangels einheitlicher Öffnungszeiten schwer zu kombinieren.

*Lieblingsort*

### Wilde Schönheit – die Küste am Piton de Grand'Anse ▶ G 10

Am schönsten wirkt die Küste bei Grand'Anse mit ihren schroffen Basalt-felsen, den sattgrünen Feldern und bunten Häusern, wenn man sie von oben überblickt. Zu den Aussichtspunkten auf dem Piton de Grand'Anse führt vom ersten Parkplatz an der Straße nach Grand'Anse ein versteck-ter Pfad in Serpentinen durch Wald und Stechgras hinauf.

### Musée Varlop' Galèr

*52, rue François Hoareau, Abzweigung nach links vor der Dorfeinfahrt von Petite-Île, Tel. 0692 00 55 46, musee_varlop_galer@voila.fr, nur gegen Voranmeldung, 5 €*

Seit 40 Jahren trägt Monsieur Serge Hoareau mit unübertrefflicher Leidenschaft Gegenstände aus Réunion und dem Mutterland Frankreich zusammen. Mit echten Raritäten und Kuriositäten. Die kurzweilige Tour erfordert gute Französischkenntnisse.

### Spaziergang zur Petite Île

Für abenteuerlustige Spaziergänger bietet sich eine 45-minütige Tour zu einem Aussichtspunkt auf die kleine vorgelagerte Insel an. Am südlichen Ende der D30 befindet sich eine unscheinbare Brücke über eine kleine Schlucht. 100 m östlich davon liegen eine winzige Parkbucht und die Einfahrt zu einer Schotterpiste, die die Zuckerrohrbauern mit ihren Traktoren nutzen. Man folgt der roten Sand- und Schotterpiste, bis sich beim Filaos-Wäldchen der Weg gabelt. Hier hält man sich links und folgt der vom Zuckerrohr überwachsenen Piste (20 Min.), die in Serpentinen leicht bergab führt. Danach beginnt links von ein paar Vulkansteinen ein schmaler Pfad im Zuckerrohr, der weiter durch ein Filaos-Wäldchen verläuft. Nach wenigen Minuten ist eine Lichtung im Wald erreicht, von der sich ein herrlicher Blick auf die Petite-Île eröffnet. Da die Insel ein geschütztes Vogelbrutgebiet ist, sind zahlreiche Vögel zu sehen, z. B. die weißen Paille-en-queue mit den langen Schwanzfedern und der schwarzen Musterung auf der Oberseite. Lange Hosen, um sich beim Gang durch das Gras und das Zuckerrohr nicht die Beine aufzuschneiden, sowie ausreichend Moskitolotion sind empfehlenswert.

## Übernachten

*Typisch kreolisch –* **Che Maoul:** 6, rue du piton, direkt im Ort, Abzweigung nach links beim Schild ›Piton du Calvaire‹, Tel. 0262 56 82 26, yves.hoarau 21354@izi.re, DZ 50 €. Sympathisches Gästehaus mit vier einfachen Zimmern und schmackhaftem Essen. Im kleinen Swimmingpool wartet Abkühlung, von der Gemeinschaftsterrasse blickt man aufs Meer.

*Meerblick –* **Sud Escale:** 24, chemin Sylvain Vitry, Einfahrt 200 m rechts vor dem Kreisverkehr nach Petite-Île, Tel. 0262 56 78 24, www.sudescal.fr, Ferienwohnung 200–300 €/Woche. Die Familie Pierlot ist herzlich und hilfsbereit; die farbenfrohen Wohnungen sind sauber und einfach, aber bestens für Selbstversorger ausgestattet.

## Essen & Trinken

*Französisch essen –* **La Salamandre:** 129, rue Mahé de Labourdonnais, vor dem Bürgermeisteramt links, Tel. 0262 32 56 92, Mo–Sa mittags und abends, Hauptgerichte ab 10 €. Gute französische Küche, einfaches Lokal.

*Einfaches Landgasthaus –* **Le Pousse Pousse:** 296, rue Mahé de Labourdonnais, in der fünften Kehre nach der Kirche, Tel. 0262 56 51 97, Mo–Sa mittags und abends, Hauptgerichte ab 7 €. Im einfachen, leicht zu übersehenden Gasthaus sitzt man zwar auf lieblosen Plastiksesseln, aber die traditionellen kreolischen und chinesischen Gerichte sind schmackhaft.

## Einkaufen

*Porzellanmalerei –* **Dékocéan:** 41, rue Joseph Suacot, Tel. 0262 56 77 10, www.dekocean.com, Mo–Do, Sa 10–

11, 14–18 Uhr. Farbenfrohe Inselmotive auf Tellern, Kaffeetassen, Salz- und Pfefferstreuern und allerlei anderen Gebrauchsgegenständen finden sich im Sortiment des Porzellanmaler-Ehepaares Biton. Auf Wunsch werden die Stücke auch personalisiert.

## Infos

**Internet:** SOS Informatique, 171, rue Mahé de Labourdonnais, direkt an der D31, ein paar Häuser neben der Pizzeria Le Salamandre, Tel. 0262 28 21 43, Mo 14–18, Di–Fr 8.45–12, 14–18, Sa 9–12, 13.30–17 Uhr. Eigentlich handelt es sich um eine Computerklinik, doch es gibt hier Gratis-Internet.

# Manapany-les-Bains

▶ H 10

Je südlicher man kommt, desto mehr wird augenscheinlich, warum in früheren Jahrhunderten der Süden vom Rest der Insel isoliert war. Tiefe Schluchten, die heute scheinbar einfach überbrückt werden, stellten damals unüberwindbare Hindernisse dar. Manapany verdankt seinen Namen den Fledermäusen (madag. *manafany),* die hier in großen Kolonien genistet haben, als die ersten Siedler damit begannen, das abgelegene Land jenseits von Saint-Pierre zu bewirtschaften. Lange Zeit galt die Bucht von Manapany als gefährlicher Hafen für den Abtransport des in die nahe gelegenen Fabriken erzeugten Zuckers. Ein toller Blick von oben auf Manapany-les-Bains mit seiner Basaltbucht und dem tosenden Meer bietet sich übrigens direkt von der N2 aus (Picknickplatz gleich nach der Überquerung der Ravine in einer Linkskurve).

Von der N2 fährt man nach Manapany-les-Bains ab. Der Boulevard de l'Océan führt bis zum Restaurant Chez Jo. Direkt unterhalb des Restaurants liegt das **Natursteinbecken** von Manapany-les-Bains. Es ist die einzige Möglichkeit, sich hier im Wasser auszutoben, denn die starken Strömungen und der hohe Wellengang der Basaltsteinküste wären zum Baden zu gefährlich. Hartgesottenen Surfern ist Manapany als Surfspot bekannt, wo jeweils im September das **Manapany Surf Festival** mit Sportwettbewerben und Konzertreigen stattfindet. Die besten Wellen gibt es im tropischen Winter und Frühjahr (Juli–Okt.).

## Übernachten

*Traumhafte Sonnenuntergänge –* **Le Manacoel:** 8, allée des Cormorans, Tel. 0262 56 31 06, www.manacoel-manapany.com, nice.gigan@hotmail.fr, Ferienwohnung ab € 600 €/Woche. Eine schöne, gepflegte Anlage mit vier unterschiedlich großen, gut ausgestatteten und klimatisierten Ferienwohnungen für Selbstversorger. Pool, teilweise direkter Blick aufs Meer.

*Deutschsprachig –* **Gandalf Safari Camp:** 87, bd. de l'Océan, direkt an der Straße, die zum Becken von Manapany führt, Tel. 0262 58 45 59, www.gandalfsafaricamp.de, DZ 60 €. Fünf recht beengte Zimmer. Überdachte Terrasse mit Grill und Kochgelegenheit für Selbstversorger, kleiner Whirlpool und Fitnessecke. Gäste sollten Hunde mögen.

*Sympathisch –* **Gîte des Cormorans:** 12B, allée des Cormorans, gleich neben Le Manacoel, Tel. 0692 44 82 15, http://gite-des-cormorans-manapany.com, DZ ab 50 €. Nette Selbstversorgerwohnungen neueren Datums mit Swimmingpool, WLAN.

**177**

## Essen & Trinken

*Salate mit Meerblick –* **Chez Jo:** 143, bd. de l'Océan, Tel. 0262 31 48 83, hauptsächlich am Wochenende und zu Ferienzeiten geöffnet, Gerichte ab 10 €. Kreolische Lokalität mit schmackhaften Speisen und guten Salaten.

## Infos

**Bus:** An der N2 (Linie I) ist auszusteigen, Fußmarsch nach Manapany-les-Bains ca. 15 Min. Der Lokalbus Ti'Car Jaune 84 fährt 5 x tgl. von Saint-Joseph aus.

# Saint-Joseph ▶ H/J 10/11

Erst Mitte des 19. Jh. begann man mit der Kultivierung von Zuckerrohr, als 1850 die Zuckerfabrik von Piton erbaut wurde, weitere Fabriken folgten. Trotzdem blieb die Region bis Mitte des 20. Jh. vom Rest der Insel abgeschnitten, bis endlich die Teerstraße in Angriff genommen wurde.

Wegen seiner Randlage hat sich Saint-Joseph mit 32 000 Einwohnern viel von der Atmosphäre früherer Zeiten bewahrt. Benannt nach dem Gouverneur Joseph de Souville, der in den Gründungsjahren regierte, gehen die Uhren hier heute noch immer langsamer als in Saint-Gilles oder im Norden. Außer mit der neoklassizistischen Kirche kann Saint-Joseph mit keinen kulturellen Sehenswürdigkeiten aufwarten, die wahren Sensationen liegen im Hinterland und wurden von Mutter Natur erschaffen.

Manch ein Autofahrer wünscht sich die Umgehungsstraße von Saint-Joseph sehnlichst herbei, denn der gesamte Verkehr verläuft durch das Stadtzentrum – ein Nadelöhr, das täglich lange Staus provoziert. Die Umgehung soll 2012 fertig sein. Bis dahin sollten Touristen die Stadt zwischen 7.30 und 9, 11.30 und 12.15 und 17 und 18.30 Uhr meiden.

# Ausflüge von Saint-Joseph

### Piton de L'Entonnoir ▶ H 10

Von Saint-Joseph aus gibt es keinerlei Beschilderung zum Piton de L'Entonnoir (470 m), von dem sich morgens beglückende Panoramen auf die wilde Südküste eröffnen. Die N2 verlässt man am Kreisverkehr westlich der Brücke über die Rivière des Remparts in Richtung Berg. Man hält sich an der Kreuzung links und folgt der D3 bergwärts. Nach etwa 10 Min. Autofahrt (6 km) folgt eine scharfe Rechtskurve, wo am linken Straßenrand drei unauffällige blaue Schilder den Weg zum Piton de L'Entonnoir weisen. Der nicht beschilderte Parkplatz befindet sich ca. 200 m weiter vorne links. Vom Busbahnhof in Saint-Joseph verkehren die Busse 72D und 73.

Vom Aussichtspunkt schweift der Blick von Plaine-des-Grègues über das charakteristische Plateau des Morne Langevin und Grand-Coude über den Piton de la Fournaise im Hintergrund und die dicht bewachsene Schlucht Rivière des Remparts im Vordergrund bis hin zu den weißen Dächern von Saint-Joseph und dem Meer. Wenn es die Wolkenlage und die Fernsicht zulässt, dann ist ein Besuch auch ab 17 Uhr zu empfehlen.

### Far Far de Bézaves ▶ H 10

*Anfahrt über den Piton de L'Entonnoir, in Bézaves, 205, rue Edmond Albius, Tel. 0262 37 61 92, Erntezeit Juli–Mitte Dez., Führung nur bei Voranmeldung, 7 €*

Zu Gast auf einem Bauernhof: Bei einem etwa einstündigen Rundgang führt Didier Hoareau, Vollerwerbslandwirt, seine Besucher durch die Welt des Zuckerrohrs, Kaffees und Vetyvers. Allein die Tatsache, dass es auf Réunion 583 Zuckerrohrsorten gibt, unterstreicht die Wichtigkeit dieses Rohstoffs. Die verschiedenen Sorten wurden für die zahllosen Mikroklimata gezüchtet, wobei die Pflanzen sich nur in Aussehen und Farbe unterscheiden, nicht aber im Geschmack. Der Großteil der Hybride wird aber nicht mehr genutzt. Daneben zeigt Herr Hoareau die kräfteraubende Herstellung von Vetyveröl. Aus dem Wurzelwerk der Vetyverpflanze wird in einem aufwendigen Verfahren das Öl gepresst. Nur eine Handvoll Bauern macht sich heute noch die Mühe, die Parfümessenz auf traditionelle Art herzustellen. Mittlerweile schätzt man das Vetyvergras als Baustoff für Dächer.

Schließlich erfahren die Besucher Wissenswertes über den réunionesischen Kaffee, der auf dem Weltmarkt als einer der teuersten gehandelt wird: 50 € pro 100 g! Die Sorte Bourbon Pointu ist eine uralte Sorte, die zur Zeit der ersten Kolonialisation bereits angebaut wurde, doch in Vergessenheit geriet. 2001 entdeckte ein lokaler Hobbybotaniker 30 wildwachsende Kaffeestauden, die sein japanischer Kaffeeliebhaber zuvor schon gesucht hatte. Durch die fruchtigen Geschmackskomponenten wie Mandarine und Litschi mundet das praktisch koffeinfreie Gebräu besonders Japanern – die seitdem auch die Exklusivrechte dafür haben.

## Übernachten

*Auf dem Bauernhof –* **Far Far de Bézaves:** Adresse s. S. 178, DZ 45 €, Ferien-

wohnung 350 €. Drei einfache Zimmer und eine schöne Ferienwohnung neueren Datums stehen zur Auswahl. Gastfreundlicher Empfang.

*In der Nähe der Tankstelle –* **La Case:** 2, rue Jean-Bart, zentral an der N2 gelegen, Tel. 0262 56 07 50, www.case.fr, DZ 37 €, Ferienwohnung ab 47 €/Tag. Drei Ferienwohnungen mit Küche und Veranda, zwei beengte Zimmer, schöner Garten mit Pool.

## Essen & Trinken

*Südliche Spezialitäten –* **L'Ambroisie:** 306, rue Raphaël-Babet, an der östlichen Ausfahrt von Saint-Joseph, Tel. 0262 31 51 99, Mo–Sa mittags und abends, Hauptgerichte ab 20 €. Das Landgasthaus ist für seine authenti-

### *Unser Tipp*

**Einmal selbst Künstler sein – Art Sud Centre des Arts du Feu**
Im Atelier von Claude Berlie-Caillat verschmelzen Töpferei, Glaskunst, aber auch die Bearbeitung von Stein oder Basalt zu einem neuen Ganzen. Auf dem großen Areal an der westlichen Ortseinfahrt von Saint-Joseph finden laufend Ausstellungen statt. Zudem organisiert Claude Austauschprogramme für internationale Künstler. Zwei- bis dreimal pro Jahr werden 10-tägige Workshops angeboten (Saint-Joseph, 6, impasse du Bellay, Tel. 0262 56 67 21, www.artsud.org, 500 €, Mittagessen und Materialien inkl., Unterkunft und anderes muss in Eigenregie organisiert werden, pro Workshop max. 10–12 Teilnehmer).

sche, süd-réunionesische Küche bekannt (Palmenherzen, Vacoa und andere Spezialitäten). Auf dem *assiette du pays* wird der ganze Süden kulinarisch auf einem Teller serviert.

*Pizza* – **Le Gondole:** 36, rue Raphaël-Babet, bei der westlichen Ortseinfahrt gleich nach den Supermärkten, Tel. 0262 56 16 12, Mo, Mi–So mittags und abends, Hauptgerichte ab 12 €. Einfaches archetypisches Gasthaus mit guter Pizza und saftigen Steaks.

*Chinesisch* – **L'Orient Express:** 132, rue Raphaël-Babet, kurz vor der Brücke, Tel. 0262 56 28 38, tgl. mittags und abends, Hauptgerichte ab 10 €. Einfaches Landgasthaus mit schmackhaften chinesischen Buffets.

## Infos

**Maison du Tourisme:** 3, rue Paul Demarge, schräg gegenüber dem Busbahnhof, Tel. 0262 37 37 11, www.sud sauvage.com, Mo–Fr 9–17, Sa 10–17 Uhr, So und Fei geschlossen. Herr Clement Suzanne spricht Deutsch.

### Verkehr

**Bus:** Zentral in der Stadt liegt der Busbahnhof, wo die Linie I und die Lokalbusse abfahren.

# Plaine-des-Grègues

▶ H 9/10

Gleich mehrere Wasserläufe drängen von den vulkanischen Höhen des Piton de la Fournaise in Richtung Meer. Die Landschaft zwischen Petite-Île und Saint-Philippe ist zerrissen und zerfurcht wie die *lambrequins,* die dekorativen Schutzblenden an den Dächern der Kreolenhäuser. An der westlichsten der markanten Schluchten liegt auf 660 m Höhe das Bergdorf Plaine-des-Grègues in einer Art Mini-Cirque von malerischen Gipfeln umgeben.

Einst wurden auf dem Plateau zwischen Rivière des Remparts und Ravine des Grègues Geranium und Vetyver zu Parfümessenzen destilliert und der berühmt-berüchtigte *rhum marron,* Hausrum, schwarz gebrannt. Nach der Weltwirtschaftskrise blieb nur der Kurkuma-Anbau übrig. Die frische Höhenluft (600–650 m) und der wasserdurchlässige Boden lassen auch andere landwirtschaftliche Erzeugnisse wie Taro, Christophinen oder Pfeilwurz gedeihen. Die Bodenbeschaffenheit gab dem Mini-Cirque im Übrigen auch seinen Namen: *Grègue* bedeutet Kaffeefilter auf Kreolisch, da das Wasser wie durch einen Kaffeefilter sickert.

### La Maison du Curcuma

*14, chemin du Rond, Tel. 0262 37 54 66, www.maisonducurcuma.fr, tgl. 9–12, 13.30–17 Uhr*
Unweit der kleinen, aber markanten weiß-blauen Kirche befindet sich die Maison du Curcuma, wo alles Wissenswerte über die Kurkuma-Wurzel in Erfahrung gebracht werden kann. Bekannt als ›Safran Péï‹, dem Safran für Arme, wird das traditionellste aller réunionesischen Gewürze in den Höhen der Plaine-des-Grègues angebaut, weil das Mikroklima die empfindliche Pflanze am besten gedeihen lässt. Die Knollen verzweigen sich wie bei Ingwer, man spricht auch von den Fingern des Kurkuma *(les doigts des curcuma).* Die Mutterknolle *(la mère)* enthält den Kurkuma-Wirk- und Geschmacksstoff in einer hochdosierten Form, weshalb es auch zwei Intensitätsgrade gibt, den *curcuma de luxe* aus der Mutterknolle und den gewöhnlichen *curcuma,* der aus den anderen Teilen gewonnen wird. Die Kurkuma-Ernte findet von September bis Dezember statt. Nach

Das leuchtend gelbe Kurkuma-Pulver wird aus einer unscheinbaren Knolle gewonnen

der Ernte ruhen die Wurzeln ein paar Wochen, werden dann gewaschen und meist auf den Dächern getrocknet, bevor elektrische Mühlen sie zu orange-goldenem Pulver mahlen. Es gibt eine Verkostung und einen Verkauf nicht nur von Kurkuma, sondern verschiedenster Sirupe, Konfitüren und Gewürze. Ideal für Souvenirs!

## Wanderungen

Von Plaine-des-Grègues führt ein **Höhenwanderweg** rund um den Ort mit herrlicher Aussicht auf die Rivière des Remparts und die südliche Küste. Der **Grand Boucle du Curcuma** (oder Boucle de Margozier) führt am Wasserfall Cascades Mottet vorbei, dauert etwa 5–5,5 Std. und ist nur für geeichte Marschierer und Kletterer gedacht (950 Höhenmeter auf ca. 15 km). Nur 45 Min. hingegen dauert der **Petit Boucle du Curcuma.** Beide Touren starten an der Kirche, wo eine Straße nach rechts

führt. Zuerst läuft man ein wenig an der Teerstraße entlang, bevor man bei einem der Pfade links auf die Abbruchkante abbiegt, die nun stetig zu steigen beginnt. Der Grand Boucle ist mit blauen Punkten, der Petit Boucle mit weißen Punkten – allerdings nicht immer durchgehend – markiert.

## Infos & Termine

### Verkehr

**Auto:** Mit dem Auto erfolgt die Zufahrt über die D3 bzw. D32 durch Zuckerrohrfelder, entweder über Petite-Île, über Saint-Joseph oder Le Tampon. **Bus:** Mo–Sa verkehrt 7 x tgl., am So 3 x tgl. die Linie Ti'Car Jaune 72 zwischen dem Busbahnhof Saint-Joseph und Plaine-des-Grègues.

### Termine

**Le Safran en fête:** November. Mehrtägiges Fest mit Marktständen, Imbissen, Musik und geführten Wanderungen.

# Le Serré ▶ H/J 9

Von Saint-Joseph nach Norden führt die D33 zwischen den Schluchten der Rivière des Remparts und der Rivière Langevin auf eine schmale Hochebene. Hinter dem Vetyverdorf Jean-Petit verengt sich das Plateau bei Le Serré abenteuerlich. Am schmalsten Teil, den die beiden Flüsse übrig ließen, ist es nur ca. 100 m breit und eröffnet großartige Ausblicke auf die beiden spektakulären Canyons. Die Bergbäche schnitten die ursprünglich eingesunkenen Hohlräume des ersten Piton de la Fournaise noch tiefer ein. Spätere Erdbewegungen wie durch die Eruption des Cratère Commerson vor 2000 Jahren und den Erdrutsch von Mahavel im Jahr 1965 füllten die Schlucht wieder mit Geröll und Lava.

Der erste Aussichtspunkt auf die Schlucht der Rivière des Remparts befindet sich auf der linken Seite hinter Jean-Petit, wenn man bergan unterwegs ist. Eine rollstuhlgerechte Betonrampe führt zum Ausguck. Etwa 500 m weiter oben blickt man in die Schlucht der Rivière Langevin. Der Morne Langevin (2404 m) und der Nez de Bœuf (2136 m) thronen im Norden. Den Höhenweiler Grand-Galet von oben zu betrachten und den einen oder anderen Wasserfall aufblitzen zu sehen ist erhebend. Bei der Suche nach den Parkplätzen hilft ein roter Saint-Expedit: Die Heiligenstatue steht genau auf halber Strecke zwischen den beiden Aussichtspunkten.

# Grand-Coude ▶ H 9

Auf 1200 m Seehöhe endet die D33 direkt vor der dramatischen Kulisse des Morne Langevin im verschlafenen Nest Grand-Coude, das hauptsächlich von der Land- und Milchwirtschaft (Kühe, Schafe) lebt. Die Landschaft und die klimatischen Bedingungen erinnern eher an die Alpen als an eine tropische Insel. Im Winter kann es hier schon mal auf 0 °C abkühlen. Ein Besuch lohnt sich nur früh am Morgen, da ab 10 Uhr der Himmel wolkenverhangen ist.

Zuerst kultivierte man in Grand-Coude Geranium und produzierte Parfümessenzen, aber nach Dekaden der Stagnation ging man in den 1960er-Jahren dazu über, Tee anzubauen. Aus wirtschaftlichen Gründen wurden die Teeplantagen aber bald aufgegeben, die einstige Fabrik wurde zu einem Mehrzwecksaal zurückgebaut (weißes Haus mit rosarotem Dach sowie Fensterläden direkt an der Durchfahrtsstraße). Hie und da können aber die alten Teesträucher im Gelände gesichtet werden.

### Labyrinthe en champ thé

*18, rue Emile Mussard, Tel. 0692 60 18 88, Sa 14–17, So 9–12, 13–17 Uhr und nach Reservierung, geführte Tour ca. 1,5 Std., 8 €*
An die glorreichen Zeiten des Ortes erinnert die einzige noch bewirtschaftete Teeplantage auf Réunion. Neben einer Teeverkostung und dem Verkauf von weißem Tee, essentiellen Ölen, darunter Geraniumöl, und Honig wird insbesondere auf die Produktion von weißem Tee eingegangen. Monsieur Guichard spricht nur Französisch.

## Übernachten

*An der frischen Bergluft –* **L'Eucalyptus:** 24, chemin de la Croisure Grand-Coude, Tel. 0692 03 54 78, eucalyptus.grondin@wanadoo.fr, DZ 43 €. Schönes weiß getünchtes kreolisches Haus mit mintgrünen Fensterläden, in dem zwei Zimmer vermietet werden.

## Infos

**Auto:** An mehreren Stellen in der Umgebung von Saint-Joseph ist Grand-Coude beschildert, sodass man die D33 problemlos erreicht.

**Bus:** Busse 75 und 75bis der Linie Ti'Car Jaune fahren von Saint-Joseph nach Grand-Coude.

# Rivière des Remparts ▶ H 7–10

Der Fluss Rivière des Remparts zählt mit einer Länge von ca. 25 km zu den längsten der Insel. Er mündet in Saint-Joseph ins Meer, wo sich die einzige Autobrücke des gesamten Flusslaufs über ihn spannt. Früher nahmen fliehende Sklaven den Weg durch die Schlucht, wenn sie von den Plantagen des Südens flüchteten. Als Wanderroute ist die Geröllpiste aber nicht zu empfehlen, man kann sie jedoch mit dem Geländewagen bis zu dem Weiler **Roche-Plate** hochfahren.

Die Zufahrt in die Schlucht erfolgt über Saint-Joseph. Westlich der Brücke über den Fluss biegt man bergwärts ab und hält sich an der Feuerwehr rechts. Von hier führt eine Teerstraße knappe 3 km ins Tal. Es kommen viele Lastwagen entgegen, denn im Steinbruch wird Material für den Straßenbau abgebaut. Ab dem Ende der Teerstraße geht die Fahrt im Flussbett weiter bis Roche-Plate.

## Übernachten

*Schmucke Holzhäuser – **Gîte de Roche-Plate**:* in Roche-Plate, Tel. 0692 68 35 32, ab 14,50 € pro Pers. Die einfachen schindelgedeckten Häuser werden von Jacqueline Morel betrieben.

# Rivière Langevin

▶ J 9–11

Im Küstenort Langevin weist am östlichen Ende der Brücke über den Fluss Langevin ein Schild nach Grand-Galet und zur Plaine des Sables. Die Einfahrt ist nicht zu übersehen, da dort ein gigantisches Gerüst steht, das in Erntezeiten als Zuckerrohrverladestation dient. Anfangs verläuft die breite Straße nordwärts rechts des Flusses, bis man hinter dem kleinen Elektrizitätswerk eine Brücke überquert. Ab da fährt man am linken Ufer weiter.

Der Unterlauf der Rivière Langevin ist ein beliebtes Naherholungsgebiet, das bereits am Freitagnachmittag von campierenden und picknickenden Familien in Beschlag genommen wird. An Stellen, wo es ungefährlich ist und wo der Fluss nur wenig Fließgeschwindigkeit hat, kann man sich im kalten Wasser abkühlen.

## Cascades Trou Noir und Cascades de Grand-Galet

▶ J 9

7 km nach der Einfahrt befindet sich bergwärts auf der rechten Seite der Parkplatz der **Cascades Trou Noir**, der Wasserfälle des schwarzen Lochs. Von hier führt ein Trampelpfad wenige Kilometer bergauf zu den anderen beiden Wasserfällen (ca. 1 Std. hin und zurück). Auf der Höhe der Cascades Trou Noir verengt sich die Straße merklich und klettert in steilen Kehren, die Autofahrern das Fürchten lehren, in die Höhe. Nach etwa 2,5 km – nach einer engen Links-Rechts-Kombination – liegt der große Wasserfall **Cascades de Grand-Galet** (auch Cascades de la Grande-Ravine), der je nach Saison und

Regenfällen ein sensationelles Erlebnis bietet. Mehrere Kaskaden ergießen sich in das türkis-schwarz schimmernde Bassin und bilden dabei eine formvollendete Wassersymphonie. Es sind kleinere Parkbuchten vorhanden, aber die Leute parken mangels Alternativen meist auf der Straße.

## Grand-Galet ▶ J 9

Die durchweg geteerte Straße führt in den Höhenweiler Grand-Galet (nur 300 m nach dem zweiten Wasserfall). Von dort aus könnte man eine Wanderung in die Plaine des Sables in Angriff nehmen (ca. 11 km, 4 Std. mit schwierigen Aufstiegen). In den Gaststätten entlang der Straße lohnt es sich, Forelle zu bestellen, denn die gezüchteten Forellen schmecken vorzüglich.

### Essen & Trinken

*Kreolisch –* **Les pieds dans l'eau:** in der Nähe der Zuckerrohrverladestation am Flussunterlauf, Gerichte ab 5 €. Der Name ist Programm – man hat Blick auf den Fluss. Tipp: Nehmen Sie das *menu à emporter* und setzen Sie sich ans Ufer unter lauschige Bäume!

### Infos

**Bus:** Die Linie 76 der Ti'Car Jaune fährt nach Grand-Galet.

## Vincendo ▶ J 10

Direkt an der N2 liegt Vincendo, ein Straßendorf, das nach einem der ersten Siedler, François Vincendo, benannt wurde. Seit jeher war das Dorf der Landwirtschaft verpflichtet, heute werden Ingwer und Palmenherzen gezüchtet. Die eigentliche Hauptattraktion von Vincendo ist aber der Strand. Vom ersten Kreisverkehr in Vincendo gelangt man über den Abzweig ›Gymnase/Lycée‹ auf die Rue de la Marine, die direkt zum Wasser führt. Es gibt Picknickplätze, eine Dusche und einen viel zu kleinen Parkplatz (s. Lieblingsort S. 185).

### Essen & Trinken

*Mittagsbuffet –* **Le Tangine:** 23, rue de la Marine, beim ersten Kreisverkehr von Vincendo die Ausfahrt zum Lycée nehmen, Tel. 0262 37 32 51, Mo, Di, Do, Fr, So 11–14 Uhr, Fr und Sa nur nach Reservierung, Hauptgerichte ab 10 €. Das Mittagsbuffet besteht aus kreolischen, marokkanischen, französischen und chinesischen Gerichten. Der Chefkoch des Hauses stammt aus Marokko.

## Basse-Vallée ▶ K 10

Auf dem Weg nach Saint-Philippe war die Überquerung der markanten Ravine de Basse-Vallée knapp 3 km hinter dem Zentrum von Vincendo lange schwierig und zeitraubend. Heute überquert man die Schlucht vergleichsweise problemlos. Der Ort Basse-Vallée markiert die Wetterscheide zwischen der *côte au vent* (Osten) und der *côte sous le vent* (Westen). Entsprechend unterschiedlich kann das Wetter sein: Während es eben noch klare Sicht gab, können ein paar Kilometer weiter Wolken den Himmel verhängen und Nieselregen niedergehen. Von Basse-Vallée führt ein ausgeschilderter Mountainbikeweg durch den Forêt de Mare-Longue bis zum sehenswerten botanischen Garten Jardin des Parfums et des Epices (s. S. 188).

# Cap Méchant❗ ▸ K 10

Vor mehreren hundert Jahren fürchteten die Seeleute, Fischer und Piraten die unberechenbaren Winde und Strömungen, Riffe und scharfkantigen Lavaklippen der Südküste. Hier, vor der Küste von Basse-Vallée am Cap Méchant, verloren sie oft ganze Schiffe oder gar das eigene Leben. Wegen der Unbezwingbarkeit und Abgelegenheit des ›hinterhältigen‹ Kaps, so die Übersetzung, versteckten sich hier bevorzugt Piraten. Erzählungen von sagenhaften Schätzen kursieren noch heute.

Nach der Ortstafel von Basse-Vallée fährt man zunächst in Richtung Meer durch Wohngebiet. Bei der Weggabelung muss man sich links halten, danach zweigt man direkt bei der roten Rüttelschwelle rechts in die Rue du Cap Méchant ein. Vom Parkplatz bzw. Restaurant sind es nur wenige Schritte. Über Stufen erreicht man das erste Plateau der gepflegten, parkähnlichen Anlage mit Picknick-Kiosken und Feuerstellen. Gleich rechts liegt der wenig spektakuläre **Puits des Français,** eine verwilderte Zisterne an der Felswand aus dem 18. oder 19. Jh., von der man wenig weiß, außer dass sie zu einer Serie von mehreren Süßwasserbecken gehört. Trotz der hohen Niederschlagsmengen mussten die Bewohner des Südens früher immer wieder tagelang ohne Wasser auskommen, da der Regen im porösen Gestein sofort versickert. Die Zisternen schufen Abhilfe.

Links und rechts führen Treppen hinauf auf die Lavaklippen, von wo sich traumhafte Blicke auf die schroffe Steilküste eröffnen. Das Meer wirft sich mit großer Wucht gegen die Küste und katapultiert Wasserfontänen in die Höhe. Ausgedehnte Vacoa-Wälder

wurden gepflanzt, um die dahinter liegenden Gewürzkulturen und Plantagen vor der salzigen Gischt zu schützen. Seitdem hat sich die Vacoa-Pflanze vor allem entlang der Wasserlinie und der Flussufer ausgebreitet. An Wochenenden finden sich am Cap Méchant viele Réunionesen ein. Vom linken Plateau aus führt ein weiß markierter, unwegsamer Wanderweg entlang des Meeres über Stock und Stein.

## Essen & Trinken

*Gute Reputation –* **L'Etoile de mer:** 13, rue de l'école, direkt am Parkplatz des Cap Méchant, Tel. 0262 37 04 60, Mo–Sa 12–23 Uhr, Hauptgerichte 10 €. Alteingesessenes Restaurant mit typischer süd-réunionesischer Küche mit Spezialitäten aus Palmenherzen und Meeresfrüchten, z. B. Carri mit Schwein und *palmistes.*

## Infos

**Bus:** Die Linie I der Cars Jaunes hält am Cap Méchant.

# Le Baril ▸ K 10

In Baril passiert man – vom Cap Méchant kommend linker Hand – die unscheinbaren Überreste einer alten Zuckerfabrik. Die Zuckerrohrverladestation sieht man aber schon von Weitem. Ein paar hundert Meter weiter rechts befindet sich eine weitere Zisterne, der **Puits des Anglais.** Erkennbar ist die Attraktion am Parkplatz und an den Picknickbänken unter Vacoa- und Filaos-Bäumen. Entstanden in den Jahren 1813–1822, also zur Zeit der englischen Besatzung (1810–1815), diente die Zisterne als Wasserreservoir. In den Schul-

*Lieblingsort*

**Vom Wind geküsst – die Bucht von Vincendo** ▶ J 10

Zwischen Oktober und März funkelt in der Bucht von Vincendo schwarzer Sand in der Sonne, in den restlichen Monaten steigt der Wasserspiegel an, sodass der idyllische Platz von Wasser bedeckt und ausgewaschen wird. Unter den dicht gewachsenen Vacoa-Bäumen lässt es sich gut picknicken, während das Meer mit Wucht an die Lavaküste prallt und Fontänen von weißer Gischt produziert.

ferien ist das Salzwasserschwimmbad direkt an der Basaltküste in Betrieb. Wer früh genug unterwegs ist, wird mit einem tollen Blick auf den Vulkan und die davor liegenden Zuckerrohrfelder belohnt.

### Forêt de Mare-Longue

150 m hinter demSchwimmbad zweigt links der Chemin de Ceinture zum Forêt de Mare-Longue ab. Auf einem 500 Jahre alten Lavafeld gedeihen im Feuchtwald an die 600 Pflanzenarten, viele davon sind endemisch. Zwei kürzere Rundwege (je 1 Std.) führen durch die Artenvielfalt des Regenwaldes. Auf kleinen Schildern stehen die oft bildhaften Namen der Tropenhölzer, von denen ein Drittel ausschließlich auf Réunion und zwei Drittel nur auf den Maskarenen beheimatet sind. Je nach Jahreszeit kann der Pfad schlecht nachvollziehbar sein.

### Jardin des Parfums et des Epices

*7, chemin Forestier, 1 km nach Le Baril an der N2, Tel. 0262 37 06 36, tgl. 10.30–14.30 Uhr, 6,10 € mit Führung auf Französisch*
Der Hobby-Botaniker Patrick Fontaine hat auf einem 800 Jahre alten Lavastrom den schönsten botanischen Garten der Insel angelegt – ein Dufterlebnis der besonderen Art (s. S. 56).

## Übernachten, Essen

*Institution –* **Le Pinpin d'Amour:** in Baril-les-Hauts, 56 A, chemin Paul Hoarau, Tel. 0262 37 14 86, www.pinpindamour.com, DZ 55 €, Menüs 27 €, Essen nur auf Bestellung. Die kreolische Fremdenpension mit einfachen, aber gut ausgestatteten Zimmern (eines rollstuhlgerecht) liegt am Berg mit Blick auf die Zuckerrohrfelder und das Meer. Internet, Verkauf hausgemachter Produkte

(Honig, Konfitüre etc.), Sauna. Der Ruf eilt der Köchin voraus: Von überall her trudeln Reservierungen ein, um die typische Vacoa-Küche zu genießen.

## Infos

**Bus:** Die Linie I der Cars Jaunes hält in Le Baril, Puits des Anglais oder Mare-Longue.

# Saint-Philippe ► L 10

Die Straße quält sich über erkaltete Lavaströme dem Passat entgegen, der die nun windzugewandte Küste in ein einziges Treibhaus verwandelt. Nirgends ist die Vegetation so üppig und vielfältig wie in diesem entlegenen Winkel, wo gleichzeitig der Vulkan alles Leben erstickt und verbrennt. Neben einigen farbenfrohen traditionellen Kreolenhäusern mit den typischen Veranden und den *lambrequins,* den Schutzblenden an den Vordächern, sind auch viele ärmliche Behausungen zu sehen. Tief im Inselsüden gibt es wenig Arbeit, nur wenige Touristen verweilen. Einzig der Anbau verschiedener Arten von Nutzpalmen sowie von Gewürzvanille spielt eine Rolle.

Der **Strand** von Saint-Philippe besteht aus schroffen schwarzen Lavaformationen, an die das Meer peitscht und auf denen Vacoa-Bäume wachsen. Wer der Rue de la Marine vor dem Eco-Musée folgt, gelangt an den alten **Hafen** *(le vieux port),* der seit 1880 als bedeutender Fischerhafen des Südens in Betrieb ist. 1897 lief die Warren Hastings, ein britisches Boot, auf Grund, als die Navigationsgeräte wegen eines Vulkanausbruchs verrückt spielten. Von der 1262 Mann starken Besatzung konnten bis auf zwei Seeleute alle gerettet werden.

### Eco-Musée Au Bon Roi Louis

*1, rue de la Marine, direkt an der N2, Tel. 0262 37 16 43, Mo–Sa 9–12, 14–16.30 Uhr, geführte Tour 1,5 Std., 5 €*
Im 1850 erbauten Haus sind Gegenstände des kreolischen Lebens wie alte Werkzeuge, Geld, Geschirr, Dokumente oder Sklavenketten ausgestellt.

## Übernachten

*Gepflegt –* **Au domaine du Vacoa:** 11C, chemin du Centre, Tel. 0692 62 85 85, DZ 55 €. Äußerst nette, am Berg gelegene Fremdenpension mit zwei farbenfrohen Zimmern mit Meerblick. Abendessen (22 €) gibt es nur auf Vorbestellung.

## Essen & Trinken

*Lokale Erzeugnisse –* **Cœur de blé:** 39, rue Leconte de Lisle, gegenüber von der Total-Tankstelle, Tel. 0262 37 07 79, Mo–Sa 5.30–19.30, So 5.30–13.30 Uhr, Snacks ab 4 €. Kleines Café mit pikanten Snacks, Salaten, Patisserie und Süßem. Ebenfalls erhältlich sind lokale Erzeugnisse wie Honig, Gelees oder Konfitüren.

## Einkaufen

*Flechtwaren –* **Maison de l'Artisanat:** 8, N2, 200 m nach der Ortstafel bei der Ortseinfahrt, rechts, gleich neben Cybercase, Tel. 0262 37 16 96, tgl. 9–17 Uhr. Geflochtene Vacoa-Erzeugnisse, die in einem schönen, blau-weißen Kreolenhaus feilgeboten werden.

## Infos

**Maison du Tourisme:** 64 bis, rue Leconte-Delisle, Place de la Mairie, Tel.

0262 37 10 43, www.sudsauvage.com, Mo–Sa 10–17 Uhr.

### Verkehr

**Bus:** Von Saint-Pierre bis Saint-Philippe fahren 8 x tgl. Busse der Linie I Mo–Sa, nach Saint-Benoît verkehren 5 Busse tgl., sonntags andere Takte.

# Pointe de la Table

▶ M 10

Die Ostflanke des Piton de la Fournaise besteht aus zahllosen Lavaströmen. Mit jeder einzelnen Eruption wächst die Insel trotz der starken Brandung auf dieser windzugewandten Seite. 1986 öffnete sich in 1000 m Höhe eine lange Spalte, die zwei Lavaströme freisetzte, die auf die Siedlungen Takamaka und Le Tremblet zusteuerten. 2 Mio. m$^3$ Lava vergrößerten Réunion binnen einer Woche um knapp 25 ha. Über 30 Jahre später hat einer der beiden Lavaströme *(coulée)* als Pointe de la Table seinen Fixplatz im Besichtigungsprogramm erobert. Die lang gezogene Landzunge kann über eine Zufahrt vorbei an der Zisterne Puits des Arabes erreicht werden.

### Puits des Arabes

Obwohl sich die Legende, es handle sich um ein von arabischen Seefahrern gebautes Becken, hartnäckig hält, gilt als viel wahrscheinlicher, dass der Puits des Arabes von der Kolonialregierung im 19. Jh. angelegt wurde. Die 42 in den Basalt gehauenen Stufen führen bis zum Grundwasser in etwa 10 m Tiefe. Nach der Eruption wurde die Zisterne trockengelegt. Am großzügig gestalteten Parkplatz samt Picknicktischen und Sanitäranlagen beginnen zwei einfache Wanderwege, einer in Richtung **Pointe du Tremblet** (6 km) und einer zurück zur **Ravine Ango** (2,4 km).

## Essen & Trinken

*Einfach, aber lecker –* **Vanille Coco:** Ravine Ango, vor dem Puits des Arabes direkt an der N2, Tel. 0692 00 23 91, Mo–Fr 11.30–14 Uhr, Sa–So ganztägig, Hauptgerichte ab 10 €. Kleines Lokal, in dem Spezialitäten serviert werden.

# Le Tremblet ▶ L 9

Den Lavastrom von 1986 bei dem Küstendorf Le Tremblet kann man nur noch erahnen, denn die Natur hat sich ihren Raum zurückerobert. Wer genau schaut, findet bei der Ortseinfahrt, dort wo das Schild des Office National des Forêts steht, blassgraue Lava von Risseruptionen. Je dunkler Lava ist, desto jünger ist sie übrigens. Seit dem Jahrhundertausbruch des Piton de la Fournaise 2007 hat sich in Le Tremblet geschäftige Betriebsamkeit breitgemacht. Kleine lokale Gasthäuser schossen wie Pilze aus dem Boden, um die Tagesausflügler zu verköstigen.

## Essen & Trinken

*Kreolisch und chinesisch –* **Chez Moustache:** 9, N2 Tremblet, direkt an der Hauptstraße, Tel. 0692 33 27 03, Mi–Mo 11.30–15 Uhr, Hauptgerichte ab 8 €. Der markante Schnurrbart des Inhabers hat dem Landgasthaus den Namen gegeben.

## Einkaufen

*Vanille –* **Escale Bleue Vanille:** 7, N2 Tremblet, direkt an der N2, Tel. 0262 37 03 99, Mo–Fr 9.30–17.30 Uhr. Verkauf von Vanille und Vanilleprodukten, wie Zutaten für *rhum arrang*é (5 €) oder Vanilleöl (5 €).

## Aktiv & Kreativ

*Lavawanderungen –* **La case volcan:** 123, N2 Tremblet, Tel. 0692 18 37 53, 20 € pro Pers. Honoré Dumont ist einer der lokalen Vulkankenner. Ab 3–5 Personen bietet er eine äußerst informative Wanderung über das neueste noch dampfende Lavafeld (2007). Beginn 6 Uhr (vor Sonnenaufgang), Rückkehr etwa um 10 Uhr. Gutes Schuhwerk (ausreichend dicke Sohlen!), Sonnen- und Kopfschutz sowie genügend Wasservorrat.

## Infos

**Bus:** Linie I der Cars Jaunes.

# Le Grand Brûlé ❗ ▶ L 8

Die Abbruchkante Rempart du Tremblet markiert nicht nur das Tor zum Grand Brûlé, sondern auch zum Parc National de la Réunion. Gleich zu Beginn geht es durch das 1,5 km breite Lavafeld der Eruption von 2007. Bei dem Jahrhundertausbruch des Piton de la Fournaise flossen 140 Mio. m$^3$ Lava von einer Ruptur an der Ostflanke auf nur 650 m Höhe in bemerkenswerter Geschwindigkeit Richtung Meer. Wie schon bei dem Ausbruch 1986 war Le Tremblet bedroht, doch diesmal nicht so sehr durch die Lava als vielmehr durch die giftigen Dämpfe, die Feuerwalze sowie den nachfolgenden sauren Regen. Erst nach mehr als einem Jahr Zuwartens konnte die Lücke der N2 über das neu entstandene La-

**Auf dem jüngsten Lavafeld des Grand Brûlé sollte man die Straße nicht verlassen**

vafeld geschlossen werden. Teilweise raucht es noch, man spürt die Hitze von unten oder riecht Gase. Man schätzt, dass während des vierwöchigen Ausbruchs vom 2. April bis 1. Mai 2007 thermische Energie im Ausmaß von 80 Hiroshima-Bomben freigesetzt wurde. Um ganze 0,45 km² vergrößerte sich die Insel, zwei kleinere Krater wurden geboren.

Die Forscher schätzen, dass die Lavadecke des neuen Lavastroms bis zu 65 m tief ist. Unter der erstarrten Oberfläche ist der Lavafluss aber alles andere als unbeweglich. Ab etwa 12 m Tiefe ist die Lava noch immer flüssig und bewegt sich ohne Unterlass nach dem Prinzip eines Gletschers etwa 2 cm pro Jahr in Richtung Meer. Wer genau hinsieht, wird verschobene Straßenkanten und Brüche in der Fahrbahn erkennen. Noch 200 Jahre werden vergehen, bis die Lava bis in tiefe Schichten völlig erkaltet ist.

Und obwohl der Ausbruch erst wenige Jahre her ist, drängen erste Pflanzen ungeduldig durch den Basalt (s. auch S. 49). Zur eigenen Sicherheit darf man die Schilder am Straßenrand nicht ignorieren. Auf dem neuen Lavafeld zu spazieren kann lebensgefährlich sein. Der langsam erstarrende und doch ständig sich bewegende Strom verändert sich laufend. Lavablasen brechen ohne Vorwarnung ein, Gleiches gilt für Lavatunnels. Nicht umsonst mahnen die Schilder, sich nur entlang der Straße zu bewegen. Eine Schautafel in der Mitte des Lavaflusses wird der Magie des Ortes ganz und gar nicht gerecht. Auf der Weiterfahrt folgen zahlreiche Lavaströme von Eruptionen aus den Jahren 1998–2005. Am Ende des Grand Brûlé markiert die Bushaltestelle den Platz, an dem einst die Jungfrau mit Schirm, La Vierge au Parasol, stand. 2002 wurde die Marienfigur nach Piton Sainte-Rose versetzt (s. S. 218).

# Die Ostküste

## Highlight !

**Takamaka:** Das spektakuläre Panorama auf die saftig grünen Schluchten und Täler bannt jeden Besucher. S. 213

## Auf Entdeckungstour

**Das Geheimnis der Vanille – Plantation de Vanille Rouloff:** Die Produktion von echter Bourbon-Vanille erfordert viel Handarbeit. Beim geführten Rundgang durch ihre Plantage erklärt die Familie Rouloff den Anbau, die Pflege und die Verarbeitung der wertvollen Gewürzpflanze. S. 200

**Hinduismus zum Anfassen – Temple du Colosse:** Ein Revival des Hinduismus auf Réunion hat in den letzten Jahren vermehrt zum Bau von Tempelanlagen und Ashrams geführt. Der Temple du Colosse vereint wichtige Elemente der hinduistischen Sakralarchitektur. S. 204

# Kultur & Sehenswertes

**Phare de Bel Air von Sainte-Suzanne:**
Im Leuchtturm laden zeitgenössische
réunionesische Künstler zu Ausstellungen ein – eine willkommene Abwechslung zu den vielen Natursensationen.
S. 194

**Maison Martin Valliamée in Saint-André:** Die exzentrische kreolische Villa
mit italienischen Balken und arabischen Böden versetzt Besucher in eine
andere Zeit. S. 198

# Aktiv & Kreativ

**Flussbad bei Bethléem:** Da das Meer im
Osten zum Baden zu ungestüm ist,
weichen die Einheimischen gerne in
die Flüsse aus, z. B. in die Rivière des
Marsouins bei Bethléem. S. 211

**Ferme Equestre du Grand-Etang:** Auf
einem Pferderücken geht es vom Pferdehof beim Grand-Etang durch Urwald und Lavawüsten. S. 214

# Genießen & Atmosphäre

**Resto Velli in Saint-André:** Exzellente
kreolische Gaumenfreuden gibt es direkt neben dem Temple du Colosse.
S. 207

**Zentrum von Saint-Benoît:** Nicht spektakulär, aber lohnenswert ist ein Spaziergang durch den historischen Kern
rund um die Kirche von Saint-Benoît.
S. 209

# Abends & Nachts

**Zuckerfabrik Bois-Rouge bei Nacht:**
Viel imposanter als bei Tag wirkt das
Getöse in der Zuckerfabrik bei Scheinwerferlicht und angenehmen Temperaturen. S. 203

# Zuckerrohr, Vanille und Tempel – Küste im Wind

Die Berge stauen die Passatwolken auf und bescheren der Region eine jährliche Niederschlagsmenge von 3000 bis 5000 Liter pro m². Zum Vergleich: In Deutschland liegt die durchschnittliche Niederschlagsmenge je nach Region bei 200 bis 700 Liter pro m²! Im feucht-warmen Tropenklima gedeiht praktisch alles, was in die Erde gesteckt wird. Die Ostseite der Insel hat Wasser im Überfluss, so viel, dass fast die gesamte Wasserversorgung des Westens auch gesichert ist. Deshalb war der Osten schon früh dem Anbau von Zuckerrohr, Kaffee und Vanille vorbehalten. Da auf den Plantagen nach Abschaffung der Sklaverei viele tamilische Vertragsarbeiter arbeiteten (s. S. 63), prägen ihre Nachfahren heute die Städte der Region. Einziger Grund, warum viele Reisende keinen Urlaub im Inselosten planen: Es gibt keine Strände, die zum Schwimmen geeignet wären. Außerdem bleibt nach all den anderen sensationellen Highlights oft kaum mehr Zeit, um den nicht minder spektakulären Osten zu erkunden.

## Sainte-Suzanne ▶ H 2

Die zwölf Gesetzesbrecher, die im Jahr 1646 von Madagaskar nach Réunion verbannt worden waren, gründeten an dem Ort, der heute Quartier-Français heißt, die ersten Siedlungen der Insel. Von Anfang an bis heute war Sainte-Suzanne eines der bedeutendsten Zentren der Landwirtschaft, anfangs für Weizen, Reis, Wein und Tabak, später für Kaffee und Zuckerrohr. 1820 führten die Betriebe der Region die Zuckerproduktion der Insel an. Jahrzehnte später kam der Vanilleanbau hinzu.

Ein nicht enden wollender, tiefgrüner Teppich aus Zuckerrohrfeldern umgibt heute noch das Städtchen, sodass es nicht verwundert, dass die knapp 22 000 Einwohner nach wie vor vorwiegend von der Landwirtschaft leben. Mit Touristen haben sie kaum zu tun, brausen doch die meisten auf der Autobahn in Richtung Salazie einfach an Sainte-Suzanne vorbei.

### Phare de Bel-Air
*Di–Sa 9.30–12.30, 13.30–17 Uhr*

## Infobox

**Reisekarte:** ▶ H–M 1–7
**Cityplan:** Saint-André S. 199

### Anreise und Weiterkommen
**Auto:** Die Küstenstraße N2 führt von Saint-Denis bis hinunter nach Sainte-Rose und Saint-Philippe. Die Straße N3 über die Hochplateaus (Plaine-des-Cafres und Plaine-des-Palmistes) endet in Saint-Benoît.
**Bus:** Von Saint-Denis aus verkehren die Linien F und G, von Saint-Pierre aus die Linien H (über Plaine-des-Palmistes) und I (über Saint-Philippe). Die Verbindungen von Stadt zu Stadt mit den Bussen der Cars Jaunes funktionieren zwar ganz gut, aber für Ausflüge ins Hinterland oder ausgesuchte Wanderungen reicht das Busnetz nicht aus.

An der westlichen Stadteinfahrt, an der Kreuzung der Hauptstraße mit der D51 nach Bagatelle und Bassin Bœuf, führt die Rue du Phare zum Leuchtturm und zum Tourismusbüro. Schon von der Autobahn aus ist der rotweiße Phare de Bel-Air zu sehen. Der Turm wurde 1846 in Betrieb genommen und diente bis 1984 als Anhaltspunkt für die Seeleute, um an den gefährlichen Küstenabschnitten des Nordostens vorbeizusegeln. Er ist der einzige Leuchtturm der Insel, der bisher sämtlichen Zyklonen standgehalten hat. 1997 wurden nach der Erklärung zum *Monument historique* die Räume im Erdgeschoss generalsaniert. Hier finden heimische Künstler einen Rahmen, um ihre Kunstwerke auszustellen. Die Wendeltreppe nach oben ist aber nach wie vor nicht für die Öffentlichkeit geöffnet.

## Domaine du Grand Hazier

*Allée Chassagne, Tel. 0692 68 50 19 oder 0262 52 32 81, www.domaine dugrandhazier.re, Führung nach telefonischer Absprache, 5 €; La Vanilleraie, in den Stallungen, Tel. 0262 23 07 26, www.lavanilleraie.com, Mo–Sa 9–12, 14–17 Uhr, Führungen 9, 10, 11, 14, 15, 16 Uhr, 5 €*

Obwohl gerade die Höhen von Sainte-Suzanne einst Heimat der Zuckerbarone waren, merken heutige Besucher kaum etwas vom Glanz der alten Tage. Gelegentlich markieren schmucke Palmenalleen die Auffahrt zu einem Herrenhaus, doch der Zutritt wird schon an der Einfahrtsstraße mittels großer Schilder verweigert, öffentlich zugänglich ist nur das Landgut Grand Hazier. Um zu dem Anwesen zu gelangen, fährt man in der Nähe des Leuchtturms auf der D51 Richtung Bagatelle und Bassin Bœuf und zweigt in Bel-Air auf die Rue Transversale du Bel-Air nach Westen ab. Ab hier ist der Weg zur Domaine ausgeschildert. Die letzte Anfahrt auf einer Palmenallee stimmt auf den Besuch des dreihundert Jahre alten bewohnten kreolischen **Herrenhauses** der Familie Chassagne ein. Bei Führungen (Anmeldungen mind. einen Tag im Voraus) sind Originalmobiliar aus der Zeit der Ostindien-Kompanie, historische Souvenirs, kreolische Einzelstücke und vor allem der liebevoll gepflegte Garten zu sehen.

In den 1897 erbauten Stallungen quartierte sich im Oktober 2009 der Vanilleproduzent **La Vanilleraie** ein, der als verarbeitender Betrieb die Vanilleernten der Bauern zukauft und zu preisgekrönter Vanille und Vanilleprodukten verarbeitet. In der Boutique steht Vanille auch zum Verkauf (12 g um 5 €, 20 g um 8 €, 100 g um 35 €).

Wer Lust auf einen Spaziergang und ein Picknick hat, fährt auf der D51 weiter in die Höhe. Ca. 2 km hinter Bagatelle in Richtung Pointe-Canal liegen das **Bassin Bœuf**, ein Naturbecken samt Wasserfall, sowie weitere Becken, die die Rivière Sainte-Suzanne auf dem Weg zum Meer bildet. Nicht vergessen: Badesachen, Essen und rutschfeste Schuhe.

## Im Ortszentrum

Das Ortszentrum besteht aus einem **Bürgermeisteramt** (erbaut 1890) und einem Brunnen, der um 1900 entstand. Gleich daneben strahlt die katholische Kirche **Eglise Sainte-Vivienne** in blitzendem Weiß. Der 2. Dezember, der Namenstag der Schutzpatronin, der Heiligen Bibiana, markiert den Höhepunkt des katholischen Lebens. Wenn zur Weihnachtszeit die Flamboyants blühen, erstrahlt der Platz vor der Kirche in leuchtendem Rot.

Nur ein paar Schritte entfernt in der Rue du 20 Décembre 1848 liegt der **alte Bahnhof.** Früher fuhren hier die Plantagenarbeiter mit ihren Ochsenkarren

**Noch immer ist die Zuckerrohrernte vielerorts anstrengende Handarbeit**

vor und lieferten die Bündel Zuckerrohr an der Großwaage ab. Die voll beladenen Waggons wurden dann direkt zu einer der nächstgelegenen Zuckerfabriken dirigiert, die allesamt Schienenzugänge hatten. Wer hier nach links abzweigt, stößt auf den alten **Eisenbahntunnel,** durch den heute der Sentier littoral du Nord, eine Art Küstenwanderweg, führt. Die Küste ist hier nicht sehr ansehnlich – in der Ferne sieht man die dampfenden Schlote der Sucrerie Bois-Rouge und der Distillerie Savanna. Beide Betriebe kann man auf der Weiterfahrt nach Saint-André besichtigen (s. S. 203). Ein unscheinbares **Denkmal** am östlichen Ortsausgang Richtung Saint-André (Bushaltestelle Le Bocage) erinnert daran, dass Sainte-Suzanne die Wiege des Vanilleanbaus auf Réunion ist. Hier befindet sich auch eine Einstiegsstelle in den **Sentier littoral du Nord** (s. Unser Tipp S. 197).

### Cascades du Niagara

Die amerikanischen Niagarafälle im Hosentaschenformat finden sich ebenfalls am östlichen Ortsende inmitten von Zuckerrohrfeldern. An der Hauptstraße weist nur 150 m nach der Kirche vor der kleinen Brücke ein Schild nach rechts zu den Cascades du Niagara. Nach 1,2 km auf dem betonierten Chemin Marencourt zweigt man nach rechts gen Süden ab, um etwa 800 m weiter die Wasserfälle zu erreichen. Achtung: Wenn das Zuckerrohr besonders hoch steht, ist das Hinweisschild zum Abzweig verdeckt. Die Wasserfälle präsentieren sich je nach Saison und Regenfällen mal imposanter, mal weniger eindrücklich. Der Platz wird gleichermaßen zum Baden, Picknicken und Klettern genutzt. Unterhalb der knapp 50 m hohen Kaskade schwimmen Wagemutige im eiskalten Felsenbecken.

## Übernachten

*Einfach, aber zentral –* **Résidences du Niagara:** 1, chemin de la Renaissance, Tel. 0262 52 38 92, www.allonslareunion.com/mini-site/residences-niagara, DZ 50 €. Fünf einfache Bungalows in A-Form für Selbstversorger in einem gepflegten Garten, aber recht nahe an der Schnellstraße.

*Gastfreundlich –* **Les Gîtes Ango:** 140, Commune Ango, Tel. 0262 52 19 00, www.gites-ango.com, Ferienwohung für 4 Pers. ab 530 €/Woche. Drei großzügig angelegte Ferienhäuser mit Pool, Wellnesseinrichtungen, Internet und vielem mehr.

## Essen & Trinken

*Herzhaft gut –* **Le Pharest:** 22, rue Blanchet, Tel. 0262 98 91 10, mittags und abends, Abendmenü ab 13,50 €. Eins der wenigen authentischen Restaurants der Gegend, die kreolische Küche ist schmackhaft und die Abendmenüs Di–Fr sind nicht nur preislich attraktiv.

## Aktiv & Kreativ

*Adrenalin –* **Evasion Kréol:** 32, rue de l'Amiral Decaen, Tel. 0692 61 34 55, www.evasionkreol.com. Abenteuerliches Canyoning durch die Niagara-Wasserfälle und die Becken des Flusses Rivière Sainte-Suzanne.

## Infos

**Office de Tourisme:** neben dem Leuchtturm Phare de Bel-Air, 14, rue du Phare, Tel. 0262 52 13 54, info@ot-nordreunion.com, Di–Sa 9.30–12.30, 13.30–17 Uhr.

**Verkehr**
**Auto:** Sainte-Suzanne liegt direkt an der N2.
**Bus:** Die Buslinien F/G halten an der Haltestelle ›Bel-Air‹ oder ›Mairie/Eglise Sainte-Suzanne‹ bei der Kirche.

# Saint-André ▶ J 2–3

Wegen seines Rufs als Zucker- und Vanillehauptstadt und weil die Hauptstadt Saint-Denis nur etwa 15 Min. mit dem Auto auf der Autobahn entfernt liegt, zählt Saint-André zu den am dichtesten bewohnten Gebieten der Insel. Das Mündungsgebiet zwischen Rivière du Mât und Rivière Saint-Jean war das erste dauerhaft besiedelte und landwirtschaftlich genutzte Land. 1704 lebten an die 30 Menschen – vier

*Unser Tipp*

### Küstenwanderweg – Sentier littoral du Nord
Von Saint-Denis bis nach Sainte-Suzanne reicht der knapp 20 km lange Geh- und Fahrradweg vorbei an alten Friedhöfen, pittoresken Marinas und Zuckerrohrfeldern, tamilischen Tempeln und der Domaine du Grand Hazier. Es gibt mehrere Einstiegsstellen mit kleinen Parkbuchten, z. B. in Saint-Denis am Cimetière de l'Est, in Sainte-Marie bei La Mare, in der Nähe der Domaine du Grand Hazier, beim Leuchtturm und beim Endpunkt Le Bocage am östlichen Ortsende von Sainte-Suzanne. Empfehlenswert: Der Sonnenaufgang im Großraum Sainte-Suzanne bzw. der Sonnenuntergang nahe Saint-Denis.

weiße Familien mit ihren Sklaven – im Großraum Saint-André. Ab 1718 wurden die Landwirtschaft intensiviert und Tabak, Maniok, Tee, Kaffee, Mais, Nelken, Reis, Vanille und Weizen angebaut. Seinen Namen verdankt die Stadt André Héguerty, der von 1739 bis 1743 der Gouverneur der Insel Bourbon war.

Auf den ersten Blick fühlt sich Saint-André mit seinen 52 000 Einwohnern gar nicht an wie eine Stadt. Man wähnt sich vielmehr auf dem Land, denn die weitläufige Stadtarchitektur mit Feldern und Wiesen mitten im Stadtgebiet gibt Saint-André eine besondere Note. Einzig das historische Zentrum mit der katholischen Kirche und der Moschee, dem Friedhof, dem Bürgermeisteramt und der Einkaufsstraße versprüht kleinstädtisches Flair. Rund um die Altstadt sind die meisten Stadtteile wie das Industrieviertel Cambuston, der Grüngürtel Le Colosse oder das Wohnviertel La Cressonnière längst zu einem städtischen Großraum zusammengewachsen.

In den Straßen von Saint-André sieht man vorwiegend tamilische Gesichter, der plakative Vergleich als ›Little India‹ hat seine Berechtigung. Mehrere große und kleine Tempel sowie unzählige Haustempel existieren, und die hinduistischen Tamilen prägen das kulturelle Leben der Stadt, insbesondere durch ihre großartigen Festivitäten. Im Fremdenverkehrsamt kann man die genauen Termine erfahren.

## Temple Petit Bazar 1

*Avenue de l'Île de France, Bushaltestelle Chapelle der Linie G, unweit der Abzweigung in den Chemin du Chapelle, Besichtigung nach telefonischer Anmeldung, Tel. 0692 14 75 07*
Farbenprächtig leuchtet der tamilische Tempel Petit Bazar direkt an der Avenue de l'Île de France, der nördlichen

Einfahrtsstraße ins Altstadtzentrum und Verlängerung der Avenue des Mascareignes. So wie jeder hinduistische Tempel ist er einer bestimmten Gottheit geweiht, nämlich dem Gott Sri Murugan, dem Sohn der höchsten Gottheit Shiva. In die heiligen Innenräume dürfen ausländische Besucher nicht. Ein Spaziergang im Hof – züchtig bekleidet und ohne Schuhe – ist möglich.

## Plantation de Vanille Rouloff 2

Die Familie Rouloff führt Interessierte durch ihre Vanille-Plantage. Anbau, Ernte, Verarbeitung und Lagerung des begehrten Gewürzes werden erklärt und demonstriert (s. Entdeckungstour S. 200).

## Maison Martin Valliamée 3

*1590, chemin du Centre, Tel. 0262 46 91 63, geführte Touren nur mit Reservierung Mo–Sa 9.30, 10.45, 13.45 und 15 Uhr, Dauer ca. 1 Std., 3 €*
Nur ein paar Meter westlich der Kreuzung des Chemin du Centre mit dem Chemin Lagourgue befindet sich die strahlend weiße Villa im kreolischen Stil, in der zugleich das Fremdenverkehrsbüro untergebracht ist. Der Arzt und Bürgermeister Léopold Martin ließ das prachtvolle Gebäude 1925 nach seinen Vorstellungen am Rand der Stadt erbauen. Es besteht aus 24 Zimmern verteilt auf drei Etagen, obwohl der Junggeselle gar keine Familie hatte. Léopold Martin wollte die Welt der Architektur in einem Haus vereinen und ließ italienische Balken, eine Fassade im mauretanisch-viktorianischen Stil, spanische Fliesen, die typischen Fenster aus Frankreich sowie indische Elemente zu einer Einheit zusammenfügen. Der Grundriss ist streng symmetrisch, drei Veranden sorgen für eine ausreichende Luftzirkulation im schwül-heißen Osten. Die ▷ S. 203

# Saint-André

**Sehenswert**
1. Temple Petit Bazar
2. Plantation de Vanille Rouloff
3. Maison Martin Valliamée
4. Eglise de Saint-André
5. Eglise de Champ-Borne
6. Temple du Colosse
7. Sucrerie Bois-Rouge und Distillerie Savanna

**Übernachten**
1. Domaine des Oiseaux
2. L'Auberge du Désert

**Essen & Trinken**
1. Hindoustan
2. Resto Velli
3. Le Beau Rivage

**Einkaufen**
1. Boutique Tafia & Galabé

# *Auf Entdeckungstour*

## Das Geheimnis der Vanille – Plantation de Vanille Rouloff

Die Produktion echter Bourbon-Vanille, der Königin der Gewürze, erfordert neben den passenden klimatischen Gegebenheiten vor allem viel Handarbeit. Beim geführten Rundgang durch ihre Plantage erklärt die Familie Roulott den Anbau, die Pflege und Verarbeitung der wertvollen Gewürzpflanze.

**Cityplan:** s. S. 199

**Plantation de Vanille Rouloff** **2** :
M. Rouloff, 470, rue Déschanets, Tel. 0692 10 87 15, Besichtigung nur nach telefonischer Vereinbarung, empfehlenswert sind die Erntemonate Juni bis November, das Tourismusbüro Saint-André hilft bei der Reservierung und erklärt die Zufahrt, 2 €

Wer Glanz und Glamour erwartet, ist auf der Vanilleplantage der Familie Rouloff falsch. Dafür erleben Besucher den authentischen Produktionsbetrieb einer alteingesessenen Pflanzerfamilie, den man im Rahmen einer französischsprachigen Führung besichtigen kann. Man spaziert durch ein echtes Wirtschaftsgebäude, sieht die grünen Vanilleschoten an den Wirtspflanzen hängen und erfährt Wissenswertes über deren Kultivierung. Mehr Aktivität wird nur während der Erntezeit geboten, wenn die verschiedenen Veredelungsschritte unmittelbar beobachtet werden können. Für Vanilleliebhaber ist der Besuch der Plantage interessant, vor allem um den Wert der echten Vanille zu begreifen. Es gibt weitere Vanilleproduzenten, die für Besucher ihre Türen öffnen: in Sainte-Suzanne La Vanilleraie (s. S. 195) und in Bras-Panon die Coopérative de vanille (s. S. 208).

## Unspektakuläre Produktion

Im Wirtschaftsgebäude der Plantage verdeutlichen einige Schautafeln die vielen Arbeitsschritte, die hinter den Kulissen beim Vanilleanbau notwendig sind. Im Lagerraum stehen Kisten voller schokobrauner Vanilleschoten, das Aroma der Vanille schwebt in der Luft. Bereits die Azteken erfreuten sich am exotischen Geschmack der Vanille, insbesondere weil ihnen die aphrodisierende Wirkung nicht verborgen blieb. Durch die Eroberungsfeldzüge gelangte die Orchideenart mit den kostbaren Schotenfrüchten nach Spanien. Weil die Spanier die Form des unbekannten Gewürzes an ihre Schwertscheiden (span. *vaina)* erinnerte, nannten sie es *vainilla*. 1819 trafen die ersten Orchideen-Exemplare in der Kolonie Réunion ein. Doch erst nachdem der Sklave Edmond Albius aus Sainte-

Suzanne 1841 zufällig die händische Bestäubung der Vanille entdeckt hatte, konnte Vanille im großen Stil kultiviert werden.

## Schatten bevorzugt

Entscheidend für das ideale Wachstum ist das heiße, feuchte Tropenklima im Halbschatten. Zwischen Saint-Philippe und Sainte-Rose gedeiht die kletternde Vanille-Orchidee im Unterholz der Wälder. In der Region Saint-André und Sainte-Suzanne hingegen ranken sich die Lianen an Wirtspflanzen mit kleinerem Blätterdach wie Vacoa-Bäumen oder Drachenbäumen hoch oder wachsen unauffällig zwischen Zuckerrohrfeldern. Um das Sonnenlicht abzudämpfen, haben die Rouloffs über ihre Felder, die das Wirtschaftsgebäude umgeben, ein Gazedach gespannt.

## Drei Jahre und drei Sekunden

Gepflanzt wird die Vanille mit Hilfe von Zuckerrohr. In die Kerben des Rohres werden die Setzlinge gesteckt. Danach verbuddelt man sie in der Erde und harrt drei Jahre aus, bis die Setzlinge groß genug sind, um sich an Wirtspflanzen hochzuranken. Jetzt erscheinen an den fleischigen Blättern auch die ersten Blüten. Nur einen Tag sind sie geöffnet, um in einem heiklen Arbeitsschritt händisch bestäubt zu werden. Zwischen Mitte September und Ende Dezember ist der tägliche frühmorgendliche Gang durch die Plantagen für den Bauern und seine Helferinnen unabdingbar – die Blüten sind jeweils nur in der Morgensonne geöffnet. Drei Sekunden benötigen flinke Frauenhände für eine Bestäubung. Eingefleischte Réunionesen bauen in den klimatisch begünstigten Regionen übrigens ihre eigene Vanille an, so wie in unseren Breiten passionierte Köche ihre eigenen Kräuter züchten.

## Die Ernte und die Verarbeitung

Etwa neun Monate später, von Juni bis November im darauffolgenden Jahr, erfolgt die Ernte, wenn sich die grünen Kapselfrüchte an den Enden gelb verfärben. Der Vanille fehlt aber noch das Entscheidende: ihr Aroma. Dieses entwickelt sich erst durch einen aufwendigen Veredelungsprozess, der mehr als ein Jahr in Anspruch nimmt. Um den natürlichen Reifungsprozess zu stoppen, werden die grünen Schoten *(les gousses)* zunächst drei Minuten lang in 65 °C heißem Wasser erhitzt *(échaudage)*. Danach wickelt man sie in Wolltücher und legt sie in große Holzkisten, wo sie 12–15 Stunden schwitzen *(étuvage)*. Erst jetzt nehmen sie die typische schokoladenbraune Farbe an, die durch Enzyme hervorgerufen wird. Anschließend werden die Schoten zwei bis vier Monate lang getrocknet – zuerst in einem Ofen, später in der Sonne. Der Trick dabei besteht darin, dass die Schoten geschlossen bleiben, die wertvollen Inhaltsstoffe nicht austrocknen können und sie dennoch reifen. Am Ende des langwierigen Trocknungsprozesses *(séchage)* wird den Vanilleschoten zur Verfeinerung des Geschmacks der letzte Rest an Feuchtigkeit behutsam im Schatten auf Gitterrosten entzogen.

## Abschließende Reifung

Nach einer finalen Sterilisation über Wasserdampf werden die Vanillebündel in Wachspapier gewickelt, in Holzkisten gepackt und über 8–12 Monate unter Verschluss gehalten *(mise en malles)*, damit die Fermentierung abgeschlossen wird. In dieser Zeit entfaltet sich das endgültige Aroma der Vanille. Jeden Sonntag prüft der Bauer die Vanille, öffnet die Kisten, dreht und wendet die einzelnen Bündel. Eine einzige verdorbene Schote kann die Ernte einer ganzen Kiste gefährden. Der Bauer erkennt bereits am Geruch, ob mit einer Kiste etwas nicht stimmt. Immerhin – eine Holzkassette hat einen Wert von bis zu 30 000 €!

Wann die Vanillekapseln ihre Reife abgeschlossen haben, weiß der Pflanzer aus Erfahrung. Neben der Größe der Vanille ist auch die Konsistenz ein Qualitätsmerkmal: Gute Vanille ist saftig weich und lässt sich ganz leicht um den Finger wickeln, ohne dass sie bricht. Die Vanilleschoten werden abschließend gewogen, gemessen, in Qualitätsstufen sortiert und in Bündel für den Verkauf verpackt *(calibrage)*.

## Qualität und Preis der Bourbon-Vanille

Massive Preisunterschiede der Marktführer Indonesien oder Madagaskar zu Réunion erklären sich nicht nur durch unterschiedliche Lohnniveaus, sondern vor allem durch den Verarbeitungsprozess. So erfolgt in der Billigproduktion die Ernte in Bausch und Bogen, ohne Rücksicht auf die individuellen Färbungen der Kapseln, wie auf Réunion üblich. Zudem wird der Trocknungsprozess weit weniger akribisch durchgeführt.

So teuer uns der Luxusartikel Vanille mit 1 € Verkaufspreis pro Schote auch erscheinen mag, ein Pflanzer kann davon nicht leben. Als größter einzelner Produzent der Insel bearbeitet die Familie Rouloff momentan 2 ha Land mit ca. 6000–8000 Wirtspflanzen, wobei jährlich 160 000 Vanilleschoten produziert werden. Jede Schote wird bis zu 20 Mal angefasst und behandelt – die Vanilleproduktion ist also ein aufwendiges manuelles Unterfangen. Wer die hochwertige Vanille gerne mit nach Hause nehmen möchte, kann sie abschließend bei Familie Rouloff kaufen.

Veranda, die nach vorne gerichtet ist, war der Bewirtung von hochrangigen Besuchern vorbehalten, während auf den beiden seitlichen Veranden der Hausherr seine Mahlzeiten einnahm. Bis 1955 bewohnte der Hausherr die Villa. Danach zog die indischstämmige Familie Valliamée ein und adaptierte sie geringfügig.

## Altstadt

Viel hat das Zentrum des quirligen Städtchens nicht zu bieten, aber rund um die **Eglise de Saint-André** 4 und den Hauptplatz lohnt sich ein Spaziergang allemal. Im Umkreis der Kirche stößt man auf einige historische Straßenzüge mit kreolischen Villen und alten Lagerhäusern. Das ehemalige Pfarrhaus fungiert heute als Schule. Saint-André ist ein echtes Kreolenstädtchen mit vornehmlich indischer Bevölkerung, was sich im Stadtbild und in der Architektur widerspiegelt.

Über den 3,2 km langen, fast schnurgeraden Chemin Lefaguyes gelangt man von der Altstadt am schnellsten ans Meer. Die verfallene Kirche **Eglise de Champ-Borne** 5 direkt an der Küste sticht ins Auge. Sie wurde in der ersten Hälfte des 19. Jh. erbaut und hielt dem Zyklon Jenny am 28. Februar 1962 nicht stand.

## Temple du Colosse 6

*Route de Champ-Borne, Besichtigung nach telefonischer Anmeldung bei M. Voulamalé unter Tel. 0692 87 87 80 oder beim Tourismusbüro*

Die D47 – rechter Hand tost der milchig-blaue Ozean hinter einem Grünstreifen mit Vacoa-Bäumen – führt in nordwestlicher Richtung direkt zum Temple du Colosse, der nach 1,3 km erreicht ist. Der größte und bedeutende hinduistische Tempel wurde erst vor Kurzem generalsaniert und strahlt wieder in prächtigen Farben (s. Entde-

ckungstour S. 204). Der Name des Ortsteils – Colosse – stammt wie, man vielleicht vermuten möchte, aus der hinduistischen Mythologie, sondern ganz trivial aus der Zeit, als die Inder in kolossalen Passagierschiffen in eine ungewisse Zukunft fuhren.

# Ausflug von Saint-André

## Sucrerie Bois-Rouge und Distillerie Savanna 7

*In Cambuston, 2, chemin Bois-Rouge, Tel. 0262 58 59 74, www.distilleriesavanna.com, Mo–Sa 9.15–12.30, 14.30–18 Uhr, geführte Touren Dez.–Juli, auch Nachtführungen, Reservierung einer Tour zwei Tage im Vorhinein empfohlen, festes Schuhwerk (keine Flip-Flops), 3,50 €, Kombiticket für beide Betriebe Juli–Nov. 8 €*

Die dampfenden Schlote der Zuckerfabrik Bois-Rouge und der angrenzenden Rumbrennerei Savanna in ▷ S. 207

*Unser Tipp*

### Rum und Zucker – Boutique Tafia & Galabé 1

In einem stimmungsvollen kreolischen Haus gegenüber der Sucrerie Bois-Rouge und Distillerie Savanna (s. o.) befindet sich der Verkaufsshop des Rumproduzenten Tafia & Galabé, der für seine preisgekrönten Rumbrände über die Grenzen von Réunion hinaus bekannt ist. In dem Laden werden nicht nur Rumspezialitäten, sondern auch Zuckerköstlichkeiten, Konfituren und Gelees verkauft. Verkostungen und Direktverkauf finden das ganze Jahr über statt.

# Auf Entdeckungstour

## Hinduismus zum Anfassen – Temple du Colosse

Etwa 40 % der Bevölkerung auf Réunion stammt von Tamilen ab, die Mitte des 19. Jh. in Südindien als Vertragsarbeiter für die Zuckerplantagen angeheuert wurden. Ein Revival des Hinduismus auf Réunion hat in den letzten Jahren vermehrt zum Bau von Tempelanlagen und Ashrams geführt. Der Temple du Colosse vereint wichtige Elemente der hinduistischen Sakralarchitektur.

Cityplan: s. S. 199

Temple du Colosse **6**: Route de Champ-Borne, Besichtigung nach telefonischer Anmeldung bei M. Voulamalé unter Tel. 0692 87 87 80 oder beim Tourismusbüro, Spende erwünscht, Führung ca. 45 Min.

**Wichtig:** Schuhe ausziehen, Knie und Schulter bedecken.

So schlicht wie das Eingangstor zum Temple du Colosse gehalten ist, so farbenprächtig und aufwendig verziert erhebt sich unmittelbar dahinter der Turm des Tempelhaupthauses. Rechts davor befindet sich durch einen weißen Bretterzaun abgetrennt ein kleines Feld, der Feuergraben. Mehrmals im Jahr gehen hier Gläubige barfuß über glühende Kohlen *(marche sur le feu)*, um der Göttin Pandialée die Ehre zu erweisen.

## Die drei Göttinnen

Der Temple du Colosse ist der Feuergöttin Pandialée (Draupadi) geweiht, die gemeinsam mit den weiblichen Gottheiten Karli und Maryamèn von den tamilischen Réunionesen als wichtigste Gottheit verehrt wird. Pandialée ist eine mythische Frauenfigur, die für Stärke, Lebensmut, Selbstbewusstsein, Gerechtigkeit und moralische Überlegenheit steht. Karli, die Göttin des Todes, der Erneuerung und der Transformation, gilt als Gottesmutter, die Leben gibt und es auch wieder nimmt. Maryamèn, die Göttin des Wassers, beschützt vor Krankheiten, sichert gute Ernten und sorgt sich allgemein um Wasser. Mit Opfergaben, Ritualen und Gebeten bitten Gläubige im Temple du Colosse um das Wohlwollen und Einsehen der Göttinnen. Man will die bösen Geister einer Krankheit vertreiben, eine Arbeitsstelle behalten oder bittet um eine gute Ernte.

## Verborgene Bedeutungen

Bis auf wenige Ausnahmen haben die intensiven Farben, in denen das gesamte Bauwerk gehalten ist, keine Bedeutung, außer dass sie der Seele schmeicheln sollen. Besetzt sind allerdings die Farben Rot als Farbe für Pandialée, Weiß als Farbe für die Gläubigen und Schwarz als Farbe für Karli.

Das Kunsthandwerk der Tempelmalerei wird in untadeligen Familien von Generation zu Generation weitervererbt und ist mit höchsten Ehren verbunden. Die Gläubigen sind verpflichtet, die Tempelrenovierung alle zwölf Jahre durchzuführen. Die kostspieligen Tempelbauten werden durch Spenden der Gemeinschaft finanziert.

Weit bedeutender als die Farben wiegt die richtige Ausrichtung der Gebäudeteile. Wer genau hinsieht, erkennt, dass der vordere Teil des lang gezogenen Haupthauses, der Tempel der Pandialée, exakt nach Osten in Richtung aufgehende Sonne und Meer ausgerichtet ist. Der hintere, der Göttin Karli geweihte Teil weist dagegen in Richtung Sonnenuntergang und zu den Hängen des Vulkans.

## Darstellung der menschlichen Gestalt

Zentrum des spirituellen und sozialen Lebens der Hindus ist der Tempel, der als heiligster Ort gilt, denn hier berührt die Welt der Götter die Welt der Menschen. Aus diesem Grund ist das Betreten der Innenräume der Tempel für Nichtgläubige strengstens untersagt. Bei einer Führung schreitet man in Le Colosse deshalb die Gebäude nur von außen ab. Selbst Hindus dürfen nur unter bestimmten Voraussetzungen das Innere der Tempel aufsuchen, wenn sie äußerlich z. B. durch Enthaltsamkeit und moralisches Leben und innerlich durch drei Tage strenges Fasten gereinigt sind.

Der Temple du Colosse, der erst 1980 in der heutigen Form errichtet wurde, ist – wie auch andere Tempel auf Réunion – der menschlichen Gestalt nachempfunden. Der vordere Teil mit der markanten Dachkonstruktion symbolisiert die Beine der Gestalt, das Hauptschiff den Körper. Der hintere Teil mit der Kuppel steht für den Kopf und gilt als heiligster Ort der Tempelanlage.

## Haupthaus – Tempel der Pandialée

Vor dem Tempel der Pandialée wacht linker Hand Ganesha, der Gott des Anfangs und des Gelingens. Das Kind mit einem Elefantenkopf, der nur einen Stoßzahn hat, wird von seinem Reittier begleitet, einer Ratte – dem Symbol für Intelligenz und Stärke. Die vier Arme der Figur gelten als Zeichen von Virtuosität und überlegener göttlicher Macht, denn als Sohn des Hauptgottes Shiva verkörpert Ganesha die Weisheit.

Rechts des Eingangstors steht Murugan, der Gott des Krieges, der jugendlichen Kraft und der Schönheit, der der Mythologie nach auf Pfauen durch die hinduistische Götterwelt reitet. Ähnlich wie die Eingangsfront und der vordere Turmaufbau sind die Innenräume des Tempels mit Figuren und Szenen aus der Mythologie, wie z. B. dem kosmischen Tanz Shivas oder der Geburt von Pandialée, ausgeschmückt.

## Opferstelle – Tempel der Karli

Obwohl die Tempelanlage der Pandialée geweiht ist, ist der Tempel der Karli im architektonisch abgetrennten hinteren Ende des Haupthauses der heiligste Ort. Um Karli, an dessen Seite ein Löwe tänzelt, gnädig zu stimmen, werden hier Tieropfer dargebracht, was an der Vorrichtung im Boden zu erkennen ist. Der schwarze Stein im Innenraum stammt direkt aus Indien und bewacht den Tempel. Alle Gläubigen, die den Tempel betreten möchten, müssen alle Kleidungsstücke aus Leder ablegen, denn Leder gilt als unrein.

## Verehrung von Sonne und Ahnen

Surya, der Göttin der Sonne, die leicht an den sieben Pferden zu erkennen ist, ist der vordere kleine Tempel links neben dem Haupthaus geweiht. Schon in den ältesten hinduistischen Schriften erscheint Surya als Personifizierung der Sonne. Unter ihr thront Chaya, der Gott des Schattens, der als Ursache von Tag und Nacht verehrt wird. Die schwarze Maske im Vordergrund mit den leuchtend orangenen Augen repräsentiert die Sonne. Der hintere kleine Tempel ist den Vorfahren gewidmet, er ist üblicherweise geschlossen. Darin befinden sich Fotografien verstorbener Persönlichkeiten des réunionesischen Hinduismus.

## Heiliger Hain

Neben den Tempelbauten wachsen zahllose Bäume und Sträucher. Sie sind den Hindus heilig, wie z. B. die echte Limette *(citron galet),* die ölhaltige Purgiernuss oder der auf Kreolisch *lilas* genannte Niembaum, der wegen seiner Heilkraft direkt der Gottheit Shakti zugerechnet wird. Wenn Pflanzen besonders intensiv duften, halten sie zudem Dämonen und böse Geister ab, wie Frangipani, Kampfer oder indischer Basilikum. Der am meisten verehrte Baum, der Banyan-Baum, findet sich übrigens im Temple du Colosse nicht (s. Banian des Orangers, S. 214).

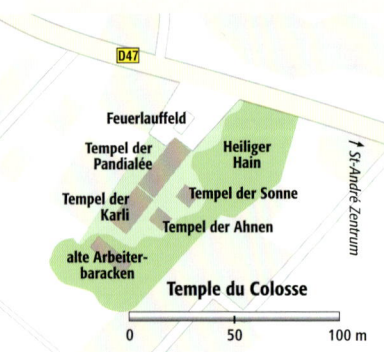

206

Cambuston an der Küste zwischen Saint-André und Sainte-Suzanne sind weithin sichtbar. Von den einst 189 Zuckerfabriken sind nur noch zwei in Betrieb. Was Le Gol bei Saint-Louis für den Westen ist, ist Bois-Rouge für den Osten. Während der Zuckerrohrernte von Juli bis November spielt sich ein unvergleichliches Schauspiel ab: Überdimensionierte Lastwagen und Traktoren liefern im Minutentakt Zuckerrohr in die Fabrik. Für Ausflügler sind diese Monate einerseits besonders eindrücklich, da es überall von Menschen und Maschinen wuselt, aber gleichzeitig auch ein Spießrutenlauf, wenn Sehenswürdigkeiten und Unterkünfte vorübergehend nicht erreichbar sind, weil gigantische Trucks die Straßen blockieren.

In der Destillerie wird der Herstellungsprozess von Rum vorgeführt und man kann sich die unterschiedlichen Geschmacksrichtungen der Rumsorten auf der Zunge zergehen lassen. Tipp: Es werden auch Nachtführungen angeboten (10 €), die besonders bei den Einheimischen beliebt sind. Es ist weniger heiß, das Publikum ist gemischt (weil auch Einheimische dabei sind) und mit den Lichtern wirken die Gerätschaften und das Getöse noch imposanter. Der angeschlossene Verkaufsshop ist sehenswert (s. Unser Tipp S. 203).

## Übernachten

*Sympathisch* – **Domaine des Oiseaux** **1**: 300, chemin Grand-Canal, Tel. 0262 92 50 22, an der Kreuzung von Champ-Borne rechts, DZ 50 €. Einfaches, aber farbenfrohes Domizil mit einladenden Zimmern. Abendessen auf Vorbestellung (ab 20 €).

*Ländlich rustikal* – **L'Auberge du Désert** **2**: 2026, chemin Bras-des-Chevrettes,

Tel. 0262 46 64 43, www.auberge-du desert.com, an der Kirche rechts, 3 km in Richtung Bras-des-Chevrettes, DZ 40 €. Das schöne Anwesen macht die reduzierte Ausstattung der acht Zimmer wieder wett. Absolutes Plus: der weitläufige Swimmingpool. Auf Vorbestellung erhält man ein Abendessen (ab 20 €).

## Essen & Trinken

*Köstlich indisch* – **Hindoustan** **1**: 700, chemin du Centre, Tel. 0262 56 57 57, hindoustan@orange.fr, unweit des Tourismusbüros, Di–So 11.30–14.30, 19.30–22.30 Uhr, Hauptgerichte ab 12 €. Überdimensionale Elefantenköpfe begrüßen hungrige Gäste, die sich auf hervorragende indische Küche freuen können.

*Exzellent kreolisch* – **Resto Velli** **2**: 336, route de Champ-Borne, Tel. 0262 46 03 38, unmittelbar neben dem Temple du Colosse, So–Di 12–13.45, Mi–Fr 12–13.45, 19–22 Uhr, Hauptgerichte ab 12 €. Das unscheinbare Lokal ist nicht umsonst an den Wochenenden für Hochzeiten und Taufen gut gebucht, denn es zählt zu den besten der Ostküste.

*Multikulti-Speisen* – **Le Beau Rivage** **3**: 873, chemin Champ-Borne, Tel. 0262 46 08 66, in der Nähe der Kirche von Champ-Borne, Di–Sa 12–14.30, 17–22, So 12–14.30 Uhr, Hauptgerichte ab 15 €. Angenehmes Restaurant am Meer, für Leute, die sich nicht gerne festlegen: Es werden indische, kreolische, chinesische und gar französische Gerichte serviert.

## Einkaufen

*Rum und Zucker* – **Boutique Tafia & Galabé** **1**: s. Unser Tipp S. 203.

## Infos & Termine

**Office de Tourisme:** in der Maison Martin Valliamée, 1590, chemin du Centre, Tel. 0262 46 91 63, omt.standre@wanadoo.fr, Mo–Sa 9–17 Uhr.

### Verkehr

**Auto:** Die nördliche Autobahnabfahrt – von Saint-Denis aus kommend – ist als ›Saint-André centre – Cambuston – Quartier-Français‹ ausgeschildert und führt in die Hauptstraße Chemin du Centre. Die südliche Einfahrt – von Saint-Benoît aus kommend – führt in ein Gewerbegebiet *(zone industrielle)*. Hier hält man sich am besten in Richtung Champ-Borne, um dann in den Chemin du Centre links abzubiegen.
**Bus:** Die Buslinien F/G halten u. a. an den Haltestellen ›Petit Bazar‹ oder ›Gare du Saint-André‹.

### Termine

Bei den beeindruckenden und farbenprächtigen indischen Festivitäten sind auch Touristen gern gesehene Gäste.
**Fête de Pandialée:** Dez./Jan., u. a. Temple du Colosse. Fest zu Ehren der Hauptgöttin, bei dem Gläubige über glühende Kohlen gehen.
**Cavadee:** Jan./Feb. Fest zu Ehren von Murugan, Prozession von der Rivière des Marsouins zum Temple du Colosse.
**Dipavali:** Okt./Nov., rund um die hinduistischen Tempel. Mehrtägiges, öffentliches hinduistisches Fest des Lichts, die nächsten Termine sind 26.10.2011, 13.11.2012, 3.11.2013, 23.10.2014.

# Bras-Panon ▶ J/K 3/4

Früher gehörte das Land einer der ältesten und reichsten Familien der Insel, den Panon-Desbassyns. Als Sieur Panon 1736 beim Abschreiten und Ausmessen seines Anwesens ausrutschte und sich

den Arm (frz. *bras)* brach, war der Name des Landstrichs und der 1882 gegründeten Ortschaft vorprogrammiert. Bras-Panon heißt aber nicht nur die Ortschaft, sondern auch der Zufluss der Rivière des Roches. Landwirtschaft, Vanille- und Zuckerrohranbau, Grundelfischerei (s. S. 210) sind der Haupterwerb der knapp 12 000 Einwohner.

### Coopérative de vanille

*21, route Nationale, Tel. 0262 51 70 12, Mo–Sa 8.30–12, 14–17 Uhr, Führungen Mo–Sa 9, 9.45, 10.30, 11.15, 14, 14.45, 15.30, 16.15 Uhr, 5 €*
Als einzige Sehenswürdigkeit wartet die Vanillekooperative am Südende von Bras-Panon auf Besucher. Der Zusammenschluss von Vanillebauern aus der Region von Sainte-Suzanne bis Saint-Philippe ermöglicht es auch kleinen Plantagenbetreibern, ihre Vanille professionell zu verarbeiten und zu vermarkten. Im Hofladen stehen die Produkte zum Verkauf. Führungen lohnen sich allerdings nur zwischen Juni und November, wenn man den Beschäftigten bei der Arbeit zusehen kann. Schöne Souvenirs, z. B. Vanille-Duschbad (4 €), Vanille-Salz (4,50 €) oder Vanilleschoten (20 g um 11 €).

## Übernachten

*Gutes Preis-Leistungs-Verhältnis –* **La Passiflore:** 31, rue des Baies Roses, Tel. 0262 51 74 68, caso.mary@wanadoo.fr, DZ 48 €. Nettes Gästehaus mit drei recht beengten Zimmern in Ruhelage. Gefrühstückt wird auf der Terrasse.

## Essen & Trinken

*Duftig –* **La Vani-La:** gleiche Kontaktdaten wie die Vanillekooperative, Mo–

Fr mittags, Hauptgerichte ab 12 €. Man hat es fast geahnt – hier wird mit Vanille gekocht. Die Öffnungszeiten gelten ausschließlich für die Schulzeit.

## Infos

**Bus:** Von Saint-Denis oder Saint-Benoît kommend, halten die Buslinien F/G u. a. an den Haltestellen ›Marché Bras-Panon‹ oder ›Coopérative de Vanille‹.

# Saint-Benoît ▶ K 4

Die 34 000 Einwohner von Saint-Benoît leben beschaulich, vom großen Remmidemmi der Westküste scheint man hier Lichtjahre entfernt. Wie auch die anderen Städte an der Ostküste verdankt Saint-Benoît seine Existenz der Erschließung neuer Kaffeeplantagen, später kamen Vanille- und Zuckerrohranbau dazu. 1785 wurden hier, im Ortsteil Beaulieu, die ersten Versuche mit Zuckerrohr gestartet. Heute rühmt sich die Hauptstadt des Ostens, der Obst- und Blumengarten Réunions zu sein: Victoria-Ananas, Mango und Litschis, Palmen sowie Gewürzpflanzen und Orchideen dominieren neben Zuckerrohr und Reis die landwirtschaftliche Produktion. Daneben spielt auch der Fischfang, besonders der *bichique,* eine gewisse Rolle.

Unter Gouverneur Pierre Benoît Dumas wurde Saint-Benoît 1733 gegründet. Die Eisenbahn brachte Ende des 19. Jh. Wohlstand. 1950 zerstörte eine Feuersbrunst die Innenstadt, sodass die meisten Gebäude aus der zweiten Hälfte des 20. Jh. stammen. Dennoch lohnt sich ein Spaziergang durch das Zentrum, das vor kreolischem Flair strotzt: bunte Läden, die hier *bazar* heißen, chinesische Händler und Restaurants, tamilische Gesichter in der

**Hübsches Fotomotiv: der Brunnen vor der Eglise de Saint-Benoît**

scher um die besten *bichique*-Fang-plätze streiten (s. Unser Tipp links).

### Distillerie Rivière-du-Mât
*Zone industrielle de Beaufonds, Tel. 0262 50 27 32, www.rdm.gqf.com, geführte Touren nur mit Anmeldung, Di–Sa 9, 10.30, 14, 15.30 Uhr, 5 €, Mindestalter 13 Jahre*

Die Rumdestillerie Rivière-du-Mât am Südende der Stadt zu besichtigen lohnt sich nur in der Erntezeit von Juni bis Dezember, wenn die Produktion in vollem Gange ist. In sechs Schritten von der Herstellung der Melasse bis zur Lagerung in monumentalen Eichenfässern wird aus Zuckerrohr Rum gewonnen. Der Rum von Rivière-du-Mât genießt international bei Rumkennern einen guten Ruf. Die Anfahrt in das Gewerbegebiet von Beaufonds erfolgt entweder über die N2 (1,2 km südöstlich des großen Kreisverkehrs mit der Transversale N3 in Richtung Sainte-Anne) oder über das Stadtzentrum (Rue Amiral Bouvet). Am Temple de Beaufonds folgt man den Schildern (am Gelände der Zuckerfabrik rechts halten).

## Unser Tipp

### »Bichique la monté!« – die Grundeln kommen!
Wer sich zwischen September und Dezember in Saint-Benoît aufhält, kann ein aufregendes Schauspiel erleben: den Fang der *bichique* (Grundeln). In den Vollmondnächten lauern die Fischer an der Flussmündung der Rivière des Marsouins auf die ca. 3 cm kleinen Fische, die in diesen Monaten beginnen flussaufwärts zu den Laichplätzen zu wandern. An der Mündung fangen die Fischer sie mit Barrieren ab. Vorsichtig öffnen sie die Löcher zwischen den Sandsäcken und brauchen nur noch ihre konischen Reusen richtig zu positionieren. Beim Wort *bichique* läuft jedem Kreolen das Wasser im Mund zusammen – sie gelten als Delikatesse. 40–50 € pro Kilo kostet der réunionesische ›Kaviar‹ auf dem Schwarzmarkt. Auch in anderen Orten an der Ostküste erschallt ab September der Ruf »*Bichique la monté!*«.

# Übernachten

Apotheke. Am südöstlichen Ende der verkehrsberuhigten Rue Pompidou ragt das schlanke Minarett der Moschee **Mosquée Masdid Habibiyah** zwischen Läden empor, am nordwestlichen thront neben dem Bürgermeisteramt die katholische Kirche **Eglise de Saint-Benoît**. Im Ensemble mit der weitläufigen Grünfläche und dem **Kirchvorplatz** wirkt das Herz der Stadt äußerst sympathisch. An der Ecke Rue Alexis de Villeneuve und Rue Bertin stehen Überreste des alten **Bahnhofs**. Unweit davon liegt das Mündungsdelta der Rivière des Marsouins, wo sich von Oktober bis Dezember die Fi-

*Niveauvolles Glashaus* – **Longani's Lodge:** in Abondance, 95, chemin Harmonie, auf der Straße nach Takamaka 4 km bis zum Chemin d'Abondance fahren, rechts abbiegen, Tel. 0692 76 84 52, www.longanislodge.com, Ferienwohnung 80 €/Tag. Mit erlesenen Möbeln und Dekorationen aus Indien, Afrika und Japan haucht die weit gereiste Besitzerin dem luftigen Haus ein ganz besonderes Flair ein. Wegen der vielen großflächigen Fenster fühlt man sich wie in einem Baumhaus.

*Marokkanisch-kreolisch* – **La Topaze:** 150, chemin Ceinture, an der D3 vom

Chemin Ceinture in Richtung Sainte-Rose, Tel. 0692 66 78 18, la.topaze@hotmail.fr, DZ 72 €. Geschmackvolles kreolisches Häuschen mit zwei Zimmern, die durch ein Wohnzimmer verbunden sind. Großzügiges Raumangebot und schönes Bad. Viel Liebe zum Detail, selbst beim Frühstück!

*Enthusiastische Gastgeber –* **Le Saint Alexandre:** 14, Pont Payet, auf der N3 in Richtung Plaine-des-Palmistes bis nach Pont Payet, bei der Tafel mit dem grünen ›‹ rechts abbiegen, Tel. 0692 64 17 92, www.saintalexandre974.com, Ferienwohnung ab 60 €, drei Nächte Minimum. Die Unterbringung erfolgt in fünf farbenprächtigen und komfortabel ausgestatteten Bungalows, die in einer duftenden Orangenplantage liegen. Unkompliziertes und äußerst gastfreundliches Haus.

## Essen & Trinken

*Gehobene Kategorie –* **Le Vieux Domaine II:** 204 N2, unweit von Le Bourbier, im alten Hotel Armony, Tel. 0262 50 90 50, Di–So 12–14.30, 19–21.30 Uhr, Hauptgerichte ab 13 €. Im gepflegten Ambiente mit Blick aufs Meer kann man gut französisch und kreolisch speisen, der Küchenchef gibt sich gerne kreativ, z. B. Entenbrust mit Goyavier.

*Gutes aus dem Meer –* **Le Beauvallon:** in Rivière-des-Roches, rue du Stade-Raymond-Arnoux, auf der Landstraße in Richtung Bras-Panon, Tel. 0262 50 42 92, tgl. nur mittags, Hauptgerichte ab 11 €. Der schöne Blick aufs Wasser entschädigt für das nackte lagerhallenartige Flair. Fisch und Meeresfrüchte, indisch und chinesisch.

*Für die Rast –* **Au Fournil de Camille:** La Confiance an der N3, Tel. 0262 28 58 41, Di–Sa 5.45–12.30, 15.45–19.30, So 5.45–12.30 Uhr, um 3 €. Ideal an der N3 gelegen, Snacks und heißer Kaffee.

## Aktiv & Kreativ

*Outdoor-Action –* **Run Aventures:** in Bras-Canot, Îlet-Coco, Anfahrt inseleinwärts über D54, Tel. 0692 64 08 22, www.runaventures.com. Rafting, Kayak Jump und Wildwasserwanderungen für Hartgesottene werden ab 35 € geboten.

## Infos

**Auto:** Die Schnellstraßenabfahrt beim Jumbo Score und McDonald's (›Saint-Benoît Centre‹, ›Bethléem‹) führt direkt zur Rue Pompidou in die Innenstadt und, wenn man inseleinwärts fährt, nach Bethléem. Die südlichen Ausfahrten von der N2 (›Les Bambous‹ und ›Le Butor‹) führen in Stadtteile südlich der Rivière des Marsouins. Durch die Brücke über den Fluss sind diese Viertel aber direkt mit der Altstadt verbunden. Am Kreisverkehr ›Le Butor‹ geht die Transversale N3 nach Plaine-des-Cafres ab. Um zur D54 nach Bethléem und Takamaka zu gelangen, fährt man von der N2 an der Ausfahrt Le Bourbier/Takamaka ab. In der Innenstadt von Saint-Benoît existiert ein ausgeklügeltes Einbahnstraßensystem, das sich nach anfänglicher Verwirrung als äußerst transparent herausstellt.

**Bus:** Der Busbahnhof (Tel. 0262 50 10 69) liegt an der N2 etwa 500 m südöstlich des großen Einkaufszentrums mit dem Jumbo Score und McDonald's. Ab Saint-Benoît fahren Busse in Richtung Saint-Denis (G, F) und Saint-Pierre (Linie I über Saint-Philippe und Linie H über das Hochplateau).

# Bethléem ▶ J/K 4

Der Ort im Hinterland von Saint-Benoît ist als Picknick- und Naherholungsge-

**Im Tal von Takamaka stürzen unzählige Wasserfälle die Berghänge hinunter**

biet beliebt – insbesondere um sich in den Fluten der Rivière des Marsouins abzukühlen. Auf der Landstraße nach Bras-Panon folgt man der D53 knappe 2 km bis zum Dorf Le Boubier-les-Hauts. Dort biegt man am grellroten Snack-Rondeau links ab, folgt dem Chemin Bellier und hält sich danach rechts. Nach weiteren 2 km ist der Parkplatz erreicht. Für viele Réunionesen ist die **Chapelle de Bethléem** ein Wallfahrts-ort. Ab dem Parkplatz folgt man dem geteerten Pfad durch dichten Bambus hinunter zum Fluss (10 Min. Gehzeit).

Zur Zeit der Piratenüberfälle im 18. Jh. hatten sich viele Kreolen ebenso wie französische Siedler weit in die Berge auf die Îlet de la Rivière des Marsouins zurückgezogen. An die 500 bis 600 Siedler lebten dort von der Jagd und vom Fischfang. Schockiert vom Elend, gründete die Ehefrau des Gouverneurs Hubert Delisle 1855 Bethléem und organisierte dort Armenspeisungen. Die Mädchen wurden von Ordensschwestern in Kochen, Nähen und Gartenarbeit unterrichtet. 1935 gaben die Nonnen die Schule auf.

Takamaka nannten, gab dem Tal seinen Namen.

Wuchtige Hochspannungsleitungen auf dem Weg nach oben verraten, dass die beiden Wasserkraftwerke Takamaka I und II für den größten Teil des Stroms auf der Insel verantwortlich sind. Der Staudamm *(barrage)* Takamaka I mit einem 315 m hohen Wasserauffangbecken wurde 1968 fertiggestellt. Nach jahrzehntelanger Planung hatte man schließlich einen Weg gefunden, einen der regen- und wasserreichsten Punkte der Insel für die Stromerzeugung zu nutzen. Wegen des Reliefs konnte nirgendwo anders ein Staudamm errichtet werden. Die Turbinen und das Kraftwerk befinden sich tief im Felsen und sind nur über einen Liftschacht zu erreichen. Aufgrund des steigenden Strombedarfs musste Takamaka II, das zweite unterirdische Kraftwerk samt Staubecken, in Betrieb genommen werden. Oben, am Ende der Stichstraße, befinden sich die Gebäude der französischen Elektrizitätswerke (EdF) und der Lift.

Für die Mitarbeiter der Elektrizitätswerke wurden Wege angelegt, die auch von Wanderern genutzt werden können – so sie geöffnet sind. Sie führen zu den Staubecken und den Wasserfällen, ins tiefer gelegene Tal und schließlich sogar bis zum Forêt de Bébour. Das steile, glitschige Terrain ist nur für geübte, trittsichere Wanderer zu empfehlen. Zahlreiche Steigleitern und Stahlkonstruktionen gilt es zu überwinden. Am besten, man erkundigt sich bei der Maison de la Montagne (s. S. 31) über den Zustand der Wege. Canyoning sollte in Takamaka nur von erfahrenen Kletterern oder als gebuchte Tour mit einem Veranstalter in Angriff genommen werden, die Gewässer und Schluchten zählen zu den schwierigsten. Der Einstieg erfolgt über Plaine-des-Palmistes.

# Takamaka ! ▶ H 5

Am Ende der D53 beginnt das spektakuläre Tal von Takamaka, das die Rivière des Marsouins in den Basalt geschliffen hat. Das Panorama von der 820 m hoch gelegenen Aussichtsplattform auf das zerklüftete Landschaftsrelief beeindruckt. Hunderte von Wasserfällen tosen die steilen, dicht bewaldeten Steilhänge hinab. Der hier weit verbreitete Indische Mahagoni, ein Hartholzbaum, den die Azteken

# Le Grand-Etang ▶ J 5

# Sainte-Anne ▶ K/L 5

Von Saint-Benoît fährt man die Transversale N3 in Richtung Plaine-des-Palmistes, um nach etwa 8 km rechts zum größten See der Insel abzuzweigen. Im niederschlagsreichen Hinterland von Saint-Benoît liegt der schlammig-grüne Bergsee eingekesselt von Steilwänden auf 525 m Höhe. Er entstand durch einen Lavastrom des Piton de la Fournaise, der den Zufluss Bras d'Annette verlegte, wodurch sich die Wassermassen stauten. Durch seine Unzugänglichkeit blieb der kleine Talkessel isoliert – sehr zur Freude der Botaniker und Ornithologen. Endemische Vögel der Hochlagen wie der *tec-tec*, das Réunionschwarzkehlchen (Saxicola tectes), oder der *papangue* (Réunion Harrier) werden hier beobachtet. Es gedeihen üppig wachsende Baumfarne oder Rosenapfelbäume, deren gelbliche Früchte an Pflaumen erinnern, weswegen der Baum Malbarpflaume genannt wird. Von Mai bis Juni säumen blutrote Goyavier den Wanderweg um den See und zu den schlanken **Cascades de Bras d'Anette** (ca. 1,5 Std., mit Abstecher zum Wasserfall 2,5 Std.). Der Rundweg ist ohne nennenswerte Steigungen, dafür aber oft schlammig und bei Überflutungen gesperrt.

## Aktiv & Kreativ

*Naturerlebnisse* – **Ferme Equestre du Grand-Etang:** in Pont Payet, direkt an der N3, Tel. 0262 50 90 03, 0692 86 88 25, www.ferme-equestre-grand-etang. fr. Halbtagesausritte zum Grand-Etang (45 €), Ganztagestouren in die Wälder von Bébour-Bélouve (110 €) oder Zwei-Tages-Ritte zum Vulkan mit Campieren (auf Anfrage).

5 km südöstlich von Saint-Benoît steht an der N2 in Sainte-Anne eine seltsam kitschig anmutende Kirche, die **Eglise de Sainte-Anne,** das einzige Highlight des tristen Straßendorfes. Dass das Gotteshaus von 1857 als Filmkulisse in François Truffauts »Das Geheimnis der falschen Braut« 1969 groß herauskommen würde, konnte Père Dobemberger, der Schöpfer der barocken Üppigkeit, nicht ahnen (s. Lieblingsort S. 216).

Oberhalb von Sainte-Anne lagen die Gärten, in denen Joseph Hubert (1747–1826) Geschichte schrieb, denn die Experimentierfreudigkeit des autodidaktischen Botanikers machte Gewürze wie die Gewürznelke und Muskatnuss auf der Île Bourbon heimisch.

### Banian des Orangers

*In Richtung Sainte-Rose auf der N2* 4,5 km südöstlich der Kirche ragt meerseitig ein mächtiger Banyanbaum (Banyan-Feige) in den Himmel. Diese Aufsitzerpflanze, die auf anderen Pflanzen gedeiht, ohne sie zu schädigen, gilt den Hindus als heiligstes Gewächs. Der Baum verkörpert die Ideale des Hinduismus: In viele Richtungen wachsend, schöpft er doch aus den vielen Wurzeln Kraft und bezieht seine Lebensenergie von einem einzigen allumfassenden Stamm.

### Pont de la Rivière de l'Est

3 km weiter auf der N2 folgt rechter Hand die 1894 errichtete Hängebrücke über die Rivière de l'Est, die natürliche Grenze der Gemeinden Sainte-Rose und Saint-Benoît. Zuvor hatten die Menschen den Fluss zu Fuß oder mit Pendelbooten überquert, aber wegen der unberechenbaren Wassermassen blieb die wirtschaftliche Nutzung des Landes jenseits des Flusses einge-

schränkt. Bei ihrer Fertigstellung galt die Hängebrücke mit 152 m Spannweite als längste der Welt. Bis 1979 war sie in Gebrauch, trotzte Zyklonen und 1927 sogar einem Hangrutsch. Heute ist sie den Fußgängern vorbehalten, die von der einen auf die andere Seite spazieren können. An der Wildheit der Rivière de l'Est hat sich wenig geändert. Die meiste Zeit des Jahres murmelt der Wasserlauf schlaftrunken vor sich hin, aber wenn die aufgezeichneten Regenrekorde wieder einmal gebrochen werden, tost er aufbrausend in Richtung Meer. Die Rivière de l'Est entspringt auf 2350 m Seehöhe ganz in der Nähe des Piton de la Fournaise.

## Essen & Trinken

*Kreolisch mit Ausblick –* **Il Etait Une Fois dans l'Est:** 133, N 2, unweit der Kirche, Tel. 0262 51 18 12, ab mittags geöffnet, Hauptgerichte ab 8 €. Mit Blick aufs Meer speist man im einfachen kreolischen Restaurant. Wer nicht rechtzeitig kommt, geht leer aus.

## Einkaufen

*Souvenirs –* **Îlot Savons:** Place de l'Eglise, Tel. 0262 51 02 02, tgl. geöffnet. Im beengten Laden stapeln sich Aromaseifen, Schnitzereien, Süßes oder Flechterzeugnisse.

## Infos

**Office de Tourisme:** Place de l'Eglise, Tel. 0262 47 05 09, Mo–Sa 9–12, 13–17.30 Uhr.

### Verkehr

**Bus:** Bei der Kirche sowie dem Bürgermeisteramt hält die Linie I (5 x tgl.).

# Sainte-Rose ▶ L 6

13 km südlich von Sainte-Anne liegt Sainte-Rose. Immer naturbelassener und weniger dicht bewohnt wird das Land, je weiter man in den Süden kommt. Das fauchende Meer gewinnt an Kraft, die Vegetation wird grüner und unbändiger. Begrenzt durch die Rivière de l'Est und das Lavaland Grand-Brûlé ging der Ort 1809 in die Geschichtsbücher ein, als die Nationalgarde das Eindringen britischer Besatzer verhinderte. Die knapp 6000 Einwohner leben heute zum überwiegenden Teil vom Fischfang.

*Unser Tipp*

### An den Klippen entlang – Sentier du littoral de Sainte-Rose
Von der Marina von Sainte-Rose bis zur Bucht Anse des Cascades (s. S. 219) verläuft ein spektakulärer Küstenwanderweg, der Sentier du littoral de Sainte-Rose. Der Weg – er ist teilweise mit weißen Markierungen gekennzeichnet, manchmal verliert man ihn auch aus den Augen – führt praktisch immer an der schroffen Küste entlang über Lavafelder und Lavasand, Grasteppiche und vorbei an Vacoa-Hainen. Aufgeteilt in drei größere Etappen, hat er eine Länge von insgesamt ca. 11 km. Die erste Etappe geht von Sainte-Rose (Parkplatz am Hafen) bis zur Ravine Glissante (ebenfalls Parkbucht), die zweite bis zur Lavakirche in Piton Sainte-Rose und die dritte bis zur Anse des Cascades. Wer den Weg zurück nicht laufen will, nimmt den Bus oder fährt per Anhalter.

### Lieblingsort

**Barocke Fantasie – Eglise de Sainte-Anne** ▶ K/L 5

Als der gebürtige Elsässer Père Dobemberger zum Pfarrer von Sainte-Anne berufen wurde, fand er eine schlichte Kirche vor. Das sollte sich unter seiner Amtszeit ändern: Von 1922 bis 1940 steckte er alle Energie in die Dekoration der Kirche, die er gemeinsam mit Gemeindemitgliedern und Schulkindern gestaltete. Inspiriert von den großen französischen Kathedralen, den tamilischen Tempeln und durch seinen Vater, der Architekt war, wurden Ornamente aus Früchten, Blumen, Weintrauben und Figuren aus gegossenem Zement gefertigt und an den Wänden angebracht – noch heute ein sehenswertes Kuriosum.

## Marina

Eher historisch gibt sich der Hafen von Sainte-Rose (*port plaisance*). Bemerkenswert sind hier vor allem das Monument Corbett und die Kanonen, die an die glorreiche Verteidigung der Stadt 1809 gegen die Engländer erinnern. Im konischen Denkmal aus Basaltstein, eigentlich ein Mausoleum, lagen lange Zeit die menschlichen Überreste des englischen Offiziers Robert Corbett, der in einer Seeschlacht 1810 gegen den französischen Kapitän Bouvet fiel. Später forderte die britische Krone die Gebeine zurück.

## Übernachten, Essen

*Nettes Landgasthaus –* **Hôtel Restaurant La Fournaise:** 154, N2, Tel. 0262 47 03 40, www.hotellafournaise.fr, DZ 85 €. Bodenständiges Hotel direkt am Ortsanfang von Sainte-Rose, von den 19 Zimmern haben 15 Zimmer Meerblick. Pool, WLAN, Klimaanlage, Englisch, leckeres Abendessen auf Vorbestellung (30 €).

*Besonders romantisch –* **Matilona:** 84, chemin du Petit Brûlé, Tel. 0692 85 86 86, http://matilona.monsite-orange.fr, DZ 50 €, Ferienwohnung 65 €/Tag. Drei saubere Zimmer und eine Ferienwohnung stehen zur Auswahl. Nach Voranmeldung serviert der Hausherr abends typisch kreolische Gerichte im Pavillon – wie in der guten alten Zeit auf Bananenblättern (25 €). Pool, Internet und viel Charme inklusive. Es wird Englisch gesprochen.

*Alte Kreolenvilla –* **La Roseraye:** 206, N 2, Nähe Gendarmerie, Tel. 0262 47 21 33, christian.adv@wanadoo.fr, DZ 45 €. Schlichte Pension mit antikem Charme mit zwei komfortablen Zimmern. Durch die Lage an der Straße kann es manchmal ein wenig lauter zugehen. Abendessen auf Vorbestellung (20 €).

## Infos

**Bus:** Bei der Kirche (Abzweigung zur Marina) hält die Linie I (5 x tgl.).

# Notre-Dame des Laves ▶ M 6

Der 13. April 1977 ging in die Annalen von **Piton Sainte-Rose** ein: Wie durch ein Wunder verschonte ein durchmarschierender Lavastrom, der aus einer Spalte des Piton de la Fournaise in der Nähe des kleinen Ortes ausgetreten war, die Kirche. Die starke Eruption, die schon am 8. April begonnen hatte, machte in wenigen Tagen fast das ganze Dorf dem Erdboden gleich, nur vor dem Gotteshaus teilten sich die Lavamassen, um dahinter wieder zusammenzufließen. Die tiefgläubige Bevölkerung sah darin ein Wunder, da auch alle Dorfbewohner überlebten. Nach diesem Ereignis wurde die Kirche umgetauft. Sie genießt seit jenen schicksalhaften Stunden einen Sonderstatus unter den Wallfahrtskirchen auf Réunion. Offensichtlich hatten Gott und die Heiligen nicht nur mit geistlichen Einrichtungen Erbarmen, sondern auch mit denen der irdischen Ordnungsmacht: Das Haus der Gendarmerie schräg gegenüber der Kirche wurde von der Lava ebenfalls ausgespart.

### La Vierge au Parasol

Die blaue Jungfrau hält erst seit 2002 neben der Lavakirche ihren Schirm schützend über die Menschen. Zuvor hatte sie am Beginn des Lavafeldes gestanden, wo sie Monsieur Leroux, der Besitzer der Zuckerrohrplantagen von Bois-Blanc, Anfang des 20. Jh. aufstellen ließ, um die Ernten vor Vernichtung, insbesondere durch Lava, zu bewahren. Die Legende erzählt, dass ein

**Im Hafen von Sainte-Rose starten Freizeitfischer zur Angeltour**

Lavastrom die Jungfrau verschont hätte, während er das Gebiet ringsum verwüstete. 2002 musste die Statue endgültig weichen, als eine massive Eruption sie zu vernichten drohte. Es gibt immer wieder Bestrebungen, die Jungfrau zurück an ihren angestammten Ort zu bringen. Möglicherweise geschieht das schon bald.

## Infos

**Bus:** Linie I (5 x tgl.).

# Anse des Cascades

▶ M 7

Die kleine pittoreske Bucht, 1,8 km südwestlich der Lavakirche von Piton Sainte-Rose, liegt nur unweit der N2. Eine Synfonie an Wasserfällen fließt murmelnd und tosend die tiefgrünen Steilhänge der Bucht hinunter. Davor

recken Abertausende Palmen und einige monumentale Seemandelbäume (frz. *badamier*) – ausladende Laubbäume mit nussartigen Samen – ihre Kronen der Sonne entgegen: eine Herausforderung für Hobbyfotografen. Weiter vorne am Wasser säumen Vacoa-Bäume und rund geschliffene Basaltbrocken den dunkelgrauen Stein- und Kieselstrand. Als Fotomotiv begehrter sind nur noch die bunt bemalten Boote der ortsansässigen Fischer, die in Reih und Glied aufgereiht an der Marina parken. Mittags unter der Woche kann man mit ein bisschen Glück die Fischer nach der Rückkehr vom Fischen beobachten.

Bereits im 19. Jh. nahm man den Hafen in Betrieb, hauptsächlich um die Zuckerfabriken und die Arbeiter mit Lebensmitteln zu versorgen. Der idyllische Rahmen kann leicht darüber hinwegtäuschen, dass das Zuwasserlassen eines Bootes in den aufgepeitschten Wogen der Bucht gar nicht so ungefährlich ist.

# Die drei Cirques

## Highlights !

**Cirque de Salazie:** Mit unzähligen beeindruckenden Wasserfällen und dem pittoresken kreolischen Dorf Hell-Bourg macht Salazie von sich reden. S. 222

**Cirque de Cilaos:** Eine dramatische Zufahrt, das schmucke Bergdorf Cilaos und viele grandiose Wanderungen verdichten sich zu unvergesslichen Bildern. S. 242

## Auf Entdeckungstour

**Spektakuläre Passstraße – die N5 nach Cilaos:** Die durch Steinschlag, das unwegsame Relief und den harten Stein gefährliche Arbeit an der Straße verlangte den madagassischen Arbeitern alles ab. Ihnen ist es zu verdanken, dass das Bergpanorama nach Cilaos heute für Besucher zugänglich ist. S. 244

**Wanderung auf den erloschenen Vulkan – Piton des Neiges:** Für viele Wanderer ist die zweitägige Besteigung des Piton des Neiges von Le Bloc aus der unumstrittene Höhepunkt eines Réunion-Aufenthalts. S. 252

## Kultur & Sehenswertes

**Maison de la Broderie in Cilaos:** Fans von filigraner Stickereikunst finden im Stickereimuseum von Cilaos echte Meisterinnen. Interessierte mit ausreichend Zeit können sogar einen Kurs belegen. S. 243

## Aktiv & Kreativ

**Canyoning in der Ravine Fleurs-Jaunes:** Kaum ein anderer Ort im Cirque de Cilaos ist besser geeignet, um mit Canyoning zu beginnen oder es zu perfektionieren. Veranstalter in Hell-Bourg und Cilaos organisieren das Erlebnis. S. 230 und 255

## Genießen & Atmosphäre

**Maison des Vins du Chai in Cilaos:** Wer meint, auf Réunion gäbe es keine ernst zu nehmende Winzerei, irrt. Kehren Sie zur Weinverkostung ein! S. 247

## Abends & Nachts

Da die Hauptattraktionen in den drei Cirques die Wanderungen sind, gibt es kein nennenswertes Nachtleben. Wanderer müssen, um das Landschaftspanorama wolkenfrei genießen zu können, sehr früh aufstehen. Nur wenige Stunden nach Sonnenaufgang bildet sich die erste Quellbewölkung.

# Wasserfälle, Chouchou und Panoramen – Cirque de Salazie **!**

Das wilde Innere Réunions besteht aus den drei gewaltigen Talkesseln Cirques de Salazie, Mafate und Cilaos, die sich wie ein Kleeblatt um den 3071 m hohen Piton des Neiges gruppieren. Alle drei waren ursprünglich Teil eines Vulkanmassivs, das nach Ende seiner Aktivität langsam zusammensackte. Die Kräfte der Erosion formten das bizarre System von Schluchten, Plateaus, Steilwänden und Berggipfeln – ein Paradies für Wanderer und Abenteurer. Untrennbar mit allen drei Cirques verbunden ist die Leidensgeschichte der *marrons*, der

## Infobox

**Reisekarte:** ▶ F/G 4/5
**Karte:** S. 223

### Anreise und Weiterkommen
**Auto:** Über die N2 erreicht man bei Saint-André die D48, die einzige Zufahrtstraße in den Cirque de Salazie. Bis Hell-Bourg (24 km) muss man ab Saint-André ca. 40 Min. einplanen. Hinter Village Salazie beginnt die D52 nach Grand-Îlet und zum Einstieg in den Cirque de Mafate.
**Bus:** Ab dem Busbahnhof in Saint-André verkehrt Mo–Sa 7 x tgl. die Linie J nach Village Salazie (30 Min., 1,50 €). Dort muss man in die Alizé-Busse nach Hell-Bourg und Grand-Îlet umsteigen (Alizé-Busse Tel. 0262 92 53 40).

### Wanderkarte
IGN 4402 RT (s. S. 31).

entflohenen Sklaven, die nicht länger die unmenschliche Unterjochung ertragen wollten. Auf der Flucht vor ihren Herren entdeckten und besiedelten sie die einst unwegsamen Talkessel als Erste. Gemeinsam mit den verarmten weißen Kleingrundbesitzern entwickelten sie die kreolische Lebensart. Wer nicht mindestens einen der drei Cirques besucht hat, kennt das echte Réunion nicht.

Viele Superlative treffen auf den Cirque de Salazie zu: der niederschlagreichste und grünste, der größte (12,5 km x 9 km), der mit den meisten Wasserfällen, der am leichtesten zugängliche, der bevölkerungsreichste. Allein die Fahrt hinein ist schon beeindruckend: Von den Zuckerrohrplantagen auf der sanft hügeligen Küstenebene führt die Asphaltstraße Seite an Seite mit dem Flussbett der Rivière du Mât vorbei an Chouchou-Plantagen, Bananenstauden und wucherndem Bambus, steil aufragenden Felswänden und murmelnden und tosenden Wasserfällen immer tiefer in eine enge Schlucht, bis man die kreolischen Dörfer Salazie, Hell-Bourg und Grand-Îlet erreicht, wo sich viel von der ursprünglichen Architektur und Lebensart erhalten hat. Viele der heute gebräuchlichen Ortsnamen stammen aus jener Zeit, als die madagassischen Sklaven sich in den Bergen versteckten. So auch Salazie, das vom Wort *soalazy*, dem madagassischen Begriff für ›ein guter Platz zum Leben‹, herrührt.

Offiziell begann man mit der weißen Besiedelung des Talkessels 1830, weil neues, fruchtbares Terrain für den Obst- und Gemüseanbau erschlossen

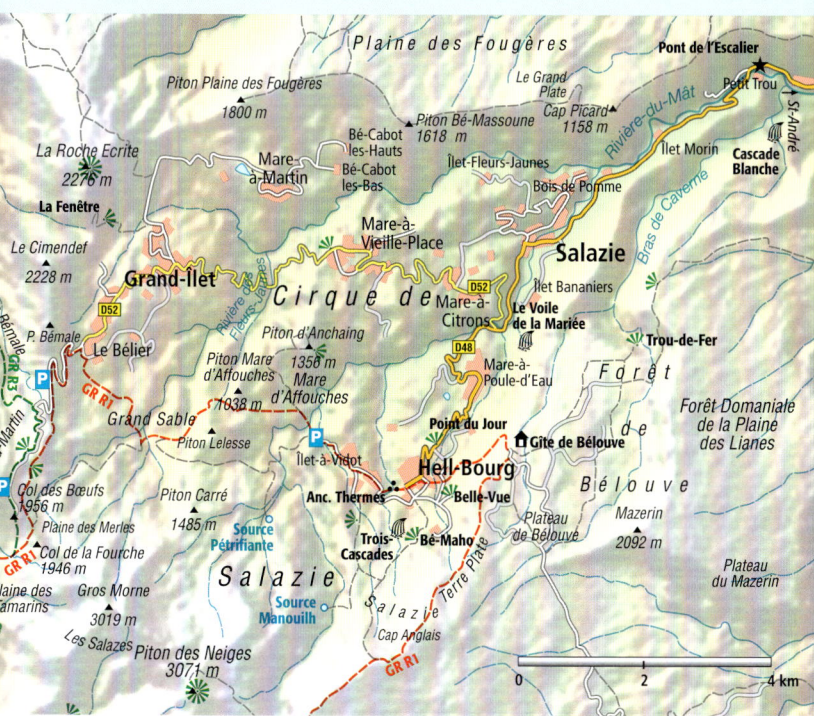

werden musste. Als 1831 die Thermalquellen bei Bé Maho entdeckt wurden, nahm die Bevölkerungsdichte sprunghaft zu. Die reichen Plantagenbesitzer und Händler suchten in der kühlen Bergluft und an den Thermalquellen Erholung, bauten eine Villa nach der anderen und bald wuchs Hell-Bourg zu einem beliebten Luftkurort heran.

Zur Jahrhundertwende setzte man große Hoffnungen in die kühleren, klimatisch erträglicheren Höhenlagen, Les Hauts. Überall auf den Maskarenen, wo französische Soldaten stationiert waren, grassierte die Malaria und die Bergdörfer auf Réunion stellten das einzige Rückzugsgebiet für Tropengeplagte dar. In Hell-Bourg gab es mit drei Hotels und zahlreichen Pensionen und Privatvillen die beste Infrastruktur; außerdem war es am leichtesten zu erreichen.

Heute leben die 8000 Einwohner des Cirque de Salazie vom Tourismus und von der Landwirtschaft – unübersehbar gedeihen Chouchous (Christophinen), kürbisartige Früchte, im feucht-schwülen Klima bestens.

# Village de Salazie

▶ G 4

Von Saint-André geht es entlang der Rivière du Mât, bis die Straße zum ersten Mal den längsten Wasserlauf der Insel (35 km) überquert. An guten Ta-

**Das Dorf Salazie liegt zu Füßen des Piton des Neiges**

gen lässt sich von der Brücke ein Blick auf den Piton des Neiges erheischen. Im Dörfchen Pont de L'Escalier, gut erkennbar an der Basaltsteinkirche mit roten Balken, kann nach ca. 8 km ein Zwischenstopp eingelegt werden.

In das für den Cirque namengebende Dorf Salazie gelangt man automatisch, wenn man 6 km weiter auf der D48 fährt. Markant an dem eher trist-grauen, moosig-feuchten Dorf ist die erst 1941 erbaute, wuchtige Kirche mit ihren beiden vierstöckigen Türmen und der Muttergottes am Giebel. Rund um den Kirchplatz gruppiert sich der kleine Ortskern, der aus einem Gasthaus, der Boulangerie La Salazienne

(Mo–Sa 6–18, So 6–12 Uhr), mehreren Läden und Camion-Bars besteht. 2 km später taucht die eigentliche Sehenswürdigkeit auf, die **Cascades du Voile de la Mariée.** Je nach Jahreszeit und Regenmenge sind die ›Brautschleierfälle‹ mehr oder weniger imposant, aber sehenswert ist das Band der weißen tosenden Wasserfälle allemal.

## Essen & Trinken

*Blick auf die Kirche –* **Le P'tit Bambou:** 166, rue Georges Pompidou, Tel. 0262 47 51 51, Do–Di 11.30–13.45 Uhr, Hauptgerichte ab 10 €. Nette, rustikale

# Hell-Bourg ▶ F/G 5

Chouchou-Plantagen – erkennbar am dicht gewobenen Blätterdickicht und kleinen Einstiegen für die Ernte –, wilder Wein und unzählige kleinere und größere Wasserfälle flankieren die Fahrt, bis man das malerische Städtchen Hell-Bourg erreicht. An der Ortseinfahrt befindet sich rechter Hand der Aussichtspunkt **Point du Jour** (892 m). Früher trafen sich hier die Kurgäste, um die Bergkulisse in der aufgehenden Morgensonne zu bewundern: vom charakteristischen Kegel des Cimendef (2228 m) ganz links über den Piton d'Anchaing (1356 m) rechts davon und weiter vorne bis zum plateauartigen Bergrücken des Piton Plaine des Fougères (1800 m).

Die D48 geht direkt in die Hauptstraße Rue du Général-de-Gaulle über. Hell-Bourg (950 m) erinnert an glückselige Tage. Prachtvolle Villen, einige aufwendig renoviert, andere mit einer gewissen Patina versehen, prägen das Ortsbild. Nostalgiker holen sich im Fremdenverkehrsbüro einen Plan, auf dem die wichtigsten Häuser vermerkt sind. Den ›Circuit des Cases Creoles‹ abzulaufen dauert maximal eine Stunde.

### Maison Folio

*20, rue Amiral Lacaze, Tel. 0692 26 24 83, tgl. 9–11.30, 14–17 Uhr, 5 €*
Nur die Maison Folio gegenüber der Kirche, eines der insgesamt 18 ausgeschilderten Häuser, ist für Besucher offen. 1870 von einem wohlhabenden Militärarzt als Ferienhaus erbaut, wird das Anwesen heute von Madame Folio und ihrer Familie bewohnt. Antikes Originalmobiliar ist noch erhalten, genauso wie der terrassenförmig angelegte Garten, in dem in typisch kreolischer Manier dekorative Blumen wie Orchideen, Kamelien und Flamingo-

Lokalität, zahlreiche Gerichte mit Chouchou stehen auf dem Speiseplan.

## Infos & Termine

### Verkehr

**Auto:** letzte Tankstelle des Cirque an der Ortseinfahrt von Salazie.
**Bus:** Mo–Sa verkehrt nach Hell-Bourg die Linie 83 8 x tgl. (25 Min., 1,10 €), nach Grand-Îlet die Linie 82 12 x tgl. (45 Min., 1,80 €).

### Termine

**Fête du Chouchou:** Juni. Marktstände, Musik und kulinarische Spezialitäten.

blumen Seite an Seite mit Kaffeepflanzen, Zitrusbäumen und Geranien gedeihen (s. Lieblingsort S. 228). Während der Öffnungszeiten finden laufend rotierend Führungen statt, Besucher klinken sich dort ein, wo sich die Tour gerade befindet. Ein Informationsblatt auf Deutsch hilft auch nicht-frankophonen Gästen aus der Bredouille. Nach dem Besuch des Hauses lohnt der Gang zum **Friedhof** am Ende der Rue Amiral Lacaze, der besonders für seine Blumenpracht bekannt ist.

### Weitere sehenswerte Häuser

An einigen Häusern in Hell-Bourg sind die für die Kolonialzeit typischen Ausguckpavillons, die sogenannten *guétali* (s. auch S. 94), noch gut erhalten, z. B. an der **Villa Barau** (Rue du Général-de-Gaulle Nr. 27) oder der **Villa Lucilly** (Rue du Général-de-Gaulle Nr. 71). Sie gestatteten den artigen Frauen neugierige Blicke auf das Treiben in der Straße. Die Damen wären wohl wenig erbaut über die arbeitslosen Jugendlichen, die heutzutage an der Hauptstraße herumlungern. Die Arbeitslosigkeit, insbesondere der Jugend, gilt als eine der größten Herausforderungen für den sozialen Frieden auf Réunion – nicht nur in Hell-Bourg.

# Wanderungen

### Rund um Hell-Bourg

Zu den **Anciens Thermes,** den Überresten der alten Therme, führt ein leichter Spaziergang. Der Verlängerung der Hauptstraße folgend, geht man vorbei an der Stadtbücherei *(Bibliothèque municipale)* und dem alten Hôtel des Salazes über die Brücke des Bras-Sec. Kurz danach, gegenüber der Polizei, nimmt man den Weg, der rechts abzweigt (ca. 1 km, 30 Min. hin und zurück). Nur bescheidene Ruinen zeugen

von der Blüte des Kurbads zw. 1904 und 1920, als die Mineralquellen von Leber- und Magenkranken frequentiert wurden, die sich von den Trinkkuren die Linderung ihrer Leiden erhofften. Sogar ein Militärspital, heute die Bibliothek zu Anfang des Weges, wurde eingerichtet.

Nur wenige hundert Meter hinter der Ortsausfahrt von Hell-Bourg auf der Straße nach Îlet-à-Vidot (D48) führt links ein Weg zu den **Trois-Cascades,** den drei Wasserfällen (2 km hin und zurück, Dauer 1 Std., steilere Teilpassagen). Diese leichte Wanderung empfiehlt sich vor allem gegen Ende der Regenperioden, wenn die Wasserfälle ordentlich Wasser führen.

Die Wanderung nach **Terre Plate** und **La Source Manouilh** beginnt am Sportplatz von Hell-Bourg. Die Einfahrt zum Parkplatz befindet sich gleich nach dem Hotel Jardins d'Héva. Die Wanderung in den **Forêt de Bélouve** und zum **Trou-de-Fer** (s. S. 277) startet beim Forsthaus (Maison Forestière). Man zweigt entweder am Ortsanfang links vorbei am Bürgermeisteramt ab und hält sich geradeaus oder geht am Ortsende links in die Rue André Fontaine und hält sich dann rechts bergauf (Chemin de Bélouve). Für die Distanz von 8 km benötigt man an die 4–5 Std. hin und zurück. Über dieselbe Routenführung, zuerst über die Gîte de Bélouve und später weiter über das Cap Anglais, kann der **Piton des Neiges** (als Teilstück des GR R1) erreicht werden. Detaillierte Wanderbeschreibungen liegen im Tourismusbüro aus.

### Rund um Îlet-à-Vidot

Îlet-à-Vidot, 1,5 km hinter Hell-Bourg, ist eine Ansiedlung ohne Highlights. Am Ende der D48, 1 km hinter Îlet-à-Vidot, beginnt der Weg zum **Piton d'Anchaing** (1356 m), ein 7 km langer, herausfordernder Rundweg (5 Std.)

auf den Hausberg von Hell-Bourg mit Panoramablick über den Cirque. Die Legende erzählt, dass Anchaing und seine Frau Héva nach einer wilden Prügelattacke des Plantagenbesitzers flohen, an der Rivière du Mât flussaufwärts stiegen und sich den scheinbar unbezwingbaren Berg als Lagerplatz aussuchten.

Am Endpunkt der Straße starten weitere Wanderungen, z. B. nach **Le Bélier,** zur **Source Petrifiante** und nach **Grand-Sable** (4 Std.).

## Aussichtspunkte in der Umgebung

Wer sich an der Ortsausfahrt von Hell-Bourg in Richtung Îlet-à-Vidot links in Richtung Belle-Vue hält, gelangt an zwei Aussichtspunkte. Nach dem Hotel Jardins d'Héva links folgt der Picknickplatz **Belle-Vue,** von dem aus nicht nur der Dorfkern, sondern auch der Piton d'Anchaing zu sehen sind. Hinter dem Hotel rechts führt die Route Forestière nach **Bé-Maho,** wo die gesamte Bergkulisse vom Piton des Neiges über die La Roche Ecrite bis hin zum Cap Picard in einem sagenhaften Rundpanorama bestaunt werden kann. 3,5 km nach der Ortseinfahrt steht auf 1045 m Höhe ein Kiosk samt Schautafel.

## Übernachten

*Klassiker –* **Le Relais des Cimes:** Hell-Bourg, 67, rue Général-de-Gaulle, Tel. 0262 47 81 58, www.relaisdescimes. com, DZ 73 €. Zentral an der Hauptstraße befindet sich das Hotel samt beliebtem Restaurant. 27 kahle Standardzimmer stehen zur Auswahl, aber empfehlenswert sind die Hochzeitssuiten 28 und 29 – geräumig mit kreolischem Mobilar eingerichtet, und er-

*Unser Tipp*

### Ökologisch wohnen und speisen – Les Jardins d'Héva

Als erstes Hotel von Réunion wurde dem Jardins d'Héva in Hell-Bourg das französische Ökolabel verliehen. Sauna, Jacuzzi, ein Hamam, Massagen sowie Gesichts- und Körperbehandlungen tun gut (45 Min. pro Tag sind im Preis inbegriffen). Das Hotel hat sich selbst hohe Umweltschutzstandards auferlegt. Die zehn Zimmer sind so facettenreich und bunt gestaltet wie die ethnische Vielfalt auf Réunion. Im Hotelrestaurant wechseln die Gerichte und Menüs täglich. Spezialitäten des Hauses: Canard à la vanille (Vanille-Ente) und Carri de légine, ein köstliches Carri vom Seehecht (16, rue Auguste Lacaussade, Chemin de Bellevue, Tel. 0262 47 87 87, DZ 90 €, ab 3 Nächte 78 €, englischsprachig, Restaurant tgl. 12–14, 19–20.30 Uhr, Hauptgerichte ab 18 €).

staunlicherweise zum gleichen Preis wie die Standardzimmer.

*Bunt dekoriert –* **Le Relais de Gouverneur:** Hell-Bourg, 2 bis, rue Amiral Lacaze, Tel. 0262 47 76 21, DZ 50–80 €, Abendessen 20 €. Die neuere Anlage verfügt über elf geräumige Zimmer, einen hübschen Garten und freundliche Besitzer. Manche Gäste stoßen sich am gemeinsamen Frühstück im Stil der Ski- und Wanderhütten.

## Essen & Trinken

*Kreolische Küche –* **Le Relais des Cimes:** Adresse s. Übernachten, tgl. 12–14, 19–

*Lieblingsort*

**Kreolische Augenweide –
der Garten der Maison Folio**
▶ F/G 5

Das mintgrüne, verschnörkelte schwere Eingangstor öffnet sich und gibt eine Welt aus längst vergangenen Tagen preis. Im grün-weißen Pavillon stickten einst die artigen Töchter des Hausherrn und ihre Freundinnen, während sie dem beruhigenden Rauschen des Springbrunnens lauschten. Damals wie heute erfreuen sich die Bewohner und Besucher gleichermaßen am üppigen Garten mit vielen exotischen, tropischen Blumen und Pflanzen – eines der Highlights von Hell-Bourg.

20.30 Uhr, Hauptgerichte ab 11 €. Neben bekannten Gerichten erlaubt man sich auch kreativere Speisen, wie das Poulet au coco (Kokoshuhn) oder die madagassische Spezialität Ravin'toto, wo Schweinefleisch in einem Maniokblatt gart.

*Lokale Spezialitäten –* **Ti'Chouchou:** Hell-Bourg, 42, rue du Général-de-Gaulle, Tel. 0262 47 80 93, Sa–Do mittags und abends, Hauptgerichte ab 17 €. Traditionelle Gerichte wie Chouchou, Carris und Forellen.

*Institution –* **Chez Alice:** Hell-Bourg, 1, rue des Sangliers, Tel. 0262 47 86 24, Di–So 12–14, 19–20.30 Uhr, Hauptgerichte ab 9 €. Einfaches Restaurant, das aber an Wochenenden von den Einheimischen gut frequentiert wird.

## Aktiv & Kreativ

*Canyoning, Tubing –* **Austral Aventure:** Hell-Bourg, 16, rue Amiral Lacaze, Tel. 0692 87 55 50, www.creole.com/australaventure. Die Aktivitäten finden nicht im Cirque de Salazie statt, sondern in Cilaos, z.B. in der Ravine Fleurs-Jaunes. Halbtagestour 42 €, Tagestour ab 66 € ohne Transport und Verpflegung.

*Kreativ –* **Les Jardins d'Héva:** s. Unser Tipp S. 227. Auf Vorbestellung wird die Herstellung von *rhum arrangé* demonstriert (12,50 €) oder ein kreolischer Kochkurs organisiert.

## Infos

**Office de Tourisme:** Hell-Bourg, 47, rue du Général-de-Gaulle, Place artisanale, Tel. 0262 47 89 89, info@ot-nordreunion.com, Mo–Sa 9–17 Uhr.

**Internet**
**Cyber Case Créole:** Hell-Bourg, 26, rue Olivier Mânes, in der Pension L'Orchi-

dée Rose, Tel. 0262 47 87 22, tgl. 9–22 Uhr. Einziges Internetcafé in Hell-Bourg mit drei Rechnern und WLAN (4,50 €/30 Min., 7,50 €/Std.),

**Verkehr**
**Bus:** Von Village Salazie nach Hell-Bourg verkehrt die Linie 83 Mo–Sa 8 x tgl. (25 Min., 1,10 €).

# Mare-à-Vieille-Place

▶ F 4

Nach Village Salazie zweigt die kurvige D52 von der Hauptroute ab und führt ins 15 km entfernte hübsche Bergdorf Mare-à-Vieille-Place auf einer Höhenlage von ca. 850 m. Vom Belvedere am Ortsausgang sieht man gut die bizarre Erosionslandschaft und den Canyon de la Rivière des Fleurs-Jaunes ein. Das Bergmassiv ist beeindruckend: von rechts nach links der Piton Bé-Massoune (1618 m), Piton Plaine des Fougères (1800 m), La Roche Ecrite und Le Cimendef. Nach diesem Halt auf halber Strecke nach Grand-Îlet folgt der zweite Teil der kurvigen Bergstraße, die sich zunächst in das Flusstal der Rivière des Fleurs-Jaunes hinabwindet, bevor sie in zahlreichen Kehren vorbei an Chouchou-Feldern das Plateau von Grand-Îlet (1100 m) erklimmt. Immer wieder lugen der Piton des Neiges und der Gros Morne linker Hand hervor.

## Übernachten, Essen

*360°-Panorama –* **Le Domaine des Songes:** 63, chemin du Butor, Tel. 0262 46 35 35, www.ledomainedessonges.com, DZ 60–68 €, Abendessen 19 €. Ansprechende Zimmer, gutes kreolisches Restaurant (19–21 Uhr). Gepäckaufbewahrung bei Wanderungen, Internet.

# Grand-Îlet ▶ F 4

Eingebettet in die zahlreichen Îlets – die winzigen Plateaus, wo sich einst geflohene Sklaven versteckten –, liegt das ›große Inselchen‹ Grand-Îlet am Fuß der Bergmassive La Roche Ecrite (2276 m) und Cimendef (2228 m). An der Kreuzung bei der schindelverkleideten Kirche gabelt sich die Straße. Geradeaus und dann rechts steuert man direkt auf die La Roche Ecrite zu.

Mit der beeindruckenden Bergkulisse im Hintergrund ist die pittoreske, 1936 erbaute **Kirche** ein lohnenswertes Fotomotiv. Sie hat mit den Kräften der Zyklone zu kämpfen, wegen der gewaltigen Regenmassen droht immer wieder der Untergrund wegzurutschen, zuletzt 1994.

## Wanderungen

Passionierte Wanderer biegen an der Kirche links ab, um 3 km später bei **Le Bélier** auf die Forststraße nach Haut-Mafate und weiter zum Einstieg in den Cirque de Mafate (s. S. 232) zu gelangen. Nach ca. 6,5 km ab der Kirche erreicht man den schmalen Berggrat **Bord-Martin** (1550 m), der sensationelle Blicke auf beide benachbarte Cirques freigibt: rechts offenbart sich der Cirque de Mafate, links der Cirque de Salazie. Zwei Wanderungen starten hier, nach **Aurère** und nach **Grand'Place-les-Hauts.** Erkennbar ist der Aussichtspunkt unter anderem am Helikopterlandeplatz.

Die Forststraße endet 3 km weiter am **Col des Bœufs** auf 1956 m Seehöhe mit einem großen, bewachten Parkplatz. Wanderer nach La Nouvelle oder Marla tun gut daran, ihr Fahrzeug hier abzustellen – es kommt vermehrt zu Autodiebstählen (2 €/Tag, 10 €/Nacht).

Nicht nur als Tor zum Cirque de Mafate ist Grand-Îlet für Wanderer attraktiv. 2 km hinter dem Ort (Abzweigung im Dorf rechts) auf der Straße ins 5 km entfernte Dorf **Mare-à-Martin,** das nach einem kleinen Tümpel benannt ist, führt ein Wanderweg über die La Roche Ecrite nach Saint-Denis (7–9 Std. Gehzeit). Ebenfalls hier entlang der Straße beginnt die Wanderung nach La Fenêtre (s. S. 149, 4–5 Std. Gehzeit). Im Bergdorf **Bé-Cabot-les-Hauts,** auf derselben Straße ca. 2,5 km hinter dem See, hält man sich links und gelangt an den Startpunkt für die schöne Wanderung auf den **Piton Bé-Massoune** (5–6 Std. Gehzeit).

## Übernachten, Essen

*Kreolische Herzlichkeit –* **La Tourte Dorée:** Rue du Père Jouanno, Tel. 0262 47 70 51, www.latourtedoree.com, DZ 40–45 €, Abendessen 20 €. Kreolisches Holzhaus mit sechs Doppelzimmern. Von der oberen Etage hat man ein besseres Panorama. Gutes Preis-Leistungs-Verhältnis.

*Rustikale Aussicht –* **Le Cimendef:** 735, Casabois, an der D52 2 km südwestlich von Grand-Îlet, Tel. 0262 47 73 59, www.chambresdhotecimendef.com, DZ 45 €, Abendessen 20 €. Rustikale Chambres d'Hôtes auf der Straße zum Col des Bœufs. Vier Standardzimmer, freundlicher Empfang, helle Hochzeitssuite mit tollem Ausblick.

## Infos

**Bus:** Von Salazie nach Grand-Îlet verkehrt Mo–Sa die Linie 82 12 x tgl. (45 Min., 1,80 €), weitere Fahrt 10 Min. nach Le Bélier. Von Le Bélier weiter nach Col des Bœufs fährt äußerst unregelmäßig die Linie 82C.

# Mekka passionierter Wanderer – Cirque de Mafate

Abgeschnitten vom Rest der Welt erreicht man den Cirque de Mafate nur mit Muskelkraft und viel gutem Willen: An das Straßennetz ist Mafate nicht angeschlossen, selbst Einheimische gelangen nur zu Fuß in den Cirque. Geheimnisvoll und ursprünglich zieht er Besucher in seinen Bann – wo sonst findet man mitten auf einer europäischen Insel Dörfer, in denen im wahrsten Sinne des Wortes die Zeit stehen geblieben ist? Nach wie vor ist der größere Teil des zerklüfteten Talkessels unzugänglich. In den im ganzen Cirque verstreuten Bergdörfern leben an die 700 Menschen in einfachen Verhältnissen. Die erste Fernsehantenne

1987 revolutionierte das Leben vieler Mafatais. Der Cirque verdankt seinen Namen dem legendären entlaufenen Sklaven Mafate. Die Bezeichnung stammt vom madagassischen Wort *mahafaty*, was ›jener, der auf gefährliche Weise sein Leben verlor‹ heißt. Besagter Sklave fiel 1751 dem berüchtigten Sklavenjäger Mussard zum Opfer – unter mysteriösen Umständen.

Die ersten weißen Siedler erreichten den Cirque 1785. Immer mehr der *petits-blancs des hauts* siedelten sich an (s. S. 72). Sie verließen die Küste, weil das rasante Bevölkerungswachstum nicht mehr genug Land übrig ließ. Nach 1848 wurde Mafate in ein Forstgut umge-

## Infobox

**Reisekarte:** ▶ D/E 3–5
**Karte:** S. 239

### Anreise und Weiterkommen
**Zu Fuß:** Von allen Richtungen gibt es Zugänge zum Cirque de Mafate. Der bequemste und beliebteste Zugang erfolgt über den Col des Bœufs im Cirque de Salazie. Von hier aus sind La Nouvelle und Marla (je 2 Std.), Aurère (3 Std.), Îlet-à-Malheur (2 Std.) oder Îlet-à-Bourse (3 Std.) zu erreichen. Vom Nordwesten her kann man nach Mafate über Dos-d'Ane gelangen, wo 200 m nach der Kirche der Pfad nach Aurère und Grand-Place (je 4 Std.) beginnt (nur bei trockenen Verhältnissen zu wählen). Von Saint-Paul aus existieren drei Zugänge: über den Piton Maïdo via Roche-Plate, über das Flussbett der Rivière des Galets (langwierig und landschaftlich wenig reizvoll) und über Sans-Souci und die Canalisation des Orangers (relativ einfach, da lange flach, aber man muss unbedingt schwindelfrei sein). Äußerst reizvoll und herausfordernd ist der Einstieg über den Cirque de Cilaos (Col du Taïbit), wo für das erste Etappenziel Marla etwa 3–4 Std. Gehzeit eingeplant werden muss.
**4x4-Taxi:** Jeeptaxis verkehren von La Possession bis Deux-Bras (s. S. 105).

### Wanderkarte
IGN 4402RT, für den Zugang über den Maïdo IGN 4401RT, für den Zugang über Cilaos IGN 4405RT (s. S. 31).

wandelt, doch die Nachfahren der entlaufenen Sklaven und verarmten weißen Landbesitzer besetzten quasi den Cirque, indem sie Brandrodungen durchführten. Eine dramatische Erosion war die Folge, die sogar Le Port bedrohte. Forstarbeiter versuchten Teilstücke wieder aufzuforsten, doch die Bewohner des Cirque und die Beamten lieferten sich wilde Gefechte bis zum Beginn der 1960er-Jahre. Erst danach waren die Mafatais zur Kooperation mit den Behörden bereit. Man kann sich heute noch gut vorstellen, wie im unwegsamen Gelände sich die Landbesetzer und Forstbeamten und noch früher die Sklavenjäger und Entflohenen im Kleinkrieg aufrieben.

Das einstige Kurbad, das 1864 bei den Schwefelquellen errichtet wurde, verlor 1913 seine Berechtigung, als die Quellen verschüttet wurden. Ein Hotel, eine Pension und Privathäuser hatten den Kranken neben dem Thermalbad zur Verfügung gestanden. Über einen 15 km langen Kurpfad hatte man sie zuerst mit Pferden, das letzte Stück mit Sänften zum Kurbad gebracht.

Heute dominiert unüberhörbar und manchmal wenig romantisch das harte Geknatter der Helikopter, die Versorgungsflüge für die Bewohner des Talkessels erledigen. Nach Jahrhunderten der Perspektivlosigkeit hat Ende des 20. Jh. im Cirque de Mafate der Tourismus Einzug gehalten. Heutzutage scheint kaum jemand mehr die geplante Straße ernsthaft in Erwägung zu ziehen, da die Bewohner das Potenzial des sanften Tourismus erkannt haben. Die Bewohner verdienen neben der Landwirtschaft (Bohnen, Linsen, Geranium) ihren Lebensunterhalt in erster Linie durch die Vermietung von Unterkünften und durch die Instandhaltung der Wanderwege. Die zerfurchte Erosionslandschaft besteht aus unzähligen Plateaus, die Luftlinie nicht weit entfernt scheinen und doch nur in stundenlangen Märschen zu erreichen sind. Der Geröllfluss Rivière des Galets hat mit seinen wilden Nebenflüssen tiefe Schluchten ins weiche Basaltgestein geschliffen, die ein ›Inselchen‹ *(îlets)* vom anderen trennen. Die klimatischen Bedingungen spielen Wanderern in die Hände, denn bis auf den feuchten Ostrand gehört Mafate zu den trockensten Winkeln der Insel.

# Tourenplanung

Im 91 km² großen Talkessel steht ein über 140 km langes Wegenetz zur Auswahl. Die meisten Touristen besuchen die Dörfer der oberen Plateaus, Le Haut-Mafate, darunter La Nouvelle, Marla und Roche-Plate. Die unteren Plateaus, Bas-Mafate, im Norden wie Grand-Place und Aurère weisen eine geringere Besucherfrequenz auf, auch weil dafür eine gehörige Portion Ausdauer und bergsteigerische Zähigkeit vonnöten ist. Sportliche Naturfreunde mit weniger Bergerfahrung bevorzugen deshalb die leichter erreichbaren und weniger anstrengenden Routen der oberen Plateaus.

Alle drei Weitwanderwege (GR R1, GR R2, GR R3) führen durch oder rund um den Cirque de Mafate. An und für sich werden die Wege laufend instand gehalten, doch Erdrutsche oder Steinschläge können die Pfade immer wieder unterbrechen. Daher sind vor einer Trekkingtour unbedingt Informationen einzuholen. Mit dem Einstieg entscheidet man sich für eine Wanderroute, denn die nachfolgend genannten Zugänge erschließen jeweils zusammenhängende Einheiten, die sich auch für Mehrtagestouren anbieten. Achtung: Der Weg von La Nouvelle nach Grand-Place kann seit dem Zyklon Dina 2001 nicht mehr begangen

**Hängebrücke auf dem Sentier Scout**

werden. Die schnellste Verbindung zwischen Roche-Plate und Grand-Place führt seitdem über Îlet-des-Orangers und Îlet-des-Lataniers.

### Ein-Tages-Routen

**Col des Bœufs** – La Nouvelle (4–5 Std. hin und zurück)

**Col des Bœufs** – Marla (4–5 Std. hin und zurück)

**Col des Bœufs** – Marla via La Nouvelle (6–7 Std. hin und zurück)

**Deux-Bras** – Grand-Place (3–4 Std. hin und zurück, Anfahrt mit 4x4-Taxi bis Deux-Bras)

### Zwei-Tages-Routen

**Col des Bœufs** – La Nouvelle/Marla – Roche-Plate – Aufstieg über Maïdo (4–5 Std., sehr kräftezehrend)

**Le Bélier** – Marla (5–6 Std.) – Col du Taïbit (Cilaos, 3–4 Std.)

**Le Bélier** – Îlet-à-Malheur, Aurère oder Îlet-à-Bourse (4–5 Std.) – Abstieg über die Rivière des Galets (8 Std. oder ab La Porte mit einem 4x4-Taxi)

**Maïdo** – Abstieg nach Roche-Plate (3 Std.) – Abstieg über Îlet-des-Orangers, Deux-Bras und die Rivière des Galets (8 Std. oder ab La Porte mit einem 4x4-Taxi)

**Canalisation des Orangers** – Roche-Plate – Rückweg über den Maïdo ( 4–5 Std., sehr kräftezehrend)
**Îlet-à-Cordes** – über den Col du Taïbit nach Marla und Nouvelle (3–4 Std.) – Aufstieg über den Col des Bœufs (3–4 Std.) – Grand-Îlet/Salazie (drei Cirques in einer Tour)

### Drei- bzw. Vier-Tages-Routen

Die Vorschläge erheben keinen Anspruch auf Vollständigkeit.
**Maïdo** – Abstieg nach Roche-Plate (3–4 Std.) – Grand-Place-Cayenne (5–6 Std.) – Rückweg über Rivière des Galets (ab La Porte mit einem 4x4-Taxi)
**Le Bélier** – La Nouvelle/Marla (5–6 Std.) – Roche-Plate (5 Std.) – Aufstieg über den Maïdo (4–5 Std., sehr kräftezehrend)
**Cilaos** – über den Col du Taïbit nach La Nouvelle (3–4 Std.) – Îlet-à-Bourse (5 Std.) – Aufstieg über den Maïdo (6–7 Std., sehr kräftezehrend)
**Le Bélier** – La Nouvelle/Marla (5–6 Std.) – Roche-Plate (5 Std.) – Marla (5 Std.) – Col du Taïbit (Cilaos, 3–4 Std.)
**Bord-Martin** – über Sentier Scout nach Îlet-à-Malheur und Aurère (3–4 Std.) – Grand-Place-Cayenne (4–5 Std.) – Roche-Plate (5–6 Std.) – Marla (5 Std.) – Col des Bœufs (3–4 Std.) – Grand-Îlet

### Übernachtung, Essen und Ausrüstung

Reservierungen sollten in den Fremdenverkehrsämtern und bei der Reservierungszentrale Maison de la Montagne/Gîtes de France durchgeführt werden (s. S. 31). An den Wochenenden und während der Schulferien füllen sich die Hüttenplätze in La Nouvelle und Marla schnell. Flotte Wanderer sollten ihr Tempo zügeln (oder Pausen einlegen), denn es kann passieren, dass man zu früh bei der gebuchten Gîte eintrudelt und noch einige Zeit auf Einlass warten muss.

Der Großteil der *gîtes* bietet Vollverpflegung (Abendessen, Frühstück). Wer die kleinen, überteuerten Lebensmittelläden mit Konserven und abgepacktem Essen meiden will, muss Proviant in Form von frischem Obst, Snacks und Energiespendern mitnehmen. Brot ist im gesamten Cirque Mangelware, einzig in La Nouvelle existiert eine Bäckerei. Dementsprechend besteht das Frühstück hauptsächlich aus Zwieback *(biscottes).* Ausreichend Wasser muss immer im Rucksack vorhanden sein. In La Nouvelle, Aurère, Cayenne, Roche-Plate und Grand'Place-les-Hauts existieren ausgewiesene Campingplätze (meist 5 €), doch auf nette Nachfrage kann auch auf Privatgrundstücken kampiert werden.

Gute eingelaufene Wanderschuhe mit einem tiefen Profil sind unerlässlich ebenso wie eine Stirnlampe, Wanderstöcke, Regenbekleidung, Ersatzkleidung, ein paar warme Stücke für die kühlen Abende, Sonnencreme und -schutz, Bargeld, Proviant sowie eine ordentliche Wanderkarte (s. S. 31).

# Obere Plateaus im Süden

Vom benachbarten Cirque de Salazie aus ist der Einstieg am bequemsten. Durch die rasche Zufahrt von Grand-Îlet zum Parkplatz am Col des Bœufs dezimiert sich die restliche Gehzeit hinunter nach La Nouvelle auf zwei bis drei Stunden Fußmarsch – ideal für Tagesausflügler.

## La Nouvelle ▶ E 5

In La Nouvelle (1400 m) existieren mehr Gästebetten als Einwohner – mit 150 Einwohnern ist es am dichtesten im ganzen Cirque besiedelt, mit 200 Gästebetten am häufigsten von Besuchern frequentiert. Am Fuß des Morne de Fourche (2267 m) auf einem weitläufigen Plateau gelegen, gilt die Ortschaft als ›Hauptstadt‹ des Cirque, vor allem wegen ihrer relativ guten Infrastruktur: einer Bäckerei, kleiner Lebensmittelläden, der einzigen solarbetriebenen Telefonzelle des Cirque und jeder Menge *gîtes*. Nicht die Rinder- und Schafzucht oder der Linsenanbau sichern das Überleben der Bewohner, sondern der Wandertourismus.

Wie die restlichen oberen Plateaus im Süden wurde La Nouvelle erst spät besiedelt. Erst nachdem ein Erdrutsch des Gros Morne 1875 alle Hütten und 62 der 65 Bewohner des Dörfchens Îlet Grand-Sable begrub, begann man neue Siedlungsplätze zu erschließen. Um die Böden zu stabilisieren, forstete man hier erstmals in Réunion mit japanischen Sicheltannen auf und zog zur Pflege des Waldes einen Karrenweg, den **Chemin Charrette**, der für den Traktor bis heute die einzige befahrbare Piste geblieben ist. Erst kürzlich wurde der Weg wieder instand gesetzt.

Wer keine Rundtour durch Le Haut-Mafate macht, sollte einen Abstecher zum Marla-Aussichtspunkt auf das **Plateau des Chênes** unternehmen, bevor man La Nouvelle anpeilt. Von La Nouvelle nimmt man entweder den Verbindungsweg nach Marla (hinter der Kirche) oder den Weg nach Roche-Plate. Zurück zum Parkplatz empfiehlt sich der Chemin Charrette, da er zwar nicht weniger steil als der Gehweg ist, aber durch die breite, planierte Wegführung einfacher zu bezwingen ist. Der in der Luftlinie kurz erscheinende Weg nach Roche-Plate sollte nur von trittsicheren Marschierern mit exzellenter Ausdauer in Anspruch genommen werden. Der steile, teilweise enge Abstieg in das Flussbett der **Rivière des**

**Galets** fordert erfahrenen Wanderern alles ab, außerdem ist der Canyon wegen Hochwasser oft gesperrt.

## Übernachten, Essen

*Komfortabelste Pension –* **Le Relais de Mafate:** Tel. 0262 43 61 77, DZ 35–60 €, Schlafsaal 23 €, Frühstück 7 €, Abendessen 20 €. Sauber, geräumig und sehr komfortabel für eine ›Berghütte‹; wird gerne gebucht und füllt sich schnell. Reservierung empfohlen. Angeschlossen sind eine kleine Bar (manchmal Veranstaltungen) sowie ein Lebensmittelladen.

*Doppelzimmer –* **Gîte Gravina Yvon:** Tel. 0262 43 38 72, DZ 35 €, Frühstück 5 €. Sechs Doppelzimmer im Herzen von La Nouvelle, allerdings gibt es keinen Restaurantservice. Essen kann man nach Vorbestellung bei anderen *gîtes*.

*Hinter der Bäckerei –* **Gîte des Trois-Roches:** M. Alain Bègue, Tel. 0262 32 50 90, DZ 30 €, Schlafsaal 15 €, Frühstück 6 €, Abendessen 17 €. Einfaches Schlaflager mit Doppelzimmer und Gemeinschaftsschlafsälen.

*Auf dem Weg nach Marla –* **Gîte Gravina Martial:** in La Plaine aux Sables, Tel. 0262 43 01 73, DZ 32 €, Schlafsaal 15 €, Frühstück 5 €, Abendessen ab 15 €. Einfache Hüttenunterkunft mit guter Küche.

## Marla ▶ E 5

Eingepfercht zwischen den Ausläufern des mächtigen Grand-Bénare, des Col du Taïbit und den bizarren Trois-Salazes ist Marla (1620 m) das am höchsten gelegene Dorf im Cirque de Mafate. Auf Madagassisch bedeutet der Name ›viele Menschen‹, und heute noch trifft dies zu. Denn als Kreuzungspunkt der Weitwanderwege GR R1 und GR R2 sieht das Dörfchen viele Besucher, dennoch könnte es kaum verschlafener sein. Etliche Pfade führen nach Marla: von Cilaos und Îlet-à-Cordes aus über den Col du Taïbit (ca. 3–4 Std.), von Salazie über den Col des Bœufs (ca. 2,5 Std.) und von Roche-Plate über Le Bronchard (ca. 5 Std., schwierig).

## Übernachten, Essen

*Köstliche Küche –* **Gîte d'Expedit Hoareau:** M. Yolande Hoareau, Tel. 0262 41 78 31, DZ 37 €, Schlafsaal 16 €, Frühstück 6 €, Abendessen 16 €. Vier Schlafsäle à vier Personen sowie vier Doppelzimmer stehen zur Auswahl. Wunderbare Aussicht auf den Cirque de Mafate. Bekannt für das gute Essen.

*Auf dem Weg nach La Nouvelle –* **La Maison Laclos:** Tel. 0692 07 86 54, DZ 37 €, Schlafsaal 15 €, Frühstück 6 €, Abendessen 16 €. Insgesamt finden 14 Leute in der einfachen Berghütte Platz, freundlicher Empfang.

## Roche-Plate ▶ D/E 5

Unterhalb des Steilabbruches Maïdo auf 1100 m liegt das Hochplateau Roche-Plate. Es galt als einer der ersten Zufluchtsorte der entlaufenen Sklaven. Einst war es dicht besiedelt, sodass in den 1950er-Jahren sogar eine Schule für über 40 Kinder errichtet wurde. Doch mittlerweile gibt es auch auf vier anderen Îlets Schulen, sodass Familien abwandern. Nur mehr an die 17 Familien bewohnen heute dieses Plateau.

### Vom Maïdo nach Roche-Plate

3 km vor dem Aussichtspunkt Maïdo beginnt an der Forststraße der Pfad nach Roche-Plate. Steil, aber gut begehbar, führt er in gut drei Stunden über 900 Höhenmeter nach unten. Bis

zum **Kreuz** (ca. 45 Min.) ist der Pfad äußerst abschüssig und fordert die Knie, danach wird es flacher und über die Scharte **La Brèche** (weitere 45 Min.) erreicht man schließlich den Kreuzungspunkt. Links kann man in einer knappen Stunde Îlet-des-Orangers, rechts in 30 Min. Roche-Plate anpeilen.

### Von Roche-Plate nach Marla und La Nouvelle

Roche-Plate ist durch Pfade mit Marla (5,5 Std.) und La Nouvelle (4,5 Std.) im südlichen Teil sowie mit Îlet-des-Orangers (entlang der Cirque-Wand) und Grand-Place und Grand-Place-Cayenne im Norden verbunden. Der Zustand des direkten, steilen Weges nach La Nouvelle muss vor Ort geklärt werden.

Nach Marla (und La Nouvelle) gelangt man auf der empfehlenswerten, aber schwierigen **Südroute (GR R1)** entlang der Cirque-Wand. Achtung: Es muss über Felsen geklettert werden! Zunächst erreicht man nach 3 Std. **Trois-Roches,** den pittoresken Rastund Badeplatz am oberen Flusslauf der Rivière des Galets. Bei den Wasserfällen öffnet sich eine Spalte im glattpolierten und glitschigen Basaltstein und die Gewässer des Flusses zwingen sich danach in eine enge Klamm (Achtung: Sturz- und Lebensgefahr!). Die drei großen Basaltfindlinge am Ufer geben dem beliebten Rastplatz seinen Namen. Nach Regenfällen ist in Roche-Plate oder Marla in Erfahrung zu bringen, ob diese Passage begehbar ist. Nach der Überquerung des Flusses folgt man dem ausgewaschenen Pfad im Bachbett bergan, bald weist ein Schild nach links in Richtung La Nouvelle. Der abschließende Aufstieg nach Marla geht zügig voran, obwohl weiter oben das Terrain wieder glitschiger werden kann. Ein letztes Mal wird der Fluss überquert; 45 Min. später ist Marla erreicht.

## Übernachten, Essen

*Neue Berghütte – Gîte M. Thomas Judex:* Tel. 0692 04 59 78, Bett 15 €, Frühstück 5 €, Abendessen 15 €. Exzellentes Essen *(carri canard)* und überdurchschnittlicher Standard. Drei Zimmer à vier Betten, warme Duschen und freundlicher Empfang.

*Leckeres Abendessen – Gîte de Roche-Plate:* Mme. Yvette Robert, Tel. 0262 71 24 01, Schlafsaal 15 €, Frühstück 5 €, Abendessen 15 €. Einfache Unterkunft mit Warmwasser; gegessen wird im Haus der Eigentümerin (ca. 10 Min. entfernt von den Schlafunterkünften).

*Klein, aber fein – Gîte Ti Kaz' Bleu:* M. Axel Lefèvre, Tel. 0692 29 37 58, Schlafsaal 15 €, Frühstück 5 €, Abendessen 15 €. Toller Blick auf die Steilwände des Cirque. Muss unbedingt reserviert werden, da diese Gîte oft ausgebucht ist.

## Îlet-des-Orangers  ▶ D 4

Obwohl Îlet-des-Orangers lange als unbezwingbare Felsenburg galt, wo sich Sklaven verschanzten, zählte sie doch neben Roche-Plate und Aurère zu den ersten Siedlungsgebieten im Cirque. Von den Obst- und Orangenplantagen, die dem Dorf den Namen gaben, blieben nur wenige übrig. 67 Einwohner bewirtschaften das Plateau. Die Infrastruktur besteht aus einer Schule, einer Kirche sowie zwei Berghütten. Für die Gemeinde Saint-Paul unerlässlich sind die Ursprünge der beiden Flüsse **Ravine Orangers** und **Ravine Grand'Mère** 200 m unter den Plateaus, denn sie stellen die Wasserversorgung der Stadt sicher. Schwindelfreie können auf dem 1,5–2 m breiten **Aquädukt** – ohne Geländer, stellenweise auch durch die Wartungstunnels – hoch über der Rivière des Galets aus dem Cirque und hinunter nach Sans-Souci wandern. In umgekehrter Richtung bietet sich aber ein schöneres Panorama – ein recht einfacher, relativ flacher Einstieg in den Cirque für schwindelfreie Wanderer, allerdings ohne Schatten. Bekannt wurde der Weg übrigens durch den Postboten Angélo Thiburce, der auf dieser Strecke von Sans-Souci aus seinen wöchentlichen 150-km-Fußmarsch durch den Cirque in Angriff nahm. In Frankreich ist er eine Legende. 2002 ging er nach schätzungsweise 180 000 km (4 x die Erdumrundung!) in den Beinen in Pension. Heute wird der Postbote übrigens mit dem Helikopter eingeflogen, dennoch ist sein Rundkurs ähnlich beschwerlich geblieben.

## Übernachten, Essen

*Neueste Gîte im Cirque – Gîte Chez Christelle:* Tel. 0692 03 83 93, Schlafsaal 15 €, Frühstück 5 €, Abendessen 16 €. Sympathischer Empfang und gutes Essen tun müden Knochen gut.

*Gemeinschaftslager – Gîte Louise Yoland:* Tel. 0262 43 50 90, Schlafsaal 16 €, Frühstück 6 €, Abendessen 16 €. Einfache Hütte mit Kaltwasser und einem kleinen Lebensmittelladen.

# Untere Plateaus im Norden

Von Dos-d'Ane ausgehend führt ein Pfad hinunter in das Tal der Rivière des Galets. Von hier aus muss man in einem langwierigen Aufstieg gut 2 Std. den Geröllfluss hochsteigen, bis man die Pforte des Talkessels, **La Porte,** erreicht, über die man zu Aurère und Grand-Place Zugang hat. Als Alternative bleibt natürlich die Zufahrt mit dem Geländewagen bis La Porte oder

# Cirque de Mafate

**Deux-Bras** von La Possession aus (4x4-Taxis s. Infos S. 105).

# Aurère ► E 4

Ab La Porte bringt der Pfad Wanderer in 3 Std. nach Aurère (930 m), dem ältesten Dorf im Cirque de Mafate. Bei der Jagd nach Wildziegen 1780 stieß der bretonische Auswanderer Nicolas Lemarchand, der spätere Bürgermeister von Saint-Paul, auf dieses Plateau und traf auf einen entlaufenen Sklaven. Auf die Frage, wie denn der Ort hier heiße, antwortete der Madagasse mit *orera*, ›gute Erde‹. Daraufhin erwirkte Lemarchand als erster Weißer eine Konzession beim Gouverneur, baute ein Holzhaus, begann Kirschen, Birnen, Mandeln, Kaffee, Mais und Vieh zu züchten. Von den Eichen, die Lemarchand sich eigens aus Frankreich kommen ließ, sollen noch einige vorhanden sein. Später zogen Siedler aus Salazie auf das Plateau, doch der Zyklon 1948 zerstörte alle Geraniumplantagen und Kornfelder. 1960 war nur mehr der Förster übrig. Erst seit 1977 wird die Wiederbesiedelung aktiv unterstützt, indem man eine Wasserleitung baute. Heute existieren im Dorf am Fuß des **Piton Cabris** (›Ziegenberg‹) mehrere *gîtes,* ein Laden, ein gutes Dutzend Wohnhütten und das Forsthaus. Nach Aurère führt ebenfalls der **Sentier Scout,** der zunächst von der Forststraße hinter Grand-Îlet die Dörfer Îlet-à-Bourse und Îlet-à-Malheur verbindet.

## Übernachten, Essen

*Hinter dem Forsthaus –* **Gîte Le Poinsétia:** M. Georget Boyer, Tel. 0692 08 92 20, DZ 35 €, Schlafsaal 15 €, Frühstück 5 €, Abendessen 15 €. Drei Doppelzimmer und ein Schlafsaal stehen zur Auswahl, Reservierung unbedingt über Maison de la Montagne (s. S. 31).
*Nur Schlafsäle –* **Gîte M. François Libelle:** Tel. 0692 21 32 14, Schlafsaal 15 €, Frühstück 5 €, Abendessen 15 €. 26 Betten in Gemeinschaftsräumen warten auf müde Wanderer. Als Angestellter des Forstamtes weiß François, wie die Wanderwege beschaffen sind. Reservierung unbedingt über Maison de la Montagne (s. S. 31).

# Îlet-à-Malheur ► E 4

Vom Rande des Plateaus von Aurère erscheint die Îlet-à-Malheur (830 m) nur einen Steinwurf entfernt, und doch trennt sie die steile, tiefe **Ravine Bémale,** die nach Abstieg von schwindelerregenden 250 Höhenmetern mittels einer kleinen Brücke überquert werden kann. Die Einwohner von Aurère sind auf diesen Pfad angewiesen, denn sowohl in die Schule, zum Arzt als auch zur Kirche müssen sie über den Bras de Bémale, nur ein Lebensmittelgeschäft existiert. Genauso wie das Nachbardorf gehörte dieses ›Inselchen‹ einst zur Konzession von Nicolas Lemarchand. Seinen Namen, ›Unglücksinsel‹, verdankt das Plateau einer blutigen Schlacht, als Sklavenjäger im Jahr 1829 40 entlaufene Sklaven, die hier in völliger Autarkie lebten, massakrierten.

## Übernachten, Essen

*Hinter dem Lebensmittelgeschäft –* **Gîte d'Îlet-à-Malheur:** M. Guy Libelle: Tel. 0262 43 56 96, Schlafsaal 15 €, Frühstück 5 €, Abendessen 15 €. 20 Betten im Gemeinschaftslager, köstliche Küche, Reservierung unbedingt über Maison de la Montagne (s. S. 31).

# Îlet-à-Bourse ▶ E 4

Nur trittsichere Wanderer sollten die Route zwischen Îlet-à-Malheur und Îlet-à-Bourse wählen, die tiefe und äußerst steile **Grande-Ravine** muss nämlich überquert werden. Die Pools der Grande-Ravine laden geschaffte Marschierer übrigens zu einem erfrischenden Bad ein. Bis nach Grand-Place sind es etwa noch 3 Std. Eine Übernachtung in der schön gelegenen Gîte kann in Betracht gezogen werden.

## Übernachten, Essen

*Panoramalage –* **Gîte de l'Îlet-à-Bourse:** M. und Mme. Thomas, Tel. 0262 43 43 93, Schlafsaal 15 €, Frühstück 5 €, Abendessen 15 €. Zwei Doppelzimmer sowie Vier-Bett-Schlafsäle, nicht nur die gute Küche wärmt hungrige Wanderer, sondern auch die heißen Duschen, Reservierung unbedingt über Maison de la Montagne (s. S. 31).

# Grand-Place ▶ E 4

Die einst größte Siedlung im Cirque de Mafate besteht aus drei Plateaus: Am obersten Plateau liegt **Grand-Place-les-Hauts** (840 m), in der Mitte **Grand-Place-Boutique** (770 m) und auf 530 m Seehöhe **Grand-Place-Cayenne,** das wie ein Adlerhorst auf dem Osthang der Rivière des Galets thront.

## Übernachten, Essen

*Am Fuß des Piton des Calumets –* **Gîte Le Cœur de Mafate:** M. Nicolas Bulin, Tel. 0692 21 15 35, Schlafsaal 15 €, Frühstück 5 €, Abendessen 15 €. Die pittoreske Lage am Fuße des Piton des Calumets macht diese Berghütte aus.
*Neueren Datums –* **Gîte Le Pavillon:** M. Benoît Boyer, Tel. 0262 43 66 76, Schlafsaal 15 €, Frühstück 5 €, Abendessen 15 €. Angenehmes Ambiente, schöner Garten, gute Küche, Reservierung unbedingt über Maison de la Montagne.

**Morgendliche Sonnenstrahlen in der Umgebung von Grand-Place**

# Die höchsten Gipfel im Blick – Cirque de Cilaos !

Lange Zeit war der 11 km breite Cirque (5800 Einw.) vollständig von der Außenwelt abgeschnitten, einzig die geflohenen Sklaven fanden ihren Frieden im unwegsamen Terrain. Übersetzt bedeutet Cilaos nämlich ›Ort, den wir nicht verlassen‹ (aus dem Madagassischen *Tsy laozana* oder *Tsilaosa).* Erst 1826 erhielt Louis Clément Figaro, ein freigelassener Sklave, als Dank für ein verhindertes Komplott von seinem Herrn in Îlet-à-Cordes die erste Landkonzession, doch die Besiedelung ging nur schleppend voran, vor allem weil der verbissene Sklavenjäger Mussard viele Entlaufene aufspürte und massakrierte. Ab den 1830er-Jahren folgten hauptsächlich die *petits-blancs,* die verarmten Weißen von der Küste, die sich in Cilaos eine neue Existenz schufen – mit Linsen, Mais, Bohnen, Zitrusfrüchten und Wein. Vieles an Cilaos ist wegen ihnen auch französischer als anderswo geblieben. Die Stickereikunst, die Ende des 19. Jh. von einer Nachfahrin bretonischer Einwanderer hier verbreitet wurde, trägt wesentlich dazu bei. Dass seit den 1990er-Jahren Wein auf höchstem Niveau gekeltert wird, verstärkt den Eindruck.

## Infobox

**Reisekarte:** ▶ E/5 5–7
**Karte:** S. 249

### Anreise und Weiterkommen
**Auto:** Ab dem Ortsteil La Rivière in Saint-Louis führt die N5 nach Cilaos. Von Saint-Pierre kann die N5 auch auf Nebenstraßen über die Gemeinden Ligne Paradis, Bois d'Olives und Le Ouaki erreicht werden.
**Bus:** Die Linie 60 verkehrt zwischen dem Busbahnhof Saint-Louis und Cilaos Mo–Sa 10 x tgl., So und Fei 8 x tgl., ca. 1,5 Std., 1,50 €. Der erste Bus verlässt Saint-Louis um 5.30, Ankunft 6.55 Uhr. Auch im Cirque selbst kann man gut mit den lokalen Bussen fahren (Linien 61, 62, 63, 1 €), wenn es nicht stört, dass man auf Busse länger warten muss. Aus diesem Grund trifft man im Cirque auch auf viele Anhalter, die um Mitfahrgelegenheiten bitten.

### Wanderkarte
IGN 4405 RT (s. S. 31).

## Cilaos ▶ F 6

Auf 1214 m Seehöhe liegt der schmucke Thermalkurort, bewacht vom höchsten Berg der Insel, dem Piton des Neiges (3071 m), und einer Reihe von Drei- und Zweitausendern. Ab Saint-Louis erreicht man den Talkessel über die N5, eine kurvenreiche Panoramastraße (s. Entdeckungstour S. 244). Wanderer, Kletterer und Abenteurer schätzen Cilaos als Ausgangspunkt großartiger Touren, besonders für die Besteigung des Piton des Neiges.

Nach der Entdeckung der Thermalquellen avancierte Cilaos Anfang des 20. Jh. zum beliebten Kurort für betuchte Großstädter, allerdings ohne die Annehmlichkeiten von Salazie, denn die beschwerliche Anreise hatte es in sich.

Die knapp 3400 Bewohner von Cilaos leben hauptsächlich vom Tourismus und der Landwirtschaft (Linsen, Mais, Tabak, Wein). Außer einer Bank – es gibt nur einen Geldautomaten bei der Post – fehlt es in Cilaos nicht an Infrastruktur: Boulangerie, Restaurants, Snackbars, Apotheken, Tankstelle, Post sowie kleine Lebensmittelläden, deren Preisniveau allerdings ein wenig erhöht ist, sind vorhanden.

# Rundgang

### Rue de Père-Boiteau

An der Hauptschlagader des Dorfes reihen sich Läden, Restaurants und alle sonstigen Einrichtungen. Vor dem Bürgermeisteramt erinnert die Statue **»Le Porteur de Vie«** an die schweißtreibende, gefährliche Arbeit der Sänftenträger. Der Finger der Figur deutet übrigens auf den Piton des Neiges. Das pinke Kreolenhaus schräg gegenüber, die **Villa Soledad** (Nr. 31), zählt zu den schönsten Häusern im Cirque sowie auf der Insel und wurde in der ersten Hälfte des 20. Jh. erbaut.

### Eglise Notre-Dame-des-Neiges

Im Ortsteil oberhalb des Fremdenverkehrsamtes an der Ecke Rue de Père-Boiteau/Rue Mac-Auliffe dominiert die weiß-blaue Kirche im Art-déco-Stil der 1930er-Jahre, die auf Initiative des allgegenwärtigen Père Boiteau 1938 fertiggestellt wurde. Mit 48 Glocken zählt das Glockenspiel zu den größten der Welt. Am Seiteneingang liegt übrigens das von den Bewohnern bestens gepflegte Grab des verehrten Pfarrers. Dahinter, im Chemin du séminaire, befindet sich das ehemals prachtvolle, heute aber stark verfallene Priesterseminar (1913–1972) mit weiß verblassten Nebengebäuden aus Tamarindenschindeln.

### Ancien Thermes

In der Nähe des Fremdenverkehrsamtes zwischen den beiden Restaurants Le Petit Randonneur und Les Sentiers zweigt die Sackgasse Chemin des Porteurs ab, die beim Durchlass am Kino-Parkplatz in den historischen Sentier des Porteurs zu den Überresten der alten Therme übergeht (Gehzeit 15 Min.). Seit 1839 hatte man in sechs durch Strohdächer geschützten Naturbecken direkt bei den Quellen gebadet, 1896 erbaute man ein Badehaus aus Stein. Nachdem der Zugang in den Talkessel endlich fertiggestellt worden war (s. S. 245), lief Cilaos Hell-Bourg den Rang als Thermalkurort ab. Von 1900 an übernahm Doktor Mac Auliffe die Bewirtschaftung der Thermen. Der Name des Doktors ist wie der des Paters Boiteau im Cirque de Cilaos noch immer allgegenwärtig. 1948 zerstörte ein Zyklon die ganze Anlage. Deshalb lohnt sich der kurzweilige Spaziergang auch nur der Bewegung wegen, die Überreste sind eher unansehnlich.

Das neue staatlich geführte Kurzentrum Irénée Accot befindet sich nördlich des Dorfes an der Abzweigung der D242. 1987 eröffnet, bietet es eine Vielzahl von Anwendungen mit dem mineralhaltigen und leicht radioaktiven Heilwasser. Es zielt in erster Linie auf Gäste mit Hautkrankheiten und Rheumaleiden.

### Maison de la Broderie de Cilaos

*4, rue des écoles, Tel. 0262 31 77 48, Mi–Sa, Mo 9.30–12, 14–17, Di 9–12 Uhr, 1 €, 20-Std.-Stickkurs 244 €*
Das bescheidene Stickereimuseum mit angeschlossenem Verkauf dokumentiert die Geschichte des diffizilen und aufwendigen Kunsthandwerks, das Ende des 19. Jh. von der Tochter des damaligen Bäderdirektors, Angèle Mac Auliffe, in die Damengesellschaft von Cilaos eingeführt wurde. ▷ S. 247

# *Auf Entdeckungstour*

## Spektakuläre Passstraße – die N5 nach Cilaos

420 Kehren – sollen eifrige Statistiker herausgefunden haben – zählt die Panoramastraße nach Cilaos, die 1932 fertiggestellt wurde. Die durch Steinschlag, das unwegsame Relief und den harten Stein gefährliche Arbeit an der Straße verlangte den madagassischen Arbeitern alles ab. Ihnen ist es zu verdanken, dass das Bergpanorama nach Cilaos heute für Besucher zugänglich ist.

**Karte:** s. S. 249, ▶ E/F 6–8

**Start:** in Saint-Louis am Kreisverkehr Rond de Coq, Ortsteil La Rivière

**Strecke und Dauer:** 32 km, 1,5 Std.

**Info:** An unübersichtlichen Stellen ist Hupen geboten, bei starken Niederschlägen die Route wegen Steinschlag und Überflutungsgefahr meiden.

Nach Verlassen des dicht besiedelten Stadtgebiets von Saint-Louis über den Kreisverkehr Rond de Coq im Ortsteil Rivière beginnen sich nach 4,5 km die ersten dramatischen Steilwände auf der rechten Seite aufzutun. Die nächsten 2 km schmiegt sich die N5 an die vom Fluss Bras de Cilaos geschaffenen Abbrüche, um schließlich ganz dicht ans Flussbett heranzukommen. Immer imposanter wird die Schlucht, je weiter man in den Cirque vordringt. Man passiert den kleinen, auf eine natürliche Schwemmebene gepferchten Weiler wie Îlet-de-Furcy, Bananenplantagen und das Dörfchen Petit-Serré. Die Straßenverengungen folgen später, die hoch aufragenden Wände des Kessels sind zum Greifen nahe.

## Erste Erschließungsversuche

Nach der Entdeckung der Thermalquellen 1815 in Cilaos und der Feststellung ihrer Heilkraft war man darauf erpicht, die Quellen der betuchten und durch die tropische Hitze kränklichen Hautevolee von Saint-Denis und Saint-Pierre zugänglich zu machen. Schon 1840 regelte ein koloniales Dekret, dass der Cirque de Cilaos durch eine Straße erschlossen werden sollte.

1834 mühten sich bereits die ersten Kurgäste mit dem unwegsamen Gelände ab. 1836 wurde Guy de Ferrières mit einer ersten Trassierung beauftragt, die erst 1845 als einigermaßen brauchbarer, wenn auch noch immer lebensgefährlicher und anstrengender Zugang eröffnet wurde. Zu Fuß, zu Pferd und mit Ochsenkarren konnte die 36 bzw. 38 km lange Strecke – je nachdem, wo die Reise begann – in Angriff genommen werden. Die variantenreichen Geländeformen bargen für die Reisenden jener Zeit jede Menge Gefahren auf der sieben Stunden dauernden Anreise. Mehrere Male musste

der Fluss gekreuzt werden, Steinschlag war ein ständiger Begleiter und das Relief verlangte den Reisenden alles ab.

Auch die heutige Fahrt auf der asphaltierten Route Nationale hat ihre Tücken. Nach knapp 16 km verengt sich die Straße und führt durch den ersten von drei Tunnels, die heute noch alle einspurig geführt werden und mit Sicherheit nicht den verkehrstechnischen Mindestanforderungen der EU entsprechen. Unbedingt hupen!

## Die Ära der Sänftenträger

1,5 km hinter dem ersten Tunnel (Tunnel au Pavillon) führen drei scharfe Kehren hinunter zum Fluss, an die Stelle, wo der Petit- und der Grand-Bras de Cilaos zusammenfließen und sich die Schlucht zum Kessel weitet. Gleich hinter der Brücke steht die Gîte du Pavillon, die auch schon seinerzeit die erste Raststätte auf der beschwerlichen Anreise darstellte. Die Raststation, die vormals als Le Relais des Porteurs bekannt war, wurde 2005 neu eröffnet und ist heute wieder eine gute Adresse für Wanderungen im Cirque (z. B. auf dem Sentier du Reposoir von Îlet-à-Cordes zur Küste).

Viel häufiger als zu Fuß oder hoch zu Ross reisten die Menschen, die es sich leisten konnten, in Sänften an, die von sechs bis zwölf Trägern getragen wurden. Alle zwei Kilometer mussten die Träger vor lauter Erschöpfung ausgetauscht werden. Aus den Aufzeichnungen des ansässigen Kurarztes Mac Auliffe geht hervor, dass die Träger sich mit Gesängen bei Laune hielten, vor allem, wenn weiter oben der Aufstieg immer schwieriger wurde.

## Mit viel Fantasie gegen Konstruktionsfehler

Nach der winzigen Ansiedlung Le Pavillon schraubt sich die Straße in engen

Serpentinen hinauf. Erst 1932 wurde sie für Autos eröffnet, fünf Jahre hatte ihre Fertigstellung gedauert. Dem Beginn der Bauarbeiten 1927 waren jahrelange Diskussionen um die Machbarkeit und die technischen Konstruktionen vorangegangen, und schließlich hielten die schuftenden Madagassen schon aufgrund der häufigen Erdrutsche eher an den Maultierpfaden als an den Plänen der Ingenieure fest.

Man ging das gewagte Projekt von zwei Seiten an, von Saint-Louis und von Cilaos aus. Nur wenige Kilometer vor der Zusammenführung erkannten die Ingenieure, dass ihnen in der Planung – oder in der Ausführung – ein grobes Missgeschick passiert war: Die beiden Teilstücke lagen nicht auf gleicher Höhe und konnten daher nicht verbunden werden. Man ersann für die Verbindung der beiden Enden schließlich eine trickreiche Konstruktion, bei der sich die Straße fast einmal um die eigene Achse windet. Zu erkennen ist der sogenannte Point de la Boucle an einem Denkmal am Straßenrand.

### Ein Dorf mit niederländischem Namen

2,5 km weiter erreicht die Straße das Bergdorf Peter Both, den Außenposten des Gemeindegebiets von Cilaos. Seinen Namen verdankt der Ort der Ähnlichkeit der hiesigen Felsnadel mit der Steinformation auf Mauritius, die nach dem ersten Generalgouverneur von Niederländisch-Ostindien, Pieter Both, benannt ist. Die Réunionesen französierten den Vornamen Pieter. Für die Sänftenträger und die Reisenden war Peter Both seit jeher eine wichtige Übernachtungsstation.

Der Tunnel Peter Both gleich nach der Ortsausfahrt, der zweite auf der Strecke, misst 172 m in der Länge,

3,4 m in der Breite und 3,8 m in der Höhe. Achten Sie auf die Millimeterarbeit der Busfahrer, die ihre großen Busse mit der Präzision eines Schweizer Uhrwerks durch den Schacht manövrieren.

### Der Piton des Neiges ist zum Greifen nah

Gleich danach folgen die Abzweigung nach Palmiste-Rouge und dann der dritte Tunnel durch das Bergmassiv Morne de Gueule-Rouge. Ein kurzer Stopp auf 1100 m nach der Ausfahrt lohnt sich, auch wenn es keine Parkbuchten gibt. Die unbeschreibliche Schönheit des Cirque de Cilaos tut sich auf: Schroffe Felsen und Berge, erhöhte Plateaus mit kleinen Siedlungen, aufragende Zacken und der alles dominierende Piton des Neiges verschlagen einem fast die Sprache. Von rechts nach links reihen sich die klingenden Namen aneinander: Coteau Kervéguen, Piton des Neiges (3071 m) mit dem verschmelzenden Gros Morne (3019 m), die drei Felsnadeln Trois-Salazes (2132 m), Col du Taïbit (2082 m) und ganz links der Grand- (2898 m) und der Petit-Bénare (2600 m).

### Im Zentrum des Talkessels angekommen

Nach weiteren 5 km passiert man noch die letzte Schlucht des Bras de Benjoin und einige Siedlungen, dann ist Cilaos erreicht. Der erste Mensch, der die Straße von Saint-Louis bis hierher in einem Automobil befahren hat, war übrigens der federführende Ingenieur Telmar, der die rettende Idee bei der Zusammenführung der beiden ungleichen Trassen hatte. Erst dank der Straße konnte sich in Cilaos der Tourismus etablieren. Bis heute ist sie die Schlagader von Cilaos, der einzige Verbindungs- und Versorgungsweg.

Angèle Mac Auliffe hatte sich die Stickerei selbst beigebracht und unterrichtete junge Mädchen, um ihnen ein zusätzliches Einkommen zu ermöglichen. Seitdem wird die spezielle Technik von Generation zu Generation weitergereicht, wobei dem Museum in der Erhaltung der Tradition große Bedeutung zukommt. In Gruppen sticken die Frauen gemeinsam, die Motive erfinden sie selbst. Bis 1997 war Stickerin – ganz im Sinne von Mme Mac Auliffe – ein zweijähriger Lehrberuf.

### Maison des Vins du Chai

*34, rue des Glycines, Nähe Kriegerdenkmal, Tel. 0262 31 79 69, Mo–Sa 9–12, 14–17 Uhr*
In dem Haus der Weinkooperative wird ein Video über die lokale Weinherstellung gezeigt und man kann Weine verkosten und kaufen. Mit den ersten französischen Siedlern kamen auch Rebstöcke auf die Insel. Seit der einst beliebte Wein aus der Isabella-Traube wegen des hohen nervenschädigenden Methanolgehalts nicht mehr verkauft werden darf, hat man mit der Produktion von Qualitätswein aus den Trauben Chenin, Malbec und Pinot Noir begonnen. Seit 2004 trägt der Wein aus Cilaos das geschützte Label Vin de Pays. Die Weinlese findet am Ende des tropischen Sommers im Februar und März statt, jener Zeit, wo die Rebstöcke am meisten von den Zyklonen bedroht sind. Seit einigen Jahren keltert ein professioneller Önologe aus dem Mutterland die Weine der Weinkooperative.

# Wanderungen

Wanderungen sollten grundsätzlich nicht alleine unternommen werden, insbesondere gilt dies für allein reisende Frauen. Die zweitägige Tour von

Le Bloc auf den **Piton des Neiges** zählt zu den touristischen Höhepunkten, empfiehlt sich aber nur für gut trainierte Bergsteiger (s. S. 252).

### La Roche Merveilleuse

Zum Beinevertreten oder als Einstimmung eignet sich eine kurze, leichte Wanderung (1,5 Std. hin und zurück, gut beschildert) zur La Roche Merveilleuse, einem Aussichtspunkt auf die Stadt. Hinter der Kirche rechts von der modernen Therme befindet sich der Startpunkt für die Tour durch den Wald. Ein 360°-Panorablick über Cilaos und Teile des Cirque winken als Belohnung, allerdings nur am frühen Vormittag zwischen 9 und 11 Uhr, wenn Cilaos von der Sonne gut beleuchtet ist und noch keine Wolken am Himmel thronen.

### Cascades de Bras-Rouge

Die Wanderung zu den Cascades de Bras-Rouge erfolgt anfangs über den Sentier des Porteurs zu den Überresten der alten Therme (s. S. 243) und danach kurze Zeit über die Teerstraße (D242), bevor ein Schild links zum Wasserfall weist (2,5 Std. hin und zurück). Man kann vom Wasserfall einen Rundweg über Bassin Bleu und das Plateau des Chênes (ca. 6 Std.) weiter fortsetzen.

### Sentier de la Chapelle

Der Sentier de la Chapelle beginnt neben dem Hotel Tsilaosa und führt nach **La Chapelle** (9,7 km, 5 Std. hin und zurück) sowie zum Pfad nach **Îlet-à-Cordes** (12 km, 6 Std. hin und zurück). Die schwindelerregende Schlucht La Chapelle wurde vom Fluss Bras-Rouge in die Landschaft geschnitten. Über 100 m hoch und nur 10 m breit, ist die Felsformation nur für trittsichere und geübte Wanderer empfehlenswert, denn es geht steil bergab bzw. bergauf und einige Male wird der Fluss über-

**Unser Tipp**

## Romantikhotel Tsilaosa

Vom opulenten Frühstück mit hausgemachten Spezialitäten spricht man auf der ganzen Insel – insbesondere die leiblichen Genüsse werden im Hotel Tsilaosa zelebriert. Im Salon de Thé (tgl. 14–18.30 Uhr) kostet man sich durch Tees aus aller Welt und schlemmt dazu köstliche Crêpes (3–5 €) sowie hausgemachte Kuchen. Und der Hausherr M. Dijoux, einst selbst Winzer, führt Weinverkostungen im hauseigenen Weinkeller durch. Im Whirlpool und in den elegant eingerichteten Zimmern mit kreolischen Details kann man nach einer Wanderung bestens entspannen (21, rue du Père-Boiteau, Tel. 0262 37 39 39, www.tsilaosa.com, DZ 102–112 €, man spricht Deutsch).

---

quert. Imposante Felsformationen, riesige Findlinge, türkisblaue Wasserbecken und eine Grotte lohnen die Anstrengung. Ausgehend vom Hotel Tsilaosa folgt man den Beschilderungen für La Chapelle und Îlet-à-Cordes und erreicht auf dem Sentier de la Chapelle nach ca. 1,5 Std. eine Abzweigung. Geradeaus führt der Pfad nach Îlet-à-Cordes, rechts zweigt ein steiler Serpentinenweg in Richtung Schlucht ab. Beide Wege sollten ausschließlich bei trockenen Verhältnissen gewählt werden (vorher im Office de Tourisme erkundigen).

## Übernachten

*Für Genießer* – **Hôtel Tsilaosa:** s. Unser Tipp oben.

*Mit Charme* – **Hôtel Les Chenets:** 40E, chemin des Trois-Mares, Tel. 0262 31 85 85, www.leschenets.fr, DZ 122–142 €. Direkt unter den steil aufragenden Hängen des Cirque gelegen, garantiert das gepflegte Les Chenets himmlische Ruhe. Beheizter Pool, Hamam, Sauna.

*Traditionsbetrieb* – **Le Vieux Cep:** 2, rue des Trois-Mares, Tel. 0262 31 71 89, www.levieuxcep-reunion.com, DZ 90–105 €. In den 45 Zimmern herrscht rustikal-alpiner Cottage-Charme vor, äußerst sympathisch, vor allem weil das Restaurant zu den besten im Ort gehört. Pool.

*Kreolisch prachtvoll* – **Le Bois Rouge:** 2, route des Sources, Tel. 0262 47 57 57, www.ilereunion.com/boisrouge. htm, DZ 89 €. Im knallgelben Haupthaus direkt neben der Kirche sind fünf schmucke Zimmer untergebracht; das Frühstück wird auf der eigenen Veranda serviert. Sa Fondue-Abend.

*Rabatt* – **Casa Celina:** 12B, rue du Père-Boiteau, Tel. 0692 60 27 62, DZ 69–79 €. Nettes Hotel direkt an der Einfahrtstraße mit farbenfrohen Zimmern. Der Eingang neben dem Restaurant La Pause kann leicht übersehen werden. Ab der zweiten Nacht 20 % Rabatt.

*Für Selbstversorger* – **Résidence Eglantine:** 2–4, rue Alsace-Corré, Tel. 0692 82 64 64, www.residence-eglantine.fr, Ferienwohnung für 2 Pers. 55–85 €. Sieben gepflegte, voll ausgestattete Ferienwohnungen für zwei oder vier Personen, bewachter Parkplatz, ausgebaute Grillstelle.

## Essen & Trinken

Am besten isst man in den Restaurants der Hotels Le Vieux Cep (Hauptgericht ab 11 €) und Les Chenets (Hauptgericht ab 15 €), s. o.

*Direkt am See* – **Le Cottage:** 2, chemin des Saules, Tel. 0262 31 04 61, Sa–Do

# Cirque de Cilaos

11.30–14, 18.30–21 Uhr, Hauptgerichte ab 11 €. Ausgezeichnete lokale Spezialitäten, die noch dazu in einer Art Rondeau mit fantastischem Blick auf den See Mare-à-Jonc und die dahinterliegenden Berge serviert werden.

*Traditionsreich* – **Chez Noé:** 40, rue du Père-Boiteau, Tel. 0262 31 79 93, Di–So 10–15, 18–21 Uhr, Mittagsmenü ab 15 €. Seit 20 Jahren schon isst man im Chez Noé bodenständige, gute Küche.

*Solide* – **Les Sentiers:** 63, rue du Père-Boiteau, Tel. 0262 31 71 54, Do–Mo 11.30–14, 18.30–21 Uhr, Di nur mittags, Hauptgerichte ab 10 €. Die Gaststätte ist keine kulinarische Offenbarung, aber die Preise und die Portionen sind vernünftig.

*Unser Tipp*

**Adrenalin-Schub mit Run Evasion und CilaosAventure**
Wenngleich Canyoning körperlich nicht anstrengend ist, verlangt es doch eine gehörige Portion Mut. Mitzubringen sind Sportschuhe, T-Shirt und Shorts sowie ein Badeanzug, den Rest der Ausrüstung stellt der Veranstalter. Canyoning ist das ganze Jahr über möglich, am besten sind die heißen und trockenen Monate Oktober bis Dezember. Eine beliebte Route für Einsteiger ist z. B. der Canyon Fleurs-Jaunes. Erfahrene Veranstalter in Cilaos sind Run Evasion: (23, rue du Père-Boiteau, Tel. 0262 31 83 57, www.runevasion.fr) oder CilaosAventure (12, chemin la chapelle, Tel. 0692 66 73 42, www.cilaosaventure.com). Beide Unternehmen führen auch Wanderungen und andere Sportaktivitäten im Programm.

## Einkaufen

*Outdoor-Ausrüster* – **Run Evasion:** 23, rue du Père-Boiteau, Tel. 0262 31 83 57, www.runevasion.fr, tgl. 8–12, 14–18 Uhr. Sport- und Wanderbekleidung, Ausrüstung, Pardon-T-Shirts.

*Stickereien* – **Broderies de Cilaos:** Luciane Techer, 51, rue du Père-Boiteau, Tel. 0262 31 81 30, Mo–Sa 9–12, 14–18.30, So 10–12.30 Uhr. Gestickte Kostbarkeiten ab 20 €, Karten 5 €.

*Lokale Produkte* – **Bauernmarkt:** gegenüber der Maison de la Broderie, So vormittags. Spezialitäten des Cirque wie Linsen, Mispelhonig, Wein, Taro.

## Aktiv & Kreativ

*Fahrradverleih* – **Christoph Payet:** 62, rue du Père-Boiteau, tgl. 8.30–12, 14.30–18 Uhr. Gute Fahrräder (KTM), 1 Std. 6 €, halber Tag 14 €, Tag 19 €.

*Canyoning und mehr* – **Run Evasion** und **CilaosAventure:** s. Unser Tipp.

## Infos & Termine

**Office de Tourisme:** 2, rue Mac-Auliffe, Tel. 0262 31 71 71, http://sud.reunion.fr, Mo–Sa 8.30–12.30, 13.30–17, So 9–12 Uhr. Busfahrpläne, Karten, Wanderrouten, Tourenvorschläge. Hüttenübernachtungen können gebucht werden.

### Internet
**Vidéo Club 3 Salazes:** 40, rue Saint-Louis, Tel. 0692 71 70 55, Di–So 10–12.30, 15–21 Uhr. Internet, WLAN.

### Verkehr
**Bus:** Linien 60, 61, 62, 63, Ticketverkaufsstelle *(Agence commerciale)* in der Rue Louis Maillot, Haltestelle an der Ecke mit der Rue des Glycines (gegenüber dem Kriegerdenkmal).

**Geselliges Ereignis: Weinprobe im Hotel Tsilaosa**

**Société Cilaosienne de Transport (SCT):** 3, rue des Fleurs-Jaunes, Tel. 0692 66 13 30. Transportunternehmen, das zu den Einstiegen der Wanderrouten bringt und abholt, auch Transfers an die Küste. Zum Piton des Neiges 10 € bei 2 Pers., 12 € bei 4 Pers., zum Col du Taïbit 12 € bei 2 Pers., 15 € bei 4 Pers.

### Termine
**Linsenfest:** Oktober. Marktstände, Musik und als Höhepunkt die Krönung der Linsenkönigin.

# Bras-Sec ▶ F 6

Nach dem Ortsende von Cilaos hinter der Kirche folgt man der D241 in Richtung Westen. Auch wenn das unscheinbare Dörfchen Bras-Sec einen Ausflug nicht rechtfertigt, die Fahrt dorthin (4,5 km) tut es allemal: enge Kehren, hohe Farne, Tamarindenbäume mit zottigen Bartflechten und ein schöner Kryptomeriawald säumen die Straße. Man passiert den Parkplatz

Le Bloc, an dem ein zweitägiger Aufstieg auf den **Piton des Neiges** beginnt (s. Entdeckungstour S. 252). Wenn die Steilwand zum Greifen nah ist, hat man Bras-Sec auf 1230 m Seehöhe erreicht. Das Gefühl, man wäre am Ende der Welt angekommen, trügt nicht. Weitere Wanderungen starten von Bras-Sec aus, wie z. B. über die Schlucht **Ravine des Calumets** nach Palmiste-Rouge oder über die **Ravine des Bras de Benjoin** nach Cilaos.

## Übernachten, Essen

*Herzlicher Empfang –* **Le Vieux Pressoir:** 40, chemin Saül, Tel. 0262 25 56 64, DZ 35 €, Abendessen 20 €. Fünf einfache Zimmer mit Ausblick und typischer Bergatmosphäre.

## Infos

**Bus:** Die Linie 61 verkehrt zwischen Cilaos und Bras-Sec.

# *Auf Entdeckungstour*

## Wanderung auf den erloschenen Vulkan – Piton des Neiges

Für viele Wanderer ist die zweitägige Besteigung des Piton des Neiges von Le Bloc aus der unumstrittene Höhepunkt eines Réunion-Aufenthalts. 2000 dramatische Meter ragt er aus dem Kesselboden empor, mit 3071 m ist er der höchste Berg des Indischen Ozeans. Ein unvergessliches Erlebnis: der Sonnenaufgang vom Gipfel aus am zweiten Tag, wenn die Wolken zu verbrennen scheinen.

**Karte:** S. 249, ▶ F 5/6

**Start:** Parkplatz/Bushaltestelle Le Bloc zwischen Cilaos und Bras-Sec (D241)

**An- und Rückfahrt mit dem Bus:** Linie 63 Cilaos–Le Bloc, 1 €, ab Cilaos Mo–Sa u. a. 6, 7.30, 9, 10.40, 12.30, So 9, 12.30 Uhr, ab Le Bloc Mo–Sa u. a. 10.29, 12.14, 13.49, 15.14, So u. a. 10.29, 13.49, 16.44 Uhr.

Die zweitägige Wanderung auf den Piton des Neiges mit Übernachtung in der Gîte de la Caverne Dufour sollten nur erfahrene, trittsichere und gut trainierte Wanderer und Bergsteiger in Angriff nehmen. Wegen der enormen Höhendifferenz ist von einem eintägigen Gewaltmarsch abzuraten, außerdem würden die Wolken bei einer späten Ankunft am Gipfel das reizvolle Panorama beeinträchtigen. Es versteht sich von selbst, dass eine gute Ausrüstung unabdingbar ist: knöchelhohe Bergschuhe, warme Bekleidung für Temperaturen an die 0 °C im Winter und an die 10 °C im Sommer, Ersatz- und Regenkleidung, Stirnlampe, Proviant, Wasser, je nach Hygieneempfinden ein eigener Schlafsack und Handtücher. Jede Reisezeit hat ihre Vorteile: In den trockenen Sommermonaten (Okt.–Dez.) sind die Temperaturen in der Höhe angenehmer, in den kalten Wintermonaten (Juni–Sept.) gibt es weniger Wolken. An Wochenenden und während der Schulferien muss man sich rechtzeitig um einen Hüttenplatz bei der Maison de la Montagne (s. S. 31) bemühen. Reservierungen sind auch über das Fremdenverkehrsbüro in Cilaos möglich.

## Bergauf durch schattigen Wald

Am ersten Tag beginnt spätestens um die Mittagszeit die Besteigung. Man muss zwischen drei und fünf Stunden Gehzeit bis zur Hütte rechnen. Der Startpunkt liegt an der D241 nach Bras-Sec am Parkplatz Le Bloc, wo der Pfad links vom Schilderwald beginnt. Der Aufstieg ist gut ausgeschildert (GR R1). In engen Kehren, teilweise über Treppen, führt der Pfad bergan durch den Forêt du Grand-Matarum, einen geschützten Forst, in dem botanisch Interessierte eine Vielzahl endemischer Baumarten ausmachen können. Bart-

flechten prägen das Bild, ein untrügliches Zeichen dafür, dass es oft viele Stunden feucht und neblig sein muss. Immer wieder tun sich Blicke aus der Vogelperspektive auf den Cirque und Cilaos auf, besonders in den kalten Wintermonaten, wenn es weniger Wolken gibt.

## Der Märchenwald wird immer dichter

In Serpentinen geht es weiter bergauf durch den Bergwald, rot-weiße Markierungen an knorrigen Bäumen und moosigen Steinen weisen den Weg. Der Pfad verbleibt noch eine ganze Zeit lang unter dem Blätterdach der Bäume, Hochnebel fällt ein. Aufgrund der ausgezeichneten Markierungen ist ein Verirren aber ausgeschlossen.

Auf halbem Weg zur Berghütte liegt das Plateau du Petit-Matarum mit einer kleinen Schutzhütte, wo man sich mit frischem, kühlem Bergwasser versorgen und die erste ausgedehnte Pause genießen kann. 400 Höhenmeter später, gleich hinter einer Marienstatue, ist die Abbruchkante des Cirque erreicht. Hier oben ändern sich schlagartig die Vegetation und das Wetter. Niedrige Strauchvegetation und Gestrüpp dominieren. Der Wind bläst ein wenig unfreundlich und die Nebelschwaden kommen immer näher. Der Weg gabelt sich: Geradeaus führt der Pfad zur Gîte de la Caverne Dufour und weiter in Richtung Plaine-des-Cafres, rechts zweigt er zum Coteau Kervéguen ab (GR R2).

## Die Nacht vor dem großen Sonnenaufgang

Von der beschilderten Weggabelung aus hat man die Berghütte konstant im Blick und folgt dem leicht abfallenden, fast schnurgeraden Pfad dorthin. Der freie Blick schweift über die Landschaft und die Bergformationen bis zum Himmel. Hinter Wolkenschwaden blitzt die Sonne durch. Wenig später ist die mintgrüne Gîte auf 2478 m Höhe erreicht. Großen Komfort darf man in der Berghütte allerdings nicht erwarten, 48 Betten stehen in vier spartanischen Gemeinschaftsräumen zur Verfügung. Hartgesottene mögen sich an der kalten Dusche erfreuen, die meisten Wanderer begnügen sich mit Katzenwäsche. Um etwa 19 Uhr werden deftige kreolische Speisen kredenzt. Sofort danach machen die Hüttenwirte die Bar dicht. Mitgebrachte Snacks und Getränke haben schon manchen Hüttenabend hier oben gerettet. Auf dem Gipfel ist es kühl (im tropischen Winter kalt), spätestens jetzt kommen die wärmenden Kleidungsstücke oder der Regen- und Windschutz zum Einsatz.

## Dem Gipfel liegt die Insel zu Füßen

Die Nacht ist kurz, denn zwischen 4 und 5 Uhr verlassen die Ersten die Hütte und nehmen die verbleibenden 592 Höhenmeter auf den höchsten Punkt in Angriff. Mit Stirnlampen ausgerüstet und warm eingehüllt machen sie sich an den anstrengenden Gipfelsturm. Obwohl die zweite Tagesetappe insgesamt etwas flacher als der Aufstieg am Vortag verläuft, erfordern loses Geröll und unwegsame Pfade vollen Einsatz. Der Weg führt geradewegs auf den Gipfel zu, der in der Finsternis nur erahnt werden kann. Basaltplatten und glitschige Abschnitte müssen trittsicher gemeistert werden. Die weißen Bodenpunkte helfen bei der Orientierung, wenn Nebel die Sicht einschränkt. Etwa 1,5 km hinter der Gîte macht die gut markierte Strecke einen Schlenker gen Osten. Von hinten wird der Gipfel teilweise in Kehren erklommen und nach gut 1,5 Std. ist das Ziel erreicht.

Es empfiehlt sich, im Vorfeld in Erfahrung zu bringen, wann genau der Sonnenaufgang stattfindet, um unnötiges Warten in der ungewöhnlichen Kälte zu vermeiden (zwischen 5.30 und 7 Uhr). Langsam kündigt sich am Horizont der Sonnenaufgang an. Die ersten warmen Sonnenstrahlen tun ungemein gut und der Ausblick ist unbeschreiblich: Die gesamte Insel liegt einem zu Füßen, und das Panorama reicht von Cilaos über den Cirque de Mafate, die La Roche Ecrite und den Cirque de Salazie bis hin zum Piton de la Fournaise im Süden. Rundherum blitzen die sich kräuselnden Wellen des Indischen Ozeans in der Morgendämmerung – an kaum einem anderen Punkt lässt sich eindrücklicher begreifen, dass Réunion ein Eiland im Wechselspiel zwischen Vulkanismus, Wasser und Wind ist. Kaum treffen die warmen Sonnenstrahlen auf die Erd- und Wasseroberfläche, beginnt Wasser zu verdampfen und Nebelschwaden bilden sich vom Ozean her. Über den Wolken zu stehen ist erhebend.

## Schneller Abstieg

Nach eingehender Bewunderung des Naturspektakels geht es den gleichen Weg (1–1,5 Std.) zurück zur Gîte, wo ein stärkendes Frühstück wartet. Erst jetzt kommt man in den Genuss der markanten Farbspiele des Vulkans, wenn die eisenhaltige Erde im Licht der aufgehenden Sonne rostrot leuchtet. Der Kontrast mit den graugrünen Sträuchern könnte beeindruckender nicht sein. Danach folgt der Abstieg nach Le Bloc auf demselben Weg. Manche werden den Abstieg flott hinter sich bringen wollen (2–2,5 Std.), andere gehen es lieber gemütlich an und lassen das Erlebte wirken.

# Palmiste-Rouge ▶ F 6/7

Von der N5 zweigt die D240 nach Palmiste-Rouge ab. Neben Cilaos ist es der am dichtesten besiedelte Ort des Cirque. Als die ersten Siedler an dieser Stelle die auf den Maskarenen endemische Palme Acanthophoenix rubra mit ausladenden, gefiederten Blättern und einem roten Stamm entdeckten, war der Dorfname schnell gefunden. Palmenherzen, insbesondere die der Palmiste-Rouge, gelten auf Réunion als Delikatesse. Heute wird Palmiste-Rouge als Zentrum der Stickereikunst gehandelt: Viele Stickerinnen, die in Cilaos ihre Tischdecken und Taufkleider verkaufen, stammen von hier. Bevor die N5 fertiggestellt wurde, mussten sich die Bauern regelmäßig auf den beschwerlichen Weg zu den Märkten nach Saint-Louis und Saint-Pierre begeben. An vielen Stellen war der Pfad so schmal, dass die Karren mit einem Rad in der Luft hingen.

# Îlet-à-Cordes ▶ E 6

Herrliches Panorama, atemberaubende Aussichtspunkte, vorbei an rauschenden Wasserfällen und den Startpunkten der schönsten Wanderungen von Réunion – die Autofahrt von Cilaos auf der D242 nach Îlet-à-Cordes ist spektakulär. Die teilweise sehr enge, 10 km lange Straße beginnt an der Kreuzung am nördlichen Ortsende von Cilaos und schlängelt sich unterhalb der Steilwände durch mehrere Schluchten. Eine der Schluchten bei Kilometer 7,5, die **Ravine Fleurs-Jaunes,** ist besonders für Canyoning-Anhänger und Kletterer von Interesse. Das Bergdorf auf 1100 m verdankt seinen Namen dem Umstand, dass die entlaufenen Sklaven keine Wege anlegten, sondern sich an Seilen bergwärts hangelten, um keine Spuren für die Sklavenjäger zu hinterlassen. Neben der Selbstversorger-Landwirtschaft (Knoblauch, Bohnen, Tabak) dominieren der Weinbau sowie die Produktion von Honig. Alle Produkte können bei den Höfen gekauft werden. Im Mai kann man den Bauern bei der Aussaat der Linsen zusehen. Die handverlesenen Linsen erreichen bei Feinschmeckern stolze Preise. Linsen und Weinreben ergänzen sich übrigens perfekt: Anbauflächen sind im felsigen Talkessel rar, deshalb spenden die Weinreben den Linsensträuchern Schatten.

## Wanderungen

5 km (Kilometerstein vorhanden!) hinter der Abzweigung von der N5 auf die D242 befinden sich linker Hand Picknickplätze und Parkbuchten. Der Einstieg zur Wanderung über den **Col du Taïbit** nach Cirque de Mafate (via Cap Bouteille) liegt 200 m weiter rechts. Die Zufahrt erfolgt entweder mit dem Auto oder dem Bus (Linie 62, Haltestelle Sentier Marla). Diese Wanderung zählt zu den Klassikern eines Réunion-Aufenthalts, denn der Col du Taïbit auf 2082 m Seehöhe eröffnet sowohl ein Fenster in den Cirque de Cilaos als auch in den Cirque de Mafate. Zuvor bietet das Cap Bouteille ein schönes Panorama.

Am südlichen Ende des Dorfes beginnt der **Sentier de Reposoir,** ein alter Weg, der vorbei an Le Pavillon (3 Std.) mitten durch die Erosionslandschaft in Richtung Küste führt.

## Infos

**Bus:** Die Linie 62 verkehrt zwischen Cilaos und Îlet-à-Cordes.

# Die Hochplateaus und der Vulkan

### Highlights !

**Piton de la Fournaise:** Wahrlich die heißeste Attraktion der Insel – einer der aktivsten Vulkane der Welt, der alle paar Monate ›furzt‹, wie die Réunionesen sagen. S. 265

**Forêt de Bébour-Bélouve:** Bei einer Wanderung durch den unberührten Regenwald kann man in den spektakulären Canyonkessel Trou-de-Fer zwar nicht hinabsteigen, aber man kann in ihn von oben hineinschauen und staunen. S. 273

### Auf Entdeckungstour

**Vulkanismus in zwei Stunden – Route du Volcan (F5):** Der Piton de la Fournaise verdankt seine Entstehung dem Hotspot-Vulkanismus. Entlang der Route du Volcan fährt man von den ältesten hin zu den jüngsten aktiven Formationen. S. 266

## Kultur & Sehenswertes

**Domaine des Tourelles:** Das Anwesen des Zuckerbarons Alexis Jean de Villeneuve in La Plaine-des-Palmistes wurde originalgetreu nachgebaut. Rund um das Sommerhaus betreiben Künstler und lokale Erzeuger kleine Läden. S. 278

## Aktiv & Kreativ

**Wanderung ins Tal von Grand-Bassin:** Tolle Panoramen sind der Lohn für einen schweißtreibenden Ab- und wieder Aufstieg, den man leicht in einem Tag schaffen kann. S. 262

**Wanderungen rund um den Vulkan:** Es muss nicht immer der Piton de la Fournaise selbst sein, auch Morne Langevin oder Nez-Coupé de Sainte-Rose sind lohnende Wanderziele. S. 271

## Genießen & Atmosphäre

**La Ferme du Pêcher Gourmand:** Selbst gemachte Spezialitäten mit Produkten vom eigenen Hof und ein überaus freundlicher Empfang machen den Bauernhof zu einer Top-Gourmet-Adresse. S. 261

**Blick in die Rivière des Remparts:** Eine gigantische Naturkulisse eröffnet sich unweit des Dorfes Notre-Dame-de-la-Paix beim Blick in die tiefe Schlucht der Rivière des Remparts. S. 262

## Abends & Nachts

In den Bergen gibt es kaum Nachtleben. Bergbauern wie Touristen gehen früh zu Bett und stehen zeitig auf. Nur wer in aller Herrgottsfrühe auf den Beinen ist, kann die Gipfel wolkenfrei erleben.

# Zwischen Almenwiesen und glutroter Lava

Markanter könnte der Kontrast zum türkisen Ozean, dem quirligen Saint-Pierre und den Landschaften an der Küste nicht sein. Sobald man das Ballungszentrum Le Tampon hinter sich gelassen hat, erhält die Insel ein anderes Gesicht: saftige Almwiesen auf Hochplateaus, bäuerliche Strukturen, beschauliches Dorfleben und – nicht zu vergessen – Nebel und Sprühregen, die sich gerne ab Mittag einstellen. Inmitten dieser grünen Idylle tritt am Piton de la Fournaise in regelmäßigen Abständen dünnflüssige, feuerrote Lava aus, ohne Menschen zu gefährden. Lange Zeit überzog die kühleren Hochplateaus – Les Hauts Plaines – nichts als undurchdringlicher Urwald, wovon nur noch ein Rest im Gebiet von Bébour-Bélouve erhalten ist. Heute kann man die landschaftliche Vielfalt der Insel in weniger als zwei Stunden an sich vorüberziehen lassen, denn von Saint-Pierre an der Westküste nach Saint-Benoît an der Ostküste führt die gut ausgebaute Panoramastraße N3. Die größte Sensation der Insel erfordert allerdings einen längeren Aufenthalt in der Region: Für den aktiven Piton de la Fournaise sollte gut und gerne ein Tag veranschlagt werden. Noch besser, um das Feuerwerk der Sensationen vollkommen auszukosten, wäre aber mindestens eine Übernachtung in den Höhen.

## Le Tampon ▶ E/F 8/9

Ca. 7 km hinter Saint-Pierre auf der N3 beginnt der Ballungsraum von Le Tampon. In dem Gebiet zwischen den beiden Städten nahm die Kolonialisierung des Südens ihren Ausgang. Ab 1731 zog der königliche Feldmesser ab der Küste in Abständen von 100 Höhenmetern Linien, um die Landparzellen und Plantagen einzuteilen. Die Ligne Paradis liegt bei 100 m, die Ligne des Bambous bei 200 m und die Ligne des 400 bei 400 m. Dennoch lief man im 18. Jh. hier noch lange durch dichten Wald, in dem sich flüchtige Sklaven verbargen. Das änderte sich erst, als die ersten Holzfäller kamen, die von der Ligne des 400 bis hinauf zum Nez de Bœuf den Wald abholzten. Danach wurde die Region in ein einziges großes Geraniumfeld verwandelt – wie übrigens alle Höhenlagen der Insel zwischen 400 und 1400 m. Zwar hielt der Geraniumboom nicht lange an, die bedeutsamen Primärwälder verschwanden aber für immer. Obwohl

## Infobox

**Reisekarte:** ▶ F–K 6–9

### Anreise und Weiterkommen

**Auto:** Zwischen Saint-Pierre und Saint-Benoît verläuft die Höhenstraße N3. Zu den einzelnen Sehenswürdigkeiten führen exzellent ausgebaute Straßen.
**Bus:** Die Linie H der Cars Jaunes fährt nur 3 x, an Sonn- und Feiertagen nur 2 x tgl. Abfahrt Saint-Pierre um 7, 12.40 und 15.30 Uhr, Ankunft in Bourg-Murat an der Maison du Volcan 8.05, 13.41 und 16.35 Uhr, Ankunft in Saint-Benoît jeweils ca. 1 Std. später.

heute nur noch sehr wenige Bauern von Geraniumöl leben können, gilt die Parfümessenz nach wie vor als typisches Inselprodukt und kann als Souvenir mit nach Hause genommen werden.

Auf der Landkarte ist die ehemalige Landvermessung sehr deutlich zu sehen, denn die Straßen und Dörfer geben noch heute das Rechteckmuster wieder. Die Stadt Le Tampon liegt oberhalb der ursprünglichen Plantagenzone. Die Ligne 600 bildet die Hauptstraße **Rue Hubert-Delisle,** an der alte schindelgedeckte Kolonialvillen stehen. Rundherum haben sich dicht bebaute **Wohnviertel** entwickelt, denn die Anrainer, die oft an der Küste oder Saint-Pierre arbeiten, bevorzugen Le Tampon wegen des angenehm frischen Klimas als Wohngegend. Der dichten Besiedlung trägt die Infrastruktur mit dem größten **Schulzentrum** der Insel, zahlreichen Kinderbetreuungseinrichtungen, dem **Théâtre Luc Donat** sowie weiteren kulturellen Zentren Rechnung. Ebenfalls wurde ein Teil des Campus der **Université de La Réunion** von Saint-Denis nach Le Tampon verlegt. Touristisch gesehen kann die Stadt aber wenig bieten. Ihr Name stammt übrigens aus dem Madagassischen. *Tampony* bezeichnet einen Ort mit weiter Fernsicht.

## Übernachten

*Mit Romantikfaktor –* **Fleur de vanille:** 227C, route Georges Pompidou, am nordwestlichen Ortsende von Le Tampon, direkt an der N3, Tel. 0692 11 61 18, www.allonslareunion.com/minisite/fleur-de-vanille, DZ 68 €. Die drei opulenten und weitläufigen Suiten sind mit Himmelbetten ausgestattet und üppig dekoriert. Traumhafter Garten mit kleinem Spa-Bereich. Ideal für Honeymooner. Abendessen auf Bestellung ab 25 €.

*Gepflegt –* **Le Domaine du Tulipier:** 11, rue Motais de Narbonne, in nordöstlicher Richtung an der N3, 100 m vor dem SuperU links, Tel. 0262 57 09 41, www.domainedutulipier.com, ab drei Nächten DZ 68 €, Ferienwohnung 420 €/Woche. Saubere, gepflegte Pension mit der liebenswürdigen Gastgeberin Edith Schlicht, die Deutsch spricht. Schöner Garten, Jacuzzi.

*Farbenfroh –* **Le Rosier:** in Pont d'Yves, nordwestlich von Le Tampon, 19 H,

*Unser Tipp*

### Das eigene Parfüm kreieren – Kooperative CAHEB

In der Coopérative Agricole des Huiles Essentielles de Bourbon (CAHEB), dem einzigen verbleibenden duftölverarbeitenden Betrieb der Insel in Le Tampon, wird die Tradition der Parfümdestillation hochgehalten. Neben der Besichtigung eines wenig spektakulären Schaugartens haben Besucher nach Reservierung die Möglichkeit, entweder einer Schaudestillation beizuwohnen oder gar ihr eigenes Parfüm herzustellen (Di, Do, 45 €). Wer nicht so viel Geld ausgeben möchte, kann im gut sortierten Laden duftende Massageöle, essentielle Öle, Speiseöle und noch mehr ab 5 € erwerben (83, rue de Kervéguen, am zweiten Kreisverkehr an der N3 in Le Tampon geht die Rue des Manguiers rechts ab, danach die erste Abzweigung rechts, Tel. 0262 27 02 27, www.geranium-bourbon.com, Mo–Sa 9–12, 14–17 Uhr, Führung Mo–Fr 15 Uhr, 3 €, Reservierung unbedingt erforderlich, Dt. und Engl. wird verstanden).

chemin des Bibassiers, Tel. 0692 69 24 26, rosier4@wanadoo.fr, DZ ab 45 €. Drei einfache Zimmer mit schöner Aussicht aufs Meer von 794 m Höhe. Abendessen auf Bestellung ab 25 €.

## Essen & Trinken

*Blütenweiße Tischdecken –* **L'Ambéric:** in Trois-Mares, nordwestlich von Le Tampon, 13, chemin Raoul Hoarau, Tel. 0262 57 77 68, Di–Sa mittags und abends, So mittags, Hauptgerichte ab 15 €. Die Besonderheit des Restaurants liegt darin, dass man zur bestellten Speise immer noch Schälchen mit anderen Köstlichkeiten zum Probieren dazubekommt. So kann man gleichzeitig eine Vielzahl von Spezialitäten kosten.

*Italienisch –* **Le Long Board:** 265, rue Jules Bertaut, Tel. 0262 27 10 27, lelongboard@orange.fr, Di–Sa 12–13.30, 19–21.30 Uhr, Pizza ab 7 €, andere Gerichte ab 12 €. Netter Italiener mit Pizza und Pasta, aber auch mit kreolischen Spezialitäten, Metro-Küche und Grillgerichten.

## Aktiv & Kreativ

*Geführte Touren –* **Kokapat Rando:** in Trois-Mares, nordwestlich von Le Tampon, 109, chemin Farjeau, www.kokapatrando-reunion.com. Wer nicht allein unterwegs sein möchte oder sich einen kundigen Bergführer an die Seite wünscht, ist bei Rudy und Eve gut aufgehoben. Ab 85 € pro Pers. bei mind. 2 Pers.

### Verkehr

**Bus:** Bis zur Universität in Le Tampon verkehren während der Schulzeit regelmäßig Busse (12 x tgl.) von Saint-Pierre aus.

# La Plaine-des-Cafres

▶ G 8

Oberhalb von Le Tampon passiert die N3 eine Abfolge von Straßensiedlungen, die alle bequemerweise Kilometernamen tragen. Gemessen wurde die Kilometerentfernung von Saint-Pierre, dem Zentrum der Kolonisierung des Inselsüdens. Der Name des Plateaus mit dem gleichnamigen Ort geht wohl auf den Sklavenjäger Mussard zurück, dem der Ausruf »pleine des cafres« (dt. »voller Neger«) in den Mund gelegt wurde. Die unzugängliche Hochebene war ein Refugium entlaufener Sklaven. Die weißen Kleinbauern siedelten sich ab 1850 an und versuchten sich in der Rinder-, Schafs- und Pferdezucht, was aber misslang. Später folgten die Geranium- und Vetyver-Plantagen, doch auch ihr wirtschaftlicher Erfolg hielt nicht lange. Heute leben die Landwirte hauptsächlich von der Rinderzucht, der Milchwirtschaft und dem Anbau von Kartoffeln sowie Frühgemüse. Einige wenige Betriebe in Notre-Dame-de-La-Paix oder Grand- und Petit-Tampon destillieren noch Geraniumöl. In den letzten 20 Jahren hat sich die Bevölkerungszahl auf 15 000 Einwohner verdoppelt, besonders wegen der besseren Verdienstmöglichkeiten durch den zunehmenden Wandertourismus.

Wenn sich bei KM 23 die Straßensiedlung verdichtet, ist das Dorf Plaine-des-Cafres erreicht. Für die Erkundung des Piton de la Fournaise, für die Wanderung nach Grand-Bassin und andere kleine und größere Wanderungen ist es ein idealer Ausgangsort – die Startpunkte sind flott erreichbar und das Preis-Leistungs-Verhältnis ist noch attraktiv. Je höher man kommt, desto bäuerlicher und einfacher werden die Quartiere.

**Ein Hauch Alpenvorland: grasende Kühe auf der Hochebene Plaine-des-Cafres**

## Übernachten

*Kleinod auf 1215 m Höhe –* **Le Mille-pertuis:** 8, allée des mimosas, Piton Hyacinthe, ca. 1,7 km von der N3 entfernt, kurz vor Plaine-des-Cafres zweigt eine Straße links zum Piton Hyacinthe ab, Tel. 0692 56 39 05, www.allonsla reunion.com/lemillepertuis, DZ 68 €. Zwei geschmackvolle und geräumige Zimmer. Das Anwesen ist mit viel Liebe zum Detail gestaltet. Im Pavillon wird das Frühstück serviert, das – soweit möglich – aus eigenen Produkten besteht. Der liebenswürdige Monsieur Hoareau bemüht sich redlich, auch Englisch zu sprechen.

*Urlaub auf dem Bauernhof –* **La Ferme du Pêcher Gourmand:** N3 PK 25, zwischen Plaine-des-Cafres und Bourg-Murat, Abzweig in den Wald direkt an der N3 bei KM 25, Tel. 0692 66 12 48, http://pagesperso-orange.fr/pecher-go urmand, DZ 50 €, Chalet 70 €. Fünf einfache, saubere Zimmer sowie ein Bun-galow mit allem Komfort stehen zur Auswahl, allesamt mit schönem Blick auf den Garten und die Berglandschaft mit dem Piton des Neiges. Kinderfreundlich. Das Frühstück besteht fast vollständig aus eigenen Erzeugnissen.

## Essen & Trinken

*Herzhaft –* **La Ferme du Pêcher Gourmand:** Adresse s. Übernachten, Mo–Sa abends, Sa/So mittags, während der Schulferien Sa/So kein Mittagstisch, Menüs ab 20 €. Köstliche deftige Küche mit Fokus auf die eigenen Erzeugnisse, hauptsächlich Ente *(canard)*. Pasteten, Schinken, Confit (eingelegtes Entenfleisch) und andere Spezialitäten. Der herzliche Empfang macht richtig Appetit!

*Landestypisch –* **Le Vieux Bardeau:** N3 PK 24, Tel. 0262 59 09 44, srpcvb974@ orange.fr, Di–So 12–14, 19–20.30 Uhr,

So abends geschlossen, Hauptgerichte ab 15 €. Selbst die Einheimischen kommen von weit her, da der Ruf ausgezeichnet ist. Mittags wird Essen im Buffetstil offeriert, abends gibt es eine Karte.

## Aktiv & Kreativ

*Ausritte zum Vulkan –* **Centre équestre Alti-Merens:** 120, rue Maurice Krafft, über N3 nordwestlich von Plaine-des-Cafres, KM 26, Tel. 0692 04 12 38. Ausritte zum Vulkan, zum Piton de l'Eau, Plaine des Sables, aber auch kurze Ausritte von einer bis mehreren Stunden.

# Grand-Bassin ▶ G 7

Wohl die größte Attraktion in diesem Landesteil ist die spektakuläre Schlucht des Flusses Bras de la Plaine. Unternehmungslustige wandern die steilen 670 Höhenmeter hinunter ins abgeschiedene Dorf Grand-Bassin und danach wieder hinauf. Wer sich nur mit der Aussicht auf selbiges begnügen möchte, kann dies von einem **Belvedere** in Bois-Court tun. Nach Bois-Court gelangt man auf der D70 ab Plaine-des-Cafres. Der Pfad nach Grand-Bassin beginnt in Bois-Court in der Rue Thomas Payet (vor der Rechtskurve links, nach ca. 500 m liegt der Parkplatz). Der zweistündige Abstieg und der dreistündige Aufstieg sind gut an einem Tag zu bewältigen.

Benannt ist der einsame Weiler im Tal ohne Straßen, ja selbst sogar ohne Helikopteranbindung, nach dem Flussbassin, das samt Wasserfall, Voile de la Mariée, auch von oben gut zu sehen ist. Als Selbstversorger pflanzen die Dorfbewohner Obst und Gemüse (Chouchou, Bibasse- und Longani-Bäume, Taro etc.) und verkaufen ihre

Erzeugnisse an den Marktständen von Bois-Court. Technisch Interessierte werden an der Wasseruhr nach ägyptischem Vorbild ihre Freude haben, die direkt an der Aussichtsplattform steht und meist ab 8.30 oder 9 Uhr geöffnet ist. In Grand-Bassin gibt es einige Fremdenpensionen *(gîtes d'étape),* sollte der Rückweg am selben Tag zu mühsam erscheinen.

## Übernachten

*Ganz in grün –* **Maisons de Marie:** in Bois-Court, 32, rue Raphaël Douyère, Tel. 0692 68 93 93, www.tampontourisme.re/Maisons-de-Marie, Ferienwohnung ab 600 €. Die drei geräumigen Ferienhäuser mit grasgrüner Fassade und quietschgrünem Dach sind einladend eingerichtet und dekoriert. Wer die kühlere Höhenluft bevorzugt, kann es hier länger als den geforderten Mindestaufenthalt von drei Tagen aushalten.

# Notre-Dame-de-la-Paix ▶ H 8

Von Plaine-des-Cafres verläuft die D36 in südöstlicher Richtung. Die Straße führt durch saftig grüne Almen, landwirtschaftlich genutztes Gebiet, Kartoffel- und Krautäcker und knorrige Tamarindenbäume bis auf 1700 m Höhe. Kurz hinter dem Weiler Notre-Dame-de-la-Paix wartet ein besonderes Highlight: der Blick in die Schlucht der **Rivière des Remparts.** Von einem Parkplatz mit Aussichtspunkt und Picknickbänken auf 1737 m Höhe eröffnet sich das fantastische Panorama: Die Schlucht mit dem Dörfchen Roche-Plate in der Tiefe wird eingerahmt von dem markanten, perfekt kegelförmigen Nez de Bœuf, dem Piton de Sable mit seinem Sendemast, dem weithin sichtbaren Morne Langevin und der Landzunge Grand-Coude. Von der Schautafel blickt man geradewegs auf die Falaise de Mahavel – die Felswand ist unschwer an den Querrillen zu erkennen. Von hier ging am 6. Mai 1965 um 4 Uhr morgens jener verhängnisvolle Erdrutsch aus, der an die 600 Personen fliehen ließ. Erst 1986 siedelten sich die ersten Familien wieder an, die seitdem vornehmlich von Wanderern leben, die die anstrengende Tour vom Nez de Bœuf hinunter zum Talboden der Schlucht unternehmen (10 km, ca. 3 Std. in eine Richtung).

### Forêt Notre-Dame-de-la-Paix

Neben dem Aussichtspunkt führt ein ca. 1 km langer botanischer Lehrpfad *(sentier botanique)* durch einen der letzten Reste von tropischem Primärwald auf Réunion. Zahlreiche Schautafeln erläutern einige der endemischen und importierten Bäume, Farne und Pflanzen. Stark verzweigte Wurzeln und umgefallene Baumstämme bieten im feuchten Höhenklima zwischen 1400 und 1730 m Höhe den idealen Nährboden für Schmarotzerpflanzen wie Orchideen, Baumfarne, Moose oder Flechten. Auch Vogel- und Reptilienliebhaber kommen auf ihre Kosten. Tipp: Früh genug unterwegs sein, denn ab ca. 10 Uhr fällt Nebel ein. Hier oben kann es aber frühmorgens empfindlich kalt sein!

## Übernachten

*Rustikaler Charme –* **Crypto-Sign:** 48, chemin de la Chapelle, Tel. 0692 82 33 26, Ferienwohnung ab 408 €/Woche. Auf 1600 m Höhe liegen die schicken Häuser aus Kryptomeriaholz mit moderner Ausstattung und behaglichem

Kamin. Die drei Ferienwohnungen haben unterschiedliche Kapazitäten (4, 6, 14 Pers.). Der Chemin zweigt in Notre-Dame-de-la-Paix von der D36 ab.

## Aktiv & Kreativ

*Hoch zu Ross –* **Ecurie Notre Dame de la Paix:** 41, chemin de la Chapelle, Tel. 0262 59 34 49, antoine-patrick.lauret@wanadoo.fr, Di–So 9–12, 14–17 Uhr. Halbtagesausritt 50 €, Ganztagesausritt 110 €.

# Bourg-Murat ▶ G/H 7

Wenn da nicht der Vulkan wäre, würde kaum jemand vom Berg- und Transitdorf Bourg-Murat an der N3 nordöstlich von Plaine-des-Cafres Notiz nehmen. Aus der Lage als Tor zum Vulkan könnte gewiss mehr gemacht werden, aber außer der Maison du Volcan, dem Vulkanmuseum, scheint es wenig Bestrebungen zu geben, den Ort aufzuwerten. Es gibt einige Unterkünfte, Restaurants, einen kleinen Supermarkt, Souvenirläden und Tourenveranstalter, aber je nach Saison und Tageszeit kann es vorkommen, dass man als Tourist vor verschlossenen Türen steht. Als Ausgangspunkt für einen Ausflug zum Vulkan (ca. 45 Min. Fahrt ohne Zwischenstopps) ist das Bergdorf optimal. Was man bei einem Aufenthalt nicht vergessen darf: Auf 1500–1600 m Meereshöhe kann es selbst im tropischen Sommer feucht und kühl werden, insbesondere am Morgen braucht man warme Kleidung.

### Maison du Volcan

*N3, in der Ortsmitte, Tel. 0262 59 00 26, www.maisonduvolcan.fr, bis 2012 wg. Renovierung geschlossen*
Das Vulkanmuseum wurde bei Redaktionsschluss modernisiert, nach der ge-

planten Wiedereröffnung im Feb./März 2012 sollte es mit viel interaktiver Technik in die weltweiten und réunionspezifischen Formen des Vulkanismus einführen. Vorgesehen waren u. a. auch Zugänge für Rollstuhlfahrer sowie Schautafeln in Englisch und Französisch.

## Übernachten

*Solide und sauber* – **Hôtel L'Ecrin:** N3, PK 27, im Ortszentrum, Tel. 0262 59 02 02, www.hotel-ecrin.re, DZ ab 82 €, Ferienwohnung 101 €. 20 spartanische Zimmer in mehreren einzelnen Bungalows und ein Appartement bietet das Hotel, das am nächsten zum Vulkan gelegen ist. Nach der anstrengenden Vulkanbesteigung wird man gerne die Wellnesseinrichtungen wie die winzige Sauna, den Whirlpool und das Gratis-Dampfbad in Anspruch nehmen.
*Zweckmäßige Pension* – **Chez Alicalapa-Tenon:** 154, route du Champ Foire, Tel. 0262 59 10 41, c.alicalapa-tenon@ool.fr, DZ 43 €. Sechs einfache, aber zweckmäßige und saubere Zimmer direkt an der Straße zum Vulkan. Herzliche Gastgeber runden den positiven Eindruck ab.

## Essen & Trinken

*Französisch-kreolisch* – **Le Panoramic:** N 3, PK 27, Tel. 0692 00 47 77, tgl. 11–14, 18–21.30 Uhr, Hauptgerichte ab 14 €. Das Restaurant des Hôtel L'Ecrin offeriert schmackhafte kreolische Gerichte und Küche aus dem Mutterland. Mit recht zuvorkommender Bedienung und englischer Speisekarte.
*Ein Hauch Nordafrika* – **QG:** 60 bis, rue Alfred Picard, direkt an der Straße, die als Route du Volcan (F5) ausgeschildert ist, Tel. 0262 38 28 55, Fr–Di 7–22, Mi bis 16 Uhr, Hauptgerichte ab 12 €. Das kleine Wirtshaus mag von außen nicht viel hermachen, aber drinnen spürt

**Das sehenswerte Vulkanmuseum liegt auf dem Weg zum Piton de la Fournaise**

man den Esprit von Abdou, einem Senegalesen, und die gastronomische Erfahrung von André. Man ist auf Qualität bedacht: Die Hühner für das *carri poulet* werden frisch geschlachtet, das Fleisch wird selbst geräuchert, und die beiden Inhaber setzen auf Qualität aus der Region. Vorbestellung empfohlen. *Bequem gelegen –* **QG Junior:** 182, rue du Champ de Foire, Tel. 0692 82 32 58, Gerichte 12 €, zum Mitnehmen 6 €. Unübersehbar liegt das Gasthaus direkt an der Strecke zum Vulkan am letzten Kreisverkehr in Bourg-Murat. Gehört den Besitzern des QG. Solides Restaurant mit kreolischen Gerichten. Kleinere Snacks wie Sandwiches (ab 2 €) sind auch erhältlich.
*Süße und pikante Snacks –* **Palais du Fromage:** Rue Alfred Picard, Tel. 0262 59 27 15, Do–So 9–17 Uhr, Sa nachmittags geschl. Neben dem Käseverkauf (s. u.) werden süße und pikante Crêpes sowie Waffeln für den kleinen Hunger gebacken. Nette Möglichkeit für eine Verschnaufpause.

## Einkaufen

*Köstlichkeiten mit Odeur –* **Palais du Fromage:** Adresse s. Essen & Trinken. Zwei in die Jahre gekommene Schwestern haben sich mit Haut und Haaren der Herstellung von ausgefallenen Käsesorten aus Kuhmilch verschrieben. An die 15 Käse stehen zum Verkauf.

## Aktiv & Kreativ

*Für Pferdebegeisterte –* **Les Ecuries du Volcan:** 9 bis, domaine de Bellevue, Tel. 0692 66 62 90, ecuriesduvolcan@oran ge.fr, tgl. 9–17 Uhr. Ausritte von 2 Std. bis zu einem Tag (16–110 €) rund um Bourg-Murat. Für den Vulkan oder den Piton de l'Eau muss man allerdings

zwei Tage einplanen (220 € mit Kampieren und Verpflegung).

## Infos

**Office de Tourisme:** 160, rue Maurice et Katia Krafft, direkt an der N3 rechts vor der Caltex-Tankstelle, Tel. 0262 27 40 00, www.tampontourisme.re, Mo–Sa 9–12.30, 13.30–17 Uhr. Freundliche Angestellte helfen gerne weiter. Gute Tipps, viel Infomaterial.

# Route du Volcan

▶ H/J 7/8

Anschaulicher kann Vulkanismus nicht sein, denn von den ältesten bis zu den jüngsten Lavaformationen der Insel führt die Route du Volcan (F5). Die Fahrt zum Piton de la Fournaise wird zum Härtetest für jede Kamera (s. Entdeckungstour S. 266).

# Piton de la Fournaise❗ ▶ J/K 7/8

Die Besteigung des Vulkans gehört zweifellos zu den Höhepunkten eines Réunion-Aufenthalts. Der weltweit zu den aktivsten Vulkanen zählende Fournaise (dt. Glutofen) bricht im Schnitt alle neun Monate mal mehr, mal weniger spektakulär aus. Die 1200 °C heiße, glutrote Lava drängt dann aus Spalten und Rissen, spritzt teils in Fontänen in die Höhe und fließt in verästelten Strömen hangabwärts. Relativ ungefährlich, d. h. schnell und ruhig, entleeren sich effusive ›rote‹ Vulkane wie der Fournaise im Gegensatz zu den ›grauen‹ explosiven Vulkanen, deren Eruptionen gelegentlich ▷ S. 269

# *Auf Entdeckungstour*

## Vulkanismus in zwei Stunden – Route du Volcan (F5)

Der Piton de la Fournaise verdankt seine Entstehung dem Hotspot-Vulkanismus. Da der Erdmantel aufgrund der Kontinentaldrift über den Hotspot hinwegwandert, ist der Vulkan der vorderste einer Kette aus nacheinander aufgereihten Kratern. Entlang der Route du Volcan fährt man von den ältesten hin zu den jüngsten aktiven Formationen.

**Reisekarte:** ▶ H/J 7/8

**Start:** in Bourg-Murat nördlich der Maison du Volcan von der N3 auf den Chemin Bory Saint Vincent abzweigen. Bei der letzten T-Kreuzung rechts halten. Hinter dem Kreisverkehr Auffahrt auf die F5.

**Strecke:** 23 km

Dort, wo die beiden Schildvulkane Piton des Neiges und Piton de la Fournaise zusammengewachsen sind, am Hochplateau von Plaine-des-Cafres, liegt Bourg-Murat. Hier beginnt am südöstlichen Ortsausgang die Route du Volcan (F 5), die weiter in östlicher Richtung bis zum Pas de Bellecombe verläuft. Bedenken Sie bei der Tourplanung, dass Sie spätestens um 11 Uhr am Pas de Bellecombe eintreffen sollten, denn selbst wenn zwischendurch Nebel hängt, kann es um diese Uhrzeit oben noch strahlend schön sein.

Nur 4,5 km hinter dem Start eröffnet eine kleine Parkbucht rechts (rot asphaltiert) den ersten herrlichen Blick auf den Piton des Neiges, den älteren der beiden Vulkane. Bei seiner Entstehung muss er bis zu 4000 m in die Höhe geragt sein, über die Jahrmillionen hat ihn die Erosion auf 3071 m abgetragen. Bei den Cirques, die sich an den Flanken des Piton des Neiges auftun, handelt es sich um eingestürzte Magmakammern des erloschenen Vulkans.

### Der älteste Krater des Glutofens

Einige Kehren weiter schmiegt sich die Straße an die fulminante Schlucht der **Rivière des Remparts.** Geologisch gesehen handelt es sich um eine Caldera, die erste und mit 290 000 Jahren älteste des Piton de la Fournaise (dt. Glutofen). Die bis zu 1000 m tiefe Schlucht war eine der Magmaadern, durch die die Lava an die Erdoberfläche aufstieg und die danach in sich zusammenbrach. Mehrere Aussichtspunkte rechter Hand laden zum Staunen ein, aber der einzige gesicherte Balkon befindet sich am Fuß des Nez de Bœuf (2136 m), der ›Rindernase‹, auf 2045 m. In einigen tausend Jahren wird die Schlucht sich übrigens zu einem Cirque, einem großen Kessel, weiterentwickelt haben.

### Entstanden durch eine Wasserdampfexplosion

4 km weiter taucht der 235 m tiefe und im Durchmesser 200 m breite **Cratère Commerson** (2223 m) rechts auf, ein Nebenkrater der Rivière des Remparts. Als vor 2000 Jahren im Zuge einer Eruption das Magma mit dem Grundwasser in Berührung kam, verdampften schlagartig so immense Mengen Wasser, dass die Dampfexplosion das Gestein in der Umgebung zertrümmerte und einen tiefen Sprengtrichter in den Untergrund riss. Eine riesige Wolke aus Asche und Dampf stieg infolge der Explosionseruption auf. Benannt wurde der Krater nach Philibert Commerson, der während einer Weltumsegelung 1771 zufällig auf die Île Bourbon kam und während seines einjährigen Aufenthalts Pionierarbeit als Vulkanforscher leistete.

Von der kleinen Plattform, die ein wenig zurückversetzt von der Straße liegt, sieht man bis auf den Kraterboden. Ein inoffizieller Pfad von der Plattform weg endet an einer Abbruchkante, von der die Sicht bis nach L'Etang-Salé ans Meer reicht (Achtung: keine Absicherung). In Anbetracht der Zeit und des aufziehenden Nebels sollte dieser Zwischenstopp auf dem Rückweg eingelegt werden.

### Fantastischer Blick auf die Sandebene

Immer spärlicher wird die Vegetation, niedere Heidebüsche, verdorrtes Gras und rotbraune Erde dominieren jetzt die Landschaft. In der Welt aus Geröll und Nebel und Temperaturunterschieden zwischen brennend heißen Tagen und empfindlich kalten Nächten überleben nur die robustesten Pflanzen. Der Lavaboden aus porösem Basalt lässt Wasser sehr schnell abfließen, weshalb selbst nach wolkenbruchartigen Regenfällen extreme Trockenheit herrscht.

Nachdem die Straße den höchsten Punkt der Fahrt auf 2360 m Höhe passiert hat, ist der Pass Pas des Sables auf 2350 m erreicht. Auf der rechten Straßenseite, versteckt hinter Heidebüschen, offenbart sich die Plaine des Sables, eine beeindruckende Mondlandschaft, in ihrer vollen Pracht. Nichts erinnert mehr an die saftig grünen Almwiesen am Beginn der Route du Volcan – in ihrer rostroten Kargheit könnte die 3 km breite Sandebene beeindruckender nicht sein. Sie am Pas des Sables von oben zu sehen hat etwas Mystisches.

### Auf einer staubigen Piste geht es weiter

Nachdem man den fantastischen Blick über die rote Plaine des Sables ausreichend genossen hat, kann die Durchquerung der Sandwüste beginnen (s. Foto S. 266). Die Straße schlängelt sich in sechs scharfen Kehren vom Kraterrand in die Tiefe und überwindet dabei 80 Höhenmeter. Vor 65 000 Jahren war die Sandebene der zweite Gipfel des Piton de la Fournaise, bis er mehrmals in sich zusammenbrach und immer wieder von unten durch Risse mit Lava aufgefüllt wurde. Die unterschiedlichen Farbschichten am Morne Langevin verdeutlichen den Prozess. Die Eruption des Piton Chisny, eines Nebenkraters des Piton de la Fournaise, vor ca. 980 Jahren verlieh der Plaine des Sables ihr charakteristisches Aussehen: Große Mengen von Asche und Lapilli – bis zu 2 cm große Steinchen – bedecken seitdem den Kraterboden.

Am Kraterboden endet der Teerbelag der Straße, auf der nachfolgenden Piste sollte das Tempo gedrosselt werden. Wer genau hinsieht, wird unterschiedliche Farben am Basaltgestein erkennen, je nachdem in welcher chemischen Zusammensetzung die Mineralien kristallisierten. Bei hohem Eisenanteil verfärbte sich der Basalt rot, bei hohem Olivinanteil dagegen grün. Auch wenn die Mondlandschaft karg erscheint, einige wenige endemische Pflanzen sowie Vögel *(tec-tec)* haben sich den Lebensraum erobert.

### Die jüngsten Krater spucken

Das Ende der Plaine des Sables flankieren die Vulkankegel Piton Chisny (rechts) und Demi Piton (links). Die Route du Volcan führt genau zwischen ihnen hindurch. Ab hier fehlen nur noch wenige Kilometer bis zum Ziel, dem 2305 m hohen Pas de Bellecombe. Ein paar Schritte vom Parkplatz entfernt steht man schließlich vor der dritten, mit 4700 Jahren bislang jüngsten Caldera des Piton de la Fournaise, dem 13 km x 9 km breiten Enclos Fouqué. Sie ist nach Südosten zum Meer hin offen, hat also die Form eines Hufeisens. Der Großteil aller Eruptionen spielt sich innerhalb des Enclos Fouqué in den Kratern Dolomieu und Bory ab. Der zum Ozean offene Hang – als Le Grand Brûlé bekannt (s. S. 190) – ist unbedingt einen extra Ausflug wert. Der französische Geologe Ferdinand André Fouqué war übrigens Ende des 19. Jh. einer der bedeutendsten Wissenschaftler in der Erforschung des Vulkanismus.

Vom behindertengerecht angelegten Aussichtsbalkon schweift der Blick über das ganze vulkanische Wunderland, an schönen Tagen erstreckt sich die Sicht bis zum Piton des Neiges. Wanderer, die eine Tour in den Morgenstunden zum Cratère Dolomieu planen (s. S. 269), müssen die Route du Volcan im Eiltempo absolvieren – oder auf dem Rückweg bestaunen.

ganze Gipfel in die Luft sprengen oder glühende Aschewolken freisetzen. Verzeichnet das Observatorium in Bourg-Murat größere seismische Aktivitäten, wird die Präfektur alarmiert und notfalls das Gebiet weiträumig gesperrt.

Die erste dokumentierte Besteigung fand 1801 unter der Leitung von Bory de Saint-Vincent statt, man vermutet aber, dass die ersten Expeditionen schon um 1700 den Gipfel erreichten. Wegen der fehlenden Wege war der Aufstieg bis in die 1960er-Jahre nur Wohlhabenden und Enthusiasten vorbehalten. Die Bürger von Bourg-Murat verdienten sich ein knochenhartes Zubrot, indem sie als Bergführer und Lastenträger die Expeditionen begleiteten. Bis zu acht Träger pro Sänfte wurden für das dreitägige Abenteuer angeheuert. Später ersetzte man die Menschen durch Lastentiere.

Um den Gipfel nebelfrei zu erleben, muss man früh losmarschieren (13 km, 5 Std.). Wer mit Bergführer gehen möchte, kann in Le Tampon bei dem Veranstalter Kokapat Rando eine Trekkingtour buchen (s. S. 260). Wer den Vulkan lieber von oben sieht, kann einen Überflug mit einem Ultraleichtflugzeug oder Hubschrauber von Saint-Paul, Saint-Denis, Saint-Gilles-les-Bains oder Saint-Pierre aus in Betracht ziehen. Reitausflüge durch das Vulkangebiet bieten Reitställe in Plaine-des-Cafres, Notre-Dame-de-la-Paix und Bourg-Murat.

## Sicher bis zum Gipfel

Bei einer Wanderung auf den Piton de la Fournaise sollten unbedingt folgende Sicherheitsregeln beachtet werden. Wegen der exponierten Lage bildet der Piton de la Fournaise eine markante Wetterbarriere, an der sich die Passatwolken stauen und abregnen. Das Wetter ist darum unberechenbar: Gerade war der Himmel noch strahlend blau, schon verhängen ihn wenige Minuten später Wolken und Nieselregen macht die Wege glitschig. Wanderer müssen deshalb gut ausgerüstet sein, warme Kleidung und eine Regenjacke gehören genauso in den Rucksack wie Sonnenschutz (Sonnencreme und Kopfbedeckung) und ausreichend Wasser und Proviant. Wegen der scharfkantigen Lava sind gute Wanderschuhe mit dicker Sohle unabdingbar! In jedem Fall sollten Sie vor dem Aufbruch eine Kontaktperson benachrichtigen. Nicht von der weißen Markierung abweichen, denn vereinzelt werden dehydrierte und sogar erfrorene Menschen gefunden, die vom Weg abgekommen sind! Die Rettungshelikopter fliegen nur, solange die Wolken nicht aufgezogen sind. Wenn unerwartet Nebel aufkommt, dann am besten warten, ob er sich wieder lichtet. Ist das nicht der Fall, sofort umkehren oder sich auf eine kalte Nacht einstellen. Der Müll sollte wieder mitgenommen werden.

# Wanderung zum Cratère Dolomieu ▶ J/K 7/8

Vom Parkplatz am Pas de Bellecombe (2305 m) am Ende der Route du Volcan führt ein Pfad in unzähligen Stufen und Kehren rund 100 m tief in den **Enclos Fouqué,** die dritte und vorletzte Caldera des Piton de la Fournaise. Der Boden des Enclos, der von oben glatt und glänzend erscheint, entpuppt sich bei näherer Betrachtung als Fläche aus ineinandergeschobenen und verkeilten Platten basaltischer Stricklava (Pahoehoe-Lava). Im Gegensatz zur brockenartigen Aa-Lava, die scharf und spitzkantig wie Glas ist, kann sie gut begangen werden.

269

Im vorderen Bereich der Caldera liegt ein formschöner, rötlich schimmernder kleiner Krater, der 1753 entstand. Weil seine Trichterform an die Erdhügel erinnert, die Ameisenlöwen (frz. *fourmi-lion)* bauen, taufte man ihn **Formica Léo** (2200 m). Wer den Kegel besteigen will, kann hier kurz von der Hauptroute abzweigen (ca. 20 Min.), allerdings raten Umweltschützer davon ab, da durch die menschlichen Eingriffe die Erosion verstärkt werde.

Der Pfad über die Stricklava steigt stetig an, ist aber bei durchschnittlicher Kondition gut zu bewältigen. Auf keinen Fall sollte man allerdings die weißen Markierungen verlassen, da die mitunter plötzlich hereinbrechenden Nebelwände schnell die Orientierung erschweren oder unmöglich machen. Immer näher gelangt man an den Zentralkrater, der genau genommen aus zwei Kratern besteht: dem Cratère Bory im Westen (Durchmesser ca. 350 m) und dem mit Maßen von 800 m x 1200 m viel größeren Cratère Dolomieu im Osten. Mit 2632 m Höhe bildet der Bory die Spitze des Vulkans, die vulkanische Aktivität konzentriert sich aber seit 1971 ausschließlich auf den Dolomieu.

Nach etwa 1,5 Std. erreicht man die Steinformation **Chapelle de Rosemont** am Fuß des Fournaise. Aus einer Glasblase entstanden, hat die natürliche Grotte schon den ersten Forschungsreisenden als Unterschlupf gedient. Die scharfkantige Brockenlava macht das Gehen kräftezehrender, der Rastplatz am Fuß des Vulkans lädt zu einer letzten Verschnaufpause vor dem Gipfelsturm ein.

Nach den heftigen Ausbrüchen von 2007 waren die Wanderwege am Piton de la Fournaise lange Zeit verschüttet und gesperrt. Mittlerweile hat sie das Forstamt (ONF) erneuert und den neuen Gegebenheiten angepasst. Der Zugang zum Dolomieu ist wieder offen und neu ausgeschildert. Nach der Chapelle de Rosemont hält man sich links und geht bis zum Aussichtspunkt **Point de vue sur Cratère Dolomieu** am südöstlichen Kraterrand auf 2632 m hoch (Gehzeit 1,5 Std.). Bei der Jahrhunderteruption 2007 wurde ein bis zu 360 m tiefes Loch in den Krater Dolomieu – den vierten und jüngsten Krater des Piton de la Fournaise – gesprengt, der den Aufzeichnungen von Bory de Saint-Vincent zufolge am 17. Juli 1791 entstanden und damals nur knapp 40 m in der Tiefe maß. Die Kette von Kratern des Piton de la Fournaise zeigt übrigens eindrücklich, dass die ozeanische Platte unter ihm driftet und sich nach dem Prinzip des Hotspot-Vulkanismus immer wieder neue Krater auftun (s. S. 48).

Die weißen Markierungen sind keineswegs zu ignorieren, vom Kraterrand ist ein respektabler Abstand einzuhalten, insbesondere bei Wind oder aufziehenden Wolken. Oft lohnt es sich, ein paar Minuten oben auszuharren, wenn Lücken in den Wolken zwischendurch Blicke auf den dunkelgrauen Kraterboden freigeben. Bei klarer Sicht ist das Panorama unbeschreiblich schön: Der lebensfeindliche grau-schwarze Vulkan im Vordergrund steht in starkem Kontrast zu den saftig grünen Regionen weiter unten und dem türkisblauen Indischen Ozean.

Von hier aus muss man auf dem gleichen Weg zurück. Der erloschene **Cratère Bory** kann nicht mehr angepeilt werden. Wer noch Lust und Kraft hat, kann den 1937 ausgebrochenen **Cratère Rivals** (2243 m) in Angriff nehmen, für dessen Besteigung man sich kurz hinter der Chapelle de Rosemont rechts hält. Der Krater Rivals eignet sich übrigens auch als Ausweichroute, sollte die Route zum Dolomieu-Aussichtspunkt gesperrt sein.

**Direkt nach einem Ausbruch zu sehen: glühende Lava im Enclos Fouqué**

# Wanderungen rund um den Vulkan

Neben dem Klassiker zum Cratère Dolomieu gibt es noch folgende Wanderungen, die alle auf Schautafeln in der Imbissstube Le Relais du Pas de Bellecombe gut beschrieben sind.

### Morne Langevin ▶ J 8
*Start am Pas des Sables, Rundwanderung 7 km, ca. 3,5 Std.*
Die Rundwanderung zum Morne Langevin (2404 m) ist hauptsächlich wegen des großartigen Ausblicks lohnend. Ohne große Steigungen führt sie durch eine gelb und rot blühende Heidelandschaft, die im Kontrast zur rostroten Erde besonders intensiv leuchtet. Der Weg vom Morne Langevin zum Ausgangspunkt wird von der Präfektur

nach heftigen Regenfällen gesperrt, man muss dann dieselbe Strecke wieder zurückgehen.

### Nez-Coupé de Sainte-Rose ▶ K 7
*Start am Pas de Bellecombe, Strecke 9 km, 4–4,5 Std. hin und zurück*
Zur nördlichen Spitze des Enclos Fouqué gelangt man über den Pas de Bellecombe. Den Piton de la Fournaise immer im Blick, führt der größtenteils wenig kräftezehrende Weg durch die typische Höhenvegetation auf dem durchweg abfallenden Weg bis zur ›abgeschlagenen Nase‹ des Nez-Coupé de Sainte-Rose. Vorbei geht es am höchsten Punkt der Wanderung, dem Piton de Partage (2359 m), einem Aussichtspunkt auf die Eruption von 1998, wo heute zahlreiche Messgeräte des Vulkanologischen Observatoriums stehen. Nach etwa zwei Stunden ist das

Aussichtsplateau auf 2075 m erreicht. Weit reicht das Panorama – über den Piton de la Fournaise und andere Vulkankegel, die Lavaströme des Grand-Brûlé bis zum Meer.

**Piton de l'Eau** ▶ J 7
*Start an der F44, Strecke 8 km,*
*ca. 2,5–3 Std. hin und zurück*
Eine lohnende, wenig anstrengende Wanderung führt zum Piton de l'Eau (1887 m), dem einzigen Kratersee der Insel. Etwa auf halbem Weg zwischen Bourg-Murat und Pas de Bellecombe zweigt die äußerst holprige Route forestière F44 von der Route du Volcan ab. Nach 5 km auf dem ungeteerten Forstweg versperrt eine Schranke die Weiterfahrt. Ab der Schranke muss man laufen – eventuell muss man das Auto schon früher parken. Die breite Forststraße geht in Kurven durch die typische Höhenvegetation (Heidebüsche, Höhentamarinden) stetig sanft bergab. 210 Höhenmeter und 4 km weiter unten ist der Piton de l'Eau erreicht. Nach einem kurzen Anstieg steht man direkt am kleinen idyllischen Kratersee – und mit viel Glück blühen im tropischen Winter, von Juli bis September, Abertausende weiße Callas. Das Spezielle an diesem Spaziergang ist aber die tolle Fernsicht auf den Piton des Neiges und bis nach Sainte-Rose an der Ostküste.

## Übernachten

*Einfach, aber wirkungsvoll* – **Gîte du Volcan Pas de Bellecombe:** in der Plaine des Sables in westlicher Richtung abzweigen, danach noch 1,4 km, Tel. 0692 85 20 91, www.legiteduvolcan.com, einziges DZ 60 €, Gemeinschaftsräume 16 € pro Pers. Einfache Unterkunft mit umwerfender Aussicht, die äußerst praktisch für diejenigen

gelegen ist, die das Maximum aus einem Aufenthalt am Vulkan herausholen möchten.

## Essen & Trinken

*Passable Küche* – **Gîte du Volcan Pas de Bellecombe:** Adresse s. Übernachten, Mittagessen ab 12,50 €, Abendessen ab 18 €. Eine telefonische Vorbestellung ist notwendig.
*Imbiss* – **Le Relais du Pas de Bellecombe:** am Parkplatz des Pas de Bellecombe, tgl. 6–16.30 Uhr, ab 3 €. Snacks und warme Getränke, kein Trinkwasser, Toiletten.

## Infos

**Vulkanologisches Observatorium:** in Bourg-Murat, 14 N3, KM 27, Tel. 0262 27 52 92, Tel. 0262 27 54 61 (Tonbandansage), http://ovpf.univ-reunion.fr
**In Notfällen:** Tel. 0262 93 09 03
**Zyklonenwarnungen Point Cyclone:** Tel. 0836 65 01 01 (0,51 €/pro Anruf)
**Zustand der Wanderwege:** Tel. 0262 90 78 78 (Maison de la Montagne, s. S. 31)
**www.fournaise.info:** keine offizielle Website, aber eine private Initiative mit vielen interessanten Infos und Neuigkeiten.

# Col de Bellevue ▶ H 6

Zwischen den beiden Hochplateaus Plaine-des-Cafres und Plaine-des-Palmistes liegt der Pass Col de Bellevue auf 1606 m Höhe. Von Südwesten kommend, nähert man sich ihm unmerklich, denn die N3 hat schon bei Bourg-Murat die Passhöhe erreicht. 3,5 km nordöstlich von Bourg-Murat auf der linken Straßenseite und 400 m vor dem Col de Bellevue wartet ein kuriös-schönes Fotomotiv mit dem Piton des Neiges im Hintergrund auf alle Frühaufsteher (s. Lieblingsort S. 274). Häufig hält sich in diesen Höhen hartnäckig der Nebel, sodass man hier oben gar nicht mit einem Panorama rechnet. Hat man Glück, ist der Blick vom Pass auf das 400 m tiefer liegende Plaine-des-Palmistes, die dramatischen Abbruchkanten links und rechts davon, die scharfen Kehren der Passstraße und sogar das Meer weiter hinten atemberaubend.

Entlang der N3 in Richtung Inselosten ändert sich die Vegetation. Die für die Primärregenwälder typischen Farne kokettieren mit Platanen, die sich ab April/Mai gelb färben und das Bild einer europäischen Landschaft heraufbeschwören. Der dichte Bewuchs und Pflanzenarten, die bisher noch nicht auf der Insel zu sehen waren, stimmen ein auf die Urwälder von Bébour und Bélouve.

# Forêt de Bébour-Bélouve ❗ ▶ G/H 4–6

Bébour-Bélouve – bei Botanikern löst der Name einen sehnsuchtsvollen Seufzer aus, denn von den letzten größeren zusammenhängenden Primärwald – also einem Wald, in den der Mensch bislang nicht eingegriffen hat – geht eine eigene Faszination aus. Zur perfekten Dschungelkulisse tragen insbesondere die Bartflechten und Moose bei, die aufgrund der hohen Feuchtigkeit die Bäume überwuchern. Imposante Riesenbaumfarne *(fanjan)* kringeln ihre Blätter. Das Unterholz mit seinen versteckten Orchideen ist größtenteils so dicht, dass man nicht von den zahlreichen Wegen abgehen kann, die die Forstverwaltung in diesem Gebiet angelegt hat.

## Route forestière de Bébour-Bélouve (F2)

Der gut beschilderte Weg in die Primärwälder führt über das Dorf **La Petite-Plaine,** das wenige Kilometer hinter dem Col de Bellevue an einem Abzweig von der N3 liegt. Kurz hinter dem Dorf beginnt die asphaltierte Route forestière de Bébour-Bélouve (F2). Sie quert zunächst das Naherholungsgebiet **Forêt de Petite-Plaine** mit Picknickplätzen, wo der Kryptomeriawald beginnt, bevor sie sich durch dichten Wald in die Höhe schraubt – es ist feucht und dunstig. Nach drei scharfen Kehren ist hinter dem Nationalparkschild der **Col de Bébour** (1414 m) erreicht. Von der Parkbucht rechts sind es noch 150 m bis zu einem Aussichtspunkt mit Schautafeln. Ihm zu Füßen dehnt sich ein flacher grüner Kessel mit den Wäldern von Bébour und Bélouve in alle Richtungen aus, im Grunde der vierte Cirque der Insel. Direkt in Blickrichtung triumphiert der Piton des Neiges, links davon fallen sanft die Coteau Kervéguen ab und dahinter kann man den Cirque de Cilaos erahnen. Links im Vordergrund befindet sich der kleine, bewaldete Hügel **Piton Bébour** (Rundweg von max. 2 Std.), rechts das Massiv der Plaine-des-Lianes, davor die Schluchten von Takamaka und Rivière des Marsouins.

Auf der F2 geht es nun bergab, links beginnt einer der vielen Zugänge zum Piton des Neiges (s. auch S. 252). Auf den nächsten Kilometern zur Gîte de Bélouve folgen unzählige Wanderwege, darunter der Pfad zum **Bassin des Hirondelles** (s. S. 277). Die Landschaft wird immer dschungelartiger. Der Piton des Neiges lugt zwischen den Baumkronen immer wieder durch. 6 km später folgen das Flusstal der **Rivière des Marsouins** und zahlreiche weitere Pfade, z. B. der **Sentier des Calumets,** der **Sentier des Mares et des**

*Lieblingsort*

**Gipfelblick – Gottesmutter nahe dem Col de Bellevue** ▶ H 6
Dem Himmel näher als anderswo ist die Marienstatue an der N3 beim
Bergpass Col de Bellevue. Wer früh genug unterwegs ist, wird mit diesem
kurios-schönen Fotomotiv vor der traumhaften Bergkulisse des Piton des
Neiges belohnt.

**Bois de Couleur** oder der **Sentier des Tamarins.** Langsam weicht der Regenwald der typischen Höhenvegetation mit Höhentamarinden, die gerne in Gesellschaft mit dem Calumet-Bambus gedeihen. Der Berg **Coteau Monique,** ca. 2,6 km vor der Gîte de Bélouve, markiert in etwa den Beginn des Forêt de Bélouve, den zweiten Teil des großen Ökosystems. Die F2 wird hier regelmäßig an den Wochenenden von Freitagmittag bis Montagmorgen gesperrt. Unter der Woche kann man die verbleibende Strecke mit dem Fahrzeug zurücklegen. Etwa 500 m vor der Berghütte endet die Forststraße, der Rest muss zu Fuß gegangen werden. Am ersten Wegkreuz weist ein Schild nach links zu einem Aussichtspunkt, doch wer zur **Gîte de Bélouve** an der Abbruchkante zum Cirque de Salazie geht, sieht dort ein identisches Panorama. Im Herzen des Talkessels liegt das schöne Bergdorf Hell-Bourg, links davon der Piton des Neiges und der Gros Morne, geradeaus die La Roche Ecrite, rechts davon der Piton d'Anchaing und der Cimendef.

**Flechten und Moose überwuchern die Bäume im Forêt de Bébour-Bélouve**

# Wanderungen

### Bassins des Hirondelles ▶ G 6

Wer den Bergregenwald in seiner ganzen Pracht erleben möchte, nimmt den einfachen Pfad zum Bassin des Hirondelles in Angriff, der von der F2 abgeht (s. S. 273). Unter hoch aufragenden Baumfarnen und dicht bemoostem Bois Maigre, einem endemischen kahlen Gehölz, blühen je nach Saison weiße Callas (Juni–Nov.), blaue Hortensien und rosa Fuchsien. Der zum Teil überwachsene Pfad gabelt sich nach

45 Min., man hält sich rechts, um zum Bassin des Hirondelles zu gelangen. Der Fluss Bras Cabot weitet sich hier zu einem flaschengrünen Teich mit einer Wassergrotte, in der Schwalben (frz. *hirondelles*) nisten. Von der Gabelung kann man anschließend noch bis zum Cassé de Takamaka, einem Aussichtspunkt auf die Schlucht von Takamaka, weitermarschieren. Auf demselben Weg geht es zurück zur Forststraße.

### Trou-de-Fer ▶ G 4

Bei der Gîte de Bélouve beginnt der Pfad zum sogenannten Eisenloch. Je nach Saison und Beschaffenheit des Untergrundes muss vor Ort entschieden werden, ob man über die Schotterpiste *(par la piste)* oder über die Wege durchs Unterholz *(par le sentier)* gehen möchte. Die Pfade können unangenehm morastig und rutschig sein, im Zweifelsfall führt die Schotterpiste bis zum Ende, bevor sie von Holzstegen über die Sumpflandschaft bis hin zum Trou-de-Fer abgelöst wird.

Nach ca. 5 km ohne Anstieg und jeder Menge Holzstege im dichten Zauberwald ist nach ca. 1 Std. 15 Min. die kleine Aussichtsplattform (1377 m) mit Blick auf den Wasserfall und das 300 m tiefe Loch erreicht. Die ratternden Helikopter verraten schon von Ferne, dass das Ziel nahe ist. Die Schlucht ist für Wanderer übrigens nicht zugänglich. Die Region ist bekannt dafür, dass sich wegen der hohen Niederschlagsmengen zeitig Wolken bilden. Spätestens um 9.30 oder 10 Uhr sollte man am Trou-de-Fer angelangt sein.

# La Plaine-des-Palmistes ▶ H/J 6

Erst in der zweiten Hälfte des 19. Jh. wurde das an der Nordwestseite des Piton de la Fournaise bzw. 12 km nordöstlich von Bourg-Murat und 16 km südwestlich von Saint-Benoît gelegene Plateau mit dem gleichnamigen Dorf La Plaine-des-Palmistes besiedelt. Die alle 500 m gezogenen Vermessungslinien, entlang derer die Konzessionen aufgeteilt wurden, sind heute noch am Verlauf der Straßen nachvollziehbar. Zunächst wuchs die Siedlung rund um den ältesten Teil, Premier-Village, danach entstand das Deuxieme-Village und zum Schluss Petite-Plaine.

Mit seinem Blumenschmuck erinnert Plaine-des-Palmistes (4500 Einw.) eher an einen Ort in den Schweizer Alpen als an ein Dorf auf einer tropischen Insel. Trotz des feuchten Klimas und der botanischen Vielfalt der nahe gelegenen Regenwälder sind verschiedene Kultivierungsversuche, wie z. B. von Getreide, Kaffee oder Tee, gescheitert, und so verkaufen die Palmiplainois heute hauptsächlich Obst, z. B. die köstlichen Goyavier, und Frischkäse *(fromage de la plaine).* Die namensgebende Palmenart, die *palmiste rouge,* deren oberster Trieb als Gemüse- und Salatdelikatesse verzehrt wird, ist mittlerweile eine unbezahlbare Rarität – und Anlass von Skandalen. Weil dreiste Dorfbewohner in den 1980er-Jahren des Nachts die vor dem Rathaus gepflanzten Palmen stahlen, fackelte ein Bürgermeister nicht lange und ließ alle 250 Palmen abschneiden. Um seiner Empörung besonderen Ausdruck zu verleihen, gab er sie der Schulkantine zum Verkochen.

Im Dorfzentrum finden sich zahlreiche alte kreolische Häuser, die im Gegensatz zu Cilaos oder L'Entre-Deux kaum instand gehalten werden. Beim Anblick des rustikalen **Rathauses** fühlt man sich urplötzlich ins alpine Frankreich versetzt. Die Architektur des Gebäudes mutet eher französisch als réunionesisch an.

**Domaine des Tourelles**

*260, rue de la République, direkt an der N3, Tel. 0262 51 47 59, www.do maine-tourelles.com, Besichtigung des Herrenhauses nach telefonischer Vereinbarung, Boutique artisanale Mo–Fr 9–18, Sa–So 10–17 Uhr*

1927 ließ Alexis Jean de Villeneuve, der Großgrundbesitzer von Saint-Benoît, das Anwesen für die Sommerfrische erbauen, da es im Sommer an der Ostküste unerträglich heiß war. Nach seinem Tod vermachte er den Zweitwohnsitz seiner Frau, die das Haus verkaufte. Erst spät erkannte man das kulturelle Kleinod. Im Namen der Republik riss man das Haus bis auf die Grundmauern ab und errichtete 1993 ein neues, aber völlig identisches Gebäude. Nur der Fliesenboden ist noch original. Rundherum wurden kleine Häuschen platziert, in denen sich Ateliers und Souvenirläden befinden, die typische Produkte der Insel sowie traditionelles Kunsthandwerk zum Verkauf anbieten.

**Cascade Biberon**

Wanderungen im Großraum von Plaine-des-Palmistes erfordern rutschfeste, wasserdichte Bergschuhe und Regenkleidung. Man muss sich darauf einstellen, dass man knöcheltief im Morast stecken bleiben kann. Eine kurze, lohnende Wanderung führt von La Plaine-des-Palmistes zu einem Wasserfall, der schon von der Straße N3 aus zu sehen ist (2,6 km, hin und zurück ca. 1 Std.). Direkt am Rathaus zweigt eine Straße Richtung Nordwesten zum Stadium ab. 700 m weiter muss man rechts in die Rue d'Arum abbiegen und erreicht nach einem weiteren Kilometer eine kleine Parkbucht, den Startpunkt für die Wanderung zur Cascade Biberon. Einen zweiten Zugang gibt es vom nordöstlichen Ortsende aus von der N3 gegenüber dem Gasthaus Le Relais de la Cascade. Von einer dunkelgrünen Steilwand stürzt ein 240 m hoher weiß schäumender Wasserfall herab. Je nach Saison und Regenfällen kann die Kaskade imposanter ausfallen, in manchen Monaten kann sie jedoch ganz austrocknen.

## Übernachten, Essen

*Adretter Landgasthof – * **La Ferme du Pommeau:** 10, allée des Pois de Senteur, Einfahrt hinter dem Restaurant Chez Jean-Paul, Tel. 0262 51 40 70, www.pommeau.fr, DZ 48 €, Frühstück 7 €, Abendessen ab 25 €. Komfortabler Landgasthof mit 15 Zimmern und einem ausgezeichneten Restaurant. Zum Tagesausklang empfiehlt sich eine Runde im warmen Becken des hauseigenen Hallenbads.
*Ruhig und komfortabel – * **L'Echelle:** 16, allée des Agapanthes, Tel. 0692 08 99 38, www.ilereunion.com/echelle, DZ 54 €, Abendessen 23 €. In dem stattlichen weißen Haus am Ende der Straße stehen vier gepflegte Zimmer zur Auswahl, WLAN gratis.
*Leuchtende Farben – * **Le Conflore de Piton:** 91, rue Dureau, am Ortsende bei der Bushaltestelle ›Pyramide Fleurie‹ abzweigen, Tel. 0692 67 62 33, d.igoufe@outremeronline.fr, DZ 50 €, Abendessen 24 €. Dass das Betreiberehepaar kräftige Farben liebt, ist unübersehbar. Die zwei sauberen, gemütlichen Zimmer mit Heizstrahler, der freundliche Empfang und ein Frühstück mit hausgemachten Konfitüren und Säften sind ihr Geld wert.

## Essen & Trinken

Im Winter von Juni bis September, aber auch sonntags in der Saison sind viele Restaurants geschlossen.

*Kreolische Spezialitäten – * **Les Platantes:** 291, rue de la République, direkt an der N3 am nordöstlichen Ortsanfang des Premier-Village, Tel. 0262 51 31 69, Mi–So mittags, Sa abends, Hauptgerichte ab 11 €. Beliebtes Restaurant, das auch unter dem Namen Chez Jean-Paul bekannt ist, kredenzt kreolische Spezialitäten.
*Einfaches Gasthaus – * **Au Cœur de Palmier:** 19, rue de la République, direkt an der N3, Tel. 0262 51 40 51, Mo–Sa mittags und abends, Hauptgerichte ab 10 €. Kreolische, chinesische und indische Gerichte werden unter einem ästhetisch nicht sehr attraktiven, weißen Plastikpavillon serviert.

## Infos

**Point Info Tourisme:** 260, rue de la République, im Haupthaus der Domaine des Tourelles, Tel. 0262 51 47 59, Mo, Mi–Fr 9–18, Di 9–17, Sa, So und Fei 10–17 Uhr.

*Unser Tipp*

### Fruchtige Versuchung – Goyavier

Im Umland von La Plaine-des-Palmistes werden die Goyavier im Mai und Juni geerntet und gelten als Delikatesse. Sie werden an Ständen entlang der N3 in Schälchen, aber auch als Marmeladen, Gelees und Säfte verkauft. Die Erdbeer-Guave (kreol. *goyavier)* müssen Sie unbedingt probieren, denn die Geschmacksverbindung zwischen Erdbeere und Banane ist unvergleichlich. Die roten Beeren zergehen direkt auf der Zunge, und je nach Reifegrad können sie im Abgang etwas sauer sein.

# Sprachführer Französisch

## Allgemeines

| | |
|---|---|
| guten Morgen/Tag | bonjour |
| guten Abend | bonsoir |
| gute Nacht | bonne nuit |
| auf Wiedersehen | au revoir |
| Entschuldigung | pardon |
| hallo/grüß dich | salut |
| bitte | de rien/ |
| | s'il vous plaît |
| danke | merci |
| ja/nein | oui/non |
| einverstanden | d'accord |
| bis später | à plus tard |
| Wie bitte? | Pardon? |
| Wann? | Quand? |

## Unterwegs

| | |
|---|---|
| Haltestelle | arrêt |
| Bus | bus/car |
| Auto | voiture |
| Ausfahrt/-gang | sortie |
| Tankstelle | station-service |
| Benzin | essence |
| rechts | à droite |
| links | à gauche |
| geradeaus | tout droit |
| Auskunft | information |
| Telefon | téléphone |
| Postamt | poste |
| Geldausgabeautomat | gabier |
| Bahnhof | gare |
| Busbahnhof | gare routière |
| Flughafen | aéroport |
| Stadtplan | plan de ville |
| alle Richtungen | toutes directions |
| Einbahnstraße | rue à sens unique |
| Eingang | entrée |
| geöffnet | ouvert/-e |
| geschlossen | fermé/-e |
| Kirche | église |
| Museum | musée |
| Strand | plage |
| bewachter Strand- | zone de bain |
| abschnitt | surveillée |
| Brücke | pont |

| | |
|---|---|
| Platz | place |
| Schlucht | ravine |
| Hafen | port |

## Zeit

| | |
|---|---|
| Stunde | heure |
| Tag | jour |
| Woche | semaine |
| Monat | mois |
| Jahr | année |
| heute | aujourd'hui |
| gestern | hier |
| morgen | demain |
| morgens | le matin |
| mittags | le midi |
| nachmittags | l'après-midi |
| abends | le soir |
| früh | tôt |
| spät | tard |
| vor | avant |
| nach | après |
| Montag | lundi |
| Dienstag | mardi |
| Mittwoch | mercredi |
| Donnerstag | jeudi |
| Freitag | vendredi |
| Samstag | samedi |
| Sonntag | dimanche |
| Feiertag | jour de fête |
| Winter | hiver |
| Frühling | printemps |
| Sommer | été |
| Herbst | automne |

## Notfall

| | |
|---|---|
| Hilfe! | Au secours! |
| Polizei | police |
| Arzt | médecin |
| Zahnarzt | dentiste |
| Apotheke | pharmacie |
| Krankenhaus | hôpital |
| Unfall | accident |
| Schmerzen | douleur |
| Zahnschmerzen | mal aux dents |
| Panne | panne |

## Übernachten

| | |
|---|---|
| Hotel | hôtel |
| Pension | pension |
| Einzelzimmer | chambre individuelle |
| Doppelzimmer | chambre double |
| Doppelbett | grand lit |
| Einzelbetten | deux lits |
| mit/ohne Bad | avec/sans |
| | salle de bains |
| Toilette | cabinet |
| Dusche | douche |
| mit Frühstück | avec petit-déjeuner |
| Halbpension | demi-pension |
| Gepäck | bagage |
| Rechnung | addition |
| Preis | prix |

## Einkaufen

| | |
|---|---|
| Geschäft | magasin |
| Bäckerei | boulangerie |
| Lebensmittelladen | épicerie |
| Zeitschriftenshop | librairie |

| | |
|---|---|
| Markt | marché |
| Kreditkarte | carte de crédit |
| Geld | argent |
| Lebensmittel | aliments |

## Zahlen

| | | | | |
|---|---|---|---|---|
| 1 | un | | 17 | dix-sept |
| 2 | deux | | 18 | dix-huit |
| 3 | trois | | 19 | dix-neuf |
| 4 | quatre | | 20 | vingt |
| 5 | cinq | | 21 | vingt et un |
| 6 | six | | 30 | trente |
| 7 | sept | | 40 | quarante |
| 8 | huit | | 50 | cinquante |
| 9 | neuf | | 60 | soixante |
| 10 | dix | | 70 | soixante-dix |
| 11 | onze | | 80 | quatre-vingt |
| 12 | douze | | 90 | quatre-vingt-dix |
| 13 | treize | | 100 | cent |
| 14 | quatorze | | 150 | cent cinquante |
| 15 | quinze | | 200 | deux cent(s) |
| 16 | seize | | 1000 | mille |

## Die wichtigsten Sätze

### Allgemeines

| | |
|---|---|
| Sprechen Sie Deutsch/Englisch? | Parlez-vous allemand/anglais? |
| Ich verstehe nicht. | Je ne comprends pas. |
| Ich spreche kein Französisch. | Je ne parle pas français. |
| Ich heiße … | Je m'appelle … |
| Wie heißt du/heißen Sie? | Comment t'appelles tu/vous appelez-vous? |
| Wie geht's? | Ça va? |
| Danke, gut. | Merci, bien. |
| Wie viel Uhr ist es? | Il est quelle heure? |

### Unterwegs

| | |
|---|---|
| Wie komme ich zu/nach …? | Comment est-ce que j'arrive à …? |
| Wo ist bitte …? | Pardon, où est …? |
| Könnten Sie mir bitte … zeigen? | Pourriez-vous me montrer … ? |

### Notfall

| | |
|---|---|
| Können Sie mir bitte helfen? | Pourriez-vous m'aider? |
| Ich brauche einen Arzt. | J'ai besoin d'un médecin. |
| Hier tut es weh. | Ça me fait mal ici. |

### Übernachten

| | |
|---|---|
| Haben Sie ein freies Zimmer? | Avez-vous une chambre de libre? |
| Wie viel kostet das Zimmer pro Nacht? | Quel est le prix de la chambre par nuit? |
| Ich habe ein Zimmer bestellt. | J'ai réservé une chambre. |

### Einkaufen

| | |
|---|---|
| Wie viel kostet das? | Ça coûte combien? |
| Ich brauche … | J'ai besoin de … |
| Wann öffnet/schließt …? | Quand ouvre/ferme …? |

# Kulinarisches Lexikon

## Gewürze

| | |
|---|---|
| anis étoilé | Sternanis |
| baies roses | Rosa Pfeffer |
| caloupilé | Curryblätter |
| cannelle | Zimt |
| crème de noix de coco | Kokoscreme |
| cumin | Kümmel |
| curcuma | Kurkuma |
| gingembre | Ingwer |
| giroffle | Nelken |
| muscade | Muskat |
| piment | allg. scharfe Gewürze, von Chilis bis Pfeffer |
| poivre | Pfeffer |

## Fisch und Meeresfrüchte

| | |
|---|---|
| calamar | Tintenfisch |
| coquillage | Schalentier |
| daurade | Dorade, Goldbrasse |
| espadon | Schwertfisch |
| gamba | Garnele |
| homard | Hummer |
| huître | Auster |
| langouste | Languste |
| langoustine | Langustine |
| moule | Miesmuschel |
| sardine | Sardine |
| saumon | Lachs |
| thon | Thunfisch |

## Fleisch und Fleischgerichte

| | |
|---|---|
| agneau | Lamm |
| bœuf | Rind |
| brochette | Spießchen |
| boucané | geräucherter, entsalzener Schweinespeck |
| bouchons | über Dampf gekochte Fleischklößchen |
| cabri | Zicklein |
| cabri massalé | Ragout mit Ziegenfleisch |
| carri | Eintöpfe mit Fleisch, Würsten oder Fisch auf Reisbasis |

| | |
|---|---|
| entrecôte | Zwischenrippenstück |
| porc | Schwein |
| saucisse | Würstchen |
| veau | Kalb |

## Geflügel und Wild

| | |
|---|---|
| foie gras | Stopfleber |
| lapin | Kaninchen |
| magret de canard | Entenbrust |
| poule | Huhn |
| poulet | Hähnchen |

## Gemüse und Gemüsebeilagen

| | |
|---|---|
| achard | fein geraspeltes, oft überbrühtes Gemüse, meist auf Basis von Karotten, grünen Bohnen, grüner unreifer Mangos und Gurken |
| ail | Knoblauch |
| avocat | Avocado |
| beignet | in einem Backteig gebackenes Obst oder Gemüse |
| brèdes | Gemüsezubereitung aus einer Art Blattgemüse wie Spinat |
| cassave | Kassava (Maniok) |
| chouchou | Christophinenart, kürbisähnlich |
| courgette | Zucchini |
| igname | Jamswurzeln |
| oignon | Zwiebel |
| palmiste | Palmenherz |
| patate | Süßkartoffeln |
| poireau | Lauch |
| poivron | große Paprika |
| rougail | zerstoßene Chilis (oft sehr scharf) mit kleingeschnittenem Gemüse, Combava, unreifen Mangos, Zwiebeln und Tomaten, ohne Kurkuma |

| | | | |
|---|---|---|---|
| samoussas | gebackene Teigta-schen mit verschiede-nen Füllungen | pitahaya | Drachenfrucht |
| | | pomme | Apfel |
| songe | Tarowurzel | tamarin | Tamarinde |
| ti'jacque | Jackfrucht | | |

## Käse

| | |
|---|---|
| chèvre | Ziegenkäse |
| fromage blanc | Quark, Frischkäse |

## Hülsenfüchte

| | |
|---|---|
| bonbon piment | frittierte Bällchen aus pürierten weißen Bohnen oder Kicher-erbsen gewürzt mit Kurkuma und Piment |
| grains | Beilage aus Bohnen, Linsen, Reis |
| lentilles | Linsen |

## Nachspeisen und Gebäck

| | |
|---|---|
| brioche | süßes Hefebrot |
| gâteau | Dessertkuchen |

## Getränke

| | |
|---|---|
| bière (pression) | Bier (frisch gezapft) |
| café | Kaffee |
| chai de cilaos | Wein aus der (verbo-tenen) Isabella-Traube |
| eau gazeuse/plate | Mineralwasser mit/ohne Kohlensäure |
| jus | Saft |
| lait | Milch |
| rhum arrangé | heimischer Zucker-rohrrum veredelt mit *faham* (Orchi-deenblättern), Vanille, Zimt etc. |
| thé | Tee |
| tisane/infusion | Kräutertee |
| vin blanc/rouge | Weiß-/Rotwein |
| vin de Cilaos | süßer Wein |
| vin mousseux | Sekt |

## Obst

| | |
|---|---|
| ananas | Ananas |
| bibasse | Mispel |
| combava | Zitronenart |
| fruit de la passion | Passionsfrucht |
| goyave | Guaven (grünliches Fruchtfleisch) |
| goyavier | Erdbeer-Guaven (rotes Fruchtfleisch) |
| litchis | Litschi |
| longani | Longanfrüchte |
| mangue | Mango |
| noix de coco | Kokosnuss |
| papaye | Papaya |
| pêche | Pfirsich |
| pinpin | Frucht der Vacoa |

## Im Restaurant

| | | | |
|---|---|---|---|
| Ich möchte einen Tisch reservieren. | Je voudrais réserver une table. | Beilagen | garniture |
| | | Tagesgericht | plat du jour |
| Die Speisekarte, bitte. | La carte, s. v. p. | Gedeck | couvert |
| Weinkarte | carte des vins | Messer | couteau |
| Die Rechnung, bitte. | L'addition, s. v. p. | Gabel | fourchette |
| Appetithappen | amuse-gueule | Löffel | cuillère |
| Vorspeise | hors d'œuvre | Glas | verre |
| Suppe | soupe | Flasche | bouteille |
| Hauptgericht | plat principal | Salz/Pfeffer | sel/poivre |
| Nachspeise | dessert | Zucker/Süßstoff | sucre/saccharine |
| | | Kellner/Kellnerin | serveur/serveuse |

283

# Register

# Register

## Das Klima im Blick

atmosfair

Reisen verbindet Menschen und Kulturen. Wer reist, erzeugt auch $CO_2$. Der Flugverkehr trägt mit bis zu 10 % zur globalen Erwärmung bei. Wer das Klima schützen will, sollte sich – wenn möglich – für eine schonendere Reiseform entscheiden. Oder Projekte von *atmosfair* unterstützen: Flugpassagiere spenden einen kilometerabhängigen Beitrag für die von ihnen verursachten Emissionen und finanzieren damit Projekte zur Verringerung des $CO_2$-Ausstoßes in Entwicklungsländern *(www.atmosfair.de)*. Auch der DuMont Reiseverlag fliegt mit *atmosfair!*

# Abbildungsnachweis/Impressum

## Abbildungsnachweis

## Kartografie

## Umschlagfotos

**Hinweis:** Autoren und Verlag haben alle Informationen mit größtmöglicher
Sorgfalt geprüft. Gleichwohl sind Fehler nicht vollständig auszuschließen. Alle
Angaben erfolgen ohne Gewähr. Bitte schreiben Sie uns! Über Ihre Rückmel-
dung zum Buch und über Verbesserungsvorschläge freuen sich Autoren und
Verlag:
**DuMont Reiseverlag,** Postfach 3151, 73751 Ostfildern,
info@dumontreise.de, www.dumontreise.de

1. Auflage 2011
© DuMont Reiseverlag, Ostfildern
Alle Rechte vorbehalten
Redaktion/Lektorat: Henriette Volz
Grafisches Konzept: Groschwitz/Blachnierek, Hamburg
Printed in Germany